U0685541

全国商务文员岗位专业考试教材

商务文员理论与实务

中国国际贸易学会商务专业培训考试办公室　编

中国商务出版社

图书在版编目（CIP）数据

商务文员理论与实务/中国国际贸易学会商务专业
培训考试办公室编 . ——北京：中国商务出版社，2011.8
全国商务文员岗位专业考试教材
ISBN 978-7-5103-0530-6

Ⅰ.①商… Ⅱ.①中… Ⅲ.①商务工作：文书工作—
职业教育—教材 Ⅳ.①F715

中国版本图书馆 CIP 数据核字（2011）第 156873 号

全国商务文员岗位专业考试教材

商务文员理论与实务

SHANGWU WENYUAN LILUN YU SHIWU

中国国际贸易学会商务专业培训考试办公室 编

出　　版：中国商务出版社

发　　行：北京中商图出版物发行有限责任公司

社　　址：北京市东城区安定门外大街东后巷 28 号

邮　　编：100710

电　　话：010—64269744（编辑室）

　　　　　010—64266119（发行部）

　　　　　010—64263201（零售、邮购）

网　　址：www. cctpress. com

邮　　箱：cctp@cctpress. com

照　　排：金奥都图文工作室排版

印　　刷：北京密兴印刷有限公司

开　　本：850 毫米×1168 毫米　1/16

印　　张：24　　字　　数：562 千字

版　　次：2011 年 8 月第 1 版　　2011 年 8 月第 1 次印刷

书　　号：ISBN 978-7-5103-0530-6

定　　价：35.00 元

版权专有　侵权必究　　　举报电话：(010) 64242964

全国商务文员岗位专业考试教材

编委会

顾　问　王俊文　刘德标

主　任　刘宝荣

副主任　钱建初

秘书长　李学新　李明泽

委　员　（以姓氏笔画为序）

于洪泉　卢付林　卢海燕　伍　丹　刘立祥　刘翔飞　刘耀国

严纯美　邵明媚　杨　俭　张艳伟　邱惠德　陈　韵　张德峰

岳凯华　周　静　胡　伟　胡艳芬　袁永友　钱　毅　谢星光

常崇宜　喻　双　彭文忠　董汉庭　潘沅汶　魏　雁

执行主编　全国商务文员考试中心

前　言

近年来,随着我国经济的全球化,新的管理模式、生产方式、办公手段和通讯手段不断涌现,由此产生了一种全新的办公室岗位工作——商务文员。今天的商务文员已不仅是接待员兼打字员那样简单,他们需要既懂得现代商务基础知识又熟知办公室工作事务,同时也能够高效率地完成办公室各项日常工作。我国经济的高速发展,促进了社会上各行各业对商务文员的需求,但至今我国仍然没有一本很实用的对商务文员进行专门培训的教材,这就给商务文员的快速发展带来了诸多不便,不能满足日益发展的经济需要。为此,我们组织了在教学和工作一线,熟悉商务文员工作的专家学者共同编写了这本教材。

重视理论与实践的结合

本教材将商务文员的理论与实践结合起来,在阐述理论过程中将具体实践内容融入进去,在叙述实际操作内容时体现理论。既有利于初学者的具体操作又有利于商务文员在岗位上的长远发展。

重视实用性

本教材的理论和实践内容都是从商务文员工作的具体实践当中总结出来的,都是切实可行的。对于那些商务文员在工作中不能涉及的高深理论和岗位工作技巧,本教材一律不予收录,从而使本教材对商务文员的日常岗位工作起到了指导性、实用性的作用。

重视可读性

本教材在编写过程中吸取以往教材编写的经验和不足,站在建议者的角度给读者提供建议和参考,有利于读者接受,增加读者学习兴趣和教材可读性。

重视学练结合

为了方便教学与学习者使用,本教材在每一章开头都有该章培训的主要内容与应该掌握的主要技能；在每一节都有规范案例和业务技能训练；在每一章的结尾都有该章的培训小结、重点名词与概念解释、练习与思考和案例分析等内容。这为教学者的教授和学习者的学习、练习与复习提供了极大便利。

　　本教材的第一章、第二章、第四章第一节、第十一章和附录由尚伟编写；第五章、第九章由王雪艳编写；第十章、第十二章由王宝岩编写；第六章、第七章、第八章由张春蕾编写；第三章由张耀娟编写；第十三章由张俊鹏编写；第十四章由苏文鹏编写；第四章第二节由卢海燕编写。

　　由于编写者学识所限，本书存在问题，敬请各位读者指正。

编　者

2009 年 10 月 9 日

目　　录

第一章 商务文员职业概述

本章培训的主要内容：本章主要交代了商务文员工作内容、应该具备的素质和职业道德、工作性质和特点、应该掌握的理论知识和基本技能。

本章应掌握的主要技能：商务文员工作是一个简单而复杂的工作，简单是因为商务文员工作以基本服务为主，不需要有过于高深的理论；复杂是因为商务文员工作涉及方方面面，需要具备许多学科的基本知识。本章需要掌握外贸进出口的基本技能。

第一节 商务文员工作概述

一、规范案例

张扬在浙江腾达贸易公司做商务文员工作，他每天都要打扫办公室的卫生、接打电话、接待来访的客户、处理各种文书、收集汽车行业相关信息、对公司的计算机进行基本维护，对每一项工作他都能够高效地完成，得到了同事们一致好评和领导赏识，年底被评为公司先进个人。

注：商务文员是在企业商务活动中主要从事服务性工作的职业，要求从业人员熟悉公司日常商务活动基本流程，能够胜任商务活动中服务者的角色。具体来说，以服务内容的不同，商务文员的工作可以分为日常事务性工作、文字处理工作和信息管理工作三个方面；因服务性质不同，可以分为商务活动中日常事务、临时交办事务与突发事务的服务与处理。

二、应知应会

(一) 商务文员的日常事务性工作

商务文员的日常事务性工作包括办公室的日常管理、商务活动服务、会议服务等工作。

1. **办公室日常管理工作**

办公室日常管理包括办公室环境管理、日常事务管理、印信管理与收发、办公室用品与设备的管理、日常保密工作等。

2. **商务活动的服务工作**

包括日常接待、会见与会谈、开放参观与签约、庆典活动与剪彩仪式、新闻发布会与宴请活动等。

3. **会议服务工作**

一个公司会经常召开各种会议来进行决策、布置生产与销售任务、对员工进行培训、对工作进行协调等。在这各种会议的具体举行中，都要有商务文员的积极参与。在这些会议中，商务文员一般是具体工作的执行者，如通知下发、会议材料打印、会议室布置、会议接待、会议进行中的服务、会议结束后材料的整理与归档、会议室的打扫等工作是商务文员经常要做的工作。

（二）商务文员的文字处理工作

文字处理工作是商务文员主要的工作之一，在日常工作中，商务文员经常要阅读与处理各种商务文件，对于商务文员来说，对文字处理能力往往是其进一步提升的重要因素之一。商务文员文字处理工作一般包括商务文书的阅读与运作、商务文员的办文、拟文和存档工作。

1. 商务文书的阅读与运作

商务文员在公司的日常活动中，经常会面临各种商务文书的处理。这些文书的处理又关系到公司与其他公司之间的商务与贸易的往来能否顺利进行，关系到公司的效益，对公司来说商务文书的正确阅读与运作是至关重要的。商务文书是指公司之间进行商务活动往来过程中所使用到文书的统称，一般包括合同、商务函电、进出口贸易经营中的文书等。

2. 商务文员的办文工作

商务文员的办文工作一般要包括文字记录、文稿撰拟、文稿审核、文件的分类、收文和发文工作。

3. 商务文员的拟文工作

拟文工作是商务文员经常要从事的一项日常工作内容，不过商务文员的拟文是以简单的事务性文书、经济类文书、礼仪类文书为主，如通知、商务函、传真稿、备忘录、贺信、邀请函、启事、合同等。

4. 存档工作

存档工作是将公司已经办理完毕、具有一定参考和保留价值的材料，按照一定的规律形成案卷保存，即是对公司的文件进行鉴别、分类、保存或者销毁的一项工作。

（三）商务文员信息管理工作

在信息高度发达的时代，企业的发展离不开对信息的解读和掌握，对商业与市场信息掌握的程度，能否正确地解读，决定了一个企业在市场竞争中是否能够立于不败之地。企业之间的业务往来，也是一种信息的交流，正确地去掌握这些信息，企业才能获得长久发展。商务文员的信息管理一般包括信息的收集与处理、办公室的日常通讯、办公自动化设备的使用与维护、计算机基础知识、网络商务电子文书的处理等内容。

1. 信息收集与处理

企业的日常业务往来，离不开对信息的收集与掌握，它是企业领导者做出各种企业决策的依据和基础。一般来说企业在做出任何决策的过程中都会遵循收集信息→决策→执行→反馈→再决策→再执行→再反馈……，这样一个良性循环的过程。如，一个企业要想开发一种新产品，它首先要做的事情就是对这种产品进行市场调研，这是收集信息的过程；根据调研的结果来决定是否开发这种产品，这是决策过程；根据决策来进行生产，这是执行过程；再根据市场试销售的效果，对产品进行相应的微调，这是反馈和再决策过程。企业就是在这种往复循环中使自己的决策符合市场的需要，而在这一过程中，商务文员往往是信息收集的具体执行者，如发放并回收调查问卷、市场基本状况的数据调查、日常常用电话号码的熟悉等。

2. 办公室日常通讯

通讯工作包括电话的接打、邮件收发、电报往来、传真及电子邮件的收发等工作。商务文员在做这一工作的时候，要注意电话接打的基本礼仪，要熟悉一些常用客户的声音，注意实物邮件、传真、电子邮件的正确、高效的收发及保密。

3. 办公自动化设备的使用与维护

随着科技的高速发展，为了提高办公效率，节省办公成本，各类现代化的办公设备纷纷成为办公室的宠儿，如传真机、打印机、扫描仪、光盘刻录机、摄像机、投影仪、数码相机等。作为一个商务文员，要熟知这些机器的使用操作及其保养技术。一般这些办公设备往往都配有使用及保养的说明书，这对商务文员来说是一个不错的使用与维护的入门参考书。

4. 计算机基础知识

计算机已经成为日常办公必不可少的设备，是办公自动化的主要体现。对于商务文员来说，要熟悉计算机基本的操作方法与步骤，能够组装和维护计算机的正常运行，能够对计算机出现的机械问题进行维修。要熟悉互联网的基本常识，了解一些常用的企业门户网站，能够制作相应的网页。要掌握常用办公软件的操作，如 Office、Excel、PowerPoint、Photoshop 等办公软件的使用、常用的信息平台、网络电话、短信平台、电话会议、视频会议等软件的操作与使用。

三、业务技能训练

训练一

1. 训练背景

浙江腾达贸易公司准备召开一次产品销售会议，总经理需要同行业其他公司销售的情况，经理就把这项任务交给了公司的商务文员张扬。

2. 训练要求

张扬应该如何收集相关的信息？

3. 训练提示

张扬通过收集前几个月相关报纸，并登录网络对其他同行业公司的销售情况进行收集，然后进行统计和分析，得到了其他公司销售的大体情况，并制成统计表格，交到经理手里，保证了会议顺利进行。

训练二

1. 训练背景

浙江腾达贸易公司新买进了一批办公自动化设备，如打印机、复印机和传真机等，这些设备的日常管理和维护由文员张扬具体负责。

2. 训练要求

张扬应该如何尽快地熟悉这些设备的管理和维护？

3. 训练提示

张扬可以通过看机器的说明书、了解公司的相关管理规定并向对这种机器比较熟悉的人员请教等方式，尽快地熟悉这些设备的管理和维护。

第二节　商务文员素质与职业道德

一、规范案例

浙江腾达贸易公司的商务文员张扬，工作之余，常常利用晚上或节假日时间对本行业的知识进行学习，了解本公司所从事行业需要掌握的相关知识和内容。很快，张扬就成为这一方面的专家，因而对于领导布置的任务他都能按时完成，提高了工作效率。

注：商务文员除了要掌握一些基本的自然与社会知识之外，还要掌握专业知识和行业知识，特别是要针对所在行业的不同，来提高自己的相关行业知识和职业素质。

二、应知应会

（一）商务文员的素质

1. 智力素质

做一名商务文员首先要有敏锐的观察力，要能"眼观六路、耳听八方"，迅速、准确地把握事物的性质，捕捉一切有价值的材料。其次，要有稳定的注意力，在工作中专心致志，能够随着领导注意力的变化而变化；其三，要有敏捷、正确的记忆力，要能够迅速地记住领导交办的事务及相关客户资料；其四，要有全面的思维能力，能够对事务进行全面的分析，既有思维的广度也有思维的深度，学会顾全大局；其五，要有丰富的想象能力，能够在工作中打破常规进行创新。

2. 知识素质

商务文员的知识素质一般要包括基础知识、专业知识、行业知识和其他知识。基础知识是商务文员对政治、历史、地理、语文、物理、化学、生物等基本知识应该有所了解；专业知识是指从事商务文员这一专业需要的知识，商务文员应该具备一些基本应用文的写作、文书制作和处理、档案保管、办公室管理等知识；行业知识是指从事商务文员这一行业应该具备的基本知识，商务文员应该掌握至少一门外语、能够了解基本的会计知识、能够熟知国内外的商务运作的基本知识、能够熟悉和了解一些基本的商务法规；其他方面的知识是商务文员在工作中不断提高自身修养所具备的知识，如社会学、心里学等方面的知识。

3. 业务素质

业务素质是商务文员在具体工作中应该具备的能力的体现，一般要包括娴熟的沟通与协调能力、团队合作精神、时间管理的技巧、文字处理能力、信息处理的能力、听辨能力、贯彻与执行能力、创新与革新能力等方面。

4. 心理素质

其一，要有一个乐观的精神、开阔的胸襟，始终以饱满的热情投身于工作中，不埋怨、不随意发牢骚，对同事热情，乐于助人；其二，反应敏捷、做事稳健，在工作中对领导交代的事务要行动迅速，不拖拉、善于分析，不犹豫不决，但也要观察细致、考虑周详、不能冒失从事、敷衍了事，做人稳重、不浮华轻佻、不冷漠，要温文尔雅，遇事情不慌张、临危不惧，从容处理，给人可信任感；其三，要善于反省、做事坚毅，文员在工作的过程中要有不畏困难的勇气和决心，在工作中要踏踏实实、任劳任怨，忍辱负重，还要有毅力和决心来改变自身的缺点，同时商务文员在遇到困难、挫折、打击的时候，还要善于反省自己，从自身找原因，总结经验和教训，不能怨天尤人；其四，言谈幽默、学会自制，幽默是一种智慧和处世的态度，它可以有效地帮助你处理和协调与别人之间的关系，可以化解尴尬、形成轻松愉快的工作氛围，商务文员还要提高自制能力，自制是在不同场合、不同情景、不同对象面前都要善于控制自己的情绪和行为方式，避免在感情与行为方面出现较大的起伏，给别人造成忽冷忽热的印象；其五，学会自我调节和宣泄，商务文员在平常的工作不可避免地会遇到各种挫折和不尽如人意的地方，这时候，商务文员要学会自我调节和宣泄，可以通过娱乐、和朋友的交谈等方式将不良的情绪宣泄出去，不能让其影响日常工作。

5. 身体素质

现代化的公司工作节奏越来越快，日常事务也越来越繁杂，对商务文员的身体素质也提出了更高要求，没有良好的身体素质，就很难应付繁重的日常工作。因此，商务文员必须要具备健康的体魄，商务文员应该利用工作的空闲时间积极参加各种体育锻炼，保持良好的身体素质和充沛的精力。

（二）商务文员的职业道德

职业道德是人们从事职业活动所应遵守的行为规范。作为商务文员应该具备的职业道德如下：

1. 热爱工作

商务文员首先要对自己从事的工作充满激情和向往，热爱自己的工作岗位，敢于迎接各种挑战，这样才能在平凡和琐碎的日常工作中充满乐趣，才能做得细致认真，才能高效地完成领导布置的各项工作，才能在平凡的工作中做出业绩，不断地提高自身的素质和水平。

2. 严守机密

商务文员在日常工作中，可能会接触公司一些商业性的文件，这些文件和材料对竞争对手来说，是非常重要的资料，这需要商务文员严守商业机密，不能把自己掌握的公司商业信息随意透露给外人。同时，商务文员还经常和公司的一些领导接触，在接触中会了解一些领导身上存在的不足，商务文员应该站在维护领导形象的立场上，不能将相关的情况透露给他人。严守机密还表现为要防止打探商业机密，既要防止其他公司的人员打探本公司的商业机密，也要注意对于自己不应该打探的机密，不该看的机密，不能随意地打探。

3. 忠于职守

商务文员忠于职守，首先，要忠于自己的公司和企业，做任何事情都要从自己公司和企业的整体形象和利益出发，不要做损害公司形象和利益的事情；其次，要忠于自己的工作。在工作中，要兢兢业业，严格按照公司的规章制度办事，不能随意改变领导的意图、不能敷衍了事，不能越级行事，要恪守本分，做好自身工作；其三，要忠于自己的直接领导，严格按照领导的意图办事。

4. 恪守信用

对于一个企业来说，企业的信用是公司立足于市场的根本，这就要求商务文员把公司的这种精神贯彻到日常工作以及与客户交往中，在完成领导交办的各项任务时一定要按时完成，不能拖沓。在约见客户时一定要准时，答应客户的事情一定要尽量解决，要做到"言必行，行必果"，从而维护公司和自身的良好形象。

5. 文明礼貌

商务文员在待人接物中一定要谦虚谨慎、举止大方、彬彬有礼，不卑不亢、自尊自重。始终保持面带微笑，给领导、同事和客户如沐春风的感觉。在平常的工作与交往中一定要热情，要注意自己的言行举止，多使用一些礼貌性的语言，要注意自己的穿着和交往的礼仪是否规范，是否让别人受到了尊重。

6. 廉洁奉公

商务文员在做工作中要严格要求自己，不能贪图私利，不能总是想到自身的利益，而是多从公司利益的角度着想，多为公司谋取利益。只有公司的效益好了，作为公司一员的商务文员才能获得更多的利益，才能有更好的发展前景。

7. 恪守商业道德

商业道德是指在商业活动中，商务文员应该遵循的行为规范，除了我们上面谈到的要守信之外，还应该诚实、合法地进行经营活动，不违反国家的相关法律和法规，做一个有社会责任感、企业责任感的员工。

三、业务技能训练

训练一

1. 训练背景

浙江腾达贸易公司准备在上海开设一个办事处，经理把相关的文件拿给商务文员张扬打印，销售部的李明和张扬是好朋友，李明也听到了相关的消息，他就到张扬这来打听，张扬对李明说他也不了解情况。

2. 训练要求

商务文员张扬做得对还是不对？

3. 训练提示

张扬不告诉好友李明是完全对的，商务文员应该对自己掌握的信息保守秘密，应该注意文件的保密，不能随意的放置文件，对自己使用的计算机应该做到人走关机，以防泄密。

训练二

1. 训练背景

浙江腾达贸易公司商务文员张扬性格外向，做事干练，但缺乏耐性，常常会因为做事着急，而犯一些小错误。

2. 训练要求

张扬应该在哪些方面改善自己的心理素质？

3. 训练提示

张扬在做事干练、敏捷的基础上，还应该加强做事的稳健性，做事情应该考虑周全，杜绝小错的发生。

第三节　商务文员工作性质和特点

一、规范案例

浙江腾达贸易公司的商务文员张扬，经常在下班之后或节假日接到公司经理的电话，要求张扬处理一些公司的工作，张扬都能够愉快地接受，并认真地完成。

注： 商务文员工作的性质决定了商务文员工作在时间上具有一定的模糊性，需要商务文员在节假日或下班之后，还需要去处理一些领导交代的工作。

二、应知应会

(一) 商务文员工作的性质

1. 辅助性

从与直接领导关系的角度来讲，商务文员属于领导工作的辅助者，辅助领导完成日常的公司事务。因此商务文员要始终把握住自己所扮演的角色，在工作中全心全意的辅佐直接领导，在工作中坚持领导的主体者地位，不喧宾夺主，不越俎代庖，恪守本分，做好自己的辅助性工作。

2. 角色的多重性

商务文员所从事的工作是多方面的，所扮演的角色也是多重的，由于公司业务的多样性，每一个商务文员在日常的工作中，所从事的工作也是多样的，没有一个仅仅从事单一事务的商务文员存在，有时候商务文员是打字员，有时候商务文员是校对员，有时候商务文员是速记员，有时候商务文员是收发员，但无论扮演哪一个角色，商务文员都要全心全意、兢兢业业的去做。

3. 具体事务的操办性

由于商务文员工作的基础性，决定了商务文员日常从事的工作大多都是直接操办性的事务，需要商务文员亲自去完成，换句话说，在许多时候，商务文员就是具体事务的执行者，而不是事务的出谋划策者。

4. 作息边界的模糊性

商务文员在日常工作中，不像其他职位那样作息时间有明确的规定并严格按照规定的作息时间执行。虽然商务文员的工作也是八小时工作制，但是八小时的工作边界有时是模糊的。首先，这表现在上下班的模糊性，在某些情况下，往往比领导早上班，比领导晚下班。其次，表现在工作与休息的时间模糊性，如果有些工作在上班时间没有完成，下班之后的休息时间需继续去完成，有时候到下班时间领导才布置紧急任务，只有利用下班时间来完成。再次，表现在工作日与节假日的模糊性，一般来说企业的节假日往往是采用调休的方式，许多时候，商务文员在节假日还需要继续加班工作。

5. **主辅运作的协同性**

商务文员和直接的领导者在具体工作中，是协同者的关系，无论是在工作的主次、顺序、时限、节奏等方面，商务文员都要密切协同领导者进行工作，以使工作能够顺利高效地完成。

6. **工作业绩的半隐透性**

由于商务文员工作是辅助直接领导者进行的，因此，商务文员工作业绩的好坏往往体现在领导工作业绩的好坏中，难以直接判断出来，所以，它具有半隐透性，但商务文员工作的好坏往往在领导心中会有一个客观的衡量。因此，商务文员不要过于表现自己，而应该是在平常的工作中协助领导出色地完成各项具体事务，工作能力和业绩自然就会逐渐获得领导的认同。

（二）商务文员工作的特点

1. **服务性**

商务文员的服务性特点是由商务文员的辅助性所决定的，商务文员所做的工作是为了领导、公司的日常运转、全体工作人员服务的，商务文员作为辅助者，保持服务的意识，做好服务工作，才能在公司的日常工作中脱颖而出。

2. **商务性**

商务文员的工作是围绕公司的商务活动而展开的，与其他文员的日常工作有相同的地方，但更多是不同的地方，商务文员所要处理的事务常常和商务活动、公司的经济运行紧密相连，这就需要商务文员要熟悉一些基本的商务、会计、商务法规知识、流利的外语口语会话能力等。

3. **综合性**

商务文员所处理的事情不是某一单方面的事情，往往要关系到公司方方面面具体事务的处理，如要处理和企事业单位、政府部门、和客户之间的关系，处理领导布置的各项任务，这就使得商务文员的工作具有很强的综合性特点。

4. **基础性**

商务文员是公司具体事务的直接执行者。因此，所做的主要工作往往都是公司最基础性的事务，这些基础事务维持了公司的日常正常运行。商务文员虽然不能运筹于帷幄之中，但却常常需要决胜于千里之外，商务文员是在战场上冲杀的士兵，商务文员的行为和素质关系到公司的形象和声誉。

5. **女性化**

商务文员具有明显的女性化倾向，一般女性具有心细、认真、耐心、擅长基本程式化技术工作等特点。

三、业务技能训练

训练一

1. **训练背景**

浙江腾达贸易公司文员张扬的直接领导是公司的办公室主任李杰，一般的任务都是由李杰直接布置给张扬。有一次，销售部经理郑亮让张扬帮助自己打印一份文稿，张扬让郑亮找李杰。郑亮把这件事情告诉了李杰，李杰狠狠地批评了张扬。

2. 训练要求

李杰为什么要批评张扬？

3. 训练提示

张扬在服务意识方面不够，商务文员工作有服务性特点，不仅要为自己的直接领导服务，也要为其他领导服务，还要懂得区分业务主次。

训练二

1. 训练背景

张扬是被浙江腾达贸易公司以商务文员（电话接待员）的岗位招进来的，可是到了公司之后，张扬不仅要处理公司的电话接打，还要处理文件和邮件收发，文件的打印，有时候，甚至还要撰拟一些公司的通知。每天都很忙碌，这让张扬很不适应，他觉得既然是电话服务就只管理电话接打就可以了，为什么要安排这么多额外工作给他呢。

2. 训练要求

你觉得张扬在认识方面存在什么问题？

3. 训练提示

张扬没有意识到作为一名商务文员，其角色本身就是综合性的，他不仅要做一名电话的接打员，还要做好收发员、打字员等各种角色。

第四节 商务文员工作规律和方法

一、规范案例

浙江腾达贸易公司商务文员张扬的直接领导是原公司办公室主任李杰。张扬性格外向，而李杰性格内向；张扬办事干练，效率高，但考虑不周全，不够稳重，而李杰做事稳重，考虑事情周全；两者之间形成了良好的互动关系。可最近，公司因业务关系，将李杰调离，新调来王烨做公司的办公室主任，王烨也是一个性格比较外向的人，因而张扬在处理事情的时候，常常会觉得无法适应新的领导。

注：张扬作为一名商务文员应该对商务文员的工作规律有所了解，他应该采取主动态度，主动来改变自己以往的处事风格，从而来适应新的领导，和领导达成良好的互动关系。

二、应知应会

（一）商务文员工作规律

1. 主辅适应规律

它指商务文员在工作过程中，对自己直接领导所提供的辅助与协作要和领导对自己的需求相适应。商务文员提供的辅助与协作性工作，既不能小于领导对自己的要求，也不能大于领导对自己的要求，商务文员在工作中要找到一个恰当的结合点，使自己的辅助与协作恰巧能够满足领导的要求，促进工作高效有序地完成。同时，商务文员还要紧紧跟随不同直接领导工作方式的改变而改变，不能一味地墨守成规，不能等待领导来适应自己。

2. 工作规范化规律

由于商务文员日常要处理许多事务性的工作，这些工作每天都可能会反复地出现，为了提高工作效率，减少不必要的劳动消耗，节约成本。对于这些经常性的工作可以规范化、程序化、科学化，使之形成一套行之有效的程序，每天按照一定的程序执行。这样既可以让商务文员节省出大量的时间来从事其他工作，也使公司的日常工作更加富有规律性。

3. 公司利益至上规律

在不违反相关法规和文件政策的前提下，商务文员所做的一切事务都要坚持公司利益至上的原则，处处要为公司的利益着想，要树立、宣扬和维护公司形象，以使本公司在市场竞争中获得利益最大化，从而在公司发展壮大的过程中来实现自己的人身价值。

4. 知识、能力、素质与职责相适应规律

商务文员在工作中的具体职责就要求其具有相应的知识、能力和素质。当一名商务文员感到自己的知识、能力和素质无法满足工作职责需要的时候，就必须不断地加强和提高自己在这一方面需要的知识、能力和素质。以使自己的职责能够顺利地完成，并不断地完善自己。

5. "必要张力"规律

"必要张力"规律是要求商务文员在工作中既要恪守本分，同时在具体方法上还要善于创新，要具有发散性的思维能力。从而能够创造性地完成领导交办的工作和任务。

（二）商务文员工作方法

1. 目标法

目标法是指商务文员在工作中要坚持以企业目标、具体事务的目标为方向，利用尽可能少的时间、人力和物力，来达到这个目标。只要商务文员在工作中不脱离具体的工作目标，在大的方向上不脱离本企业要实现的目标，就不会偏离工作的大方向，就可能在较短时间内完成自己的工作。同时也可以使商务文员能够在一段时间内集中精力、专心致志，养成良好的工作习惯和工作作风。

2. 沟通协调法

任何具体的工作，都需要许多人共同来协调完成。商务文员要有良好的沟通协调能力，要善于和别人沟通交流，通过沟通与协调共同协作来完成一项工作。商务文员还要善于与自己的直接领导和客户沟通，使自己完全领会领导意图并与客户保持良好的人际关系，使工作能够顺利地开展。

3. 以直接领导为中心工作法

一般商务文员都有一个直接的领导者，这个领导所交代和吩咐的工作就是其工作的重点和中心，在工作中一定要按照领导的意图办理事情，按照领导要求按时完成工作，不能歪曲领导意图，也不能拖拖拉拉。

4. 平衡法

商务文员在具体的工作中，要保持与直接领导、同事、客户之间的人际关系的平衡，要保持公司内部各方利益的平衡，以保证公司能够在和谐、团结的氛围下，在经济的大潮中披

荆斩棘，不断前进。并为自己开展工作创造和谐有利的环境。

5. 随机应变法

商务文员还要学会随机应变，要能够承担领导交办的各项临时事务及突发性事务，能够在具体事务的处理中通权达变，能够在较短时间内，按照领导的意图处理好相关事情，保持公司利益的最大化。

三、业务技能训练

训练一

1. 训练背景

浙江腾达贸易公司商务文员张扬，近来越来越觉得自己无法适应新的岗位工作要求，原先他主要处理的是公司国外客户，随着金融危机的发生，公司的国外业务锐减，公司开始大力拓宽国内市场，因而张扬转做国内客户，可面对国内情况，张扬常常觉得无处下手。

2. 训练要求

张扬应该如何适应国内市场？

3. 训练提示

从知识、能力和素质应该与职责相适应的规律来看，张扬应该加强自己对国内市场的了解，要深入地学习国内市场的相关规律，提高对国内市场的熟悉程度，拓展国内业务。

训练二

1. 训练背景

浙江腾达贸易公司商务文员李涛，在处理日常事务时，常常是毫无目标，领导布置一件事情就做一件事情，没有事情时就无所事事，进入公司做商务文员一年来，工作进步不大。

2. 训练要求

请大家讨论一下李涛存在的问题。

3. 训练提示

从商务文员工作规律来看，李涛做事没有一定的规范性，效率不高；从工作的方法来看，李涛做事没有目标，就不可能集中精力去做一件事情，另外李涛也不注意提高自己。

第五节　商务文员应该掌握的基础知识

一、规范案例

浙江腾达贸易公司商务文员张扬，转做国内贸易之后，积极学习商务运行的基本知识，并根据自己对市场的调研，向相关的领导献言献策，调整公司产品的包装和价位，使公司的产品在国内市场销售良好，为公司取得了良好的经济效益。

注：张扬能够积极学习和掌握商务文员的基本知识，利用所学知识对国内的市场进行认真分析，通过调研，找到消费者的需求，并向领导提出建议，调整公司产品的包装和价位，从而使公司的产品打开了国内市场。

二、应知应会

商务文员应该掌握的基本知识一般要包括：国内商务基础知识、国际商务基础知识、商务法规基础知识、办公室财务基础知识、现代企业运行模式基础知识和商务文员英语基础知识。

（一）国内商务基础知识

国内商务基础知识是商务文员在国内商务操作过程中应掌握的基础知识的总称，一般说来，商务基础知识应该包括商务运行基本知识、经济学基本知识、管理学基本知识、市场营销等基本知识。

1. 商务运行基本知识

商务运行是买方与卖方通过一定的中介进行商品贸易的过程。在这个过程中，必不可少的四要素是买方、卖方、商品和中介。买方是商品的需要方，卖方是商品生产与销售方，商品是买方需要的产品（包括各种服务），中介是商品贸易的媒介，即货币。对买方来说，需要某种产品时，就会选择生产与出售这种商品的公司，然后进行洽谈与协商，对产品满意后，双方就会达成协议，签订相关合同，然后向卖方付款提货，并要求卖方提供售后维护，并为此承担一定的维护费用等。因此，对于买方来说，商务运行的过程是：①需求→②选择→③协商与洽谈→④达成协议与签订合同→⑤付款提货→⑥享受售后服务，承担服务费用。对卖方来说，首先，要做市场调研，了解顾客需要哪种类型的产品，然后，开发适应市场需要的产品，对新产品进行广告和推销，和顾客进行洽谈与协商，达成协议后签订合同，接受顾客付款并交货，提供售后服务，并收取一定售后服务费用。因此，对于卖方来说，商务运行的过程是：①市场调研→②开发新产品→③广告宣传与推销→④洽谈与协商→⑤达成协议签订合同→⑥收取货款并交货→⑦提供售后服务，并收取一定费用。总之商务运行的过程是一个商品流动的过程、资金流动的过程与事务流动的过程（即商务活动过程中各种票据、单证的运行）。

2. 经济学基本知识

经济学是一门研究稀缺资源配置和利用的科学。也就是说，经济学的整个逻辑是围绕资源配置和资源利用的效率展开的。一般说来经济学又分为微观经济学和宏观经济学，微观经济学是以单个经济单位为研究对象，通过研究单个经济单位的经济行为和相应经济变量的单项数值的决定来说明价格机制如何解决社会的资源配置；宏观经济学以整个经济的总体行为为研究对象，通过研究经济中各种有关经济总量的决定及其变化来说明社会的资源如何才能达到充分利用。

微观经济学基本假设有以下三个方面：一是市场出清，即认为在价格可以自由调节经济的情况下，一定会实现充分就业的供求均衡状态，也就是社会资源可以充分利用，产品既没有过剩也没有短缺，不存在资源的闲置或浪费问题。二是完全理性，也就是居民户和厂商都是理性的经济人，其行为动力是自己的利益，行为目标是实现最优化，在这一假设条件下，价格变动调节的资源配置和利用所实现的满足程度和利润最大化才是最优的。三是完全信息，是指消费者和厂商可以无代价而迅速地获得各种市场信息。消费者和厂商只有具备完善而充分的市场信息才能及时对价格信号做出反应，以实现其行为的最优化。因此其研究的基本内容包括以下六个方面：均衡价格理论、消费者行为理论、生产者行为理论、分配理论、均衡理论与福利经济学、市场失灵与微观经济政策。

宏观经济学基本假设包括以下三个方面：一是市场机制是不完善的，单纯依靠市场机制并不能总是实现资源的优化配置与利用。二是市场并不是对所有的经济问题和社会问题都能做出合理的调整。比如私人经济的外部性影响、公共物品的生产和提供、社会收入的合理分配以及垄断等问题的处理，这些所谓的"市场失灵"性的问题就是单纯依靠市场机制的作用无法得到合理解决的。三是政府有能力调节经济，纠正市场机制的缺点。因此其研究的内容包括以下五个方面：国民收入决定理论、失业与通货膨胀理论、经济周期与经济增长理论、开放经济理论、宏观经济政策。研究经济学常用的方法有：实证分析和规范分析、均衡分析和非均衡分析、静态分析、比较静态分析和动态分析、边际分析和增量分析、定性定量分析等。

3. 管理学基本知识

管理是指在特定环境下，管理者对组织可利用的资源进行有效的计划、组织、领导、控制，以便实现既定组织目标的过程。管理一般有计划、组织、领导和控制四大基本职能。计划职能是在收集大量基础资料的基础上，对组织未来环境的发展趋势作出预测，根据预测的结果和组织拥有的可支配资源建立组织目标，然后制定出各种实施目标的方案、措施和具体步骤，为组织目标的实现做出完整的谋划。

组织职能有两层含义：一是进行组织结构的设计、建造和调整，如成立某些机构或对现有机构进行调整和重塑；二是为达成计划目标所进行的必要的组织过程，如进行人员、资金、技术、物资等的调配，并组织实施等。领导职能是指组织的各级管理者利用各自的职位权力和个人影响力去指挥和影响下属为实现组织目标而努力的过程。

控制职能所起的作用就是检查组织活动是否按既定的计划、标准和方法进行，及时发现偏差、分析原因并进行纠正，以确保组织目标的实现。管理学基本原理包括以下几个方面：其一是系统原理，所谓系统是指由若干相互联系、相互作用的部分（要素）组成，在一定的环境中具有特定功能的有机整体。现代管理强调运用系统理论和方法，在确定或不确定的条件下，对管理对象诸要素及其相互关系进行充分的系统分析和综合，以实现管理的最优化目标，这就是管理系统原理的基本含义。其二是人本原理，人本原理的含义是，作为一种特殊社会活动的管理，它总是由人去实现的，因此倡导以人为本的管理。其三是效益原理，现代管理的基本目标，在于获得最佳管理效益，即创造出更多的经济效益，实现更好的社会效益，这就要求各项管理活动都要始终围绕系统的整体优化目标，通过不断地提高效率，使投入的人力、财力、物力、信息、时间等资源得以充分、合理、有效地利用，从而产出最佳的管理效益。其四是责任原理，所谓责任原理，是指在管理活动中，为了实现管理的效率和效益，需要在合理分工的基础上，明确规定各部门和每个人必须完成的工作任务和必须承担的与此相应的责任。这里的责任，不是一个抽象的概念，而是在数量、质量、时间、效益等方面都有严格的行为规范，主要包括经济责任、政治责任、法律责任等多个方面，具体表现为规程、条例、范围、目标、计划、定额和职责范围等。其五是80/20原理，80/20原理又称为二八法则或二八黄金分割定律。所谓 80/20 原理，是指在特定群体中，重要的因子通常只占少数，而不重要的因子却占多数；或者说 80％的价值来自于 20％的因子，而其余 20％的价值来自于 80％的因子。因此，在管理活动中只要控制住具有重要性的少数因子，便可以控制全局。

4. 市场营销基本知识

市场营销一词，是由英文 Marketing 转译而来的。对于市场营销，西方学者在不同历史时期为其下过了不同的定义。美国市场营销协会（AMA）于 1985 年对市场营销下的定义是："市场营销是对观念、产品及服务进行设计、定价、促销及分销的计划和实施的过程，目的是创造能实现个人和组织目标的交换。"我们一般把市场营销的观念分为传统营销观念和现代营销观念。传统营销观念是指 20 世纪 50 年代之前的营销观念，这一时期的营销观念有生产观念、产品观念和推销观念，现代营销观念是指 20 世纪 50 年代之后的营销观念，这一时期出现了市场营销观念、社会营销观念、大市场营销观念、全球营销观念、关系营销观念及一些新兴的营销观念。生产观念流行于产业革命后至 1920 年以前的西方企业界，指企业一切工作是以生产，尤其是以生产数量为中心。这种观念流行的原因是当时西方国家还处于产品供不应求的卖方市场形态，企业只要生产出来，肯定能够卖出去。因此，企业工作的中心自然是追求产量的增长，至于顾客的需求，根本无须考虑。产品观念是在 1920 年前后，随着产品在西方国家供不应求的现象得以缓和，顾客对产品有了选择的余地之后而产生的一种销售观念，指企业一切工作是以产品质量为中心。这是一种与生产观念类似的经营思想。它片面强调产品质量，而忽视市场需求，以为只要产品质量好，技术独到，自然会顾客盈门。

推销观念（销售观念）流行于 20 世纪 30 年代至 40 年代。由于生产力的发展、科学技术的进步，加之科学管理和在"生产观念"驱动下产生的大规模生产，商品产量迅速增加，买方市场在西方国家逐渐形成。特别是 1929—1933 年资本主义世界的经济大危机，使许多企业认识到：销售产品比生产产品重要得多，于是，推销观念由此产生。推销观念认为，在市场竞争中取胜的关键是要把产品卖出去，而把产品卖出去的关键是通过各种推销手段、技巧引起消费者的注意，说服其购买。因此，在企业中推销工作是一切工作的中心。推销观念虽然强调了销售工作的重要性，但仍然没有逾越以产定销售的框框。"企业推销什么，顾客就只能买什么"，这样，顾客的需求和欲望仍然没有得到满足，甚至有一种被骗的感觉。市场营销观念产生于 20 世纪 50 年代，第二次世界大战后，由于战争期间停产的企业逐渐恢复生产，军工企业转向民用，加上一些新建的企业加入竞争，工业品和消费品的生产总量剧增，西方国家很快形成买方市场，企业间竞争异常激烈。同时，消费者也逐渐成熟和理智。因此，许多企业开始认识到：传统的市场营销观念已经难以适应市场发展的需要，必须寻求一种充分考虑消费者需求的全新观念，这样，市场营销观念应运而生。

市场营销观念，是指企业一切的工作要以顾客需求为中心，企业实行以需定产。它的基本内容包括四个方面：其一，顾客的需求是企业活动的中心；其二，企业不仅要满足顾客的现实需求，还要满足顾客的潜在需求；其三，企业各部门、营销各环节要密切配合，努力达到满足及服务顾客的目的；其四营销部门是指挥、协调企业活动的主要部门。

社会营销观念产生于 20 世纪 70 年代。当时西方国家出现了环境污染、能源短缺、通货膨胀、失业增加、消费者主权运动盛行的现象，而市场营销观念回避了消费者短期需要与长远利益、企业利益与社会长远发展之间的矛盾，致使一些企业的经营步入困境或受到批评。因此，一些西方学者提出了社会营销观念，以修正和代替简单的市场营销观念。社会营销观念的核心是要求企业的营销活动不仅要满足消费者的需要和欲望并由此获得企业的利润，而且要符合消费者自身和整个社会的长远利益，要正确处理消费者欲望、企业利润和社会整体利益之间的矛盾，统筹兼顾，求得三者之间的平衡与协调。大市场营销观念是 20 世纪 80 年以来，在西方国家积极推行贸易保护政策，加强经济干预，增设市场壁垒，企业难以进入市场的情况下，由美国市场营销学家菲利普·科特勒在 1984 年提出的一种以满足守门人的需求为中心，争取进入市场的营销观念。所谓市场的守门人是指那些可以阻止企业进入市场的个人或团体，包括政府、立法机关、劳动工会、宗教团体及其他利益集团等。

　　所谓大市场营销，是指为了成功地进入特定的市场，需要协调地使用经济的、心理的、政治的和公共关系的手段，以赢得守门人的合作与支持的展览思想和营销策略。这里的特定的市场主要指贸易壁垒很高的封闭或保护型市场。菲利普·科特勒指出，针对这样的市场，除了实施 4Ps（即 Product，Price，Place，Promotion）营销组合策略外，还必须加上政治权力（Political Power）和公共关系（Public Relations）形成 6Ps 的营销组合策略才能奏效。

　　全球营销概念首见于利维特（Levitt）1988 年发表的，题为"市场全球化"的学术论文中。利维特认为，自 20 世纪 60 年代以来，社会、经济和技术的发展已使世界具有越来越多的共同性。从消费者的兴趣和偏好来看，相似的需求已构成了一个统一的世界市场。因此，全球企业可以生产全球性标准化产品以获取规模经济，使产品价格降低，从而比其他竞争者具有更多的比较优势。全球营销可定义如下：企业通过全球性布局与协调，使其在世界各地的营销活动一体化，以便获取全球性竞争优势。全球营销的三个重要特征是：全球运作、全球协调和全球竞争。因此，开展全球营销的企业在评估市场机会和制定营销战略时，不能以国界为限，而应该放眼于全球。关系营销观念是 20 世纪 90 年代在西方兴起的一种具有创新性的营销观念。

　　关系营销产生的主要原因：一是因为传统的营销方式所建立的品牌忠诚度的成果无法让厂商满意；二是随着计算机、通讯和网络技术为代表的信息技术的迅速发展，使得企业可以拥有更有效率的工具与消费者进行沟通和联络。关系营销的关键在于：企业不仅要争取和创造交易，而且更重要的是和顾客、中间商、供应商建立长期的、彼此信任的、互利的、牢固的合作伙伴关系。因而市场营销的核心从交换转变为关系。20 世纪 90 年代在西方企业界兴起的新的营销观念还有：绿色营销、网络营销、服务营销、共生营销、整合营销等。根据市场营销观念和实现营销目标的要求，市场营销管理过程主要包括分析市场机会，研究和选择目标市场，拟定市场营销组合及市场营销工作的组织、执行和控制。分析市场机会包括发掘市场机会和评估市场机会，发掘市场机会一是可以在现有市场上挖掘潜力，指导现有的产品进一步渗透到现有的目标市场上去，扩大销售量；二是可以在现有的产品无潜力可挖的情况下，以现有的产品开发新的市场；三是在市场开发无潜力可挖时，考虑进行新产品开发；四是当产品开发也已潜力不大时，可根据自身资源条件考虑多元化经营，在多种经营中寻求新的市场机会。在发掘市场机会后，进行市场机会的鉴别是营销成功的重要前提。要使市场机会变成企业的机会，必须与企业的目标相一致。同时企业还必须具有利用该市场机会的能力。

如果市场机会与企业目标不一致，或企业暂时无能力开发，则是不适宜的市场机会。因此评估好与企业目标相匹配的市场机会，是正确制定企业经营战略的一个关键环节。研究和选择目标市场实际上是对市场机会进行进一步的研究，以便确定企业的目标市场，并进行产品市场定位。因此研究和选择目标市场包括市场预测、市场细分、目标市场的评估和选择及产品市场定位等内容。市场预测是对市场机会的定量化描述。通过市场预测，可以了解市场的需求规模及发展变化趋势，便于企业判断所选择的市场对企业吸引力的大小，以及企业要进入该市场需要的资源投入的大小。

市场细分是指根据顾客需求的差异将一个整体市场划分为若干个分市场的过程。市场细分的标准很多，消费品市场的细分标准可归纳为地理、人口统计、心理和行为四个方面。目标市场的评估和选择是指对市场进行细分以后，企业首先要对各细分市场进行评估，然后选择出规模及潜力大，吸引力强，又符合企业的目标和资源条件的细分市场作为企业的目标市场。产品市场定位是指企业一旦选定目标市场，就要研究如何在目标市场上进行产品的市场定位，即勾画产品形象，为自己的产品确定一个合适的市场位置。企业制定产品开发定位的计划后，便可开始策划市场营销组合的细节。市场营销组合是企业针对确定的目标市场，综合运用各种可能的营销手段，组合成一个系统化的整体策略，以便达到企业的经营目标。市场营销的手段有几十种之多，麦卡锡把这些手段归为 4 个因素，简称"4Ps"，即产品、价格、分销和促销。产品是指企业提供给目标市场的货物或服务的组合，包括产品的品牌、包装、品质、服务以及产品组合等内容。价格是指消费者为获得该产品所付出的金额，包括制订零售价、批发价、折扣和信用条件等。

分销是指企业为使产品送达目标顾客手中所采取的各种活动，包括发挥批发商和零售商的作用等。促销是指企业为宣传其产品优点及说服目标顾客购买所采取的各种活动，包括广告、人员推销、营业推广及公共关系等。市场营销工作的组织、执行和控制。市场营销工作的组织是指根据企业市场营销工作的要求组织市场营销资源，建立市场营销组织。市场营销工作的执行是指营销各部门按照营销计划的要求去完成各项营销工作。市场营销控制是指在市场营销计划的执行过程中，常常会发生许多意想不到的情况，企业需要以控制行动来保证市场营销目标的实现。

总之，要想做好一名合格的商务文员对这些商务基础知识应该有所了解和掌握，对于更加具体的知识，可以选择这些方面的专门书籍进行深入的学习。

（二）国际商务基础知识

国际商务基础知识是商务文员在国际商务操作过程中应掌握的基础知识的总称，除了以上应该掌握的知识之外，一般还要包括外贸流程基本知识、外贸基本单证知识、货代与国际货物运输等行业的基本知识、保险基本知识和外贸常用英语的含义等知识。

1. 外贸流程基本知识

外贸流程包括外贸出口流程和外贸进口流程。外贸出口流程一般是国外客户询盘→报价→收到客户订单→生产→租船订舱→验货→制作出口单据→商检→安排托柜→报关→货物装船起运→付款取得提单→交单结汇→核销退税。我们就其中某些细节作一些解释。

（1）当产品按照客户要求生产完成之后，就需要进行租船订舱，一般要在开船前两周向货代（货运代理）订舱，向货代订舱时要填写舱位申请书（Booking Note，有的叫 Booking Forrm 或 Booking Sheet），一般要写清收、发货人及通知人的名称和地址，起运港、目的港和最终目的地，船期或货物时间，柜型、柜量、品名、贸易术语，有些货代还要求在 Booking Note 上写明预计出货的毛重和体积等内容。货代收到 Booking Note 后向船公司申请舱位。当然如果客户同船公司之间有合约，也可以直接向船公司申请舱位。如果由卖方支付运费，要尽早向货代公司或船公司咨询船期、运价等，以便选择合适的货代或船运公司。

（2）验货。货物生产完毕后，收货人会安排验货人员验货。验货时间要尽可能早，以免延误装货时间，进而延误船期。

（3）属法定检验出口商品要提前向检验检疫局办理商检，最好在货物装船前 10 天检验完毕，以便领取出口商品检验证书。

（4）船公司确认有舱位会放 S/O（Shipping Order）给货代。S/O 上都会写有 No.，一般表示有舱位了。S/O 是提柜、装船的凭证。

（5）客户收到 S/O 后，就会根据出货情况和 S/O 上面的开舱、截关等时间指示拖车公司提柜。

（6）提柜。拿到 S/O 后根据 S/O 上面的指示打单（即用 S/O 换取提柜文件），并去指定地点提柜。打单后会产生柜号和封条以及提柜地点和还柜地点，散货则会写明货物送达仓库的地点。此间有时候会产生打单费，但也有一些船公司不需要打单就可以直接拿 S/O 去指定地点提柜。提柜后，码头会发放一张设备交接单（Equipment Interchange Receipt）或货柜发放通知单（Release Order）。它为船公司指示货柜堆场将吉柜（空柜）交与本单持有人的书面凭证件，有些地方称为"出闸纸"。

（7）做柜即拖车公司派车，拖车去工厂装货。

（8）还柜。装完柜子，打上封条，拉回码头堆场，也叫还场。这时候进闸口后，码头会再给一个场站收据（Dock Receipt），也称重柜纸、入闸纸、尾纸（散货人仓后，拼箱公司给货主的收据也可以称为尾纸），它是报关所需的文件之一。

（9）在拖柜同时将报关所需资料交给合作报关行，委托出口报关。委托报关时，应将出货资料，包括所装货物、数量及柜型等内容，S\O 以及还柜后收到的场站收据一起交给报关行报关。

（10）海关检查、放行。海关主要检查货物的品名、重量、件数等与申报内容是否相符。海关查验不是必要项目，通常会根据一定的比例来抽查。海关查验主要分为 X 光机查验和人工开箱查验。人工开箱查验又分为全部检验和部分抽查。截关当日（即码头停止收重柜的日期）报关被查柜的概率很大，如果因为查柜误了时间，就很可能走下一班船，所以尽量早还柜。货物通过查验，海关放行，即可以装船。

（11）提供补料。因为 Booking Note 上面的内容只是大概，所以要确认最后提单上的详细内容，就要提供完整正确的补料。简单地说就是要向船公司提供提单上要求提供的各项内容。例如出口美国的货物要在船开前 72 小时将补料交给船公司，其他国家补料可于船开后再提交给船公司。

（12）通过货代向船公司提供补料后，请货代督促船公司尽快出提单样本及费用账单。提单样本核对无误后，向船公司书面确认提单内容，要求船公司出正本。船公司收到提单核对合格的通知后，一般会发费用账单给发货人，以便发货人根据账单安排付款领取提单。费用账单（Debit Note）一般包含码头处理费和文件费用等。如果是预付运费还要包括海运费等。确认无误后，安排付款领取提单。

（13）准备单证。要在开船日前准备好发票、装箱单、一般原产地证明书、Form A 证书等。在开船后 3 天内，要把装船通知发给对方。装船通知上要列明发货的细节，包括船名、航次、开船日、预计抵港日、货物及数量、金额、包装件数、目的港代理人等。

（14）交单。采用 L/C 收汇的，应在规定的交单时间内，备齐全部单证，并严格审单，确保无误后交银行议付。采用 T/T 收汇的，在取得提单后马上传真提单给对方付款，确认收到余款后再将提单正本及其他单据寄给对方。

（15）核销退税。收到货款以后向外汇管理局进行出口收汇核销，再到税务局申报出口退税，取得退返税款等优惠。

一般来讲，外贸进口流程如下：①通知人收到船公司的到货通知，告知收货人。收货人按约定付款方式付款，收齐全套进口单据，包括带背书的正本提单或电放副本、装箱单、发票等。②收货人凭带背书的正本提单（如果是电放放货，可带电放提单的传真件与保函）去船公司或船代付清相关费用，换取提货单（D/O）。③准备好报关资料报关。报关资料包括带背书的正本提单或电放副本、装箱单、发票、合同、提货单等。④海关查验放行。⑤货代或收货人凭提货单，去船代指定的场站提取货物。如果是拼箱货，需要到船公司或船代理签取散货分提单（分单），提货时用提货单和分单到码头提取货物。

2. 外贸基本单证知识

外贸单据按照用途来分，一般可以分为以下几类：①资金单据，包括汇票、支票和本票；②商业单据，包括商业发票、形式发票、装箱单、重量单等；③货运单据，包括海运提单、海运单、空运单、公路/铁路/内河水路运输单据、邮包收据、报关单、报检单、托运单、船运公司证明等；④保险单据，一般包括保险单、保险证明等；⑤官方单据，一般包括海关发票、领事发票、产地证、检验检疫证等；⑥随附单据，一般包括寄样证明、装运通知等。其中最为常用的单据有合同、发票、装箱单、提单、信用证、汇票、保险单、检验证书、原产地证明书、出口收汇核销单、报关单等单据。如果商务文员想更加详细了解这些单据的作用和具体内容，可以购买专门的外贸书籍进行细读。

3. 货代与国际货物运输的基本知识

货代是货运代理的简称，一般指接受进出货物收货人、发货人或其代理人的委托，以委托人或自己的名义办理有关业务，从事与运送合同有关的活动，并收取服务费和佣金，处在货主和承运人之间的中间人。一般货代从事的业务有代办租船、订舱、配载、缮制有关证件、报关、报验、保险、集装箱运输、拆装箱、签发提单、结算运杂费、交单议付和结汇等。一般来讲货代的操作流程如下：①接受货主询价；②货代向船公司询价；③货代向货主报价；④货主传真订舱委托书；⑤货代审核订单为货主选择合适的船公司；⑥货代订舱，缮制自己的订舱委托书；⑦船公司分配舱位给货代；⑧货代凭借货主的装箱单发票等向海关报关；⑨安排拖车去工厂装箱并运到码头；⑩向船公司提供提单补料；⑪核对提单副本是否正确；

⑫开船后，向船公司付款领取提单；⑬向货主收取费用，发提单给货主。国际货物运输是货物跨国界和地区的的运输，它一般分为海洋运输、铁路运输、航空运输、国际多式联运、路桥运输、公路运输、内河运输、邮政运输和管道运输。

4. 保险基本知识

进出口货运险按照运输方式的不同可以分为以下几种情况：①海运险，包括平安险（FPA）、水渍险（WPA）、一切险（AR）；②陆运险，包括陆运险（OTR），陆运一切险（OTAR）；③航空险，包括空运险（ATR）、空运一切险（ATAR）；(4)邮包险，包括邮包险（PPR）、邮包一切险（PPAR）。

一般货物运输的保险单据有大保单与小保单，大保单是保险单，是比较正规的保险合同，它一般要包括被保险人、货物名称、数量或重量、唛头（包装物上的运输标志）、运输工具、承保险别、起讫地点、保险期限和保险金额，还列有保险人的责任范围以及保险人与被保险人各自的权利、义务等方面的详细条款。小保单是保险凭证，它是保险单的一种简化形式，除了保险人和被保险人的权利、义务等方面的相关条款不载明外，其余内容与保险单相同。我国保险公司大多签发大保单，较少使用小保单。投保的时候，保险金额一般是 CIF 价格加上 10％的加成，保险金额＝CIF 货值×（1＋加成率），保险费的计算公式为保险费＝保险金额×保险费率，但在实际操作中，如果货值不大，比如在 2000 美元以下的，一般作简易处理，统一收取约 100 元人民币作为保险费。

5. 外贸常用英语的含义

在对外贸易中，许多单证都是用英文制作的，商务文员应该熟记一些常用的外贸英语词汇。enquiry 询价单，letter of intent 意向书，offer/quotation 发盘/报价，request for quote 报价申请，order 订单，purchase order 订购单，blanket order 总订单，call off order 分订单，acknowledgement of order 订单确认，contract 合同，price/sales catalogue 价格/销售目录，proforma invoice 形式发票，commercical invoice 商业发票，customs invoice 海关发票，cosular invoice 领事发票，taxinvoice 税务发票，consignment invoice 寄售发票，packing list 装箱单，weight list 重量单，bill of entry 报关单，goods declaration for importation 进口货物报关单，goods declaration for exportation 出口货物报关单，customs declaration（post parcels）邮包报关单，insurance policy 保险单，bill of exchange 汇票，promissory note 本票，check 支票，documentary credit 跟单信用证，application for documentary credit 跟单信用证开证申请书，dangerous goods declaration 危险货物申报单，name，product plate 铭牌，delivery instructions 交货说明，delivery schedule 交货计划表，packing instructions 包装说明，shopping instructions 装运说明，delivery just-in-time 按时交货，delivery release 发货通知，delivery note 交货通知，import licence 进口许可证，export licence 出口许可证，certificate 证书，combined certificate of value and origin 价值与原产地综合证书，certificate of quantity 数量证书，weight certificate 重量证书，phytosanitary certificate 植物检疫证书，sanitary certificate 卫生检疫证书，veterinary certificate 动物检疫证书，application for inspection certificate 商品检验申请表，inspection certificate 商品检验证书，certificate of origin 原产地证书，preference certificate of origin 优惠原产地证书，certificate of origin form GSP 普惠制原产地证书，

EUR certificate of origin 欧共体原产地证书，certificate of analysis 分析证书，certificate of conformity 一致性证书，certificate of quality 质量证书，test report 测试报告，product performance report 产品性能报告，product specification report 产品规格型号报告，process data report 工艺数据报告，first sample test report 首样测试报告，customs delivery note 海关放行通知，value declaration 货物价值申报清单，customs value 海关完税价值，payment order 付款单，remittance advice 汇款通知，amendament 修改，as per 按照，documentary credit payment advice 跟单信用证支付通知书，documentary credit acceptance advice 跟单信用证承诺通知书，documentary credit negotiation advice 跟单信用证议付通知书，documentary credit transfer advice 跟单信用证转让通知书，documentary credit amendment notification 跟单信用证更改通知书，documentary credit amendment 跟单信用证更改单，carbon copy，CC 抄送，cubic feet，CUFT 立方英尺，cubic meter，CBM 立方米，carrier 承运人，shipper 发货人，consignee 收货人，shipping note 托运单，delivery order 提货单，shipping permit 准装货单，waybill 运单，enquiry 询价单，letter of intent 意向书等。

（三）商务法规基础知识

1. 合同法基本知识

在合同法中我们主要了解合同的定义、类别、合同法的基本原则、合同的订立与合同的内容。

（1）合同定义。合同是平等主体的自然人、法人及其他组织之间订立、变更、终止民事权利义务关系的协议。

（2）合同类型。合同按照不同的标准可以分为不同的类型，依据法律是否予以规定名称和规则，可分为有名合同和无名合同；依据双方当事人是否互负对待给付义务，可分为双务合同和单务合同；依据双方是否约定相应利益，可分为有偿合同和无偿合同；依据合同是依合意还是依交付成立，可分为诺成合同和实践合同；依据法律是否规定了特定合同方式，可分为要式合同和非要式合同；依据合同相互间主从关系，可分为主合同和从合同；依据订立合同的目的，可分为本约和预约；依据订立合同的目的是否为自己谋利益，可分为"为定约人自己订立的合同"和"为第三人利益订立的合同"。

（3）合同法的基本原则。包括四条原则，一是合同自由原则，当事人的合意具有法律的效力，当事人享有订立合同和确定合同内容等方面的自由；二是诚实信用原则，当事人在从事民事活动时，应诚实守信，以善意的方式履行其义务，不得滥用权力或者规避法律合同规定的义务；三是合法原则，当事人在订约和履约过程中要遵守法律和行政法规，并遵守社会公德；四是鼓励交易原则，《合同法》严格限制了无效合同的范围，体现了其鼓励交易的立法目的。

（4）合同的订立。合同订立一般有以下一些内容需要在操作中注意：

① 合同形式。当事人订立合同，有书面形式、口头形式和其他形式。书面形式是指合同、信件和数据电文等可以有形地表现所载内容的形式。

② 要约。要约又称"发盘"、"发价"。要约必须具备以下几个条件，一是内容具体确定；二是表明经受要约人承诺后便受其要约的约束；三是要约是由特定人做出的意思表示；四是

要约必须具有订立合同的意图；五是要约必须向要约人希望与之订立合同的人发出。

③ 要约邀请与要约的差别。要约邀请是希望他人向自己发出要约明确意思表示。典型的要约邀请有，寄送的价目表、拍卖公告、招标公告、招股说明书、商业广告。要约与要约邀请的区分可以从以下几个方面来区分，一是根据当事人的意愿来区分；二是根据法律的规定来区分；三是根据订约提议的内容是否包含了合同的主要条款来确定该提议是要约还是要约邀请；四是根据意思表示针对特定人还是不特定人发出来区分，一般而言，要约邀请大多是针对不特定人发出的；四是根据交易习惯区分。同时需要注意的是商业广告如果符合要约的条件则视为要约，否则一律是要约邀请。

④ 要约与承诺的撤回。两者都可以撤回，在要约或承诺通知到达受要约人或要约人之前，或者与之同时到达，即可以撤回要约或承诺。

⑤ 要约的撤销。要约的撤销一般要注意以下几点，一是要约可以撤销，而承诺不可以撤销；二是撤销要约的通知必须在受要约人发出承诺通知前到达受要约人；三是如果约中明确约定该要约为不可撤销，或明确约定了承诺期限，或受要约人有理由认为该要约不可撤销并且已经为合同的履行做了准备工作，则要约不可撤销。

⑥ 要约的失效。一般包括两种情况，一是基于要约人的原因，要约人撤销要约；二是基于受要约人的原因，受要约人拒绝通知到达要约人，或者承诺期限届满而受要约人未做出承诺，受要约人对要约内容做出了实质变更。

⑦ 承诺要件。有效的承诺必须具备下列条件，一是对要约的同意；二是受要约人向要约人做出意思表示；三是承诺不得附有条件，并且在规定的期限内到达；四是承诺应以通知的方式做出，但按照交易习惯或者要约邀请，也可以采取其他方式。

⑧ 承诺的效果与合同的成立。一般要包括以下几种情况，一是承诺生效时，合同成立；当事人采用合同书形式的，在当事人签字或者盖章时，合同成立（签字和盖章任选其一即可）；三是法律、行政法规规定或者当事人约定采取书面形式订立合同的，当事人未采用书面形式但一方已经履行主要义务并且对方当事人接受，合同成立。

⑨ 缔约过失。缔约过失违反了由诚实守信用原则引出的合同义务，损害了对方的信赖利益，应当承担缔约过失损害赔偿责任，其具体行为包括，一是假借订立合同，恶意进行磋商；二是故意隐瞒与订立合同有关的重要事实或者提供虚假情况；三是泄露或者不正当使用订立合同中知悉的对方商业机密。

（5）合同内容，一般要包括以下几个方面需要了解的内容。

① 合同内容的含义。从法律关系的角度理解，合同内容是依据法律规定和合同约定所产生的权利与义务关系，即合同权利与义务。

② 合同具体内容。一般要包括以下方面的条款，一是当事人的名称或者姓名和住所；二是标的；三是数量；四是质量；五是价款或者报酬；六是履行期限、地点和方式；七是违约责任；八是解决争议的办法。

③ 免责条款。免责条款是当事人双方在合同中事先约定的，旨在限制或者免除其未来责任的条款。免责条款必须符合如下限制才能生效，一是免责条款不得违反法律、行政法规的强制性规定；二是免责条款不得免除造成对方人身伤害的责任；三是免责条款不得免除因故

意或重大过失造成对方财产损失的责任。

④ 格式条款。格式条款是指由一方当事人为了反复使用而预先拟定的，并由不特定的第三人接受的，在订立合同时无需与对方协商的条款。格式条款在以下几种情况下无效，一是一方欺诈、胁迫的手段订立合同，损害国家利益，或是恶意串通，损害国家集体或者第三人利益，或是以合法形式掩盖非法目的，或是损害公共利益，或是违反法律、行政法规强制性规定。二是格式条款中包含免除造成对方人身伤害的责任或者因故意或重大过失造成对方财产损失的责任免责条款。三是格式条款免除了提供格式条款一方的责任，或者加重了相对人的责任。四是格式条款排除了对方的主要权利。一般来说格式条款采用以下三种特殊解释，一是按照通常理解予以解释，二是对条款制作人作不利的解释，三是格式条款和非格式条款不一致时采用非格式条款。

2. 票据法基本知识

在票据法中我们主要掌握汇票、本票与支票的异同以及票据的具体运行。

(1) 汇票、本票、支票的异同，对于三者的异同我们主要从定义、功能、种类、当事人、格式、付款方式、时效等几个方面来区分。

① 从定义来看，汇票是由出票人签发的、委托付款人在见票时或者在指定日期无条件支付确定的金额给收款人或者持票人的票据；本票是由出票人签发的，承诺自己在见票时无条件支付确定金额给收款人或者持票人的票据；支票是由出票人签发的，委托办理支票存款业务的银行或者其他金融机构在见票时无条件支付确定金额给收款人或者持票人的票据。

② 从功能看，汇票有支付、信用功能；本票有支付功能（国外有远期本票、发挥信用功能）；支票有支付功能。

③ 从类别看，汇票分为银行汇票和商业汇票（银行承兑和商业承兑），本票在我国只有银行本票，支票有普通支票、现金支票和转账支票三类。

④ 从当事人来看，汇票的当事人包括出票人、付款人和收款人，本票包括出票人和收款人，支票包括出票人、付款人与收款人。

⑤ 从格式来看，汇票一般要由以下几个方面组成，一是要表明"汇票"的字样，二是无条件支付的委托，三是确定的金额，四是付款人名称，五是收款人名称，六是出票日期，七是出票人签名；本票一般要由以下几个方面组成，一是表明"本票"字样，二是无条件支付的承诺，三是确定的金额，四是收款人名称，五是出票日期，六是出票人签名；支票一般要由以下内容构成，一是表明"支票"字样，二是无条件支付的委托，三是确定的金额（可以由出票人授权补记，未补记前的支票不得使用），四是付款人名称，五是出票日期，六是出票人签章。

⑥ 付款方式，在付款日期方面，汇票又分为即期和远期两种，即期的要求在出票后 1 个月内付款，远期的要求到期日起 10 日付款；本票只有见票即付的银行本票，自出票日期两个月内要付款；支票只有见票即付的支票，自出票之日起 10 日付款。同时在付款时要注意其他事项，一是持票人依照票据法规定提示付款的，付款人必须在当日足额付款；二是付款人及其代理人付款时，应当审查票据背书的连续，并审查提示付款人的合法身份证明和有效证件。付款人及其代理付款人以恶意或者重大过失付款的，应当自行承担责任；三是对定日付款、

出票后定期付款或者见票后定期付款的汇票，付款人在到期日之前付款的，由付款人自行承担责任。

⑦ 从时效性来看，汇票和本票的是 2 年，支票是 6 个月。同时还要注意以下问题，一是持票人对前手的追索权，自被拒绝承兑或被拒绝付款之日起 6 个月内行使；二是持票人对前手的再追索权，自清偿日或者被提起颂之日起 6 个月内行使；三是持票人因超过票据权利时效或者因票据记载事项欠缺而丧失票据权利的，仍享有民事权利，可以请求出票人或者承兑人返还其与未支付的票据金额相当的利益。

（2）票据的具体运行，我们主要从出票、背书、承兑、保证和签章的相关制度等方面来进行叙述。

① 出票。出票是指出票人签发票据并将其交付给收票人的基本票据行为，是创设票据权利的行为。出票时一般要注意以下几个方面问题，一是票据金额以中文大写和数字同时记载，二者必须一致，不一致的该票据无效；二是汇票的出票人必须与付款人具有真实的委托付款关系，并且具有支付汇款金额的可靠资金来源。不得签发无对价的汇票用以骗取银行或其他票据当事人的资金；三是本票的出票人必须具有支付本票金额的可靠资金来源，并保证支付；四是开立支票存款账户和领用支票，应当有可靠资信，并存入一定的资金。支票的出票人所签发的支票金额不得超过其付款时在付款人处实有的存款金额，禁止签发空头支票。

② 背书。背书是指持票人为转让票据权利或其他目的，在票据的背面或粘单上记载有关事项并签章、交付票据的附属票据行为。背书一般要注意以下事项，一是出票人在票据上记载"不得转让"字样的，票据不得转让。背书转让的，背书行为无效，但票据有效，背书转让后的受让人不得享有票据权利，票据的出票人、承兑人对受让人不承担票据责任；二是背书人在票据上记载"不得转让"字样的，其后手再背书转让的，原背书人对后手的被背书人不承担票据责任；三是背书由背书人签章并记载背书日期，背书未记载日期的，视为在票据到期日前背书；四是以背书转让的票据，背书应当连续；五是以背书转让的票据，后手应当对其直接前手背书的真实性负责；六是背书不得附条件，背书时附条件的，所附条件不具有票据法上的效力；七是将票据金额的一部分转让的背书或者将票据金额分别转让给二人以上的背书无效；八是背书人以背书传让票据后，即承担保证其后手所持票据承兑和付款的责任。

③ 承兑。承兑是指远期汇票的付款人或付款代理人在票据的正面记载有关事项并签章，承诺在汇款到期日无条件支付票载金额的附属票据行为。承兑一般要注意以下事项，一是见票即付的汇票无需提示承兑；二是见票后定期付款的汇款，持票人应当自出票日 1 个月内向付款人提示承兑。汇票未按照规定期限提示承兑的，持票人丧失对其前手的追索权；三是付款人承兑汇票不得附条件，承兑附条件的，视为拒绝承兑。

④ 保证。保证是指由票据债务人以外的第三人为票据履行的担保，以负担同一内容的票据债务为目的所为的一种附属票据行为。保证一般要注意以下事项，一是保证人由票据债务人以外的他人承担；二是保证人在票据或者粘单上未记载被保证人名称的，已承兑的票据，承兑人为被保证，未承兑的票据，出票人为被保证人；三是保证不得附条件，附条件的，不影响对票据的保证责任；四是保证人为二人以上的，保证人之间承担连带责任；五是保证人清偿票据债务后，可以行使持票人对被保证人及其前手的追索权。

⑤ 签章。票据上的签章应该注意以下事项，一是票据上的签章，为签名、盖章或者签名加盖章，法人和其他使用票据的单位在票据上签章，为该法人或者该单位的签章加其法定代表人或者授权代理人的签章。在票据上的签名，应当为该当事人的本名；二是票据当事人可以委托其代理人在票据上签章，并应当在票据上表明其代理关系。没有代理权而以代理人名义在票据上签章的，应当由签章人承担票据责任，代理人超越代理权限的，应当就其超越代理权限的部分承担票据责任；三是无民事行为能力人或者限制民事行为能力人在票据上签章的，其签章无效，但不影响其他签章的效力；四是票据上有伪造、变造的签章的，不影响票据上其他真实签章的效力。票据上其他记载事项被变造的，在变造之前签章的人，对原记载事项负责，在变造之后签章的人，对变造之后记载的事项负责，不能辨别是在票据变造之前还是之后签章的，视为变造之前签章。

此外，商务文员还应该了解《劳动法》、《外商投资企业法》、《海商法》、《知识产权法》、《侵权行为法》等法规知识，由于篇目所限，在这里就不一一赘述，商务文员可以找相关的法律书籍自学。

（四）办公室财务基础知识

一般的企事业单位，都会有专门的财务管理制度的规定，它一般包括财务管理的原则、财务审批的权限和程序、不同财务类型费用的管理和报销的规定，商务文员在进入公司之后，要对本公司的财务制度熟悉和了解，知道一些基本单据的规范填写，了解本公司财务报销的基本过程，能够熟悉和了解一些基本财务账目的运算方法。

1. 办公室财务管理原则

办公室财务管理的基本原则有，一是依法规范原则，办公室的财务管理和运作要严格按照国家的法律和法规运行，不能违反国家的相关法律和法规，不能欺上瞒下，一定要形成规范，形成程序，把繁琐的财务管理变成日常规范化的工作。二是量入为出原则，办公室的财务管理要考虑经费的来源和多少，在财务支出的过程中，一定要做好预算、把好关，做到收支平衡。三是厉行节约原则，对于公司来说，要想获得最大的经济效益，就需要用最少的付出，获得最大的回报，在维持公司高效运行的前提下，要尽量的少花钱，多办事，要养成节约的好习惯，要从身边的小事情做起，严格按照公司的财务管理制度办事。四是确保运转原则，公司办公的经费的支出一定要能够保证公司的正常运转，不能因为经费的问题，导致公司运转出现问题，从而带来不必要的损失。

2. 办公室常涉及的财务管理类别

办公室常常要涉及的财务管理一般要包括以下一些内容，一是常规办公费用，包括办公用品、耗材、邮电、水电、取暖等费用；二是差旅费用，即公司员工和领导出差和外出学习与考察等费用；三是接待费用，即公司在接待上级领导，商业客户和合作伙伴中支出费用；四是会议费用，即公司每一次开会在会议方面的支出费用；五是电话费用，包括公司内部电话每月的费用以及不同的领导和员工移动电话报销的费用；六是公司车辆管理与使用费用，包括公司所拥有的车辆每月的维护与保养费用、燃油费用和公司临时租赁其他公司车辆的使用费用等；七是其他费用，包括办公用品临时维修等其他费用的支出。

3. 财务审批和报销程序

不同的单位和企业在财务的审批上会有所不同，但都会按照级别和管理权限的大小规定相应的财务支出钱款数额的审批权，一般来说级别越高，管理权限越大，能够审批的钱款数额就越高。但具体级别的高低和拥有的钱款数额的关系要依据不同单位的具体规定来决定。如某一公司规定，实行财务审批一支笔，百元以下由办公室主任决定，百元以上万元以下开支由主管财务工作的领导决定，万元以上支出由公司总经理决定，先请批后花钱，否则不予报销。报销的程序各个单位也会有细微的差别。但从整体上看，其基本的程序：首先，报销人填写好报销单及原始凭证并签字，报销的原始凭证一般是经办人所使用到的各种发票，如出差时的住宿发票、购置办公用品时的购物发票、乘车时的车票和发票等。在填写报销单和准备原始凭证时一般要注意以下几个事项，一是住宿发票要写明住宿人的单位名称、住宿的时间、住宿人数、住宿天数、单价等；购置办公用品的发票要写明购买的单位和部门，购买商品的名称、数量、单价，并加盖公章，外出车辆燃油费等票据要由发票出具单位注明单位名称和车号，过路过桥费用应注明趟数和目的地；二是费用报销人员需要将票据分类裁剪整齐，粘贴平整规范，注明票据的张数与金额；三是填写报销单时，书写清晰准确，大小金额一致，不得涂改、刮擦；四是报销人员必须在经办事情完成后规定的时间内进行报销。其次，部门经理或者主管审核签字。第三，由主管财务的公司副总经理签字，如果支出较大，或者公司有相关规定，还需要交总经理签字。第四，由财务部门审核确认。财务部门在审核与确认时，要注意以下事项：一是开支内容是否符合财务预算，是否办理事前申请程序；二是报销的原始凭证是否真实合法、内容是否完整、数字书写是否清晰、准确；三是购物单据是否有验收人签字；四是相关审批手续是否齐全。最后报销人员要在规定的期限内到公司财务领取报销的款项。下面是一些常用的费用报销单据的模板，以供使用时参考。

费 用 报 销 单

报销日期：　　　年　　月　　日　　　　　　　　　　　　　　　附件　　　张

费 用 项 目	类别	金额	负责人（签章）	
			审核意见	
			报销人（签章）	
报销金额合计		￥		
核实金额（大写）　万　　仟　　佰　　拾　　元　　角　　分　　￥				

审核：　　　　　　　　　　　　　出纳：

（五）现代企业运行模式基础知识

企业运行模式是企业日常运作、发挥作用的一种方式，随着时代的发展，企业的运行方式也在不断地发生变化，一般说来现代企业的运行模式，从大的方面我们可以分为公司化模式与工厂化模式，这就需要商务文员对这两种企业运行方式有所了解，从而能够在工作中有针对性地去提高自己，适应企业的日常运作方式。

1. 公司化运行方式

中国的大多数公司采用的是董事会制度或总经理制度，而西方国家的跨国公司大多采用首席官制度。董事会制度的核心是由执行董事（也叫内部董事）和非执行董事（也叫外部董事或独立董事）所组成的董事会（或叫董事局），他们一般是由公司的出资人所组成的股东大会选举产生，并对股东大会负责，并由董事会选举产生董事长（或董事局主席），作为公司法人代表，负责召集与主持股东会议、董事会会议。实行董事会制度的公司其结构如下图。

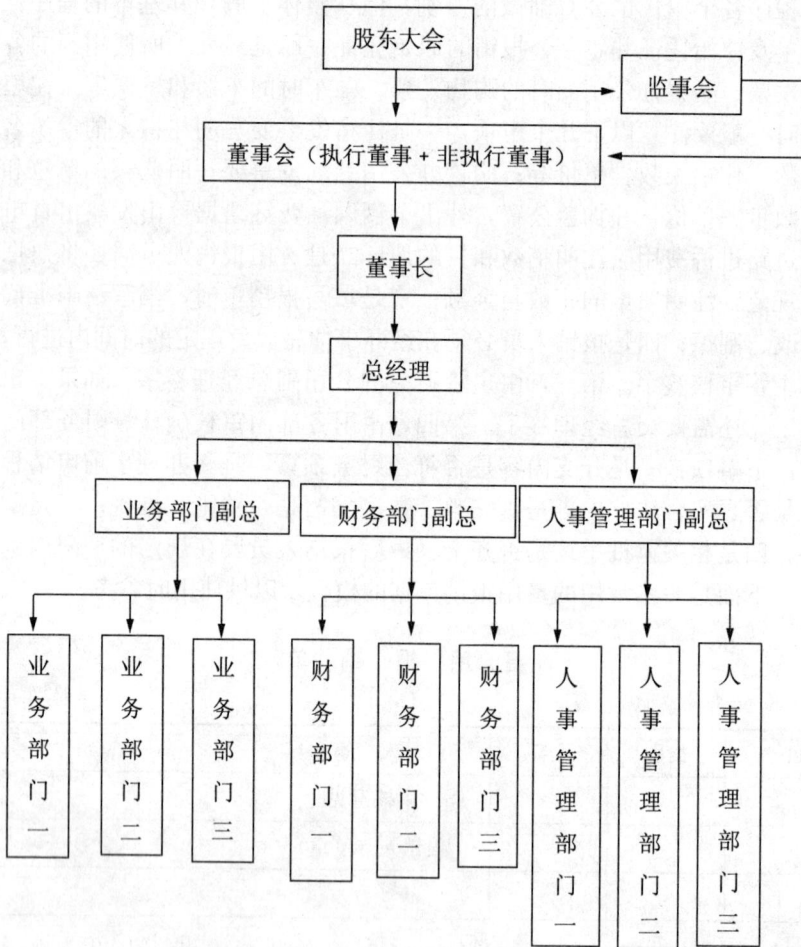

```
                        股东大会
                           │
                           │──────────────┐
                           │          监事会
                           ▼              │
          董事会（执行董事 + 非执行董事）◄─────┘
                           │
                         董事长
                           │
                         总经理
                           │
        ┌──────────────────┼──────────────────┐
   业务部门副总        财务部门副总        人事管理部门副总
        │                  │                  │
   ┌────┼────┐        ┌────┼────┐        ┌────┼────┐
  业务  业务  业务    财务  财务  财务    人事  人事  人事
  部门  部门  部门    部门  部门  部门    管理  管理  管理
  一    二    三      一    二    三      部门  部门  部门
                                          一    二    三
```

实行董事会制度的公司，其基本运行方式是股东大会作为公司的最高决策机关，对公司的大政方针和公司的长远发展方向有最终的决策权；选举、任命、罢免公司的董事，并通过监事会对董事会的运作进行监督。董事会负责召集股东会；执行股东会决议并向股东会报告工作；决定公司的生产经营计划和投资方案；决定公司内部管理机构的设置；批准公司的基本管理制度；听取总经理的工作报告并做出决议；制订公司年度财务预、决算方案和利润分配方案、弥补亏损方案；对公司增加或减少注册资本、分立、合并、终止和清算等重大事项提出方案；聘任或解聘公司总经理、副总经理、财务部门负责人，并决定其奖惩。由董事会选举产生的董事长除了我们上面谈到的董事长职权外还有以下职权，签署或授权签署公司合同及其他重要文件，签署由董事会聘任人员的聘任书；在董事会闭会期间检查董事会决议的执行情况，听取总经理关于董事会决议执行情况的汇报；在发生战争、特大自然灾害等重大事件时，可对一切事务行使特别裁决权和处置权，但这种裁决和处置必须符合国家和公司利益；决定和指导处理公司对外事务和公司计划财务工作中的重大事项及公司重大业务活动；法律、法规规定应由法定代表人行使的职权。总经理一般由董事会任命，对董事会负责，主要处理公司的日常运作，听取部门副总或各个部门领导人的工作报告，并对其工作进行指导，对部门领导人有奖惩的权利。部门副总一般由董事会任命对总经理负责，负责公司几个部门的管理与运行，并对部门领导人有指导的权利。业务部门经理负责某一个具体部门的日常运行工作，并对管理本部门的公司副总负责，对本部门的员工有管理与奖惩的权利。而现代化的公司大多由业务部门、财务部门与人事管理部门来构成。业务部门主要负责公司的日常业务运作，如销售部门、生产部门、研发部门等。对一些大的公司而言，往往没有自己的工厂，只进行产品的研发与销售，把生产外包给代工加工工厂生产，因而这些大公司就没有专门的生产部门。财务部门主要负责公司的财务管理、审计工作，而人事管理部门主要负责公司的人事方面的工作，如招聘、培训、宣传等方面的工作。实行总经理制度的公司，其结构方式与运行方式和实行董事会制度的公司基本相同，不同的是，股东大会直接选举产生总经理，总经理权利更为集中，总经理拥有了董事会制度中的董事会、董事长与总经理三者的权利，并直接对股东大会负责。

严格来讲大多数中国公司，没有真正意义上首席官制度，但从公司的决策灵活性、运行高效性、监督到位性来讲，首席官制度代表了现代化公司的发展方向，因而我们在这里简单介绍一下它的结构与运行方式。它的结构方式如28页图：

首席制的公司其基本运行方式是由股东大会选出董事会，负责公司的日常运营，执行股东大会的重要决策，并对股东大会负责。董事会的成员又分别组成提名委员会、战略委员会、薪酬委员会、审计委员会和执行委员会，分别负责公司的中高层人员任命的提名、制定公司发展的战略、制定公司中高层及员工的薪酬标准、对公司的财务及日常运行进行审计和控制、负责公司的日常运行。执行委员会成员主要由公司的高层管理人员组成，包括首席执行官、总裁、首席运营官和首席财务官。首席执行官负责公司的总体事务，并对董事会负责；总裁主要负责公司的日常行政管理，并协调各个部门的运行，有些公司的总裁的职责相当于首席执行官的职责，对整个公司的运转进行负责，并协调各个部门的运作；首席运营官主要负责公司的业务运行；首席财务官是企业战略的管理者，代表出资方实施企业外部资本控制，并向股东和董事会负责。管理单元负责人主要负责自己所主管的公司某一方面的日常管理，如人力资源部门、保卫部门、培训部门等。业务单元负责人主要负责自己所主管的公司某一方面业务的管理与运行，如研发部门、销售部门、生产部门等。财务总监主要负责公司财务的监督和运行，具体包括：在董事会和总经理领导下，总管公司会计、报表、预算工作；负责制定公司利润计划、资本投资、财务规划、销售前景、开支预算或成本标准；制定和管理税收政策方案及程序；建立健全公司内部核算的组织、指导和数据管理体系，以及核算和财务管理的规章制度；组织公司有关部门开展经济活动分析，组织编制公司财务计划、成本计划、

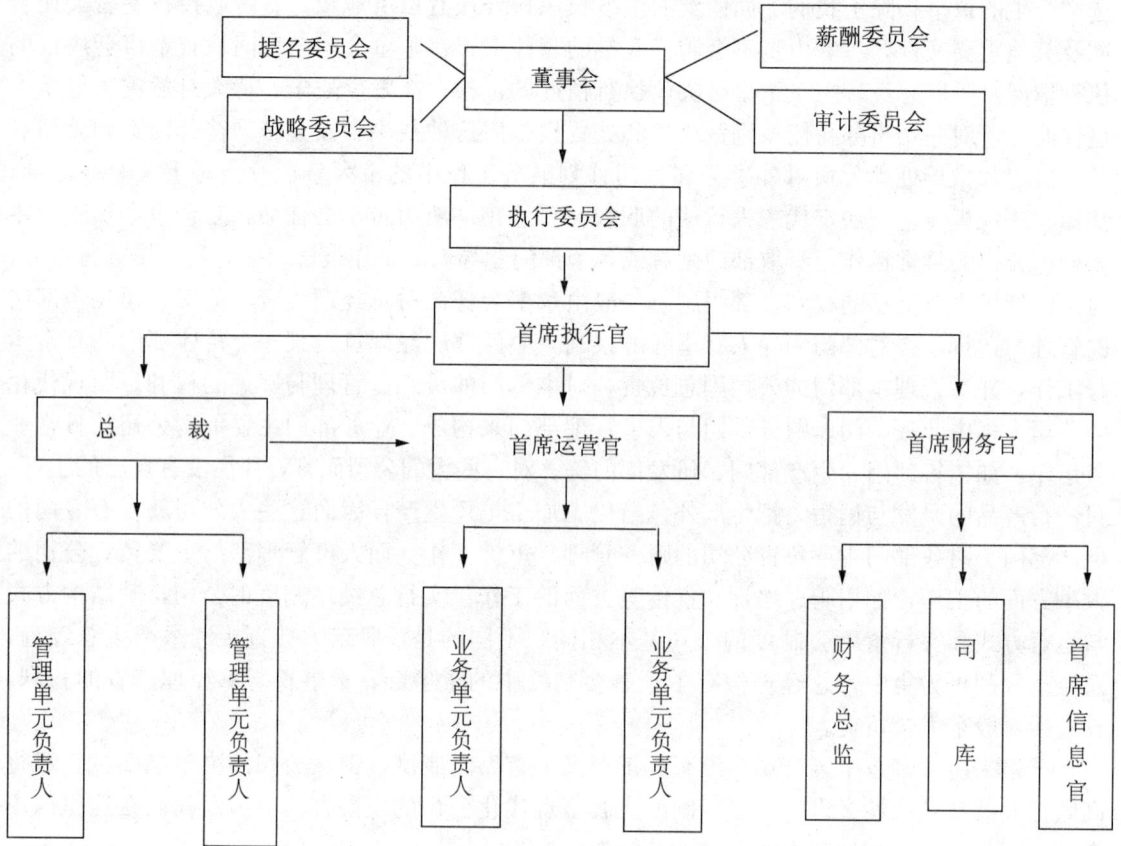

努力降低成本、增收节支、提高效益；监督公司遵守国家财经法令、纪律，以及董事会决议。司库主要负责公司资金与有价证券的管理。首席信息官负责一个公司信息技术和系统。

2. 工厂化运行方式

工厂化运行方式主要以生产为中心展开日常的运行，它又可以分为两种类型，一是专做代工加工的工厂，这种类型的工厂一般不需要对生产的产品进行销售，只是按照客户的需求保质保量的完成产品的生产与加工即可，另外是拥有自己品牌，需要对外进行销售的工厂，往往就需要有自己的销售部门。工厂的结构如29页图：

工厂的运行模式通常是由股东大会选举出来的厂长（总经理）负责全厂的日常工作，并对股东大会负责，然后由几名副厂长（副总）负责管理部门或业务部门的具体工作，并对厂长（总经理）负责，某一业务部门或管理部门都有自己的部门负责人对副厂长（副总）负责，一般叫部门部长（部门经理），并主管本部门的具体工作。对于工厂来讲，其最为重要的部门是生产部门，它一般由采购部门、售后服务部门、品质管理部门、生产车间和仓库等部门组成。工厂接到订单或制定生产计划之后，就采购相应的原材料，在车间进行生产，每一个车间的具体生产由车间主任负责，而每一个车间又由几组生产线组成，每一组生产线由线长、班长或者组长负责，在产品生产过程中和生产完成之后，由品质管理部门负责产品质量的检验、机器的维护等工作，生产的原材料和生产的产品有仓储部门负责管理，产品由销售部门

```
                          ┌──────────────┐
                          │  厂长（总经理） │
                          └──────┬───────┘
          ┌──────────────────────┼──────────────────────┐
   ┌───────────┐         ┌───────────┐          ┌───────────┐
   │第二副厂长（副总）│     │第一副厂长（副总）│      │第三副厂长（副总）│
   └─────┬─────┘         └─────┬─────┘          └─────┬─────┘
     ┌────┴────┐         ┌─────┴─────┐           ┌─────┴─────┐
  ┌─────┐ ┌─────┐   ┌─────┐    ┌─────┐       ┌─────┐    ┌─────┐
  │财务部│ │办公室│   │研发部│    │生产部│       │市场部│    │销售部│
  └──┬──┘ └──┬──┘   └──┬──┘    └──┬──┘       └──┬──┘    └──┬──┘
```

| 行政 | 后勤管理 | 人事 | 项目工程A | 项目工程B | 仓库 | 生产车间 | 品质管理 | 售后服务 | 采购 | 企划 | 市场推广 | 国际业务 | 国内业务 | 电子商务 |

| 第一车间 | 第二车间 | 第三车间 |

| 班长（线长、组长） | 班长（线长、组长） | 班长（线长、组长） | 班长（线长、组长） | 班长（线长、组长） | 班长（线长、组长） |

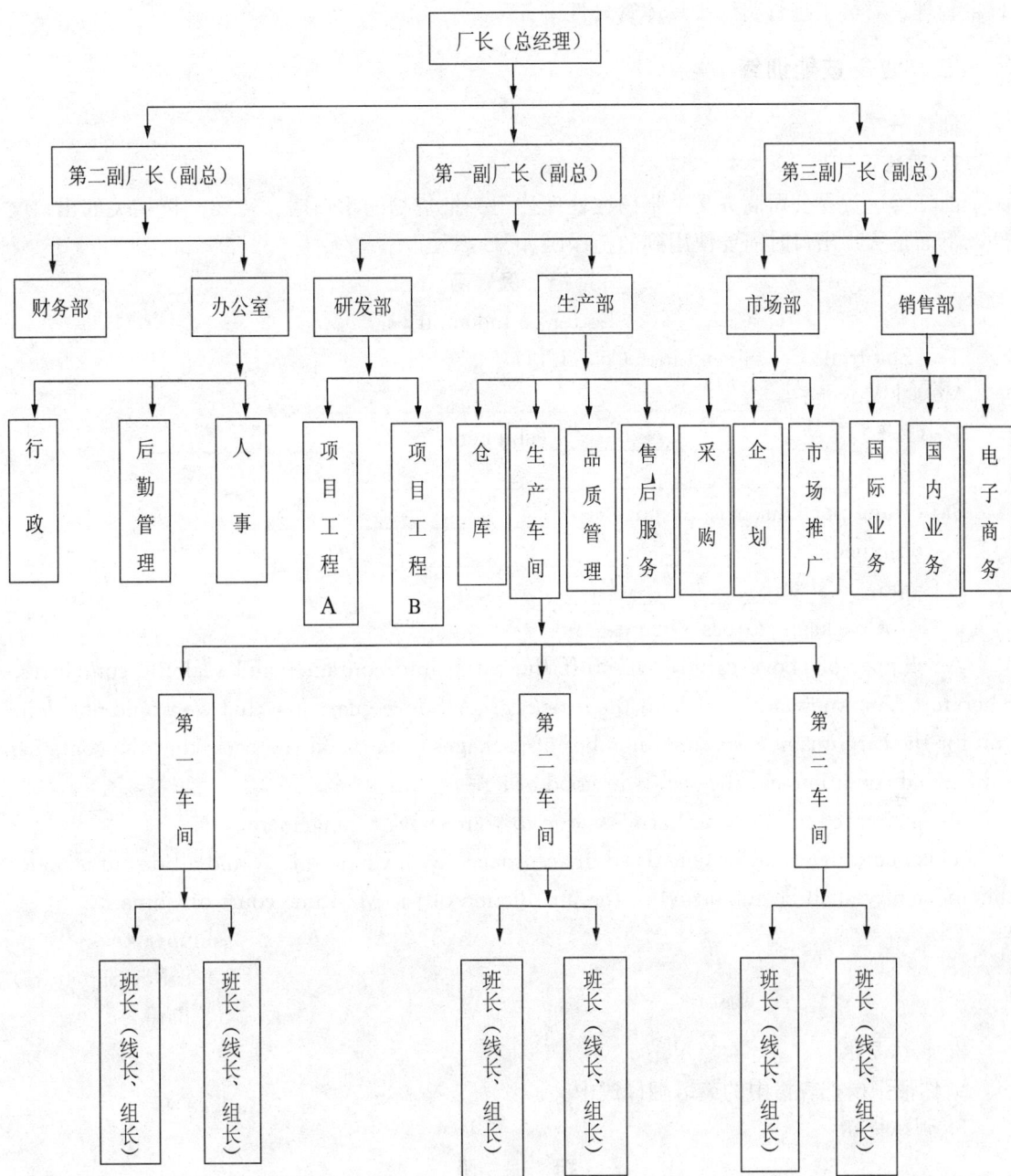

进行发货或销售，并由售后服务部门对产品进提供售后服务。其次是研发部门，负责新产品的研发和生产线的技术改造，提高产品的质量和品质，研发适应消费者需求的新产品，并提高生产效率。其三，由销售部门负责产品国际、国内市场的开拓，负责产品的网上销售与交易。其四，由市场部门负责市场产品的调研，对企业的新产品进行规划，并对本厂生产的产品进行市场推广。其五是财务部门，负责工厂的财务运转，制定每年的财务计划等。其六是行政管理部门，包括公司的人事、后勤、保卫、行政管理等，负责公司的员工招聘、培训、

日常管理、对员工进行奖惩等具体管理性事务。

三、业务技能训练

训练一

1. 训练背景

浙江腾达贸易公司商务文员张扬在处理公司一批货物的出口时，需要阅读相关的出口文件，下面是货物出口时需要使用到的担保函。

担 保 函

Letter of Indemnity

To：Sinotrans Container Lines Co.，LTD.

Vessel/Voyage：_____

1.（B/L）：_____ （shipper）：_____

2. Container：_____

3. Loading port/discharging port：_____

4. Consignee：_____

5. Cargo：_____

6. No. of packages/Gross Weight：_____

As shipper of above cargo，we stuff the cargo into container and seal the containers. Therefore You know nothing about the inside cargo. So we guarantee that we would not claim you for the cargo name，species，number of packages，status on the basis that the container is in sound condition and the seal is in good order.

We guarantee to hold you harmless due to your above arrangement.

This guarantee shall be construed in accordance with Chinese Law and all disputes under this indemnity shall be submitted to the jurisdiction of the Maritime court of China.

shipper：

（seal or Signature）

date：

2. 训练要求

请你帮张扬把表格中的英语翻译成中文。

3. 训练提示

担 保 函

Letter of Indemnity

致：中外运集装箱运输有限公司

To：Sinotrans Container Lines Co.，LTD.

船名/航次 Vessel/Voyage：_____

1. 提单号（B/L）：_____托运人（shipper）：_____

2. 箱号 Container：_____

3. 装港/卸港　Loading port/ discharging port：_____

4. 收货人 Consignee：_____

5. 货物 Cargo：_____

6. 数量/重量 No. of packages/Gross Weight：_____

我公司作为上述货物的发货人，将上述集装箱内的货物分别装箱并加铅封后交付给贵司，贵司对箱内货物的情况不知情。因此，在集装箱外表状况良好、铅封完整的情况下，我公司保证不会就箱内货物的品名、种类、数量、状况等方面追究贵司的法律责任。

As shipper of above cargo, we stuff the cargo into container and seal the containers. Therefore You know nothing about the inside cargo. So we guarantee that we would not claim you for the cargo name, species, number of packages, status on the basis that the container is in sound condition and the seal is in good order.

我公司同时保证承担贵司因上述安排所遭受的一切风险、责任和损失。

We guarantee to hold you harmless due to your above arrangement.

本担保函将根据中国有关法律进行解释，任何本担保函项下的纠纷提交有管辖权的中国境内海事法院审理。

This guarantee shall be construed in accordance with Chinese Law and all disputes under this indemnity shall be submitted to the jurisdiction of the Maritime court of China.

> 发货人/shipper：
>
> （盖章/seal or Signature）
>
> 日期/date：

训练二

1. 训练背景

浙江腾达贸易公司商务文员张扬，最近因为处理业务，到北京出差 3 天，大约花销 2000 元。根据腾达公司的规定，花销在 1000 元以上 10000 以下的，要有公司主管财务的领导审批。但是他乘坐出租车时，没有索要发票，并因为粗心，将住酒店的发票丢失。回到公司之后，他只报销了火车票和餐费的 1000 多元，其他的费用只能自己承担。

2. 训练要求

张扬在报销中忽略了哪些问题？

3. 训练提示

张扬忽略了公司的报销制度，没有索要和保存好报销的凭证，因而按照公司的财务制度规定，他只能自己承担出差期间的部分花销。

培训小结

本章主要从基础理论的角度对商务文员的主要工作内容，应该具备的素质和职业道德，工作的性质和特点，工作的规律和方法，应该掌握的知识和技能等方面进行了系统的论述，并对商务文员的外贸进出口和办公室财务管理的技能进行了训练。

重点名词与概念

——职业道德是人们从事职业活动所应遵守的行为规范。

——货代是货运代理的简称，一般指接受进出货物收货人、发货人或其代理人的委托，以委托人或自己的名义办理有关业务，从事与运送合同有关的活动，并收取服务费和佣金，处在货主和承运人之间的中间人。

——合同是平等主体的自然人、法人及其他组织之间订立、变更、终止民事权利义务关系的协议。

——汇票是由出票人签发的、委托付款人在见票时或者在指定日期无条件支付确定金额给收款人或者持票人的票据。

——本票是由出票人签发的，承诺自己在见票时无条件支付确定金额给收款人或者持票人的票据。

——支票是由出票人签发的，委托办理支票存款业务的银行或者其他金融机构在见票时无条件支付确定金额给收款人或者持票人的票据。

练习与思考

1. 商务文员应该具备怎样的基本素质？
2. 商务文员工作的基本性质包括哪些？
3. 商务文员工作的方法有哪些？
4. 外贸出口的基本流程是？
5. 合同有哪些类型？
6. 报销的程序是什么？

案例分析

文员工作的性质

刘博从大学毕业后，到一家外资企业做商务文员。刚开始时，刘博对工作充满了信心，满怀热情地投入到工作中。不久他发现自己的工作时间非常不固定，有时已经到了下班时间，领导却给自己布置新的任务，有时自己正在休假，却被领导一个电话叫回到公司。部门里面的许多杂活都得自己亲自去办，而且自己做了很多的工作，却并没有得到上级领导的表扬，心里觉得很委屈，挫折感增强，工作的积极性也逐渐消减，工作效率开始下降。他的反常表现被同一部门的文员李文看到，就利用空余时间和他谈心，告诉他做商务文员本身在工作时间上就不固定，许多杂活就得商务文员亲自去做，而工作成果是反映在主管领导身上的，所以要正确对待。刘博听了李文的话后，很快从沮丧中调整出来。工作勤勤恳恳，踏实、高效，不久就得到了提拔。

（**注**：商务文员工作本身就具有作息边界的模糊性、角色的多重性、具体事务的操办性等性质，商务文员只有了解了这些特性，才不会在工作中迷失方向；其次，商务文员还要具有良好的心里素质，学会自我调节。这样才能以饱满的热情投入到工作中去，最终得到提拔。）

第二章　商务文员的沟通与协调

本章培训主要内容：本章主要介绍沟通与协调的含义以及与同事、上级、中外机构进行沟通与协调时需要掌握的基本知识。

本章应掌握的主要技能：在本章中商务文员应该熟练掌握与同事、上司和中外机构进行沟通协调时的基本程序和步骤，能够通过自己的沟通为工作和发展以及公司的业务往来创造一个良好的氛围。

第一节　与同事沟通与协调

一、规范案例

浙江腾达贸易公司的商务文员张扬在处理日常事务时，经常要和同事与客户进行沟通协调，为了加强自身沟通协调的能力与技巧，张扬专门购买了相关书籍，认真地学习，并把学到的知识和技巧灵活地运用到日常工作当中，提高了工作效率。一次，经理把组织元旦晚会的任务交给张扬。接到任务后，张扬和各个部门进行沟通与协商，广泛地听取各方意见，在此基础上，拟订了详细的晚会方案，并报请领导同意后实施。在实施过程中，张扬认真地组织与落实，晚会得以顺利地举行。

注：沟通与协调都是我们高效完成工作的方法和手段，沟通是人们为了达到既定目标用一定的语言符号，传递信息、思想和情感的过程。具体来说就是人与人之间、人与组织之间、组织与组织之间的政务与业务往来。而协调是通过协商、沟通、调和、调解，使产生隔阂、失调、差异以及矛盾的各方消除隔阂、彼此理解、互谅互让、求同存异，使矛盾得以解决的过程，因而它是一种特殊形式的沟通。作为商务文员只有熟练地掌握沟通与协调的基本知识和技巧，才能在处理日常事务中得心应手。

二、应知应会

（一）沟通的基本知识

1. 沟通的类别和方法

（1）沟通的类别。按照不同的标准，可以划分出不同的类别。从组织关系来看，可以分为内部沟通与外部沟通，也可以分为上行沟通、下行沟通与平行沟通。从沟通的一般关系来看可以分为，单向沟通，即一方向一个特定的对象作单线的定向沟通，只要求对方接受、了解，而不要求对方回复的沟通，如贺电、贺信和感谢信；双向沟通，即要求对方反应、回复，以互相了解，进一步磋商的沟通，如通电话、面谈、发电子邮件；多向沟通，即一方同时向两个以上的对象所作的呈辐射性沟通。如座谈会，会议上做报告，发布的通知等。根据沟通手段可以分为，书面语言沟通，即利用文稿实现信息传递与反馈；口头语言沟通，即通过语言的交谈来实现信息的交流，它不仅包括面对面的语言交谈，也包括会议、小组讨论和电话中的语言沟通；态势语言沟通，即借助于表情、肢体动作影响来强化信息交流沟通的手段。根据沟通领域的不同可以分为，网络沟通，即借助电脑和互联网实现的信息交流；团队沟通，即工作小组内部发生的沟通行为；跨文化沟通，即拥有不同文化背景的人们之间的沟通。

（2）沟通的方法。一般包括以下几种方法，一是直接沟通，即通过声、光、电、语言、文字、图像等载体直接发送或交换的沟通；一是间接沟通，即通过第三方中介或者媒介所传达的沟通；一是明示沟通，即以尽可能明白、清楚、准确的语言、文字、图像表达来沟通；一是暗示沟通，即采用暗示法、提醒法、委婉法、寓意法进行的一种沟通方法。

2. 沟通的渠道和技巧

（1）面谈沟通。即面对面的交流，这种信息交流方式比较直接，使沟通双方能够直接明白对方的思想和观点，取得信息上的直接交流。在面谈沟通时，要想取得一个比较理想的效果，下面的沟通技巧可能对商务文员的面谈沟通有很大的帮助。其一，要预先选择面谈的时间和地点并预约，时间一般以双方都休息的时间为宜，地点要安静、适合于交谈，然后向交谈方发出预约。预约时，要向对方说明预约的主要目的及面谈的时间和地点。其二，围绕主题准备材料，当对方接受预约后，商务文员就可以围绕面谈的主题准备资料，了解对方的基本情况，如姓名、年龄、性别、家庭、性格、爱好、职位等，以做到对面谈人心中有数，使面谈时候的主动权牢牢掌握在自己手中。其三，在面谈时要礼貌致意，主动称呼对方的职位，尽量使用对方熟悉和了解的语言，除非必要，不要轻易打断对方的讲话，表现出积极倾听和回应，避免自己唱独角戏。其四，谨慎使用幽默，不要拿自己开玩笑。其五，不要针锋相对、直接反驳对方。其六，不要谈没有准备的话题，不要突然改变话题，并作过多的解释。其七，适时终止交谈。

（2）书面沟通。即借助于文字而进行的沟通，这种沟通方式不受时间和地点的限制，不需要和沟通人见面，可以避免不必要的尴尬。在书面沟通时，要想达到理想的沟通效果，商务文员必须掌握以下的沟通技巧：其一，商务文员应该掌握必要的文字书写能力，语言要准确简练；其二，商务文员应该多注意平时素材的积累，多进行写作方面的锻炼；其三，写消极消息时，要有委婉的开头，并且消极的消息最好放在文章中间，让接受者有所准备；其四，用激发阅读兴趣的短语引导读者进入你的说服领域；其五，文字要字斟句酌，文稿要仔细校对；其六，在文章中可以用提建议的方式来说明你的观点和看法。

（3）会议沟通。商务文员在会议中，主要是通过自己的服务来达到沟通的目的，良好的服务能够促使会议顺利有效地进行，从而达到沟通的目的。商务文员在会议服务中，应该注意自己的形象，要热情周到、大方，对与会者要微笑相迎。有时，商务文员也可以通过相应的会议来实现与客户的沟通，如参加客户座谈会、洽谈会等。

（4）演讲沟通。演讲是在公共场合经常使用的效果显著的沟通方式。这种沟通方式往往具有煽动性、鼓舞性和感染性。演讲沟通时注意以下技巧，将对沟通有很大的帮助：其一，要把演讲的话题和听众关心的话题结合起来，达到引起听众注意力的效果；其二，题目不能过长，但要醒目、有震撼力；其三，引用资料要翔实、新颖、针对性强；其四，要充满自信和激情，保持良好的情绪与心情；其五，要根据不同场合选择恰当的形式，语言要以短句为主，充满感染力；其六，要有一定的肢体语言辅助表达。

（5）电子媒介沟通。即通过电子媒介和互联网进行的信息交流与沟通。如，通过电话、可视电话、电子邮件、QQ、MSN等通讯软件进行沟通。商务文员要想很好地进行电子媒介的沟通，就需要商务文员必须掌握计算机的基本技术，了解网络软硬件常识，熟悉网络文件编辑的基本技术。但一般涉及商业秘密的信息不宜利用网络沟通，如果使用网络，不能忘了加密，同时公司和个人的私密信息也不能随意在网上传播。

3. 沟通的障碍

（1）技术性障碍。因沟通者技术能力或者技术条件不足而造成的沟通障碍。如说话时口齿不清、语音不准，写稿时句子不通、词不达意等。

（2）信息不对称性障碍。因沟通者对沟通对象的信息缺乏必要的了解，对对方知之甚少，而对方对自己的信息掌握得比较充分，从而在沟通中丧失主动权所造成的沟通障碍。

（3）体制性障碍。因组织、系统内层次划分不清，职能重叠而造成的沟通障碍。

（4）心理障碍。由于沟通者与沟通对象之间存在着职位、地位、年龄、学历、性别等差别，而沟通者又囿于传统观念、世俗偏见而造成的心理障碍。

（5）环境的障碍。由于交谈环境比较嘈杂所造成的沟通交流的障碍。

以上的障碍都需要商务文员在沟通中加以克服，以防对沟通造成不良的影响。

（二）协调的基本知识

1. 协调的原则

一是政策指导原则，对企业来说，进行相应的协调要依靠国家的法规与政策、公司的规章与制度来进行协调，它是商务文员进行协调的依据。二是公正无私原则，商务文员在协调时，应该不偏不倚，站在客观事情的基础上进行协调，不能掺杂个人情感与好恶。三是平等、尊重原则，商务文员在协调的时候应该尊重被协调人，不能居高临下，而应该站在平等的立场上去听取意见，进行协调。四是统筹兼顾的原则，商务文员在协调时应该照顾双方的利益，兼顾公司的利益，应该顾全大局，从公司的利益出发，找到一个对各方都有利的解决办法。五是随机应变的原则，商务文员在协调的时候应该坚持基本原则，但方法应该是灵活多变的，要根据具体情况随机应变进行协调。

2. 协调的内容

（1）政策协调。公司政策执行的过程，就是一个不断协调的过程。当公司对某种产品的销售执行新的政策时，商务文员往往面临对客户的新政策协调，使客户能够明白公司的意图，从而理解公司的所作所为，避免因为政策的改变而丢失客户。

（2）关系协调。包括与上级下级与平级关系的协调。商务文员需要熟悉的是与上级与平级关系的协调。

（3）事务协调。商务文员在平常的工作中面对的是各种具体事务的执行，商务文员在执行事务过程中，面临着各种关系协调，只有充分调动各方面积极性，才能更加有效地完成具体的工作。

（4）社会协调。社会协调主要是指协调本单位和其他单位以及外部公众之间的关系，为公司发展营造良好的外部环境。

3. 协调的程序

（1）调查了解。了解事情的真实情况，做到心中有数；

（2）研究问题。针对问题进行分析，找到问题的关键和矛盾的焦点所在；

（3）提出解决方案。根据存在的问题和矛盾，提出双方都能接受的解决方案；

（4）磋商协调。与双方进行沟通，不断的协商，对解决方案不断修改，最终达到双方能够满意和接受；

（5）督促落实。在双方达成协议后，商务文员还应该对双方落实情况进行督促，保证落实；

（6）监督反馈。商务文员还要听取双方反馈意见，监督落实情况，保证落实的成果。

4. 协调方式与方法

（1）协调方式有以下几种。一是传达命令式，传达命令式一般是领导人采用的协调方式，商务文员一般很少采用。二是协商协调式，即采用平等协商的方式来进行协调，来化解双方矛盾。三是说服式协调，即在协调中采用启发、讨论、沟通思想、理性说服、使双方明白利害关系，接受协调方案。四是建议式协调，即站在建议者的角度向对方提供可供参考的解决方法，从而达到解决矛盾的效果。

（2）协调方法一般有以下几种。一是会谈与对话，即与对方进行直接的会面交谈和对话，进行沟通和协调。二是座谈讨论，即邀请双方进行座谈，让双方坦诚相见，通过座谈取得一致。三是会议和会商，当涉及各个方面和各个部门共同关心的问题和事务的处理时，可以通过会议和会商的方式进行沟通，互相了解情况，根据共同意见采取行动。四是会签与会稿，即对一个事情的具体文件起草由各个涉及部门共同派人起草，并共同签署，通过这种方式来协调各部门的利益，这方面商务文员涉及甚少。

（三）与同事沟通协调的作用

维护团队的团结与合作。公司就是一个大的集体，不同的部门就是不同的工作团队，如果团队之间，不同工作人员之间不能心往一处想，劲往一处使，就会造成不必要的内耗，影响公司的日常工作，因此商务文员在工作中，应该学会积极的沟通与协调，保持和维护整个团队的团结与合作，创造良好工作氛围。

提高工作效率。商务文员在工作中，不可能通过一个人的力量完成所有的工作，常常需要同事的配合，才能高效及时完成领导布置的工作任务。因此商务文员只有通过沟通与协调，处理好与同事之间的关系，形成良好人际关系，才会在处理具体事务时得到大家的配合与认同，提高工作效率。

提高自身素质和能力。商务文员在工作中，需要谦虚谨慎，向同事请教和学习，学习别人长处，不断改掉自身缺点，通过工作来提高自身素质和能力，这同样离不开商务文员的有效沟通与协调。只有沟通协调好了，同事才愿意帮你想办法、出点子，才愿意把自己知道的相关岗位工作的知识与工作技巧传授给你。

（四）与同事沟通协调的原则

尊重。商务文员在与同事沟通与协调的过程中，应该尊重每一位同事的工作习惯、生活习惯，尊重每一位同事的看法和观点。尊重他们个人的隐私，不能把自己的观点强加给别人，不能咄咄逼人，要学会站在别人的角度去考虑问题，理解和宽容别人。

平等。商务文员和所有的同事之间都是平等关系，是因为工作的原因而联系到一起，这就要求商务文员在沟通与协调中要不卑不亢，既不能觉得高人一等，也不能自卑，要善于表达自己的观点和看法。

友好。商务文员要和每一位同事都保持友好的关系，但不要在单位当中显示出与某些同事特别亲密，即使与某些同事关系特别亲密，也不要在公开的场合表现出来，以免引起其他同事的妒忌和领导的猜疑，这样不利于在日常工作中的沟通与协调。

善于聆听。在沟通与协调中，商务文员要善于聆听别人的看法与观点，抓住对方所要表达的核心内容，不能随意打断别人的讲话，并根据对方的观点找到大家都能接受的方法进行沟通与协调，如果不善于聆听别人的观点，只是一味地阐述自己的看法，就很难进行有效的沟通协调。

（五）与同事沟通协调的程序

确定沟通与协调的目的。商务文员在与同事沟通之前，要想好本次沟通与协调要达到的目的与效果，明确沟通与协调的核心内容。以便在沟通与协调过程中紧紧围绕目的展开沟通与协调，避免在谈话中毫无目的，偏离话题太远，达不到预期效果。

围绕沟通与协调的目的预先确定相应的话题。商务文员应该在进行沟通与协调之前，在纸上或者在头脑中规划好这次沟通与协调需要涉及的几个方面的话题，并对每一话题要达到的目标做到心中有数，使自己在沟通与协调中牢牢掌握主动权。

掌握实际情况。商务文员通过调查和对相关材料的详细了解，对事情的真实情况做到心中有数，知道事情的来龙去脉，及所要涉及话题的实际情况，从而明确每一个话题应该怎样表达才更加合理，更能让对方接受。但无论怎么讲，事情的实际情况才是沟通与协调的前提，是最有说服力的证据，也是达到目的的最佳手段。

预先想好可能出现的意外情况。商务文员要预先想好沟通与协调中出现的意外情况，并对每一种意外情况的处理办法做到心中有数，这样就可以使自己在沟通与协调中从容自然、不慌不忙，能够轻松地去处理各种意外情况。

确定沟通的地点与时间。商务文员在与同事沟通的过程中，时间和地点是灵活多样的，既可以利用上班短暂休息时间在公司里进行沟通，也可以利用下班的时间在双方的家里进行沟通，还可以利用休息时间在相应娱乐场所进行沟通，但商务文员在选择娱乐场所进行沟通时，一般应该选择比较安静的场所。具体选择哪一种场所，商务文员要根据自己沟通与协调目的来确定。

发出邀请。在确定时间和地点后，商务文员就可以向同事发出邀请，在发出邀请时，要让同事明白这次谈话的目的。一般在没有其他事情的情况下，同事会按照你预先确定的时间和地点赴约，如果有特殊情况，可以让同事确定合适的时间和地点。

准时赴约。在与同事沟通与协调中，一般约请方要提前到达地点、选好位置，一般以提前 10 到 15 分钟为宜，以免同事提前到达时发现主人不在。

换位思考。在谈话中，要适当地进行换位思考，站在对方的角度去理解对方的观点和看法，并对对方的看法表示理解和赞同，然后在提出自己的看法和观点，从而找到契合点，达到沟通与协调目的。

三、业务技能训练

训练一

1. 训练背景

浙江腾达贸易公司为了适应国内与国际市场发展的需要，决定从下个月起不再经营附加值较低的某些产品，公司领导决定将相关消息用书面形式通知给这些产品的生产厂家，经理决定把这个文件的起草工作交给商务文员张扬。

2. 训练要求

由于这些厂家长期以来和公司形成了良好的合作关系，张扬应该如何来起草这个文件，以使这个问题在友好的关系下解决。

3. 训练提示

张扬应该掌握负面信息沟通时写作的技巧，即写消极消息时，要有委婉的开头，并且消极的消息最好放在文章中间，让接受者有所准备。所以这个文件的起草，首先要在文件的开头回顾双方多年以来形成的良好合作关系和结下的深厚友谊，并对对方表示感谢，感谢多年以来对本公司的支持和帮助，然后写明由于公司业务的调整，对对方的某类产品从下个月起不再订货，让对方及时调整生产，防止损失。最后，表明有机会继续合作，并再次表示感谢。

训练二

1. 训练背景

浙江腾达贸易公司商务文员张扬，在日常工作中表现良好，得到了领导和大多数同事的认同，可老员工张爽认为张扬优良的表现是对自己的威胁，所以，总是看不惯张扬，在日常工作中也常常故意找张扬的麻烦。一次，张扬负责考勤，发现张爽迟到了，就把情况如实地汇报给了领导，张爽被扣发了当月的部分奖金。张爽因此对张扬更加不满，认为张扬在故意找自己的麻烦。

2. 训练要求

将班级分成几个小组，分别进行讨论，张扬面对这种情况应该如何来处理，然后每个组选出一名代表，进行发言。

3. 训练提示

张扬首先应该对张爽的基本情况进行了解，找到对方比较感兴趣的话题，找一个恰当的理由，将对方约出来；然后，在交谈中换位思考，对对方的一些看法表示赞同，缓解两人的紧张气氛，然后向对方表明自己所做的事情都是为了工作，没有任何的针对性，希望对方理解。并表示对方在许多方面做得都比自己好，都值得自己去学习，希望在今后的工作中能够多帮助自己。

第二节　与上司沟通与协调

一、规范案例

浙江腾达贸易公司的商务文员张扬性格开朗，办事干练，每次领导布置任务后，对于其中他不太理解的方面都会与领导沟通，在执行中遇到问题和任务的进展情况，他都能及时地向领导请示汇报。所以每一次工作他都能很圆满地完成，深受领导赏识。

注：在日常工作中要想高效、准确地完成各项任务，就要准确地理解和明白领导的意图，如果对领导的意图领会错了，那么也就没有办法保证任务完成的质量和效果。这都需要商务文员要及时地和领导进行沟通与协调，能够把领导的意图贯彻下去，把员工的建议和意见反映上来。

二、应知应会

(一) 与领导沟通与协调的作用

准确把握领导的意图。领导在布置任务时，由于客观或者主观的原因，商务文员可能很难一下子就清楚明白地理解领导的意图和想法，无法顺利地开展工作，即使开展工作也会因为对领导的意图把握不准确而出现工作的偏差，做得越多越让领导不满意。因此商务文员在没有准确领会理解领导意图之前，应该及时与领导沟通，明白领导的真正意图与目的，然后再开展工作。

促进工作的顺利开展。商务文员在开展工作时，除了自己的直接领导外，可能还要涉及与其他部门配合，这就需要其他部门领导的同意，这时商务文员就需要积极地和这些部门领导进行沟通与协调，这样工作的开展才能更加顺利。

缓解工作压力。商务文员在具体工作执行的过程中，不可避免的会出现一些挫折，如无法及时地完成某项任务，受到部门领导的训斥等。有些情况下，可能不是因为个人的原因，而是客观的因素导致的，这需要商务文员及时地与领导进行沟通，说明具体情况，就可以有效缓解来自上级领导的压力。

参与到公司的管理。虽然商务文员是具体工作的执行者，很少参与到公司的管理当中去，但商务文员可以通过加强与领导的沟通，在适当的时候，向领导提出自己的建议和看法来参与到公司的管理当中，使领导的决策更加合理和符合实际情况。

促进自身的提升。商务文员多加强与领导的沟通和协调，加深领导对自己的了解，使领导对自己的能力、素质都能够做到心中有数，从而和领导建立良好人际关系，在领导心中留下良好印象，为自己在公司中进一步提升打下良好基础。

(二) 与领导沟通协调的原则

主动配合、适应。商务文员应该善于理解领导的工作意图，主动与领导沟通与协调，主动配合领导做好各项工作，适应领导的沟通方式，不能消极等待上级指令，而应主动发现问题，去和领导沟通并解决问题。

服从而不盲从。商务文员对于领导交代的事情要服从，要想办法、创造条件去完成，但并不是一味盲从，如果领导交办的事情有明显的错误，在维护公司利益的基础上，商务文员应该采用恰当的办法，积极和领导沟通，委婉地提醒，采用恰当的方式提出建议，以免对公司造成不好的影响。

维护领导的权威。商务文员在和领导的沟通中要始终认清自己的位置，树立领导的权威，在与领导沟通时，要多用一些汇报性的语言，多用敬语，要让领导觉得受到尊敬。其次，不能把领导对自己说的话传给别人，在别人面前树立领导的权威，也会让领导愿意和你进行更多的沟通和交流。

维护领导之间的团结。商务文员主要为自己的主管领导服务，此外还应该力所能及地执行其他领导的指令，而不可只顾及自己直接领导，得罪其他领导，也不可以遇事越过直接领导向更高一级领导请示，商务文员既应维护直接领导的威信和利益，也应维护领导间的团结。

及时通报工作进程。商务文员在工作中，应该把工作的进展和完成情况及时向领导进行汇报，让领导对整个工作进程做到心中有数，不要等到领导询问的时候在进行汇报，这样会在领导心目中留下不好的印象。

（三）与领导沟通协调的程序

确定沟通的目的和话题。商务文员在和领导沟通之前一定要确定好沟通的目的和话题，最好要把自己所要说的内容写成文章，并熟记自己所要说的每一句话，语言一定要简洁明了，以便节省汇报的时间。

确定领导人际风格，有针对性进行汇报。不同人际风格的领导，其处事风格会有所不同，这就需要商务文员应该能够预先确定领导的人际风格，然后进行针对性的汇报。一般的人际风格有四种类型：一是城府分析型，这种领导习惯在决策时把握细节多，提问题多，决策慢，极少流露情感。针对这种领导沟通应该注意细节。量化的信息尽量准确、详细，直接进入主题，不需要态势语的辅助。二是温和型，这种领导讲话有条理，感情表现直接，能够耐心听下属的反馈。针对这种领导应该注意尽量保持微笑与迎合，宜用提问的方法征询意见。三是直接表达型，这种领导有直来直去的表达习惯，热情幽默，有时比较夸张。针对这种领导沟通应该直截了当，在最短时间内说明问题。四是支配命令型，这种领导做事果断，表情刻板，习惯指挥并用命令的口吻说话。针对这种领导沟通协调时不要太多的寒暄，直接切入主题，表达简明扼要，保持目光交流，以显示自己的信心。

确定沟通、汇报时间与地点。商务文员与领导的沟通一般适宜在领导的办公室进行，沟通的时间一般以在领导的工作时间内，且没有其他工作需要处理的情况下为宜，一般不要在领导休息时去找领导沟通，以防打搅领导休息。与领导的非正式沟通可以在单位举行的一些集体社交活动中进行，如喝茶、进餐、参加晚会、郊游、文体活动时等。

沟通时要简练，适时结束自己的汇报。商务文员在沟通时，说话要简洁明了，语气要谦虚，汇报不宜过长，要根据领导的反应适时结束自己的汇报，如果领导有提问，要认真如实回答，如果领导示意可以离开，要主动向领导告别。

三、业务技能训练

训练一

1. 训练背景

浙江腾达贸易公司要在东北三省设立分公司来销售某类进口商品，但公司对东北三省的市场行情了解得不够，就派张扬去做前期的市场调研。当市场的调研完成后，公司的王建国总经理亲自听取张扬的市场调研汇报，王总经理是一位有城府善于分析的领导。

2. 训练的要求

张扬在进行汇报的时候，应该注意些什么？

3. 训练提示

张扬应该根据领导的人际风格进行汇报，由于王总是一位有城府善分析的领导，所以张扬在汇报时应该注意细节，量化的信息尽量准确、详细，直接进入主题，不要出现辅助性的态势语。

训练二

1. 训练背景

浙江腾达贸易公司最近要经销某类产品，由于销售人员不够，派张扬进行调研。调研后，张扬觉得这种产品不太受市场的欢迎，但领导层已经基本确定了经销这种产品的时间，并要求员工对这种产品进行深入了解，为下一步的销售做准备。张扬为此再次进行了深入的市场调研，通过调研他进一步加深了自己的认识。

2. 训练要求

张扬应该如何把自己的意见反映给领导？

3. 训练提示

张扬应该采用比较委婉的方式提意见，他可以写一个市场调研报告交给领导。在报告中，应该把一些详细的情况交代清楚，要反映市场的事实。

第三节　与内外机构沟通与协调

一、规范案例

浙江腾达贸易公司商务文员张扬在国内外贸易中要和很多的客商来往，每一次在和新的客户交往时，他都做好充分的准备，详细了解客户的基本资料，预想好交往中可能会出现的场景和应付的方法，并准备好需要的材料。每次都给客商留下了良好印象，往往他联系的客商都能和公司保持长期合作关系。

注：商务文员所做的职业就需要商务文员要有很强的沟通与协调能力，特别是在与国内外客户进行业务往来的时候，沟通的能力与技巧往往会起到举足轻重的作用。

二、应知应会

(一) 与内外机构沟通与协调的作用

营造良好的经营氛围。加强与内外机构的沟通与协调，可以增加相互之间的交流与理解，能够化解公司与这些机构之间的误会与矛盾。增强与这些机构之间的业务关系、增加相互之间的友谊，求同存异、互惠互利、共同发展，为公司的不断壮大创造良好的经营氛围。

提高公司的企业形象。企业的形象是一个企业在社会中给人们留下来的整体认识和印象，它是一个企业对社会所施加影响的整体反映。良好的企业形象，将在潜意识中影响到客户对合作伙伴的选择，大多数企业会选择那些形象良好的企业作为自己生意伙伴。良好的企业形象需要通过公司加强对外的沟通与协调来创造。如通过加强与新闻媒体的沟通与协调，可以大大提高公司在社会上的影响力，在社会上创造出公司的知名度；通过加强与合作伙伴的沟通，可以提高公司在生意伙伴中的信誉度；通过加强与公司所在社区的沟通与协调，可以加强公司的责任度。

加深友谊。在现代社会中，企业与企业之间的交往可以实现企业之间友谊的提升，从而能够使企业间的关系越来越融洽，使企业之间，企业与客户之间建立良好的友谊关系。

实现跨文化的交流。不同的企业有不同的企业文化，国内机构与国外机构之间的企业文化差异巨大。内外机构的沟通与协调，在客观上促进了不同文化之间的沟通与交流，增加了不同民族、不同国家、不同观念的相互信任与理解，实现了文化的交流。

(二) 与内外机构沟通与协调的原则

广结良缘。国内外机构都是企业得以赖以生存的基础，商务文员在与这些机构的沟通与协调时，一定要抱着服务的态度，不厌其烦地处理好与不同机构之间的关系。要清楚顾客与客户是企业的"衣食父母"，政府机关是政策法规的制定与执行部门，消费者是公司生存的基础，新闻机构更是企业形象的宣传者。无论与哪一个机构如果沟通与协调不好，都会影响到公司生存与发展。

尊重文化差异。在与其他企业特别是对外机构交往时，一定要尊重对方文化，要熟知对方文化交往时需要注意的事项，有哪些文化的禁忌，并从对方的文化出发来进行交流与沟通，这样沟通与交流将会非常顺利。要避免漠视对方文化，谈对方禁忌的话题或者对对方的文化表示蔑视的情况出现。商务文员应该知道，自己在交流与沟通时，代表的不仅仅是自己，而是自己的公司，所以一定要给别人留下良好的印象。

主次分明。面对如此多的内外机构需要沟通与协调，作为商务文员不可能平均使用精力，就需要区分主次轻重。商务文员要确定需要沟通与协调的机构中，哪些部门对公司影响作用大、交往多、时间长，影响作用越大、交往越多、交往时间越长的机构就应该是沟通与协调的重点，反之则是沟通与协调的非重点。

平等礼貌相待。在与不同机构的沟通与协调中，商务文员一定要平等礼貌相待，不要因个人的好恶与机构的性质的不同而区别对待，一定要彬彬有礼，大方得体，给对方留下良好的印象。

善于微笑。对于初次交往的人来说，在沟通与交流中，商务文员真诚的微笑能够给对方留下良好的印象，使得沟通与交流更加愉悦和顺畅。因此商务文员在与内外机构沟通与协调中一定要充分发挥微笑的魅力。

记住别人的姓名。商务文员应该具有良好的记忆能力，并能够在初次的沟通与协调中记住交往对象的姓名。在下一次的沟通与协调中以适当的称呼问候对方，会给对方以受尊重的满足，将大大的促进问题的解决。

（三）与内外机构沟通协调的程序

确定沟通的目的。商务文员在与内外机构进行沟通之前，要明白沟通与协调的目的是什么，要达到一个什么效果，是为了加强合作，还是为了化解矛盾，还是为加强公司的形象宣传。只有目标明确了，商务文员才能有目的搜集与准备在沟通与协调时需要的相关信息和材料。

收集信息和材料。商务文员要根据沟通与协调的目的收集相关材料，要了解自己需要沟通与协调的机构基本的信息，如机构的组成、人员、主要职责、权利范畴和实力等。并根据沟通的目的收集能够说服对方的相关数据和材料，使自己能够在沟通与协调之前对整个事情做到心中有数。

发出邀请。这种沟通与协调的邀请，可以是正式的，也可以非正式的。如写信、打电话进行预约。发出邀请前，要确定沟通的时间、地点，有时对方可能会直接答复，有时，对方需要考虑，这时，需要耐心等待。对方在答复中，可能会对沟通与协调的时间、地点进行调整，这时商务文员应该按照对方的时间、地点赴约。

预想整个交流场景。商务文员在赴约之前，可以对整个场景进行预想。想好自己在整个交谈过程中的言行举止，要把每一种可能出现的情况都做预想，让自己在交谈中尽量放松。

准备充分材料。要把自己准备的材料，随身携带，在必要时可以向对方出示一些材料，来证明自己的观点，增强沟通与协调的说服力。即使在沟通与协调中没有使用，也可以让自己充满自信。

此外还要注意赴约要准时，要耐心听取对方的意见，完成任务后，适时礼貌地结束沟通协调，不要耽误对方过多的时间。

三、业务技能训练

训练一

1. 训练背景

浙江腾达贸易公司近期准备拓展西亚市场，办公室主任李杰让张扬为公司的总经理准备一些和对方谈判的材料。

2. 训练要求

张扬在准备相关材料时，应该注意什么问题？

3. 训练提示

张扬准备的材料，除了对方公司的相关资料外，还要准备一些对方公司所在国家的基本状况、风俗习惯、礼貌礼仪、生活禁忌、宗教信仰等方面的基本资料，以备总经理在谈判过程中使用，保证谈判的顺利进行。

训练二

1. 训练背景

浙江腾达贸易公司东北分公司成立后，李丽被调到东北分公司工作，主要从事产品市场拓展，但在和东北客户具体交往的过程中，李丽发现自己以往在南方市场所采取的方法在东北市场很难运行。

2. 训练要求

李丽应该如何调整，来适应东北市场的需要。

3. 训练提示

李丽应该主动放弃以往在南方市场所采用的沟通方法，要根据东北市场的实际情况、东北人的性格特点和风俗习惯与东北的客户进行沟通和交往，这样才能迅速拓展东北市场。

培训小结

本章主要对商务文员应该掌握的沟通与协调的类别、方法、技巧与程序进行了详细的讲解，并对商务文员与同事、领导和内外机构沟通的作用、原则和程序进行叙述与训练。

重点名词与概念

——沟通是人们为了达到既定的目标用一定的语言符号，传递信息、思想和情感的过程，具体来说就是人与人之间、人与组织之间、组织与组织之间的政务与业务往来。

——协调是通过协商、沟通、调和、调解，使产生隔阂、失调、差异以及矛盾的各方消除隔阂、彼此理解、互谅互让、求同存异，使矛盾得以解决的过程。

练习与思考

1. 沟通的渠道有哪些？

2. 沟通的障碍有哪些？

3. 商务文员进行协调时遵循的原则有哪些？

4. 商务文员与同事沟通协调时应该遵循什么样的原则？

5. 商务文员与领导沟通协调的程序是什么？

6. 商务文员与内外机构沟通协调有什么样的作用？

案例分析

协调工作切忌过分自信

公司准备五月初召开先进职工表彰大会，办公室主任将会场布置工作交给了张扬，张扬在会议召开前按照领导的要求布置好会场。在大会召开前，张扬又到会场看了看，这时，一个同事对他说，既然是表彰大会，应该搞得喜庆一点，主席台的背景应该换成红色比较好一些，再在会场主席台背景两侧摆放红色鲜花就更好了。张扬一听，觉得建议很好，就让人去布置，这时离开会的时间还有一小时。另一位同事就劝他说，可能时间不够了，应该先向办公室主任汇报，然后再决定。但张扬觉得这个事情是由自己做的，一小时的时间还是足够的。于是又拉上幕布，里面想起了一阵杂乱搬动之声。可一小时过去了，还是没有完成，会议整整推迟了 15 分钟才开始。办公室主任严厉地批评了张扬，在与会者中造成了不良的影响。

（**注**：商务文员协调的目的，是为了解决矛盾，而不是增加新的矛盾与问题，商务文员在协调时一定要考虑周到，一定要向领导请示和汇报，切忌盲目地过分自信或自作主张。）

第三章 商务文员的口才训练

本章培训主要内容：本章主要介绍对商务文员的口才要求、影响商务文员口才的障碍和训练良好口才的基本方法。

本章应掌握的主要技能：商务文员应该熟练掌握培养优良口才所必须具备的心理、思维、表达与态势四个要素的训练技能。

第一节 商务文员口才要求

一、规范案例

浙江腾达贸易公司最近招聘了一批新员工，主要从事产品推销工作，经过公司培训，新员工基本对公司的业务流程、产品推销的一些基本技巧有了详细了解。但在培训过程中，公司负责培训的领导发现新招聘的员工在口语表达水平上参差不齐。有的说话干瘪，没有感染力；有的表达拖沓，缺乏简洁性；有的口齿不清，发音不够准确；有的夸夸其谈，词不达意，这自然会影响到产品推销的效果。公司领导要求一些老员工给新员工上口语表达的培训课。商务文员张扬根据自己平时的积累并结合工作实际，深入浅出地给新员工上口才培训课程，新员工的口才得到了显著提高，收到良好效果。

注：口才是口语表达的才能，即说话者要有严密、深入、富有条理的逻辑思维能力，有准确、简洁和清晰的口头表达能力，语言要富有理性、幽默感、激励性、鼓舞性等感人力量。口才是一个优秀商务文员所必备的基本素质之一，在产品销售，与同事和客户交往中，在日常工作的上传下达中，都起着举足轻重的作用，良好口头表达能力是其他方面能力所不能取代的，所以每一个商务文员都要不断地锤炼口语表达能力，提高自己的口语水平。

二、应知应会

戴尔·卡耐基说过："你的一生有一大半的影响产生于说话的艺术，运用得当，可以改变你一生的命运。"可见，口才对人生的重要性，对商务文员来说更是必须要具有的，商务文员要想具备优良的口才，就必须在语言的思维、表达与表达效果方面满足以下要求：

（一）语言思维要求

语言思维是指语言在表达之前，在头脑组织过程中应该具备的基本特征要求，具体来说具有良好口才的人其语言思维一般要具有以下几个方面的特征：

严密性。语言的严密性要求说话者在组织语言过程中一般选择最为恰当的词汇，采用最为有效的语法组织形式，将自己将要表达的内容准确无误地通过语言反映出来，一般说来，思维越严密，其表达就越准确和简练，其起到的传达与沟通效果就越佳。

深入性。深入性是指作为一个口才好的表达者，在将语言表达出来之前，要深入地进行思考，既要对自己所要表达的事物或事情进行深入思考，也要对所采用的语言与词汇深入地思考。要能够深入事物或事情的本质，采用寥寥数语就将事情阐述清楚。

条理性。即表达者在表达之前，应该在头脑中将自己所要表达的内容按照一定的逻辑排列起来，要遵循语言的表达规律，人们的接受规律和事情本身发展的规律。这样在表达中才能做到心中有数，不慌不忙，富有条理，很容易让别人理解和接受。

（二）语言表达要求

如果说语言思维要求是在表达之前的内层次要求，是语言组织在思维层面的要求，那么表达要求，则是语言的外在要求，是语言以声音形式存在的一种基本要求，是语言思维的外在体现。具体来说，对于一个优秀的商务文员在语言表达方面的要求是：

清晰性。这是语言表达的最基本的要求，即要求说话者要口齿清晰、发音准确，字正腔圆。在工作与交流中，尽量使用普通话，少采用方言与俚语，要尽量避免地方口音对普通话口音影响，少采用中英混合的语言，说普通话时，就是标准的普通话，讲英语时就是纯正的英语，这样才能尽量减少沟通障碍。

准确性。即说话者，在表达过程中要心口一致，要能够准确地传达上级领导的意图，准确地表达自己的所思所想，避免词不达意的情况出现。

简洁性。即语言表达简洁明了，不拖泥带水，不走弯路，绕圈子，避免说者滔滔不绝，听者如坠入云里雾里，不知所云。或者听了很长时间，才听明白对方所要表达的内容，这既浪费了时间，也导致工作效率的低下。

富有文采。对于一般的工作而言，商务文员能够使自己的语言表达满足上面三个方面的要求就可以了，可是在碰到一些特殊场合，如晚会的主持，对新员工的培训等工作时，或者和对文学修养较高的客户交往时，就显得有点力不从心了。因此，商务文员的表达还需要有文采，这种文采的使用一定要恰到好处，是让人家既觉得你富有才能，又不觉得你是在卖弄辞藻，夸夸其谈。

（三）语言表达效果要求

一名优秀的商务文员其在语言表达效果方面一般要具备以下几个方面的要求：

理性。在和客户交往的过程中，大多数的语言都是非常富有理性的，有事说事，将领导意图准确地传达，把客观情况向客户介绍，这些都需要我们的语言要具很强的逻辑性，要有一种理性之美。

幽默性。幽默是一种语言的艺术，是一种智慧，它的良好使用能够化解交往过程中的尴尬，能够加深与客户的友谊，改善与同事的关系，形成一种良好的人际氛围，扩展自己的人脉，使工作更加顺心。

鼓舞性。语言具有很强的鼓舞性，恰当地使用鼓舞性的语言能够激励别人，也能够加强双方对合作成功的预期，从而保证工作的开展。如在对新员工培训的过程中，使用一些鼓舞性的语言，能够激励员工充满热情地投入到公司的工作当中去，尽快地适应新的环境；在与客户谈判的过程中，适当采用鼓舞性的语言，可以加强双方合作成功的几率；在推销商品的过程中适当采用鼓舞性的语言，能够激发客户购买的欲望。

感人的力量。语言要具有感人的力量，要能够使听者沉浸在你的表达当中，要通过语言来感染别人。虽然达不到"语不惊人死不休"、"化腐朽为神奇"的力量，也一定要不断地锤炼自己的语言，使它具有很强的感染力，使听者能够顺着自己的思路走，把握住交往中的主动权。

三、业务技能训练

训练一

1. 训练背景

浙江腾达贸易公司商务文员马力明是一名新招聘进公司的员工，他毕业于名牌大学的国际贸易专业，学习成绩优良，在公司的培训中，表现出了良好的发展潜力。但美中不足的是他在表达自己想法的时候，总是词不达意，听者听了很长时间也不知所云。

2. 训练要求

你如果是马力明的同事，你觉得他应该怎样做？

3. 训练提示

马力明首先要明确自己表达方面的问题主要出现在哪一方面，是因为口齿不清，还是在还没有完全想好之前，就急于盲目表达。如果是口齿方面出现的问题，他就应该加强这一方面的训练，不断地纠正自己的发音，使自己的普通话说得越来越好，如果是急于表达造成的，那就应该在表达之前就在心里打一个腹稿，经过深思熟虑之后再表达，就会有所改善。

训练二

1. 训练背景

浙江腾达贸易公司商务文员张扬在年底被公司评选为优秀的员工，公司让张扬在会上给新员工做一个如何取得好成绩的演讲。

2. 训练要求

张扬应该如何来做这个演讲？

3. 训练提示

张扬应该考虑这样的演讲应该采用理性语言与文学语言相结合的方式，在交代具体原因的时候，可以采用理性的语言，简洁、明晰，在举具体事例和发出号召的时候，可以采用文学性的语言。要有感染性与鼓舞性，鼓励新员工在岗位上做出骄人的成绩。

第二节　商务文员口才训练

一、规范案例

浙江腾达贸易公司新员工章梓鸣是一个很有文采的年轻人，写得一手好文章，可是每次只要让他在公众场合表达自己的时候，总是结结巴巴，言词不清，公司的领导要求他必须用最短的时间克服自身存在的表达问题。回去之后，他仔细分析了在表达方面存在的问题是自身心理素质不过关，由于很少在公众场合表达自己，所以一旦需要在公众场合表达时，就心跳加速、面红耳赤、头脑一片空白，不知道该如何表达，结结巴巴。为此，他专门买了一些提高心理素质的书，每天都坚持在公众面前表达自己，在月底员工演讲比赛上竟获得了一等奖的好成绩。

注：口才并不是天生的，它是可以后天锻炼的，只要仔细分析自身在表达方面存在的问题，然后找到恰当的方法去训练，每一个人都能成为一名具有优秀口才的人。

二、应知应会

（一）影响口才的障碍

1. 心理障碍

心理障碍是影响一个人流利表达的最主要原因之一，即使有严密的逻辑，丰富的词汇和缜密的思维，但由于缺乏自信，或者过于在意别人对你的看法，或者缺少在公众场合表达自己的机会，或者由于对领导存在畏惧，都会严重影响表达效果，无法发挥正常的水平。具体来讲在表达中存在的心理障碍主要有以下几个原因：①畏惧心理，大多数人对陌生的事物都会存在一定的畏惧心理，特别是在面对新的客户、公众场合和领导的时候，多多少少都会存在一些恐惧，害怕自己说得不好，做得不对。再加上平时缺乏这方面的必要锻炼，这种心理就会加剧。②自卑心理，由于生活环境，或者对自身的要求过高，超过了自己的实际能力，都会造成自卑的心理，觉得自己处处不如别人，自己什么也做不好，然后把这种想法强化到自己的行动当中去。在表达的时候，已经潜意识地告诉自己不行，要想表达得好，那也是难而又难的事情。③紧张心理，这种心理的人做事时总是会紧张，造成反应过了头，无法发挥自己正常水平，在表达时，往往是语言跟不上大脑的反应，从而造成表达不清晰。④惰性心理。拥有这种心理的人，做任何事情都是拖拖拉拉，对自己要求不严，明明知道自己口才不好，也不愿意去提高。对于商务文员来说，要经常和客户来往，要经常面对陌生的环境，只有拥有良好的心理素质，克服上面存在的心理障碍，才能锻炼好自己的口才。

2. 思维障碍

思维障碍是说话者在思维当中存在的一些障碍，思维本身的问题自然会造成语言表达的问题。一般说来一个思维严密、深入、富有条理和逻辑的人，他的语言表达不一定非常好；但是一位思维混乱、肤浅、没有条理性的人，他的表达一定非常不好。所以要想提高自身口才，首先要从根源上寻找原因，即从思维上寻找原因，克服思维上存在的障碍。具体来讲语言表达的思维障碍主要有以下几个原因：①思维肤浅，有许多表达者在看事物时，总是从事物的表面去看问题，不能深入到事物的内部，不能看到事物的本质。那么，在表达当中，就很难抓住需要表达事物的本质，滔滔不绝地说了很多，听者也没有听明白他要表达的事情。②思维的片面性，许多表达者在看事物的时候，总是从一个角度而不能从多个角度、多个方面来观察和分析事物，所以其所看到的事物是片面的，其要表达的结果也是片面的，无法达到正确的表达。③思维的主次不分，任何事物都有主次，都有主要矛盾和次要矛盾，但一些表达者思考问题的时候，主次不分，眉毛胡子一把抓，也就很难把自己需要表达的事物叙述清楚。④思维混乱，有些表达在思维的过程中，没有一个主线，没有一个中心，而是一会想到这，一会想到那，进行表达时，也是没有任何的逻辑，语言混乱不堪，让人费解。⑤思维较慢，有些表达者的反应较慢，常常说完了一句话，下面的应该怎么说还没有想出来，常造成表达过程中的停顿较多，口头语较多。

3. 表达障碍

表达障碍是指在说话中存在的障碍，它也是听者能够直接听到的表达问题。它直接影响到表达的效果和表达者给别人留下的印象，所以作为一名优秀的商务文员就必须克服表达方面存在的障碍，具体来讲语言表达方面的障碍主要由以下几个方面：①口齿不清，口齿不清既有生理方面的原因也有心理方面的原因，但是只要不是由于严重的生理原因所造成的，都可以依靠后天的锻炼得以改善。②发音不准，有些表达者的发音不够准确，常常是普通话夹杂着地方音，听起来很费劲，很难达到良好的沟通与交流的目的，要谈到有好的口才，更是不可能的事情。③语速不当，或者是过快，或者是过慢，都给表达的效果带来了负面的影响，一般说来表达者的语速应该适中，与应该表达的内容相联系，该快的时候要快，该慢的时候要慢。一般每分钟300个字比较合适。④语言拖沓，有些表达者不能很好地去表达自己所要表达的内容，叙述一件事情的时候，话说了很多，但是说来说去都是一个意思，浪费了时间，影响了表达的效率。⑤逻辑混乱，语法错误众多。有些表达者的表达没有中心，话语中有很多语法错误，不能按正常的语序说话，也造成了听者理解的困难。⑥语言干瘪，没有色彩。有些表达者的词汇量较少，缺乏色彩性，听起来比较枯燥和乏味，没有动人的力量。⑦语言空洞，没有内容。有些表达者在表达的过程中，没有实际的内容，没有吸引人的地方，同样也达不到预期的表达效果。⑧语言缺乏情感，有些表达者在表达中不能把情感渗透到语言当中去，语言就没有生命力，也就没有味道。

4. 态势语障碍

态势语是在表达过程中伴随表达者的肢体语言，即身体的姿态、面部的表情，肢体的动作等。它传达了表达者内心的情感世界，传达了表达者所要流露的情感。如果态势语使用得当，可以大大提高表达者的沟通与交流的效果，如果使用不当则会适得其反，成为累赘。具体来讲语言表达态势语方面的障碍主要有以下几个原因：①态势语与表达分离，即肢体语言跟不上或者超过语言的表达，使得语言的表达与态势语不协调，会让听者觉得很奇怪，影响到表达的效果。②态势语过多，在表达过程中，有太多的态势语，例如，面部表情丰富，肢体动作过多，也同样让听者觉得不舒服，会让听者觉得表达者是一个不够稳重的人。③态势语过少，面部表情呆板，这一类表达者会给听话者留下索然无味、死板迂腐的印象，影响到表达的效果。④姿态不端，有些表达者不注意在表达过程中的身体姿态，或者过于放松，或者过于死板，都会给表达者带来负面影响，从而造成沟通效果较差。

(二) 口才训练的方法

由于影响口才的因素主要是上面谈到的四个方面的原因，所以只要把上述存在的问题加以克服，就可以练就良好的口才。

1. 造就优良的心理素质

只要把自卑心理、畏惧心理、紧张心理和惰性心理克服掉就可以造就良好的心理素质，从而使自己的表达更流利，更顺畅。这就需要我们从以下几个方面加以训练：

（1）克服自卑心理的方法。一是正确认识自己，分析自身存在的缺点和优点，既不要高估自己，也不要低估自己，给自己找一个正确的定位。二是树立恰当目标，给自己确定的目标，既不能太高，也不能太低，太高会给自己造成挫伤，太低就没有实际意义。要在现有的基础上树立一个只要自己稍微努力，近期就会实现的目标，这样，你就可以在目标的一步步实现中树立自信，并完成大目标。三是面对现实，承认失败，如果工作中出现了失败，不要逃避，要敢于承认失败，要看到失败是生活中不可避免的，每个人都会有失败的时候，只要找办法去解决就可以了。四是自我激励，可以每天早上起来对自己说："我行，我一定行的"，大喊 5 分钟。长此以往，你的自卑心理就会得到克服。

（2）克服畏惧的方法。一是经常尝试和陌生人交往，多找机会和陌生人交谈，从而让自己克服和陌生人交谈的畏惧心理。二是经常在人多的公众场合表达自己，在同事面前表达自己，让自己适应公众场合的表达，从而克服对公众场合表达的畏惧。三是正确地认识领导，多找机会了解领导，克服对领导的畏惧。当你更多地与领导交往时，你表达中的畏惧就会慢慢地减少。

（3）克服紧张心理的方法。一是深呼吸，当发现自己紧张的时候，可以深深地吸气然后再慢慢地呼出，如此往复几次，可以有效地放松。二是转移压力，当发现自己在对某一人见面或者会面比较紧张时，可以在会面之前，通过做其他事情，减少自己对它的关注，从而减少压力。三是有正确的期待，对会面不要期待太高，期待越高则压力越大，则越会在交流与沟通中出现紧张心理。四是在必要的情况下，可以把你的听众忽略掉，就当是自己在表演，以减少自己的紧张情绪。五是保持稳定的情绪，在日常生活中情绪不要大起大落，保持情绪的稳定性，可以有效地降低自己的紧张情绪。六是坦然接受自己的紧张，不要故意压制。如果故意压制，往往会适得其反，使自己更紧张，如果你坦然接受，就会慢慢地放松下来。

（4）克服惰性心理的方法。一是树立人生理想，要给自己树立正确的人生理想，然后要为这个理想而奋斗。二是每天都要给自己一些需要完成的任务，然后按时去完成，对于口才的锻炼也是如此，每天都锻炼一下自己的口才，你的语言表达能力会越来越强。

2. 培养缜密的思维能力

只要克服掉思维的肤浅、片面、主次不分、混乱、缓慢等方面的问题，我们的思维能力就会得到显著的提高。这就需要从以下几个方面加以训练：

（1）克服思维的肤浅方法。一是多积累，多看书，经常思考问题，一些表达者由于所了解的东西比较少，所积累的知识少，又很少主动地思考问题，就使得自己在看问题时，难免会肤浅，无法深入。二是抛掉第一个想法，每次在我们思考问题的时候，第一个想法往往是最表面的，我们可以想一想是不是还有其他合理的解释方法，这样我们的认识就会更深刻。三是多挑刺，是指在看书或者想问题的时候，对书本上的说法和自己的想法中找一些毛病出来，批判一下别人的观点，给出自己的看法。四是多问几个为什么，在看到具体事物时要多问几个为什么，然后去寻找答案。

（2）克服思维片面的方法。一是从不同方面来看待和分析一个问题，这样就可以避免仅仅从某一思维定式来看待所有问题，造成看待事物不够全面。二是做人物描述训练，把你见到的人的特征描述下来，让别人能够猜到他是谁，这就需要你在描述中，要抓住这个事物的全貌特征，而不是某一方面。

（3）克服思维主次不分的方法。一是每次思考问题都要有一个中心和主线，不要一会想到这，一会想到那，或者同时去思考几个问题。二是要抓住事物的主要矛盾和主要方面，不要过于关注细枝末节。三是多做概述训练，当你读一本书，你要能够把书的主要内容概述出来，每天都坚持对所读的一篇文章进行概述，你就可以使自己的总结能力，特别是抓住主要内容的能力得以提高。

（4）克服思维混乱的方法。一是以某一个观点为中心，将自己所要表达的内容按照几个方面来进行排列，这种排列要有一定的逻辑顺序，或是时间，或是因果，或是按照接受者的习惯顺序来进行排列。二是做复述训练，每天把自己看到的事情复述给别人，看看别人是否正确理解了。三是排序训练，每天做一做篇章句子顺序排列的训练，使自己的逻辑思维能力越来越强，也越来越严密。四是语法划分训练，确定每个句子的层次，确定层次之间的关系。五是推理训练，要根据所给的条件推出合理的结果。

（5）克服思维缓慢的方法。一是做快速阅读，要给自己阅读文章限定时间，要在规定的时间内完成一定量的阅读，并能够概括出它的大体内容。二是多参加日常的交流，在别人说完之后，要能够迅速地想到自己所要表述的内容。三是多参加抢答游戏，提高自身的反应能力。

3. 锤炼流利的语言表达

要想训练自身的语言表达能力，就需要我们克服掉上面所说的在语言表达方面存在的问题。这就需要从以下几个方面加强训练：

（1）克服口齿不清，发音不准的方法。一是说话者要清楚自己的发音不准，是声母、韵母方面有问题，还是声调方面有问题。然后找出不足的地方，在平常说话时，有意识地进行纠正。二是每天都可以按照普通话的音调读一篇文章，并确保每一个发音都是正确的。三是将自己的发音用录音机录下来，然后根据录音的回放找到发音方面的细节问题，进行纠正。四是要注意在发音时发音的部位，发音的方法是否正确，要让音发得饱满。五是做发声训练，每天要深呼吸 5 分钟。

（2）克服语速不当的方法。一是每天都阅读一篇文章，并注意自己的语速，要保证每分钟朗读的字数在 300 字左右。二是日常在表达时，要控制自己的语速，让它处在适中的位置，既不能让人觉得太慢，也不能让人觉得太快。三是长期锻炼，形成说话的语速习惯，从而保证自己的语速适当。四是学会根据文章内容和情感表达来调控语速。

（3）克服语言拖沓，逻辑混乱的方法。一是学会讲故事，每天将自己看到的一个故事讲给同事们听，应该让他们能够听得懂。二是打腹稿，在每次交流和沟通前，都在心中打好腹稿，确定好它的基本逻辑，然后按照一定的顺序表述出来。三是给自己限定时间，让自己在规定的时间内讲完自己需要讲的内容。四是沟通前，考虑用最少的语言，叙述清楚一件事情。

（4）克服语言干瘪、空洞、没有情感的方法。一是多积累一些同义词、反义词、成语、俗语等丰富自己的词汇。二是做即兴演讲训练，在演讲中要绘声绘色，要加入自己的感情。三是讲话时，要幽默一点。四是每天讲一个笑话。

4. 具有相得益彰的态势语

对于一个拥有较好口才的表达者来说，态势语一定要和语言的表达相得益彰，才能达到最佳的表达效果。这就需要从以下几个方面加强训练：

（1）克服表达与态势分离的方法。一是想好自己的交流应该以什么样的态势出现，如果是欢迎客人要给人热情感，交朋友要给人亲切感，布置工作要给人严肃感，要在恰当的场合使用恰当的态势语，这样才能收到最佳的效果。二是确定一次具体交流中，所可能使用到的手势有几种，应该在什么地方用到，不能用错了地方或者乱用。

（2）克服态势语过多的方法。一是每天在具体的交流中，要有意识地减少态势语的使用。如在讲话时，将两手握在一起，保持不要分开，可以减少手势语的使用。二是不要总把情感表现在脸上，过于情绪化。三是在一次沟通与交流中，不要有太多的面部表情。

（3）克服态势语较少的方法。一是在交谈中可以适当加上一些态势语。二是每天可以练习一些面部的表情。

（4）克服姿态不端的方法。一是每天对着镜子练习体态 10 分钟，身体要直，头要平，两手自然下垂，目视前方。二是每天对着镜子练习微笑 5 分钟，让它成为一种习惯。三是在交流中要有意识地提醒自己的姿态。四是在平常的工作中要保持良好的体态。五是多参加体育锻炼，保持精神饱满。

三、业务技能训练

训练一

1. 训练背景

浙江腾达贸易公司的商务文员章梓鸣一次在和一位客户交谈的过程中，频频用手指指点点，还因为不小心，将茶杯碰倒在茶几上，交谈结束后，客户表示不愿意和他继续交往。

2. 训练要求

如果再和客户交流，章梓鸣应该注意什么问题。

3. 训练提示

章梓鸣在交谈中态势语较多，频频用手指指点点是一种很不礼貌的行为，他在以后与客户交流的时候，要控制自己态势语过多的习惯，并在平常的工作中要控制态势语的使用。

训练二

1. 训练背景

浙江腾达贸易公司准备召开一次东北地区销售情况的会议，在会上将要听取东北地区推选的代表刘峰汇报，但是刘峰是第一次见到总经理，总觉得有点忐忑不安。

2. 训练要求

刘峰在汇报时应该如何调适？

3. 训练提示

刘峰应该克服自己在交流中的畏惧感和紧张感，应该提高心理素质，认真准备好汇报内容即可，不要对其他事情考虑太多。

培训小结

本章主要介绍了对商务文员口才的要求，即在语言思维、表达与效果方面的要求，并指出了影响商务文员口才的心理、思维、表达与态势的四种障碍，并从这四个方面对提高商务文员的口才的训练方法进行阐明。

重点名词与概念

——口才是口语表达的才能，即说话者要有严密、深入、富有条理的逻辑思维能力，有准确、简洁和清晰的口头表达能力，语言要富有理性、幽默感、激励性、鼓舞性等感人的力量。

——态势语是在表达过程中伴随表达者的肢体语言，即身体的姿态、面部的表情，肢体的动作等。它传达了表达者内心的情感世界，传达了表达者所要流露的感情。

练习与思考

1. 语言的表达要求是什么？
2. 影响表达的心理障碍是由什么原因导致的？
3. 克服语言思维混乱的方法是什么？
4. 如何锤炼流利的语言表达？
5. 正确的态势应该如何训练？

案例分析

公司准备在五一举行员工演讲比赛，借此次比赛提高员工口才。在比赛举行之前，公司将举行一次员工演讲与口才的培训，将培训的任务交给了办公室主任，办公室主任让商务文员张扬为此次培训的内容做个规划。张扬认真准备，从演讲的心理、思维、表达与态势四个方面对员工进行培训，收到了良好的效果。

（注：口才是作为商务文员所必须具备的，一般来讲，只要能够在心理、思维、表达与态势等方面加以改善，就能够提高自己的口才。）

第四章 时间管理与团队合作

本章培训主要内容：本章主要概述时间管理与团队合作的基本概念、作用、影响时间管理的因素，以及时间管理与团队合作的基本技巧。

本章应掌握的主要技能：商务文员的日常工作是服务性与事务性的，要处理很多繁琐的、复杂的日常事务，这就需要商务文员应该掌握时间管理与团队合作的基本技能，从而提高工作效率。

第一节 时间管理

一、规范案例

浙江腾达贸易公司新员工章梓鸣，在公司里面主要负责一些内务工作，他每天要负责办公室的卫生、报纸杂志的收发、来访客户的接待、电话的接打等方面的工作。由于他对如何处理这些工作毫无经验，常是忙碌了一天，仍然还有许多工作没有按时做完。为此，他经常受到领导批评。后来，他虚心地向老员工请教，老员工告诉他做任何工作，都应该有个规划、轻重缓急，要把每天的事情排好顺序，然后一项一项地去做，就可以大大地提高工作效率了。听了老员工的经验介绍之后，章梓鸣就把第二天的工作按照顺序排列好，这样效率得到很大提高，获得领导的表扬。

注：对于商务文员来说。时间管理是必须掌握的知识，它可以使工作更有规划，节省了工作时间，提高了工作效率。一般来讲，时间管理是指在同样的时间消耗情况下，为提高时间利用率而进行的一系列控制工作。具体来说时间管理不是要把所有事情做完，而是更有效地运用时间；时间管理的目的除了要决定该做些什么事情之外，另一个很重要的目的也是决定什么事情不应该做；时间管理不是完全掌控，而是降低变动性，时间管理最重要的功能是通过事先的规划，作为完成工作的一种提醒与指引。

二、应知应会

（一）时间管理的作用

提高工作效率。合理地安排时间，懂得时间管理的基本知识与技巧，可以有效地提高工作效率，使得商务文员在处理工作过程中能够从轻重缓急方面来分别进行处理，每一件事情都能做到井井有条，从而用最少的时间去做最多的事情。

提高自身素质。熟悉和了解时间管理，在工作中充分利用时间管理技巧，不断提高工作效率，养成良好工作习惯，使自身素质不断获得提高。让商务文员在公司日常事务的处理中显得越来越突出，从而创造更加有利的晋升机会。

实现人生的自我管理。商务文员进行时间管理的最根本目标是实现人生的自我管理，是对自己人生的一种合理有效的规划，是追求一种成功。对于商务文员来说，充分合理地利用时间既可以提高工作效率，也可以为自己在公司中设计一个合理的人生目标，使自己在公司的每一步发展都是按照预想的目标去完成，从而实现对自己人生的有效管理。并在对自己的有效管理中为公司创造最大的经济价值。

（二）影响时间管理的因素

自身因素。由于商务文员的性格、处理事务的方式、风格等的不同，其在时间管理方面的表现也各不相同，而个人的这种差别，也会影响时间管理的有效实施，从而影响工作的效率。如缺乏计划，时间观念不强，追求完美，不愿委托或授权等。

组织因素。商务文员所在的公司和部门结构是否合理和健全，是否有比较完整的各项管理制度和章程，是否有每一步工作流程的规定等，这些组织内部的因素，也会影响到时间管理的有效实施，如果组织内部山头林立，职能划分不够明确，就会使公司在完成某项事务的过程中，出现多头管理，互相扯皮推诿的现象，不能及时有效地完成各项任务。同样，组织结构的过于繁琐和制度的不健全，也会影响到上级、平级之间的有效沟通，使组织内部陷于文山会海当中，而实际去做事情的人却很少，大大影响了工作的效率。

环境因素。商务文员所处的工作环境，也是影响商务文员有效进行时间管理的重要因素。如商务文员所处的公司和企业，突发的事件多，商务文员经常要去应付这些频发的突发事件，没有多少时间和精力来完成领导交代的任务，从而影响到商务文员自身的工作效率。或者是所在的公司，日常的应酬非常频繁，商务文员要经常参加各种各样的应酬，时间总是有限的，在某一方面付出的时间多，在其他方面的时间就少，商务文员就很少有时间去处理自身的日常事务，从而影响到日常的工作效率，商务文员也就很难对时间进行有效的管理。加上商务文员在完成工作时，经常需要同事的配合，一个人不能完成所有的工作，但由于同事时间观念、责任心不强，做事情的时候拖拖拉拉，而这些因素商务文员很难进行有效的控制，只能定时督促同事，这样也会影响到事务的有效完成。

技术因素。因为缺乏有效、科学的时间管理方法，或者是缺乏有效的时间管理工具，也常常让商务文员在时间管理的时候处于心有余而力不足的境地。因此，商务文员必须学习和掌握有效地进行时间管理的方法和技巧，采用一些切实可行的时间管理机器来进行时间管理。如，在公司的日常工作中，采用考勤机来进行考勤，就可以大大提高工作的效率，节省大量的时间。公司在管理的各个环节都有健全的规章和制度，都有相应的工作程序，这也将会使公司的日常管理效率获得极大的提高。

（三）时间管理技巧

我们常说做事情，要按照事情的轻重缓急来分别去完成，也就是说，我们可以把事情分成四类即"重、轻、急、缓"四类，可以分别表示为"A、B、C、D"，表示如下图。

```
              重 A
              ↑
              |
  缓 D         |         急 C
              |
  ————————————+————————————→
              |
              |
              |
              轻 B
```

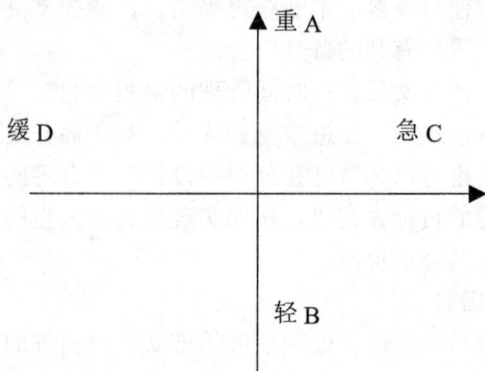

那么事情我们就可组成四类：

①AC 重要而急迫的事情；②AD 重要而不急迫的事情；③CB 急迫而不重要的事情；④DB不急迫不重要的事情。

一般说来 ①类重要而急迫的事情，是首先要做，必须立即要做的事情；②类重要而不急迫的事情是接着要做的事情；③类急迫而不重要的事情，一般是有时间的时候才去做；④类不急迫不重要的事情，可以暂时不做。商务文员在做事情的过程中，每天都是按照这个流程去做，就会取得最佳的时间管理的效果，提高自己的工作效率。同时商务文员在进行时间管理的时候，还应该注意以下问题。

明确工作任务和职责。商务文员要对自己的工作和职责非常明确，知道领导给自己安排的工作，哪些必须亲自去做，哪些应协助他人，哪些工作自己不需要参与。如日常报刊的收发，应该是商务文员亲自去办理的事情，而会议常是要协同会议的组织人员处理好会议的具体服务工作。

处理好日常工作与临时交办事务。商务文员要熟悉哪些工作是自己的日常工作，是自己每日、每月或者定期都要做的工作，哪些工作是临时安排、突然出现的。对于日常工作应该及时完成，对于领导交办的临时事务，有的时候可以放下手头工作立即去执行，因为领导临时交办的事务，常常属于重要而紧急的事情，或者是紧急的事情，需要商务文员以最快的速度去完成。因而，当商务文员遇到日常工作与临时交办事务之间有冲突时，应该首先选择做临时交办的事务，再做日常事务，必要的时候，也可以把日常需要完成的事务委托给同事去做，而自己去做领导临时交办的事务，但无论做哪些工作都应该及时有效。

工作中善于思考。商务文员在做事情时，要善于思考，分清工作的轻重缓急、判断工作的先后次序，科学、有序地按照时间管理的技巧一项一项的去完成工作，不能机械的来一件事情干一件事情。一般情况，应该把第二天需要完成的事情按照上述的分法分成四类，然后再按照相关的顺序一一去完成，如，领导的日程安排是日常工作中最为重要的事情，需要商务文员在前一天工作结束前或第二天工作开始之前就应该根据领导的相关要求将其安排好并打印出来，在前一天工作结束前或第二天工作开始的时候送交到相关领导手里。而报刊信件的收发虽然不是最重要的事情，往往是紧急的事情，这也需要商务文员在每天工作开始不久就进行办理，把相关的报刊和信件按照部门和轻重送达到相关部门和领导手里，并把需要邮发的信件按照领导的要求和轻重及时发出。最迟不能拖过中午，一定在上午将工作完成。因为在报刊和信件当中，可能有些报刊和信件正是领导最需要的资料，有的信件可能涉及公司最紧急的事务，如果不能及时交到相关部门和领导手里进行处理或不能及时发出，都将对公司的日常业务的处理带来损失。对于领导第二天工作需要的资料，这种工作属于重要而不紧急的事情，我们一般放在下午来处理，但一般要在领导下班之前处理完毕，并送交到领导手里。如果确因时间紧急，任务工作量较大，无法按时完成，也可以在经领导同意后，第二天上班的时候交给领导。而与客户的联系，既可以在上午，也可以在下午，要根据事情的紧急程度和重要程度来判断。

巧妙地合理分配精力，精明地利用时间。这样可以提高工作的效率，避免盲目地去做事情。如，有时可以合并同类任务，集中起来专心致志一次完成，避免多次重复；有时可以在做事情之前进行周密思考，一次做好，避免反复，浪费时间和精力。在处理各种工作时，首先，应该想好怎么做，怎样做能够达到最佳的效果，然后，按照我们预设的步骤一步一步去做，避免一味地追求速度，接受任务，不经过任何思考就去处理，常常会出现欲速则不达的现象，由于事先没有详细的计划，造成事情处理混乱和盲目，反而降低了工作的效率。

使用办公辅助手段提高工作效率。如工作日志、时间表、计划表、日程安排或印制好的效率手册等，在上面编制日程和安排周计划，帮助自己来管理时间，使自己的工作有条不紊。对于那些非常规、重要的、紧迫的或定时的工作，应在计划表中明显标注，以引起自己的注意，使那些无论如何要完成的事绝不拖到第二天。这些常用的办公手段是日常工作进行时间管理赖以依靠的手段，应该经常使用这些辅助性的办公手段，预先想到第二天或这一周主要处理哪些工作，把必须要完成的重要和紧急工作放在重中之重，保证其及时的完成，如领导临时交办的事务、重要客户的业务往来、领导工作日程的安排等。

安排工作要适应流程运转。商务文员在安排工作时，要适应整个流程的正常运转，不间断、延误或降低团队的整体效益。工作中，要考虑到自己是团队中的一员，考虑到周围的同事，特别是有些工作要相互接手和转交，要尽量在自己范畴内多做些，与人方便。

要遵照组织制定的规章制度和有关工作承办期限，不能只凭个人想象和爱好安排工作。

商务文员在工作中一定要按照公司的相关规定来办事，按照公司完成任务的时间期限来做，一定要在承办期限内完成相应的工作，不能拖拉，那样会从整体上影响公司的工作效率。

坚持写工作日记。在工作日记中对自己日常工作的得失进行分析，找到自己在工作中存在的问题，特别是在哪些工作环节浪费了时间，从而降低了工作效率。哪些工作环节自己做得比较好，节省了时间，从而提高了工作效率。对于提高工作效率的要坚持，对于降低工作效率的，要分析原因，在下次工作中不犯同样的错误。商务文员在工作日记中应该把一天重要的事情，按照时间的先后顺序进行记录，并记下在处理这些工作中自己所属于的角色和起到的作用，是促进了工作的开展还是在工作中有失误，延误了工作的开展。

良好的执行能力。商务文员在日常的工作中，应该具备雷厉风行的性格，要当天的事情当天完成，要按照领导要求的时间提前或按时完成相关的工作，要给任务留出足够的提前量，不能拖拉，做事要干净利落。在完成领导交办任务时，不要按照自己的想法想当然地去做，而是严格按照领导的要求去完成。

（四）时间管理的具体方法

每年制定目标。商务文员可以每年为自己制定一个目标，这个目标既是自己前进与努力的方向，也是自己每年要完成的一些既定重要工作的一个提醒。商务文员在制定工作计划时，要把这一年当中每个月份要完成的既定重要工作写在里面，以防止自己忘记一些工作，从而有效地提高自己的工作效率。

每周制订计划。商务文员把每一周自己将要做的事情制定一个详细的工作计划，然后按照这个工作计划认真去完成，相对于年目标而言，周计划是一个更加详细、执行性更强的工作计划。

做好第二天工作安排。商务文员应该在完成当天工作之后，对第二天的工作做好安排，可以把第二天需要做的工作按照"轻重缓急"进行分类，决定哪些先做哪些后做，并把必须要完成的事情做上标记，然后写在第二天的工作计划上，使自己在第二天上班的时候，能够有条不紊，按部就班地做好当天的工作。

日工作计划
××年××月××日　　　星期××

时间	工作内容	备注
8：00	将领导工作日程安排送交领导	▲
8：30	报刊信件收发	▲
9：30	重要客户业务往来	▲
13：30	客户的接访	
15：30	领导所需文件和材料的处理	▲
16：30	文件的归档与打印	
17：30	第二天工作安排	▲

注："▲"为必须要完成的事情。

记好当天日志。商务文员在完成当天工作的时候，应该记好当天自己的工作日志，作为备案。这样便于今后工作的查找，便于商务文员进行工作的总结，对自己过去做过的工作做到心中有数。工作日志一般要包括日期、时间具体工作内容和备注等内容，下面是一份比较常见的工作日志。

工作日志
××年××月××日　　　星期××

时间	工作内容	备注
8：30	参加部门会议，带文件夹和相关文件	
9：30	接收当天邮件并送到相关领导手中	
13：30	与客户会面	
15：30	替领导查找第二天报告的材料	
16：30	替领导准备第二天报告需要的幻灯片	
17：30	将报告材料与幻灯片送到领导手中	

定期进行反思。每隔一定的时间，商务文员要对自己前一阶段的工作进行反思，衡量自己的得失，找到更加有效的管理时间的方式和方法，不断提高自己的工作效率。

遵循自己的生物钟。每个人都有自己特定生物钟，商务文员可以把自己最需要做的事情放在自己工作效率最高的时间去做，这样就可以有效地提高工作效率。但有时，有些事情必须首先做完，不能完全遵循生物钟的要求时，商务文员可以长期坚持在自己一天工作的开头去做最重要而紧急的事情，并在这个时间段内去提高自己的工作效率，就可以逐渐养成良好的工作习惯，从而调整自己的生物钟。

效果比效率更重要。商务文员在做事情的时候要坚持将事情做到最好，而不是仅仅把事情做好。做好的事情是要求要有一个好的效果，而把事情做好，仅仅强调的是效率。而做任何事情效能比效率更为重要。

三、业务技能训练

训练一

1. 训练背景

浙江腾达贸易有限公司准备下午 4 点半在办公楼会议室召开日常办公会议，办公室主任让商务文员张扬负责会场的布置工作。当张扬正在布置会场的时候，总经理让张扬马上到火车站迎接一位外地来的客商。

2. 训练要求

张扬应该如何来处理这两件事情？

3. 训练提示

张扬应该分析这两件事情的轻重缓急，一般来说领导临时交办的事务往往就是最紧急的事务，张扬应该马上到火车站接人，把办公室布置工作委托给其他同事，并向办公室主任说明情况。

训练二

1. 训练背景

浙江腾达贸易有限公司商务文员张扬，第二天要处理的事情有：办公室卫生的打扫、报刊的收发，打印经理下午出差所使用的材料，老客户的来访，下午 4 点到 5 点公司内部业务培训。

2. 训练要求

张扬应该如何来安排第二天应该做的事情。

3. 训练提示

他应该按照轻重缓急来安排第二天应该做的事情。首先是打扫办公室的卫生，其次是报刊的收发，再次是打印经理下午出差所使用的材料，然后是接待老客户，最后参加公司的业务培训。

第二节　团队合作

一、规范案例

浙江腾达贸易公司准备开展西北的业务，派公司的办公室主任李杰、商务文员张扬、章梓鸣、马力明到西安进行前期的市场调研工作。到了西安之后，由李杰负责安排具体工作，每天按照李杰的安排四个人分别到不同的地点进行市场调研，晚上回到住地开会，说明一天的调研情况，并进行记录。经过一个星期的调研，大家觉得西北地区是一个很有潜力的市场，值得公司开设分公司来开展西北业务。依据大家共同调研的结果，由张扬执笔，李杰定稿，章梓鸣和马力明参与，写成了西北市场调研报告。报告交到总公司，由于资料翔实，论证充分，结论明晰，得到了总经理的赞赏，西北分公司也顺利地设立了。

注：在日常的工作中，每一个人都离不开与他人的协作，都离不开群体的智慧，有些工作单凭个人的力量是可以完成的，但大多数工作需要集体的力量，需要不同的人做其中不同部分或不同的步骤，然后才能高效地保质保量地完成某项工作，而这些为了完成某一特定目标组织起来的人就构成一个团队。团队合作是团队的成员之间为了达到既定目标所显现出来的自愿合作和协同努力的精神。

二、应知应会

（一）团队合作的作用

提高工作效率。在平常的工作中，每一项工作都需要花费一定的时间去完成，即使商务文员能够有效地进行时间管理，但是不注意发挥团队的作用，每一件事情都亲自去做，那么做完一件事情将要花费大量的时间，效率自然也就上不来。对于公司来说，公司就是一个团队，公司的整体运作要靠公司的全部员工共同来完成，每一个员工都要做公司某一方面的工作，才能保证公司的正常运转，才能保证公司获得高效率和高效益。如果商务文员在工作中，能够充分发挥团队中每一个成员的作用，那么由团队中不同的人去做这个事情的某一方面，每个人只是花费很少的时间去做自己最为熟悉的一块，就可以用最少的时间做得最好，提高自己的工作效率。一件事情的完成就如生产一件产品，如果让一个人从事这件产品生产的全过程，那么他必须熟悉这件产品生产的所有环节，懂得生产这件产品的所有技术，这将浪费大量前期投入时间去学习所需要的技术，但还存在不能确保把每一个环节，每一项技术都学得最佳，学得最好，而个人单独做这件产品可能得需要 10 天的时间，这样既无法保证产品的质量，也没有办法高效率地完成工作。如果生产这件产品由团队合作完成，团队中的每一个成员只做这个产品的某一个环节，那么团队中的成员就可以只学习和熟悉自己那个环节，和自己那个环节需要的技术，这样每个人都可以选择自己最擅长那一环节，效率就会大大提高，质量也可以得到保障。这就是商务文员必须要熟悉和掌握团队合作的目的所在。

凝聚力量办大事。个人的力量毕竟有限，个人所能完成的事情一般也都是日常的琐事与杂事，而一般比较重要、比较有影响力的事情，就需要靠集体的力量，靠团队合作来完成。

在当今社会，科技上所取得巨大成就和巨大发现以及公司所取的巨大发展，基本上都是靠团队合作来完成，单凭个人的力量就可以做成一件大事情的时代已经一去不复返了。团队中的每一个成员都为了共同的目标去奋斗和努力，就可以形成强大的凝聚力和向心力，把需要办的事情办好。因为大的事情涉及面广、对公司发展非常重要和关键，这就需要团队中所有成员集思广益、群策群力，共同去寻找完成这件事情的方法和措施，寻找到一条最为有效的途径，每一个员工都积极参与到这项工作当中去，就可以把公司需要做的工作做好。

形成良好的人际关系。团队合作就需要成员之间加强沟通与协调，需要成员之间建立信任，需要成员的奉献精神，因此团队合作搞得比较好、比较出色的公司，其成员之间的人际关系就比较好，就有一种积极向上的精神。成员之间的交往比较轻松与和谐，就会减少不必要的内部争斗与消耗，就会改善公司工作的整体氛围，形成良好的人际关系与工作氛围，在这样集体中工作的个体，自然也就会积极向上，同时又比较放松，也就乐于为公司奉献自己的聪明和智慧，乐于多做事情。

促进公司事业的发展。正如上面我们所探讨的那样，一个公司就是一个大的团队，这个团队的发展与壮大，离不开公司内部每一位员工的分工与合作，离不开大家共同的努力，只有团队合作搞得好，公司才能不断地发展与壮大。大家心往一处想，劲往一处使，为了公司发展这个目标而努力，公司自然就可以日新月异，不断地壮大与发展。每一个成员都想着为团队、为公司作贡献，都想着为公司出谋划策，这样公司的事业才能不断地实现跨越。

（二）团队合作的原则

信任原则。信任是人与人之间进行交往、建立稳定关系的关键因素，如果人与人之间缺乏必要的信任，也就不可能存在稳固的友谊关系。对于团队合作来说，要建设一个具有凝聚力并且高效的团队，第一个且最为重要的一个步骤，就是建立信任。这种信任是以坦诚相见为基础的，团队中的每一个成员对其他成员都要不避讳自己的弱点和错误，即使是领导者也应该如此，对于商务文员来说，更是应该坦诚地向团队中的其他成员展示自己的弱点和不足，说明自己需要什么样的帮助。在工作中一旦出了差错，要善于向团队其他成员说出"我办砸了"、"我错了"、"我需要帮助"、"我很抱歉"、"你在这方面比我强"这样的话，这样才能取得团队其他成员的信任和帮助。

良性的冲突原则。团队合作一个最大的阻碍，就是对于冲突的畏惧。这来自于两种不同的担忧：一方面，很多管理者采取各种措施避免团队中的冲突，因为他们担心丧失对团队的控制，以及有些人的自尊会在冲突过程中受到伤害；另外一些人则是把冲突当做浪费时间。他们更愿意缩短会议和讨论时间，果断做出自己看来早晚会被采纳的决定，留出更多时间来实施决策。无论是上述哪一种情况，公司的管理者们都相信，他们在通过避免破坏性的意见分歧来巩固自己的团队。但这样的做法是不可取的，因为他们的做法其实是扼杀建设性的冲突，将需要解决的重大问题掩盖起来。久而久之，这些未解决的问题会变得更加棘手，而管理者也会因为这些不断重复发生的问题而越来越恼火。管理者和他的团队需要做的，是学会识别虚假的和谐，引导和鼓励适当的、建设性的冲突。通过良性冲突，可以把公司中需要解决的问题拿到桌面上来，可以解决一些发展中的隐患，同时也可以找到创新的解决方法，更好地更有创建性的去解决问题。尽管良性的冲突也是一个杂乱的、费时的过程，但这是不可避免的。

果断决策原则。要成为一个具有凝聚力的团队，领导必须学会在没有完善的信息、没有统一的意见时作出决策。而正因为完善的信息和绝对的一致非常罕见，决策能力就成为一个团队的关键。但这和良性冲突原则并不矛盾，因为良性的冲突是为了发现问题，找到创新的办法，给团队中每一个成员表达自己想法的机会，如果一个团队没有鼓励建设性的和没有戒备的冲突，就不可能学会决策。这是因为只有当团队成员彼此之间热烈地、不设防地争论，直率地说出自己的想法，领导才可能有信心作出充分集中集体智慧的决策。不能就不同意见而争论、交换未经过滤的坦率意见的团队，往往会发现自己总是在一遍遍地面对同样的问题。实际上，在外人看来机制不良、争论不休的团队，往往是能够作出和坚守艰难决策的团队。

彼此负责原则。彼此负责原则是要求团队中的每一位成员都要对团队的发展承担责任，对其他成员能够坦诚地给予提醒和建议，从而形成良好的互动，促进工作的完成。一般来说卓越的团队不需要领导提醒，团队成员也会竭尽全力工作，因为，他们很清楚需要做什么，他们会彼此提醒注意那些无助于成功的行为和活动。而不够优秀的团队一般对于不可接受的行为采取向领导汇报的方式，甚至更恶劣：如，在背后说闲话、搞小动作。这些行为不仅破坏团队的士气，而且让那些本来容易解决的问题迟迟得不到解决。

尊重个性原则。团队合作是为了集中团队的力量去完成某一项工作和任务，要求在工作方面取得一致性，因此许多人认为团队成员个性的存在是对团队合作的危害，因此，要求团队成员的个性不要那么突出，这样常常会对团队成员形成压抑的氛围，这事实上不符合团队合作的要求，团队合作最终目的是为了更加高效地去完成某项任务，这就需要由不同个性的人去做适合自己去做的事情，去承担他能够承担的角色，然后去协作完成工作。而个性有时候是天性，也很难改变，这就需要对团队中每个成员的个性给予充分的尊重，充分发挥他们的创造力，发掘他们的个性特点，然后根据个性与特长来安排合适的岗位和工作。

互补原则。一个优秀的团队并不要求每一个岗位上的人员都是最优秀的，因为优秀成员之间常常会产生不必要的内耗，有的时候还会出现相互拆台的现象，往往起不到最佳的搭配效果。一个运转良好、高效的团队，成员之间是互补的，他们在能力上有差别、在技能上有差别、在性格上有差别，但各个成员都能够在自己的岗位上做到最好就可以。

（三）形成良好合作团队的方法

积极发现每个成员的优点。在一个团队中，每个成员的优缺点都不尽相同。我们应该积极发现团队成员的优秀品质，并且学习和发扬它，让自己的缺点在团队合作中逐渐克服和改正。团队强调的是协作，最好不要有命令和指示，这样团队的工作气氛就会变得轻松和谐，工作就会变得很顺畅，团队整体的工作效率就会大大提高。

对每个人都寄予鼓励。每个人都有被人重视的需求，特别是那些辛劳工作的基层员工更是如此。例如保安、销售人员工作时间长，工作又苦又累，有时给予他们一句小小的鼓励和赞许就可以使他们释放出无限的工作热情。当你对他们给予表扬的同时，他们也同样会给予你希望。而对于从事基本事务性工作的商务文员来说，也要多给予工作的协作者以赞扬，这样工作才更加愉悦，同事之间的关系才会更和谐。同时，商务文员还要在工作中学会自我激励，不断地激励自己，使自己在团队中充满工作热情和昂扬的斗志。

时刻检讨自己的缺点。"金无足赤，人无完人"，我们应时刻检讨自己的缺点，比如，检讨一下自己的工作心态好吗？对待日常的工作是不是有所怠慢？对待客户的沟通工作做得够不够好？能否虚心接受别人对自己的批评？哪些缺点在自己看来可能不算什么，但在团队合作中它就会成为商务文员进步成长的障碍。如果商务文员固执己见，无法听取他人意见，那么商务文员的工作状态就不可能有进步，甚至会影响到其他成员的工作积极性。团队的效率在于每个成员配合的默契，如果你意识到了自己的缺点，不妨坦诚的承认它，想方设法改掉它，也可以让大家共同帮助你改进。当然，承认自己的缺点可能会让你感到尴尬，但你不必担心同事的嘲笑，你只会得到他们的理解和帮助。

保持足够的谦虚。团队中的任何一位成员都可能是某个领域的专家，所以你必须保持足够的谦虚。任何人都不喜欢骄傲自大的人，这种人在团队合作中也不会被大家认可。你可能会觉得在某个方面他人不如你，但你更应该将自己的注意力放在他人的强项上，只有这样才能看到自己的肤浅、无知和不足。谦虚会让你看到自己的短处，这种压力会促使自己在团队中不断地进步。

总之，在团队中，如果每个队员都能够不断地释放自己的潜在才能和技巧，能够相互尊重和被重识，相互鼓励和坦诚交流，大家就能在各自的岗位上找到最佳的协作方式，为了团队共同的目标，自觉地担负起各自的责任并为此积极奉献。

（四）商务文员融入到工作团队的方法

树立共同目标。商务文员应该和所属的团队拥有共同的目标和愿望，应该把团队看成实现自己人生理想的舞台。这就需要商务文员对自己所属公司经营的范畴，管理的规章制度，企业的文化和机制有深入的了解，并熟识自己所属团队的性质，在企业中处于的地位和职能，熟悉团队中每一个成员的性格和特点，了解他们的优点，以便在日常的工作中更好地与团队成员协作，为了团队的共同目标和愿望的实现而努力。

建立信任友好的人际关系。商务文员应该和自己的团队成员坦诚相见，让他们了解自己的优点和缺点，知道自己在一件事情上的具体想法，对自己所属团队的成员要充分信任，与他们平等友好地交往，要敢于提出自己的看法和见解，有了错误要敢于承认与改正，不要在团队成员面前故作高深，深藏不露。只有和团队成员建立信任友好的人际关系，才能使自己很快被自己所属的团队成员接受，融入到团队中去，成为团队中的一员。

充满激情地去工作。商务文员在团队工作中应该充满激情，要消除消极情绪对自己的影响，每天都要满怀热情地投入到工作中，用自己的热情去感染自己所属团队的成员，让他们看到一个充满热情、朝气蓬勃、积极向上的年轻人，这样他们也很乐意和你相处和共事，也使整个团队的工作更有效率。

鼓励自己。对于一个刚刚踏上工作岗位不久的商务文员来说，在工作上遇到失败和挫折是不可避免的，这就需要商务文员要学会自我调节，特别是在团队里，更是如此。商务文员应该不时地激励自己，给自己一些小的奖赏，学会自我激励。要踏实工作，相信自己的目标最终会得以实现，那么也将很快被团队其他成员所接纳，融入到团队工作当中去。

三、业务技能训练

训练一

1. 训练背景

浙江腾达贸易公司商务文员马力明是一名新员工，他被派到西北市场从事市场开拓工作，可是在工作中，他总觉得自己很难融入到西安分公司这个团队当中，常常觉得自己受到了排挤。工作的积极性较低，工作效率也一直不高。

2. 训练要求

你觉得马力明应该如何来处理这个问题。

3. 训练提示

马力明应该调整心态，要把自己的目标和西安分公司的目标协调一致，主动和他人交往，取得他们的信任，应该充满激情地做好自己的工作，并经常向其他成员请教。

训练二

1. 训练背景

浙江腾达贸易公司西安分公司作为新组建的团队，其主要成员大多都是公司中的业务精英，在业务上都有丰富的经验，但是他们相互之间总是互不服气，每到开会决策时，总是争吵不休，很长时间也难以做出决策。作为商务文员的张扬觉得是分公司在团队人员组成上有问题。

2. 训练要求

如果你是张扬，你觉得问题出在什么地方。

3. 训练提示

一个团队组成最好能够互补，不一定要人人都是精英，既要有善于动脑的人，也要有善于做具体工作的人，这样才能相互结合，提高效率。如果个个都是精英，互不服气，谁也不愿意做一些基础工作，就会造成工作扯皮，做决定时也很难有一个核心的决策者，导致效率低下。

培训小结

本章主要探讨了时间管理与团队合作对公司发展的重要作用以及时间管理的技巧和具体方法，团队合作的原则和培养团队合作的方法。

重点名词与概念

——时间管理是指在同样时间消耗的情况下，为提高时间利用率而进行的一系列控制工作。

——团队合作是团队的成员之间为了达到既定目标所显现出来的自愿合作和协同努力的精神。

练习与思考

1. 请你谈谈影响时间管理的因素有哪些？

2. 时间管理的基本技巧是什么？

3. 团队合作有什么作用？

4. 团队合作的基本原则是什么？

5. 怎样来培养团队合作？

案例分析

良性冲突原则

刘洋是一家广告公司的策划部经理，每当接受一个广告策划任务时，他都喜欢率领自己的团队关起门来讨论。每次讨论，刘洋都率先阐述自己的广告策划方案，然后，让其他团队成员分别阐述自己的策划方案，大家各抒己见，对每个人的广告策划方案进行毫不避讳的评论，最后，由投票选出两个策划方案，再进行讨论和评选，决定最后的策划方案。这样每一次广告的策划都非常符合厂家的意愿、受到消费者的喜欢，为企业谋得了良好的效益，也获得了广告界的高度评价，为此刘洋也很快得到公司的提拔，成为公司的副总。

（注：刘洋的成功在于他在每一次广告的策划中，都注意发挥团队合作的力量，充分利用团队合作的良性冲突，提高了团队成员的创新水平和能力，集思广益，才能做出符合厂家和消费者意愿而富有创意的广告作品。）

第五章 商务文员的日常通讯

本章培训主要内容：本章主要交代商务文员日常通讯中接打电话的方式、方法，处理实物邮件和电子邮件的基本步骤与注意事项。

本章应掌握的主要技能：商务文员在日常通讯中应该能够高效、礼貌的接打电话，及时处理电话内容，熟练使用电话的常用功能；准确、快速处理接受的实物邮件及电子邮件，并根据工作需要及时寄发各种邮件，同时保障公司的信息安全。

第一节 接 打 电 话

一、规范案例

魏文静在福建东天贸易公司做商务文员工作，她在接打电话的工作中声音甜蜜、态度平和、礼貌周到，并对每个接办的电话都负责到底，受到客户和同事的好评。

注：作为在企业商务活动中主要从事服务性工作的商务文员，他们有相当一部分工作都要通过接打电话来完成。电话是商务文员的重要通讯工具之一，因而正确、高效地接打电话是商务文员的一项必备业务技能。同时，在公司工作中，注重电话礼仪，在电话使用过程中表现出良好的素养，对于提升商务文员的个人形象和公司形象，创造友好、和谐的工作环境和氛围，提高工作效率，具有十分重要的意义。

二、应知应会

(一) 接打电话的准备

接打电话看似简单，实则有大学问。高效、礼貌的电话接听可能促成公司业绩的不断攀升，反之可能延误时机，酿成大错。接打电话的准备分为物质、工具和精神、技能两个层面。

接打电话的物质、工具准备。因为接打电话是商务文员的日常工作之一，在办公室的电话机旁应备好最新的电话号码簿、自编的常用电话号码表、国内外城市直拨电话区号、世界各地时差表、电话记录本和笔，以便能随时高效拨出电话或记下来电者的姓名、单位、电话号码、来电时间及通话要点，并签署自己的姓名。

接打电话的精神、技能准备。精神层面的准备更为重要，它意味着商务文员呈现给别人怎样的电话形象，可能直接影响到自己的工作效率、质量与业绩。这一准备包括对接打电话规范程序、电话礼仪的了解与熟悉；讲话时语速、语调的自我控制；普通话发音的清晰性、准确性；接打电话现场的自我调节等。这些不仅需要商务文员平时下工夫，有意识增加相关知识、培养相关技能，而且也需要提高接听电话现场的应变能力。具体如下：

首先，要善于在短时间调整自己的情绪。无论商务文员在忙于何种工作，心情多么烦躁和焦急，只要拿起听筒应该立刻改换成愉快、乐观的心境，以确保自己的声音柔和、甜美，使通话者感受到热诚有礼、温和亲切的态度。因而当商务文员情绪不佳时尽量不打出电话，以免自己的不良心境影响工作的进程。其次，在拨出电话前要准备好通话内容。如果腹稿不能避免遗漏重要内容，就要把内容要点写下来，以便能在通话中清晰、全面陈述内容。并把与通话内容有关的底稿或文件准备好，随时翻阅。最后，商务文员要准备应对特殊电话的技巧。为了不让联络关系、推销产品、做广告宣传等的电话浪费上司的精力、时间，干扰上司的正常工作，商务文员应善于甄别和应对来自各个方面和各种不同目的的电话，掌握一些通话艺术和应对技巧，做到既能排除电话干扰又语言得体、有礼有节。

打电话的时间选择。打电话要考虑对方当时是否方便接电话。通常的情况下，在早 7 点前和晚 10 点后，如果没有十分必要和紧急的事情，不要给别人打电话。一日三餐的时间尽量不要打扰别人用餐。法定的节假日中也要避免拨打与工作相关的电话。如果必须拨打电话，一定要先说："对不起，打扰您用餐了。"或"对不起，打扰您休息了，我有紧急的事必须与您联系。"

（二）接打电话的程序与礼仪

电话看似只是一种传递信息、获取信息、保持联络的日常通讯工具，实质上它同时能够承载自己所在公司或自己个人的形象。商务文员接打电话，不是简单地与外界进行信息的交换或者联系相关事宜，同时是在为商务文员所在的公司、为商务文员本人绘制一幅给人以深刻印象的电话形象。所谓电话形象，即由人们在接打电话的整个过程之中的语言、声调、内容、表情、态度等形成的集合。这个集合由接听电话的对方接受并理解，在对方心里构筑而成。商务文员的电话形象能够体现自我修养、待人接物的态度、工作的热忱度，以及商务文员所在公司的整体管理水平、企业的文化精神。因而商务文员接打电话要遵循相应的规范程序与礼仪。

正确拨号。为了提高工作效率，拨号时要精神集中、仔细核对号码，以免拨错。如果万一拨错电话，一定要向对方道歉。通常电话拨通后至少要等电话铃响 6 次，仍然无人接听，再收线。要掌握正确的电话号码拨法：

国内：地区号＋对方电话号码国际：

国际识别码＋国家区号＋城市区号＋对方电话号码

自我介绍。拨出电话接通后，对方未自报家门，商务文员要询问对方是否是自己要找的人，得到确认后就要自我介绍，如："您好！我是×公司的商务文员××。"如果对方已经自我介绍，就可以直接说明自己是谁。如果找不到自己要找的人，可以表示谢意或留言，而不要立刻挂断电话。

接入的电话，商务文员在电话铃响后，通常要在响铃两声之内拿起话筒。铃声响了三次以上才拿起话筒会给对方留下怠慢工作、缺乏效率的印象。如果遇到确实有事难以脱身而延误了接电话，拿起电话后要先向对方表示真诚地歉意："对不起，让您久等了。"道歉之后再按照常规的方式自我介绍。在不知道对方是谁的情况下，可以说："您好！这里是×公司，我可以为您做什么?"或者"您好!×公司的商务文员××在接听您的电话,有什么可以帮忙?"无论是拨出还是接听电话最忌讳的是"你是谁?"、"干什么?"之类的生硬语言,会给人留下缺乏修养和礼貌的印象。

讲明或听清要点。拨出电话,要准确、扼要地讲明预先准备好的通话内容,特别注意不要把关键的内容讲错,如双方约定的时间、地点,谈妥的价钱、数量等。必要时可以由自己或让对方重复一遍关键内容,确认对方已经明白无误的听清自己的陈述内容。接听电话里最容易出现的也是最严重的失误莫过于听错内容,尤其是遇到通话另一方普通话不标准或者是涉及一些发音容易混淆的词汇,往往造成不必要的麻烦,影响到工作的进展,发生事与愿违的事情。为了免于出现此类情况,听者应将重点复述一遍,以确保明白无误。例如"通知各部门负责人明天上午9点到会展中心北门集合,参加展会。"时间、地点、参加人员必须明确。如果对方声音太小或者自己没听清,要求对方重复一遍或者自己重复一遍让对方确认是必要的。

应对通话中断。在通话过程中,有时会因为临时的意外或故障而中断对话,也可能另外有些突然发生的事会迫使商务文员暂时中断电话,也有可能需要临时去寻找谈话中所涉及的一些文件、资料、数据或找其他的同事询问一些情况。这时,商务文员就需向对方解释并道歉。在要求对方稍作等待时,必须能够保证在很短的时间,如1分钟内返回电话机旁,如果不能,则应该征求对方的意见,或建议先挂断电话,稍候再联系对方,说明情况。在对方暂时等待时,商务文员还应该注意避免将办公室内同事正地进行谈话传入话机。电话如因意外或故障临时中断,商务文员应主动回拨,并要向对方道歉。

道别挂机。结束通话之前,应该确证自己要谈的事情已经谈完,必要的细节与要点都已经讲清楚了。这时可向对方询问:"请问还有什么事情吗?"结束电话的时候,可以说一些表示客气的礼貌用语,然后再轻轻挂断电话。通常接打上级或长辈的电话,要等待对方挂机后,再挂断电话。与同级或者同辈通话,遵循主叫电话者先挂机的原则。挂机时一定要先按住叉簧,再放下听筒。首先是保证电话确实切断,以免来电无法呼入、计费延续或者泄密。其次是出于礼貌,避免对方听到放听筒的"咔嚓"声。

(三) 电话内容的处理

电话记录表的内容。商务文员接打重要电话要进行记录。电话记录表包括的内容如下:

电话记录表

来电人姓名		来电内容:
来电单位		
来电号码		
来电时间		处理意见和结果:
接话人		
领导批示		

其中来电内容应包括5W和2H的要素:what,即电话涉及什么事,需要什么;when,

指电话中提到的事情是什么时间；where，即电话中的事情需到哪儿去办或在哪儿发生；who，即涉及的人或单位名称；why，指电话中所提及事情的原因；how，指怎样完成或处置；how much，指需要花费的时间或费用、要使用的物品或设备。在填写电话记录表来电内容之后，为了确保信息的准确，应该再次向对方重复核对，这一点也是非常必要的。

电话内容的处理。商务文员在接听电话后可以根据电话内容的重要程度，选择不同的处理方法。对于咨询、了解类的电话，可以根据自己的经验给予说明和处理。对于紧急或事关重要的电话，商务文员要请示上级，并附上自己的意见供上级参考。对于需要商务文员协调其他部门办理的事情，商务文员需要尽量与相关部门顺利沟通，促成问题的解决。

（四）常用电话服务功能

对于商务文员来说，为了更好与人沟通、提高工作效率，了解电话的常用服务功能尤为必要。现在的电话除了可提供语音、数据和图像通信及其他信息交换服务外，还有其他多种服务功能，如缩位服务、拨号热线服务、呼出限制服务、转移呼叫、遇忙回叫、免打扰服务、呼叫等待、三方通话、遇忙记存呼叫等服务功能。以下电话服务功能都是在双音频电话机上进行的。

1. 缩位拨号

缩位拨号是位数较多的电话号码用 1—2 位自编代码来代替的一种功能。此项服务可用于拨叫本地电话，也可用于拨叫国内、国际长途直拨电话。使用缩位拨号功能可以减少拨号时间，便于记忆，减少差错。

使用方法：

＊51＊缩位代号 ＊被缩位的电话号码 ♯（登记）；

＊ ＊ ＊缩位代号 ♯（使用）；

♯51 ＊缩位代号 ♯（撤销）。

2. 热线服务

使用该项服务时，只要摘机后在 5 秒内不拨号，就会自动接到被置为"热线"的对方电话号码。一个用户所登记的热线服务只能有一个被叫用户，但可随时改变。已登记了热线服务电话，照常可以拨叫和接听其他电话，只是在拨叫其他电话时，须在摘机后 5 秒钟内拨出第一位号码。

使用方法：＊52 ＊电话号码 ♯（登记）；

♯52 ♯（撤销）。

3. 呼出限制

又称"发话限制"。使用该项服务性能，可根据需要，限制呼叫国际和国内长途自动电话，但不限制市内电话。

使用方法：

＊54 ＊四位密码 ♯（锁机）；

♯54 ＊四位密码 ♯（开机）。

4. 呼叫转移

作为商务文员外出时可以使用该功能，将所有呼叫自己工作话机的电话，自动转移到临时指定的话机上。呼叫转移也称为"电话跟踪"。

使用方法：

＊57＊电话号码 ♯（登记）；

♯57♯（撤销）。

5. 遇忙回叫

使用此项服务，当拨叫对方电话遇忙时，可以挂机等候，不用再拨号，一旦对方电话空闲，既能自动回叫接通。

使用方法：

＊59♯（登记）；

♯59♯（撤销）。

6. 免打扰服务

又称"暂不受话服务"，在某一段时间里不希望有来话干扰时，可以使用该项服务。登记该项服务后，所有来话将由电话局代答，但呼出不受限制。登记免打扰服务不能同时登记转移呼叫服务、缺席用户服务、遇忙回叫服务。

使用方法：

＊56＊（登记）；

♯56♯（撤销）。

7. 呼叫等待

当商务文员正在通话，而第三方又呼叫时，商务文员在受话器中会听到一个呼叫等待音，表示另有第三方等待通话。这时，可以请正通话者稍等而转与第三方通话，也可以请第三方稍等而继续通话。

使用方法：

＊43♯（登记）；

♯43 ♯（撤销）。

8. 三方通话

当商务文员与对方通话的情况下，如需要另一方加入通话，可在不中断与对方通话的情况下，拨叫另一方，实现三方共同通话或分别与两方通话。

使用方法：

拨通甲方电话，按叉簧，听到第二次拨号音后，拨通乙方电话，按叉簧，开始三方通话。

9. 会议电话

每个电话用户都可以任意利用有关的会议电话设备召集各地的电话用户举行电话会议。会议电话能节约开会的时间和费用，是一种经济的会议方式。

使用方法：

按＊53♯听到第二次拨号音后，拨通甲方电话，按叉簧，再次听到拨号音，拨通乙方电话，按叉簧……循环操作完成与会各方的电话接入程序，开始会议。

♯53♯（撤销当时输入有误的电话号码）。

10. 可视电话

可视电话业务是一种点到点的视频通信业务，它能利用电话网双向实时传输通话双方的图像和语音信号。由于可视电话能收到面对面交流的效果，实现人们通话时既闻其声、又见其人的梦想，可以大大提高工作效率又可以节约会议费用。

三、业务技能训练

训练一

1. 训练背景

福建东天贸易公司要在上海举办产品展示会，公司已经与承展方达成初步协议，但就承展费用没有最后确定，公司需要在这个问题上与承展方再次电话沟通，张经理把这个任务交给了魏文静。

2. 训练要求

魏文静应该在通话前做什么准备？

3. 训练提示

魏文静在通话前的内容准备上预知双方就要谈的问题可能发生争执，所以她要准备一个恰当的理由以便在不愿与对方发生争执时，中断电话交谈。

训练二

1. 训练背景

一天，魏文静接到一位先生的来电，自称是张经理的老同学，坚持要与张经理通电话，此时，魏文静既无法确认对方的真实身份，又不了解张经理是否愿意接听此人的电话。

2. 训练要求

魏文静应该如何处理这个电话？

3. 训练提示

应了解对方的来电用意，进行分析判断，若不必张经理接听即以适当理由婉言相拒，或者礼貌征询对方是否需要代言，也可请对方留下电话号码，让张经理根据情况再回复电话。在处理领导不愿接听的电话时特别要讲究方法和技巧，既不能让对方觉察出张经理在有意回避，又要尽可能在不越权的前提下给对方比较满意的答复，使对方主动停止通话。

第二节　实物邮件的处理

一、规范案例

福建东天贸易公司的商务文员魏文静所在的部门每天都要接收和发送大量邮件，她积极动脑，对于本部门的邮件进行分类处理、阅读、登记，并在第一时间完成邮件的寄发工作，把本部门的实物邮件接收、寄发管理得井井有条。

注：由于工作对内、外联系性，商务文员每天都要接收或发送大量的实物邮件并要对这些邮件作出处理。实物邮件的处理工作是围绕邮件的接收、分类、阅读、归档或者邮件的书

写、审核、打印、发送所进行的一系列有序衔接的工作。

二、应知应会

（一）接收邮件的处理

公司的收发室对收到的邮件要加以分类整理，然后再由专人转交各个部门。为避免延误重要事情，商务文员要将转到自己部门的邮件在第一时间、遵循一定的程序进行处理。

初步分类。如果自己的部门每天要同时收到大批邮件。拆封之前要对邮件先进行初步分类，这样会节省时间。邮件的分类方式有许多种标准，商务文员可以根据实际情况选择当日邮件的分拣方式。①按照对拆封人的需求分为商务文员自己拆封的和相关人员拆封的两种。后一种是写有"亲启"类字样的信件或是私人邮件。②按照邮件的形式分为电报和商务信函、广告宣传册、实物邮包。③按照邮件的邮寄方式分为普通邮件、挂号邮寄、加急邮件、特快专递，以此分类基本可以看出邮件的重要程度与紧急程度，在分类时应该优先处理重要的邮件。

拆封邮件。对信封上标有"亲启"或"密函"记号的信件，商务文员如不经上级授权，不能随意拆启。

拆封信件前，要轻敲信封口边缘，使信封内的东西落下来，以免留在信封口的边缘。如果盲目行事，信封内的支票和其他重要的物件在拆封时就容易被损坏。接下来用剪刀开信封口，尽量不要损坏信封上的文字、邮戳和其他标志。取出信笺时要小心，随后仔细检查信封内的所有物件是否都已取出。对信上注明的附件必须逐一核查，如有缺件，应该把这个情况记在信笺上。把拆开的信封连同信纸、附件用钉书器或大头针钉在一起，并在信封上用笔或使用自动印记下收件的日期和时间。并将重要的信件归类，放入不同的文件夹中，以备送交上级审阅。

拆封邮包时，主要看邮单上的邮寄物品的名称、数量是否与实物相符，邮寄物品是否完好。拆封的过程要仔细除去外包装，如纸盒、木箱、布袋等，避免对邮寄物品的损坏。

阅读邮件。在阅读邮件的过程中，商务文员将邮件进一步分类。有些是自己可以独自解决的问题，一些是必须请领导审阅的邮件。

邮件登记。所有重要的邮件都要在登记册上登记，但是宣传、广告之类的邮件可以略去不登。下表是邮件登记单，邮件名称及内容、收件时间、收件人、发件日期、发件人、邮件的去向等。登记之后将重要邮件进行归档，以备日后查阅。

邮件名称及内容	收到时间	收信人	发出日期	发信人	处理情况及日期

邮件关涉事件的办理。商务文员要按照邮件的重要与紧迫程度，对邮件中涉及的具体事

宜进行办理。如果接到的信函内容关乎自己的工作范围的事情，商务文员可以根据具体情况直接办理。如果邮件关涉的事件复杂，需要多个部门协调解决或需要上级亲自督办的，商务文员要监督办理进展情况，提醒上级相关事宜。

（二）寄发邮件的处理

在寄发邮件方面商务文员的工作量通常与该公司的业务量有关。在一般的公司商务文员承担全部的邮寄工作，既负责寄发又负责邮件准备工作。寄发邮件要遵循以下步骤：

检查地址及邮件标记。在寄发邮件时，商务文员首先要查对地址。商务文员应该备有一份公司最新的含有正确地址和邮政编码的邮政业务表，并负责对每一份寄发邮件的地址进行核对。它包括邮政编码、城市名、街名、门牌号、完整的收件人单位和姓名。另外，在查对地址时，要看地址的书写字迹是否清晰、易辨认，否则应给予更改。如果是打印的地址，应检查墨迹是否模糊。在寄发邮件时要检查邮件标记。在信件到达时需要提醒收方注意的，如："亲启"或"密函"可以直接写在信封或邮件封皮上。根据邮件不同，选择不同的邮政服务，商务文员要检查标记是否正确，如：邮件无法投递时选择"寄还发件人"还是"抛弃处理"；是否需要"保价赔偿"等。这些标记要在选择栏内醒目地标出，需要书写的要采用正楷完整、端正书写。

查对签名与附件。商务文员要把上级需要签名的邮件集中在一起，请上级签字，并有责任查验每一封信的签名是否正确。如果被授权以上级名义签发信件，则必须在签上上司的姓名之后写上自己姓名。任何一封信如果没有签名则是无效的文件。对于商务文员来说，仔细地查对信件末尾所注明的全部附件与信中的实际附件数是否相符，这是一项十分重要的查对工作。商务文员要特别注意将所有的附件与正文装入信封。邮寄物品，要检查物品的名称和数量是否与填写的包裹单一致。

信件的折叠和装封。在折叠信纸时，要注意考虑使用信封的大小，采用不同的折叠方法，尽量做到整齐美观。信封的边缘要留有一定的距离，不要把信纸折叠的与信封一致，这样不方便拆封。另外，附件应该与正文分开，把附件放在正文的最后一叠。在对邮件进行封口时，要检查信封是否有破损，再用胶水或胶带对信件进行封口。如果邮寄的是物品，首先选择适合的包装箱或包装袋，将物品整齐放入，并做到尽量压缩到占最小空间，再用胶带或封口机封口。邮寄易碎物品还要用塑料泡沫或棉絮保护起来，确认不会在邮件搬运过程中损害，才可以最后封口。

邮件的登记。商务文员对自己经手发出的邮件要登记在册，有待日后工作中查实各种情况。制作寄发邮件登记表包括邮件名称及内容、邮寄收到时间、收件人单位姓名、回信情况等。

邮件名称及内容	邮寄收到时间	收件人单位姓名	回信情况

选择邮寄方式和时间。寄发的邮件按照需要送达的时间、重要的程度，可以选择不同的邮寄方式。邮件分为普通邮件、国内快件、特快专递等。商务文员要将邮件根据送达的时间、重要的程度进行分类，选择不同的邮寄方式。

邮资分类、排列。商务文员为了邮件能够在到达后，第一时间被发出，应该预先对邮件进行归类。可以按照本地、外地、邮资总付等分类，邮件送到邮局后可以越过邮局例行的整套分拣程序，然后把分拣后的邮件按其类别捆扎加标签。

邮资总付。凡盖有邮资总付印记的邮件被称为邮资总付邮件。使用邮资总付的邮寄设备包括：邮资总付机、邮件过秤机、邮件启封机、邮件折叠和装入机、地址印刷和压纹机等。邮资总付机可以向制造厂商长期租用或短期租用，寄件人必须从邮局领取一张邮资总付许可证。所有邮资是向邮局一次付清。邮资总付机使用完毕时即显示出邮资总额，以便付款。使用邮资总付对大多数邮寄者来说是很方便的。邮戳、日期和邮票的盖销记号等均由机器直接打印在信封上把它粘在大量的信封或者包裹上。邮资总付机还可以把信封封口并码齐信封。邮资总付使邮件在办公室的滞留时间缩短了，信封上没有邮票，省去了盖销邮票和翻转信封的时间，所以邮件在邮局的滞留时间也缩短了。可使用机器打印收件人的姓名和地址，减少邮局的差错。

三、业务技能训练

训练一

1. 训练背景

一天，魏文静在初步分类邮件时，不小心将标有"亲启"记号的信件放入了需要即刻拆启的类别里，并随后误将其拆开。

2. 训练要求

魏文静应该怎样做？

3. 训练提示

标有"亲启"或"密函"记号的信件，商务文员如不经上级授权，不能随意拆启。魏文静不小心拆启了这样的信，她首先在信封上注明"误拆"并写上自己姓名，然后把信封口粘好。

训练二

1. 训练背景

魏文静是福建东天贸易公司新应聘来的商务文员，张经理让她负责阅读邮件，一同来的小李认为这项工作很枯燥。

2. 训练要求

魏文静应该怎样阅读邮件？

3. 训练提示

在阅读邮件的过程中，魏文静将邮件进一步分类。有些是自己可以独立解决的问题，一些是必须请领导审阅的邮件。她阅读来信，并标出有关的重点，在信笺边上的空白处写上提请上级注意的文字。魏文静还提供有关的一些参考资料供上级复信使用。对待有些信件，她在阅读信函后自己根据信函的内容、性质，对来信涉及的问题进行分析和研究，先拟好回信，供上级审阅时参考，这样可以减少上级的工作负担。如果某一信件需要几个人共同阅读，为了提高工作效率，她还将信件复印若干份发给相关人员。几个月下来，她的工作完成得非常出色。

第三节　电子邮件的处理

一、规范案例

魏文静在福建东天贸易公司工作，负责本部门的电子邮件处理，每天早晨上班第一件事就是打开电脑收发电子邮件。她不但熟悉电子邮件收发系统，而且熟悉本公司的各项业务。

注：电子邮件已经成为人们通讯的重要工具，使人们的交流方式得到了极大地改变。因而了解电子邮件的相关知识、充分利用电子邮件的各种功能、确保电子邮件的安全、高效地收发电子邮件成为商务文员的必备素质之一。

二、应知应会

(一) 电子邮件

电子邮件是一种用电子手段提供信息交换的通信方式。通过互联网上的电子邮件系统，人们可以用低廉的价格，以非常快速的方式，与世界上任何一个角落的互联网用户联系。商务文员在对电子邮件进行高效处理时，首先，要对电子邮件相关知识充分了解。

电子邮件的基本原理。电子邮件依赖互联网上设立的电子邮箱系统，它实际上是一个计算机系统。系统的硬件是一个高性能、大容量的计算机。在计算机的硬盘上为用户划分一定的存储空间作为用户的邮箱，每位用户都有属于自己的一个电子信箱。存储空间包含存放所收信件、编辑信件以及信件存档三部分空间，用户开启自己的信箱，并进行发信、读信、编辑、转发、存档等各种操作。

电子邮件的特点。①快速、廉价性。在全球任意一台连接互联网的计算机上，电子邮件可以在数秒钟内完成收发。如果利用免费的电子邮箱收发邮件，只需要付互联网使用费。②准确、可靠性。只要输入的收件人地址无误，电子邮件就会被准确投入收件人的邮箱中。因为每个电子邮箱地址都是独一无二的，不会发生实物邮件的投递错误现象。③超越时空限制性。电子邮件是异步通讯，实行存贮转发式服务，收发电子邮件不受时间和空间限制，只要发件人将邮件发入收件人的邮箱，便被存储起来，收件人可以在任意时间、任意连接互联网的计算机上阅读或下载邮件。④传递内容多样性。电子邮件的内容可以是文字、图像、声音等各种方式。⑤具有群发功能。电子邮件可以将一封信同时发给多人。

选择电子邮箱。选择电子邮箱时，商务文员从工作出发，要考虑信息安全、反垃圾邮件能力、防杀病毒情况，还有邮箱容量、稳定性、收发速度，是否能够长期使用、邮箱的功能、收发方式等多种因素。如果经常和国外的客户联系，最好使用国外的电子邮箱，比如 Gmail，Hotmail，MSN mail，Yahoo mail 等。如果想在第一时间知道自己是否有新邮件，可以使用中国移动通信的移动梦网随心邮，当有邮件到达的时候会有手机短信通知。如果经常需要收发一些大的附件，Gmail，Yahoo mail，Hotmail，MSN mail，网易 163 mail，126 mail，Yeah mail 等都能很好的满足要求。使用收费邮箱，网易 VIP 邮箱、188 财富邮箱可以选择。

　　电子邮箱使用的注意事项。通过网站进入邮箱后，单击相应的超级链接即可进行收发邮件操作，该方式适合收发内容较少的邮件。①要对浏览器进行安全设置。以 IE 为例，点击［工具］，［Internet 属性］，进入［安全］，在这里可以对四种不同区域分别进行安全设置。对于［Internet］区域通过［自定义级别］可以按照自己的安全考虑加以设置。虽然大多数 Cookie 对于系统来说是安全的，但在［隐私］选项卡中对它加以设置可以适当保护自己的隐私。如果担心信件内容的泄露，可以在［内容］选项卡中进行证书的设置等。②要关闭电子邮件地址自动处理功能。由于软件中自动处理功能的日益增加，我们会越来越多地看到由于意外地选择了错误收件人而造成的安全事件了。微软 Outlook 中的"可怕的自动填写功能"就是一个很明显的例子，在使用下拉式清单的时候很容易不小心选择临近实际收件人的收件人。在讨论类似商业机密之类敏感信息的时候，这样的操作很容易导致各种安全事件的出现。③发送电子邮件给多个人的时候采用密送的设置。将电子邮件地址与没有必要知道的人分享是不安全的，也是不礼貌的。对于商务文员这是工作中必须注意的问题。在发送电子邮件给多个人的时候，可以选择收件人或者抄送的方式，这样的情况下，所有收件人可以分享所有的电子邮件地址。如果没有明确确认电子邮件地址应该被所有收件人分享的时候，应该采用密送的设置。收件人不会知道还有其他接收者的存在。

（二）Microsoft Outlook EXpress 的使用

　　邮件的收发可以通过邮件收发软件来实现，该方式适用于收发数量较多并常需要收发一些附件的企事业单位。目前常用的收发邮件的软件是 Microsoft Outlook Express，在桌面上实现了全球范围的联机通讯。无论是与同事和客户交换电子邮件，还是与外界进行信息的交流，Outlook Express 都是商务文员最得力的助手。

　　添加邮件账户。①打开 Outlook Express，在［工具］菜单中单击［账户］。②在［Internet 账户］对话框中，单击［添加］，在二级菜单中选择［邮件］，以打开 Internet 连接向导。③按屏幕指示分别输入"显示姓名"、"电子邮箱地址"、"邮件接收及发送服务器"及"账户名和密码"后，就可建立与邮件服务器的连接。④重复以上过程可以创建多个邮件账户。

　　阅读电子邮件。邮件账户设置好后，就可以通过连接上网来收发电子邮件。①首先单击工具栏上的"发送/接收"按钮，等待 Outlook Express 下载完邮件。②单击 Outlook 栏或文件夹列表中的"收件箱"，点击想要看的信件就可以阅读了。若要在预览窗格中查看邮件，在邮件列表中单击该邮件即可；若要在单独的窗口中查看邮件，应在邮件列表中双击该邮件；若要查看所收到的邮件的所有信息，可单击［文件］菜单，再单击［属性］；若要将邮件存储在文件系统中，可单击［另存为］，然后选择格式和存储位置。通常阅读邮件是在知道接收到新邮件的同时进行的，如果你想一定时间后回味一些珍贵信件，在你没有删除掉这些信件的情况下，可以在收件箱里选择这些邮件进行阅读。

　　创建和发送电子邮件。发电子邮件时，可按照下面的步骤进行操作：①打开 Ouklook express，在工具栏上单击［新邮件］按钮，将打开新邮件对话框。②在［收件人］和/或［抄送］框中，键人收件人的电子邮件地址。如想同时给多个人发送，可以键人多个收件人的电子邮件地址，但每个地址之间应用英文逗号或分号隔开。若要从通讯簿中添加电子邮件地址，可单击［新邮件］窗口中［收件人］或［抄送］旁的书本图标，然后在打开的窗口中选择所需的地址。③在［主题］框中，键人邮件主题。④撰写邮件，然后单击新邮件工具栏上的［发送］按钮。如果是脱机时撰写的邮件，则邮件将保存在发件箱中。联机后会自动发出。上述四项内容中唯有［收件人］信息是必需的。然后在窗口下面的空白区键入邮件的内容，这些内容构成了邮件的正文。建立较长的邮件时，可随时执行［文件］菜单中的［保存］命令将正在建立的邮件保存在 Outlook Express 窗口的［草稿］文件夹中。对保存在［草稿］文件夹中邮件，可随时双击窗口中的［草稿］图标将其打开在邮件窗口中进行修改。对已经完成但暂时不打算发送该邮件，可在［文件］菜单中执行［以后发送］命令将该邮件保存在［发件箱］文件夹中。对保存在［发件箱］文件夹中的邮件，可随时单击工具栏上的［发送与接收］按钮将它们发出。如打算立即发送该邮件，则单击［发送］按钮。

回复与转发电子邮件。回复邮件与撰写电子邮件相同，但回信是针对已收到的某个电子邮件编写的，所以步骤简化。先在 Outlook Express 窗口的［收件箱］文件夹下，选择拟回复的邮件，在出现的对话框中点击在工具栏中的［回复作者］按钮，此时打开［回复］窗口，该对话框与［新邮件］窗口几乎完全一样，只是已自动生成了［收件人］和主题，在邮件正文区也自动生成了某些内容，包括原邮件的正文、发件人、发件时间等信息。你可键入新正文，可编辑自动生成的正文。如果想要答复原发件人及［抄送］编辑框中列出的所有人，则执行［邮件］菜单里的［全部答复］命令，或单击工具栏中的［全部回复］按钮。转发与写回信类似。为转发一个电子邮件，先在收件箱的项目里显示已收到的电子邮件中，单击选择拟转发的邮件，然后在［邮件］菜单中执行［转发］命令，或单击工具栏里的［转发］按钮。此时打开［转发］窗口，该对话框与［回复］窗口的区别在于未自动生成［收件人］，但生成了主题和信件的某些内容，包括原邮件的正文、插入的附件、发件人、发件时间等信息。你需要键入收件人，也可键入新的邮件正文，可编辑自动生成的正文。

设置多个标识。如果多人共用一台计算机收发电子邮件，那么每个人都可以在 Outlook Express 中拥有独立的邮箱。这意味着每人都可以有独立的邮件、联系人和个人设置，而且通过设置密码可以使自己的信箱不对他人公开。通过创建多个标识即可实现这一目的。标识创建后，还可以在各标识之间进行切换，而不需要关机或断开 Internet 连接。①添加新标识。打开 Outlook Express，在［文件］菜单中，指向［标识］，然后单击［添加新标识］。出现［新标识］对话窗口。这时可输人一个新的用户名。如果希望为这个标识设置密码，可选中［需要密码］选项，然后输人一个密码。都写好后单击［确定］按钮，Outlook Express 会询问是否要以新用户身份登录。如果回答是，则会提示输入 Intern 的窗口中会出现我们刚建好的新标识。②删除标识。在［文件］菜单中指向［标识］，然后单击［管理标识］，打开［管理标识］的窗口，选定准备删除的用户，单击［删除］即可。③切换到不同标识。在［文件］菜单上，单击［切换标识］命令。选择想切换到的用户。④更改当前标识的设置。在［文件］菜单中，指向［标识］，然后单击［管理标识］。要更改一个标识的名称或密码，可选择该标识名，然后单击［属性］按钮。要更改启动时所打开的标识，从下拉列表中选择一个标识就可以。如果没有选中复选框，那么每次打开需要辨识标识的程序时，都会被提示输入标识。如果要更改所有程序，在执行自动过程时所使用的标识，应从底部的下拉列表中选择一个标识。

邮件的导入与导出。①导入邮件使用 Outlook Express 导入向导，可以轻松地从各种流行的 Internet 电子邮件程序中导入邮件。在［文件］菜单中，指向［导入］，然后单击［邮件］。选定要从中导入邮件的电子邮件程序，然后单击［下一步］，确认邮件的位置，再单击［下一步］。选择［所有文件夹］以导入所有邮件，然后单击［下一步］。也可以选择［选定的文件夹］，以从一个或多个文件夹中导入邮件。单击［完成］后可顺利导入邮件。②导出邮件到 Microsoft Outlook：在［文件］菜单上，指向［导出］，然后单击［邮件］。在［选择配置文件］对话框中，选择与导出的目标 Microsoft 程序最匹配的配置文件名。要导出所有邮件，请单击［所有文件夹］。要导出一个或多个文件夹中的邮件，请单击［选定的文件夹］。然后选择要导出的文件夹。

解除邮件乱码。对 Outlook Express 进行设置，能够从根本上解决电子邮件的乱码，方法为：①选择［工具］菜单中的［选项］命令，单击［阅读］标签；②单击［字体］按钮，选择［简体中文（GB2312）］并把它设置为默认值，设置好后按［确定］按钮回到［阅读］对话框；③单击［国际设置］按钮，选中［接收的所有邮件使用默认的编码］，确定退出。再次打开所有邮件，中文邮件就不会乱码了。

（三）电子邮件的安全

Internet 的开放性和匿名性决定了其各个环节中不可避免地存在信息安全隐患，电子邮件也不例外。电子邮件的安全问题涉及到商业机密和公司的利益，商务文员需要倍加重视。比如在公共场所收发信件，信件内容的私密性就变得至关重要。可以通过［Internet 选项］的［常规］选项卡删除文件，包括所有脱机内容、清除历史记录以及删除 Cookie。另外，还可以到［内容］选项卡的［个人信息］进行自动完成设置，清除表单以及密码等。

实现在 Internet 信息传输的安全，必须满足机密性、真实性、完整性、不可抵赖性的四大要求。以 Outlook 为例，发出或收到的电子邮件是否已被偷阅，甚至还被人修改过，需要严加防范。为了保护数据在传递过程中不被别人窃听或修改，必须对数据进行加密，加密后的数据称为密文。这样即使别人窃取了密文，由于没有密钥而无法将之还原成明文，从而保证了数据的安全性。下面以 Outlook Express 为例，介绍发送安全邮件和加密邮件的具体方法。

申请数字标识。在 Outlook Express 中选择［工具］/［选项］/［安全］，点击［获取数字标识］。这时将自动拨号并连接到 Outlook Express 申请数字标识的页面点击相应的数字标识提供商，该提供商便发送一张表单让用户填写，当输入相关信息正确无误后，过一会就可收到供应商提供的数字标识 ID 号了。

邮件的数字签名。当获得 ID 号后，就可对所有要待发的邮件进行数字签名，方法如下：选择［工具］/［选项］，选择［安全］选项，在［在所有待发邮件中添加数字签名］检查框前打上钩即可。如果只希望对某一封邮件进行数字签名的话，只需在撰写邮件时将［数字签名邮件］按钮按下即可。当对邮件数字签名以后该邮件将出现签名图标，这样就可以让别人确认邮件确实是从自己那儿发出去的，并且可以保证邮件在传送过程中不会被改变了。

　　加密电子邮件。Outlook Express 需要利用公用密钥来对发送的邮件进行加密运算，然后再用私人密钥对邮件解密，私人密钥是在安装数字标识时装到 Outlook Express 中的。如果想向对方发送加密邮件，对方必须申请有数字标识而且必须先由对方发封签名邮件给你，商务文员需将发送来的签名邮件的数字标识保存到地址簿中，方法如下：①打开签名邮件；②从［文件］菜单中选择［属性］；③单击［安全］一栏；④单击［加入地址簿］按钮。这样就可以发加密邮件了。Outlook 会自动检查地址簿中是否有收件人的数字标识，如果没有，是不允许发送加密邮件的。如果希望对所有待发的邮件都进行加密，选择［工具］／［选项］，选择［安全］，在［对所有待发邮件的内容和附件进行加密］检查框前面打上勾选中即可。如果只希望对某一封邮件进行加密的话，只需在撰写邮件时将［加密邮件］按钮按下即可。邮件加密后将出现加密图标。

（四）电子邮件的管理

　　电子邮件不同于传统的实物邮件，管理电子邮件除了需要具备商务文员信息管理的基本素养，还需要相关的计算机软件基础知识。

　　选择适宜的时间收发电子邮件。商务文员应该养成每天上班先打开邮箱，检查是否有新邮件的习惯。但商务文员不能工作时间都盯着电子邮箱，选择本公司电子邮件集中到达的时间处理电子邮件，既及时解决工作中的问题又可以节约精力和时间。当然选择收到新邮件及时通知自己的邮箱也是一种好的选择。但公司每天都会接到大量电子邮件，上级需要发出的电子邮件也很多，商务文员每天选择一两个时间段集中处理是一种高效的工作方式。

　　设置密级和分类标准。大部分公司都用密码来锁定不同层级者的阅读级别，但商务文员阅读电子邮件的权限会很高。商务文员需要与上司共同确定本公司电子邮件密级和分类标准，明确什么内容是不能任意拿给不相关的人员看的，同时明确什么内容的电子邮件是需要优先处理的，什么内容是可以延后处理的。电子邮件的分类是档案管理的基本问题，分类合理、彻底，所产生的效率会更高。

　　检查邮件并存储分类。上司进入办公室会先阅读邮件。商务文员每天早晨要先检查邮件，并使用 Outlook 将所有的邮件自动分类至不同的文件夹。在这个过程中，商务文员还应过滤掉有病毒的文件和垃圾邮件。如果没有自动分类过滤工具，就要收手动对电子邮件进行分类过滤，不需要的垃圾邮件应立即删除。

　　检查邮件的同时要确认发件人是否是第一次发来邮件，第一次发件人的地址要立刻存入地址簿。如果商务文员忽略了这个细节，很可能想在下次发邮件时找不到地址。有时每个联系人不止有一个邮箱，商务文员也要注意更新联系人的最新邮箱，以便长期与其保持联系。

　　在检查电子邮件时，有些是需要立即存储的。这时商务文员需要核对电子邮件的名称是不是很恰当，是否一看便知是什么文件。否则就要将这类电子邮件的名称进一步更改，使其能提示所存储的内容。

　　定期清理邮箱。过期的邮件要定期删除，否则无用的邮件数据资料会占有许多空间。每隔 10 天或 15 天就要对电子邮箱进行一次清理，并把重要的资料另存在光盘或硬盘上进行归档保管。

三、业务技能训练

训练一

1. 训练背景

张经理让魏文静发送一份涉及商业机密的重要电子文件到总部，因为当时手头工作很多，魏文静未加思索，直接通过本部门常用邮箱发送了文件。同时办公室的其他成员也能看到这些邮件。之后张经理严厉批评了魏文静。

2. 训练要求

张经理为什么要批评魏文静？

3. 训练提示

魏文静没有对不同的电子邮件分别处理，重要的电子邮件需要加密发送。

训练二

1. 训练背景

张经理让魏文静负责收发本部门的电子邮件，魏文静接手工作后发现每天收到的邮件种类繁多，有涉及商业核心机密的、有关于产品咨询的、有推销各种商品和服务的、有与同行业公司友好往来等。

2. 训练要求

魏文静应该如何处理这些电子邮件？

3. 训练提示

魏文静与张经理商量共同确定本部门电子邮件密级和分类标准，并设置密码，确定不同人员的阅读权限。这样本部门的电子邮件处理工作效率明显提高了。

培训小结

本章从接打电话、收发实物邮件以及处理电子邮件方面，概括出商务文员日常通讯工作中需要具备的基本知识与基本技能。

重点名词与概念

——呼出限制，又称"发话限制"，使用该项服务性能可根据需要限制呼叫国际和国内长途自动电话，但不限制市内电话。

——邮资总付，凡盖有邮资总付印记的邮件被称为邮资总付邮件，所有邮资是向邮局一次付清。

练习与思考

1. 在接打电话时，商务文员要做哪些准备？

2. 商务文员在接打电话中如何进行自我介绍？

3. 接受实物邮件要遵循哪些步骤？

4. 如何发送加密电子邮件？

案例分析

接电话中的小疏忽酿大错

一天上午，工作不到一个月的商务文员小王正在整理文件，这时电话铃响了，合作公司打来电话说邀请陈经理参加庆典活动，时间是明天上午9点，地点是东方饭店。小王仔细填写电话记录，下班前通知了陈经理。第二天上班不久小王看到陈经理怒气冲冲走进办公室，对他说："对方邀请的明明是程经理，你怎么通知了我，让我白跑一趟？"原来公司里还有位姓程的经理，在小王的家乡方言中，陈和程两字的发音混淆，所以小王误把程经理听成了陈经理，导致了工作的失误。

（注：①接打电话时重要的内容，如时间、地点一定要听清记牢，为了确证无误可以请对方重复一遍或自己复述请对方检验。②商务文员接触四面八方的人，在交往中，必须用约定俗成的、规范化的语言——普通话，才能共同理解说话的内容。）

第六章　商务文员的办公室管理工作

本章培训主要内容：本章主要概述商务文员办公室环境管理工作，以及办公室日常事务、印信的管理与收发、办公用品与设备管理和保密工作等商务文员的办公室管理工作。

本章应掌握的主要技能：掌握办公室环境管理的基本方法，掌握印信管理与收发的基本原则及流程，学会使用打印机、传真机等基本办公设备，做好保密工作。

第一节　办公环境管理与办公设备管理

一、规范案例

商务文员王琳今天来得比往日都早，公司许总出差回来第一天上班，王琳想为许总创造一个舒适温馨的工作环境。

王琳首先打开窗帘，打开空调，调节好办公室的温度、湿度；根据日常方便需要，重新摆放了办公设备的位置；之后将窗台、办公桌、电脑……凡目光可及的地方都细细地擦过；饮水机里的水不多了，应该和送水公司联系一下；储备的办公日用品也应该再补充；应该再去买点书法绘画之类的物品装饰一下墙面……她想好好美化这里的办公环境，不仅给许总，也要给来访的公司内外的客人一个良好的印象。

注：商务文员应该重视对办公室的设计、布局、布置及工作环境的美化。合理优美的办公环境可以陶冶人的性情，提高工作效率。本案例中商务文员王琳懂得办公环境与工作效率之间的关系，因而能够主动为上司布置设计美观、合理的办公环境，这是值得每位商务文员学习的。

二、应知应会

（一）办公环境的优化

1. 办公室的布局

（1）开放式布局。开放式布局是指在大的工作间中存在众多的单个工作位置的组合，每一个工作位置通常包括该员工的办公桌、文件和文具的存放空间、椅子、电话、计算机等。这种开放式布局的办公室常会选择 100～200 平方米的办公大厅，中间或窗边留出走廊，大部分空间被用隔板隔成 3～4 平方米的工作区，隔板大约高 1.5 米。

在开放式布局中，每个人的办公位置十分灵活多变，随时随地可以根据工作需要来回移动；同时在开放式布局中可以节省办公空间，易于员工之间进行交流，上司和员工共用办公空间可以方便他们之间的交流和监督；还可以保证服务的集中化和共享办公设备。

开放式布局也存在着很多缺点，首先是在这样的环境下我们很难灵活地调整办公空间的摆设和结构；其次很难进行机密的工作；同时还难以让员工集中注意力，个人的工作容易受他人的干扰。

（2）封闭式办公布局。封闭式办公布局是一种比较传统的办公室布局，它是指将按照工作任务的不同，按照部门分隔成若干带有门、窗的独立的小房间办公室，每个房间给一个或几个员工使用，每个房间单独布置自己的办公设备。

封闭式布局可以灵活地根据每个部门的业务变化对办公空间进行有效的调整；可以解决安全性的问题，便于保证信息不被窃取；可以让员工有自己的私人空间，易于集中注意力，从事更加细致和专业的工作；同时可以有效地保护员工的个人隐私。

封闭式布局中非办公空间的比率较大，相应的费用就会增高；不利于员工之间的交流，也不利于领导和员工之间互相监督。

2. 办公室的环境布置

（1）保持办公环境的整洁有序。一个清洁、有序的办公室环境对组织的形象和绩效会产生一定的影响。一个良好的工作环境，有利于组织的对外形象塑造，而一个整齐、有效的私人办公区则会很好地提高工作人员的工作效率。

（2）保持办公室办公设备放置合理有序。首先，办公设备物品要放置适当，摆放有序。办公桌面要保持干净，办公桌大小要适中，以足够放置常用的办公用品，并有空余的位置进行工作为好。要安排好办公桌上的东西，将最常用的物品，如电话、文具盒、便笺等，放在不必起身就可以伸手拿到的地方，离办公桌不远的地方则可放置常用的参考书和文件盒。办公桌应尽可能少放东西，桌上所放的材料应以够用为度。

（3）处理好办公室的照明及空气调节。办公室的照明要尽量采用自然光来照明，光线不能太强，可以用百叶窗或窗帘来调节采光。对于空气的调节，一般室内温度应保持在20℃～25℃之间，湿度保持在50％。

（4）隔音与色彩。办公室一般要保持安静，采用一些隔音设备，将一些噪音较大的办公设备单独放置。一般办公室的室顶、墙壁、地板、家具的色彩搭配要自然柔和，暖色、冷色或中间色，基调统一，反差不能太大。

（5）美化办公室环境。为了创造优雅的办公环境，净化室内的空气，可以在办公室内摆放花卉、盆景等绿色植物，还可以在墙上挂画，给办公多增加一点情趣。

（二）办公室安全的基本要求及其隐患的识别与处理

1. 办公室安全环境的基本要求

根据我国法律和相关政策的规定，健康、安全的办公环境的基本要求是：

（1）办公区建筑必须坚固安全，地面、墙面、天花板完好整洁，门窗开启灵活，能锁，室内有基本装修。

（2）光线应该充足，局部照明要达到要求，且灯光不闪烁，直射的窗户应该安装挡板或者窗帘，注意光线不应引起计算机屏幕的反射。

（3）温度要适宜，根据天气设置供暖供冷设备，最好室温不低于16℃。

（4）布局要注意通风，保持工作场所空气流通和空气的质量，禁止在办公室吸烟，需要时可以在工作区外设立吸烟区。

（5）办公室空间及座位空间要适当，座位间要留有通道，力求员工工作舒适。

（6）办公室噪音要低，可利用屏风、地毯、设备隔音来减少噪音。

（7）办公家具要满足工作所需并符合健康、安全要求，包括工作台面、座椅、各种存储设备和必要的锁等。

（8）办公设备、办公用品和易耗品要满足工作所需并符合健康、安全要求，包括工作台面上的电话、计算机、文具以及公用设备和物品。

（9）办公设备的安装、操作要符合要求，操作指南和注意事项要展示清晰。

（10）办公区及办公室要设置相应的消防设施、设备以及必要的报警装置。

（11）办公室提供的饮水符合健康、安全要求。

（12）办公区和办公室设置急救包，并定期更换。

（13）建立相应的规章和制度，包括人员进出规定、保密规定等。

（14）室内有符合组织目标的装饰、标示和适当的绿色植物。

2. 办公室安全隐患的识别

对商务文员来说，首要的就是要能够识别自己工作环境中有碍健康和安全的隐患，了解这些潜在的危险，可以有效地减少发生类似危险的可能性，我们要能够识别出以下一些有碍健康和安全的隐患：

（1）地、墙、天花板、门、窗中的隐患，如离开办公室前不锁门。

（2）室内光线、温度、通风、噪音、通道等方面的隐患，如光线不足或者光线刺眼。

（3）办公家具方面的隐患，如电脑键盘桌面过高，难以用正确的姿势操作。

（4）办公设备及操作中的隐患，如电线磨损裸露。

（5）工作中疏忽大意造成伤害的隐患，如站在带轮子的椅子上举放物品。

（6）工作中疏忽大意造成泄密的隐患，如复印时将保密原件忘在复印机玻璃板上。

（7）火灾或消防中的隐患，如乱扔烟头、灭火器前堆放物品等。

（8）过度拥挤。

（9）办公家具和设备摆放不当。

（10）拖拽电话线或者电线。

（11）档案柜、橱阻挡了通道。

（12）家具或设备有突出的棱角。

（13）楼梯踏步平板破旧或损坏。

（14）楼梯上没有扶手或扶手已损坏。

（15）地板打滑。

（16）包裹、行李或者家具挡住通道。

（17）由于柜橱顶端的抽屉堆放的东西太多导致其倾倒。

（18）没有关上的抽屉挡住通道。

（19）在一个密闭的容器里烧水和倒热水。

（20）在不会操作和没有指导的情况下使用设备。

（21）器械破损或有危险。

（22）拖得很长的电线口。

（23）接线松开或损坏。

（24）设备未接地。

（25）绝缘不彻底。

（26）电路负荷太大。

（27）没有保险板或者保险板松开。

（28）设备从桌上掉下来。

（29）抬举重物。

（30）对已发现的危险的记录不完全。

（31）安全出口被阻塞。

（32）火灾疏散注意事项不完整或者没有。

（33）灭火设备已损坏。

（34）防火门被锁住、打不开或者平时开着。

（35）用易燃材料做烟灰缸。

（36）清洗液随便放在屋内而且没有封口。

（37）许多废纸堆放在办公室内的一角。

（38）当发生火灾的时候，火灾警报或者灭火设备失灵。

（39）当被要求撤离发生火灾的建筑物时拖延或犹豫。

3. 安全隐患的处理

保证办公场所和设备的安全是极为重要的，为了维护好安全的工作环境，每一商务文员都要树立安全意识，做到：

（1）掌握基本的法律知识，树立安全意识，维护公司的利益，保护自己的合法劳动权益。

（2）上岗前要学习了解有关安全生产、劳动保护的规定和本组织的规章制度，并自觉地遵守执行。

（3）要能识别工作场所存在的隐患，并主动在职权范围内排除。

（4）发现工作场所有异常情况或者险情，应该立即准确地向主管报告。

（5）按照设备安全操作规程进行操作，识别操作中的隐患，并及时排除。

（6）对常用的设备故障要立即报告，并填写"设备故障登记表"。

（三）低质易耗品的管理

1. 识别办公用品及易耗品

办公室内常用的办公用品和易耗品主要有以下几类：

（1）纸簿：A4、B5 等办公复印纸；带单位抬头用纸；普通白纸；复写纸；便条纸；留言条；标签纸；牛皮纸；专用复写纸；大、中、小及开窗信封；横格笔记本；速记本；专用本册（如现金收据本）。

（2）笔尺：铅笔、圆珠笔、钢笔、彩色笔、白板笔、橡皮、各种尺子。

（3）装订用品：大头针、曲别针、剪刀、打孔机、订书机、橡皮筋、胶带、起钉器。归档用品：各种文件夹、档案袋、收件日期戳。

（4）办公设备专用易耗品：打字机用色袋、修正液等；复印机用墨盒等；U盘、移动硬盘。

2. 正确进行库存管理

（1）库前接收订购的办公设备及办公用品的程序。

① 先用订货单和通知单核对对方交付货物时出具的交货单及货物，发现数量不对，应该立即通知采购部门联系供应商。

② 接收数量的出入也应该通知采购部门，以按真实数量支付货款。

③ 接收的每一类货物的详情，应该输入到办公用品库存卡的接收项中。

④ 接收后，要及时更新库存余额。

⑤ 将接收的货物按照办公用品存储规定存放好。

⑥ 订立物品发放制度，确定物品发放人。

每一种物品都要有一张库存卡，用以登记、接收和发放物品，并随时掌握用品的最大库存量、最小库存量和重新订购线。

（2）办公设备及常用办公用品入库。

在收到货物以后，能够熟练、准确地办理办公设备和办公用品的进货手续，保证办公设备和办公用品准确无误地入库、登记、检验、核对，衔接好办公设备和耗材采购、进货、发货和使用的中间环节，建立一套办公用品和耗材的管理程序。

① 接收订货。接收订货时，商务文员应该确保送来的这些货物与所订购的货物，无论是数量上还是型号上都完全一致。

② 库存目录。一个库存目录应该包含以下信息：

• 库存目录系列序号；

• 财产描述；

• 财产消耗；

• 供应商名称；

• 接收日期；

• 存放位置。

办公室和办公用品入库时要首先大致确定比较合理的摆放方式，必须将办公用品和小型办公设备保存在安全的地方，并且进行有序的摆放，以防止物品损坏、浪费或失窃，以及消除事故和火灾隐患。而且当需要的时候又能够很容易的找到。

（3）库存保管中应该采取的措施。

① 储藏间或物品柜要上锁，保证安全，减少丢失。储藏需要的面积取决于单位的大小。

② 各类物品要清楚地贴上标签，标明类别和存放地，以便能够迅速地找到物品。

③ 新物品放置在旧物品的下面或者后面，先来的物品先发出去，这是为了保证物品不会因为过期而不得不销毁。

④ 体积大、分量重的物品应该放置在最下面，以减少从架子上取物时发生事故的危险。

⑤ 小的物品、常用的物品，如订书钉盒等，应该放在较大物品的前面，以便于需要取用

的时候能够很快地看到和领取。

⑥ 储藏间要通风良好，房间应该保持干燥。

⑦ 储藏办公用品应该有良好的照明条件，以便容易找到物品。

⑧ 物品的保管、储存要符合本单位的规定要求。

3. 建立库存记录

（1）库存控制卡的内容：库存控制卡是跟踪进行准确的库存记录的主要形式，主要包括这样一些内容：

① 项目。库存项目应该准确描述，包括物品的大小、颜色和数量，例如 A4 白文件纸。

② 单位。货物订购、存储和发放的单位，例如令、盒、包等。

③ 库存参考号。给每一库存项编号，经常与存放位置相联系，例如 C4，表示柜子编号 C，架板编号 4。

④ 最大库存量。为防止物品超量存储造成公司资源浪费而保存的办公用品的最大数量，库存物品的数量在任何时候都不能超过这个最大量。

⑤ 再订货量。当库存余额达到这个水平，必须订购新的货物来使余额达到最大库存量。通过考虑多少物品能保证业务的运行、平均使用量、物品交货的时间长短来确定这个数字。

⑥ 最小库存量。为防止物品全部消耗完而保存的该项物品的最小数量。当库存物品的数量降到这个最低限度时，就要及时对物品进行重新订购，不然就会影响日常办公活动的顺利进行。

⑦ 日期。必须记录所有行动的日期。

⑧ 接收。记录所有接收信息，包括发票号和供应商的名字。在一些记录卡片土，供应商的名字记录在卡片的前头。在这些情况下，物品的库存参考号可能是供应商的目录号。

⑨ 发放。记录清楚发放物品的数量，所发放物品的申请号和物品发给的个人和部门。

⑩ 余额。在每一次处理后计算物品库存余额。在接收物品时在余额上加上接收的数量，在物品发放后从余额中减去发放的数量。余额应该代表库存物品的实际数量，并用于执行库存检查。发现差异要及时通知和报告给管理人员。

库存的每一项记录应该记录在库存控制卡片上。商务文员在每次物品发放或接收时填写这张卡片，并记录该项库存的余额。下表为典型的库存控制卡。

物品：A4 标题纸　　　　　　　　　　　　　　　　　　　　　　　　　最大库存量：50
库存号：100　　　　　　　　　　　　　　　　　　　　　　　　　　　重新订购线：20
存放位置：A1　　　　　　　　　　　　　　　　　　　　　　　　　　最小库存量：10
　　　　　　　　　　　　　　　　　　　　　　　　　　　　　　　　　单位：令

日期	接收		发放			剩余库存量	订购			
	数量	发票序号	数量	代码	部门/职员		订购日期	数量	订购单序号	备注日期
1月1日						25	1月5日	30	A123	1月15日
1月2日			3	141	王先生	22				
1月5日			1	159	朱小姐	20				
1月8日			2	163	张先生	18				
1月15日	30	S122				48				

（2）做好进货和出货记录。商务文员在收到货物以后，应该立即办理办公设备和耗材的进货登记，保证办公设备和耗材准确无误地入库。做好登记、检验、核对等各项工作。

① 根据规定固定在特定的时间发放办公物品，商务文员除了审核物品申领单以外，还要记好办公用品和易耗品的出货记录。内容包括：物品名称、编号、申领部门、发货人、物品数量、特殊要求、申领人签字、批准人签字、出货日期等。

② 办公设备和耗材出货时，商务文员应该实时地办好出货手续，对发放什么物品、发放给谁、哪些物品还存储在库里等都要做好记录。

③ 办公设备和耗材的库存管理要求保持进货卡、出货卡和库存卡的三卡一致，保证办公设备和耗材库存的有效管理。

④ 要保管好进货、存货和发放办公用品的记录与资料。

4. 库存物品的选购

当一种物品余额达到需要重新订购的程度时，应采取行动订购补充的物品。在小型组织中，库存控制人员可以将准备的订购单直接发送给供应商。在较大的组织中，所有订购将由采购部门进行，库存人员填写采购登记表，详细说明需要订购的货物，并发送给采购部门。

（1）选购依据。办公用品的选购可以根据最大库存量和最小库存量进行选购。当某项物品的库存数量降到最小库存量时，库存员就应该知道需要开始订购这项物品了。物品的订购数量应该以剩余的库存量为基准，同时，订购后的总数不能超过最大库存量。

① 要经常清点存货，并制作存货记录表（见下表）。

代码	物品	存放位置	单位	最大库存量	重新订购线	最小库存量	剩余库存量
100	A4 标题纸	A1	令	50	20	10	25
101	A5 标题纸	A2	令	50	20	10	44
102	A3 白纸	A3	令	30	10	5	12
103	A4 白纸	A4	令	60	20	10	52
104	A5 白纸	A5	令	50	20	10	28
105	A3 票据纸	A6	令	30	10	5	28
106	A4 票据纸	A7	令	60	20	10	54
107	A5 票据纸	A8	令	50	20	10	18
108	A4 备注纸	A9	令	20	6	4	10
109	A5 备注纸	A10	令	20	6	4	14

② 库存总量应该对照库存卡上的数量，二者要保持一致。例如：1月1日带标题的 A4 纸库存是 25 令，这个数字也要填写在库存卡的相应项目中。每一张接收单据、发放单或订购单也要记录在库存卡上。例如 1 月 2 日王先生要了代码为 141 的纸 3 令，这种纸的库存量减少到 22 令。1 月 5 日，朱小姐要了代码为 159 的纸 2 令，这种纸的库存量减少到了 20 令。最后一次的发放使库存量减少到了重新订购线的标准，因此，代码为 163 的纸需要再订 20 令。

需要注意的是，订购数量与已有存货数量的总和加起来不能超过最大库存量50令。

（2）订购方式。订购时，除了亲自前往，也可以通过电话或传真订购，以节省人力、提高效率。如果你想通过电话订购，可以先把有关内容写下来（商品目录号码、数量、质量等），一般情况下，电话或传真订购可以提高订购物品和交货物品的速度。你可以通过信用卡订购，如果公司与销售商有账务往来就更方便了。

如果你需要直接到当地的商店购买公司所需的办公用品，在订购时，应该保留一张购货订单，收到货物时，将实物与订单一一核对。你应该密切注意各项物品的库存控制卡，准确掌握物品订购的时间和数量。如果遇到特殊情况，你不敢肯定订购的数目或者不知道何时要用新的办公用品，那么最好提前订购，一定要做到"未雨绸缪"，订购的数目也最好超出你认为马上要用的数目。

三、业务技能训练

训练一

1. 训练背景

天地公司商务文员钟苗下午发现接待区通往门口的通道上堆放了很多销售部的空纸箱，钟苗是这样处理的：立即向行政主管报告，得到马上清理的指示；参加清理工作，确保接待区到门口的过道通畅。

2. 训练要求

钟苗的处理是否正确？

3. 训练提示

商务文员必须树立安全意识，在工作中要善于发现安全隐患并及时上报，否则，一旦疏忽大意，就会造成不堪设想的后果。

训练二

1. 训练背景

钟苗刚刚成为办公室商务文员的时候，在管理办公室物品时总是手忙脚乱：同事急着要复印明天的资料，却发现储物间中复印纸已所剩无几；每次购买办公用品时，不知道到底该买多少才能既够用又不造成闲置，还有的同事三天两头来领同一种物品……

2. 训练要求

钟苗应该认真学习商务文员的哪方面知识？

3. 训练提示

商务文员必须认真管理办公室的设备和各种物品，以保证工作的需要，这就要求要维持一个良好有效的库存系统，办公用品的订购、接收与管理的各个环节都离不开库存控制。一个科学的库存系统能够有效地帮助商务文员做好办公设备与用品的管理工作。

第二节　办公室日常事务

一、规范案例

××公司零用金管理细则

1. 有关零用金之设置划定

（1）公司本部由财务部负责各单位零星支付。

（2）公司总务组负责设置零用金管理人员，尽可能由原有办理总务人员兼办，必要时再行研讨设置专人办理。

2. 零用金额暂定

公司每月经常保持 5 万元，将来视实际状况或减或增，再行研办。

3. 零用金借支程序

（1）各单位零星费用开支，如需预备现金，应填具零用金借（还）款通知单，交零用金管理人员，即凭单支给现金。

（2）零用金之暂支，不得超过 100 元，特别事故者应由企业部经理核准。

（3）零用金之借支，经手人应予一星期内取得正式发票或收据加盖经手人与主管费用章后，交零用金管理人冲转借支，如超过一星期尚未办理冲转手续时得将该款转入经手人私人借支户，并于当月发薪时一次扣还。

4. 零用金保管及作业程序

（1）零用金之收支应设立零用金账户，并编制收支日报送呈经理核阅。

（2）零用金每星期应将收到发票或收据，编制零用支出传票结报一次，送交财务部。

（3）财务部收到零用金支出传票后，应于当天即行付款，以期保持零用金总额与周转。

（4）财务部收到零用金支付传票，补足零用金后，如发现所附单据有疑问，可直接通知各部经手人办理补正手续，如经手人延搁不办的照第 3 条第 3 款办理。

（5）零用金账户应逐月清结。

零用金应由保管人出具保管收据，存财务部，如有短少概由保管人员负责赔偿。

本细则经批准后实施。

注：许多企业为了实现对零用金的管理，都制定了一系列切实可行的制度或措施，上述《××公司零用金管理细则》具体规定了该公司在这方面的制度，从而能够保证日常工作中因工作急需有资金可用，又不会违反财政纪律。

二、应知应会

（一）日程安排的形式

领导的日程安排可以分为年度计划、月计划、周计划以及日计划等形式。下面的内容是对下面所列的几种工作计划表的简略说明，可以和商务文员的工作实践相对照。

1. 年计划表

公司在一年中的例行活动，领导所属企业在一年中的例行活动，商界在一年中的例行活动，以及根据公司年度工作计划，可以确认的必须参加的活动，应事先列入表中。

2. 月计划表

从全年计划表抄下日程安排，填写出差和聚会等预定事项，要抓住当月的重大的活动。

3. 周计划表

正确地填写会议、约会等预定活动，包括时间等安排。在周末要向领导报告下周计划表，并得以确认。周计划表的安排要考虑到领导的忙碌程度以及其他因素，如果领导本周身体不好或临时事项太多，则可以将一个月内必须完成的已知事项，安排在其他周完成。

4. 日程表

领导在一天中要做许多工作，为使其事先掌握自己所要从事的重要活动，必须提供给领导日程表。在前一日下午或者当天清晨，根据周计划表，抄制当日日程表，并得到领导确认。

（二）日程计划表的编制

1. 编制步骤

重大的商务活动，一般都在一年计划表或一季计划表中及时地做妥善安排，由高级管理人员商讨研究后，定下重大活动项目，交商务文员制作成文件。所以说商务文员在日程安排方面的经常性工作就是日志、一周计划和一月计划表。一周计划表编制步骤如下：

（1）于本周的前几天，将工作预定表分发给每个高级管理人员，请他们将自己下一周内的预定事项写清楚。

（2）周末前，要将每位高级管理人员的预定表收集上来加以整理。如果有的高级管理人员无暇填表，则商务文员就要直接以口头询问的方式，得到回答后，帮他填表。

（3）仔细阅读每位高级管理人员的预定表，并与月计划、备忘录进行核查，若发现有矛盾，立即向本人询问，以便及时调整。

（4）将预定表编制成下周计划表，复印成副本，将正本送给每位高级管理人员本人。月计划表和周计划表制作步骤相同。下一个月的计划表一定要在本月内制作完成。一天的日程安排，按时间先后记载，商务文员要有敏锐的分清主次的判断力，将重要工作安排在一天中最佳时间内。

2. 注意事项

编制日程计划表的注意事项如下：

（1）不论是年、月和周哪一种计划表，都须归纳为一页，便于查阅。画出表示时间的线段，一看便可以掌握开始时间、所需时间等。这种线段考虑了领导的工作时间段，标明了某项活动的必要时间。

（2）计划表设有日期、时间、地点、预定事项、备注等几项内容。

（3）不要把领导所交代的全部预定事项列入计划，而要以领导能否按计划行事为基础编制计划表。

（4）对于处理完毕的工作，从计划表上删除，这样可以清楚计划落实完成的情况。

（5）商务文员应该谦虚豁达，谨慎地处理计划表中的变更事项，避免引起有关人员的误解。

（6）周计划表和日志卡片用毕后归档。商务文员要编制相当精确的计划并不容易，但必须尽心尽力编好。为领导安排好各项工作，关键的一点是商务文员要熟悉和了解自己的企业情况，平时多多注意与计划有关的事项，不断积累工作经验，这有助于编制精确实用的计划。

（三）商务旅行日程计划表的编制

1. 商务旅行计划表的内容

一份清清楚楚的商务旅行行程、工作计划表主要包括六项内容：日期、时间、地点、交通工具、具体事项和备注。

（1）日期：指某月、某日、星期几。

（2）时间：一是指旅行出发、返回时间，包括因商务活动需要到两个或两个以上的国家或地区的抵离时间和中转时间；二是指旅行过程中各项活动或工作时间；二是指旅行期间就餐、休息的时间。

（3）地点：一是指旅行抵达的目的地（包括中转的地点），目的地的名称既可以详写，即哪个国家、哪个地区、哪个公司，也可以略写，即直接写到达的公司的名称；二是指旅行过程中开展的各项活动或工作的地点；三是指食宿地点。

（4）交通工具：一是指出发、返回的交通工具；二是指商务活动中使用的交通工具。

（5）具体事项：一是指商务活动内容，如访问、洽谈、会议、宴请、娱乐活动等；二是指私人事务活动。

（6）备注：记载提醒领导注意的事项，诸如抵达目的地需要中转时中转站的名称、休息时间、飞机起飞的时间、需要中转时转机机场的名称、时间、某国家为旅客提供的特殊服务等、开展活动与就餐时要注意携带哪些有关文件和契约或应该遵守对方民族习惯的注意事项等。

2. 商务人员熟悉

商务文员应熟悉世界各地时间计算的方法，国际上统一以英国格林威治时间（Greenwich Mean Time，GMT）为标准时间（Standard Clock Time），这样两半球就分为东八区和西八区。东八区的时间比 GMT 快，西八区的时间比 GMT 慢。旅行行程工作计划表（见下表）制作要清楚，离开和到达的时间都应以当地时间为准。

旅行日程
刘恩总经理行程安排
上海——纽约
2008 年 7 月 6 日—8 日

时　　间	事　　项
7 月 6 日　星期一	
上午 9：15	乘中国民航 302 次班机离开上海
下午 13：30	乘 CA981 次班机由北京去纽约
下午：19：15	抵达纽约（李丽达小姐陪同），下榻谢尔曼（SHERMAN）大酒店
下午：20：00	拉尔夫·雷蒙先生在大酒店与您共进晚餐

时　　间	事　　项
7月7日　星期二 上午 9：30 中午 11：30 下午 13：30 下午 18：30 下午 19：30	与拉尔夫·雷蒙先生在公司会议室会谈（需要的 2 号文件在公文包里） 与拉尔夫·雷蒙先生共进午餐 与拉尔夫·雷蒙先生继续会谈（需用的 3 号文件在公文包里） 在酒店里共进晚餐 拜访李盛国先生（由李丽达小姐陪同，礼品在手提箱里）
7月8日　　星期三 上午 9：00 中午 12：15	乘 CA928 次航班离开纽约回北京 抵达北京（由赵明小姐接机）

（四）小额现金管理

1. 现金的收入和支出

大多数人认为现金仅仅指硬币和钞票．然而，从会计的观点来看，现金还包括支票、汇票和银行存款等。

除了很小的金额外，支出都是使用支票，和现金收入一样，那些有权批准支出业务的人不应该在支票上签字。任何支票都应当具有说明支付原因的发票或者其他凭证。现金支出的记录反映在现金支出日记账上。这种日记账还可以称为"现金支出分录簿"或者"支票登记簿"。

2. 零用现金的管理

由于用支票来支付小额费用难以实行，单位设立了零用现金来支付这种小额费用，诸如车费、邮资和少量的办公用品。

零用现金的支出要在注明日期、收据编号、金额和支出用途的零用现金收据上登记。它还包括收款人的签字。收据要保存在零用现金保险箱内，这样就使现金的总额加上收据的金额总是与最初的款项相当。当收到一张账单（发票）时，就要把它附在零用现金收据的后面。

此外，如果零用现金金额不足时，可以开出一张支票取得现金，使零用现金保持最初的数额。

零用现金收据（见下表）应当交给会计部门，据以登入会计记录。

零用现金收据

日期：20××年 6 月 10 日	编号：15
付给：王胜利	
理由：车费 1000 元	
借方账户：旅费	
收款人：王胜利	

3. 零用现金的管理程序

（1）商务文员必须建立一本零用现金账簿，清楚注明收到现金日期，收据编号、金额；

支出现金的日期、用途；零用现金凭单编号、金额、余额等。有的还应该在账目上进行分析，了解花销的情况和去向。

（2）内部工作人员需要使用和领取零用现金时，应填写"零用现金凭单"（见下表），提交花销的项目和用途、日期、金额。

零用现金凭单   编号：

项目和用途		金额	
申请人签名		日期	
审批人签名		日期	
账页编号支付		日期	

（3）商务文员要认真核对零用现金凭单，经授权人审批签字后，方可将现金支付给需用者。

（4）商务文员要认真核对领取者提交的发票等证据上的用途、内容、金额是否与零用现金凭单上填写的完全一致，然后将发票等证据附在零用现金凭单后面。

（5）每当支出一笔现金，商务文员均须及时在零用现金账簿上记录。

（6）当支出大的费用到一定数额后或月末，商务文员再到财务部门报销并将现金返还到零用现金箱中进行周转。

三、专业技能训练

训练一

1. 训练背景

总经理帕森下午2点要和业务部共同讨论如何开展某商品在郊区的销售工作，这项销售工作的成败和公司是否能达到今年年度的销售预算有很大关联；接着，下午4点又要和一位客户商洽一笔重要的交易，他希望一个小时的时间和这个客户商讨，5点结束。但是恰巧当天上午，办公室又收到某一政府单位临时开会的通知书，上面写着开会的时间是下午3点，必须由帕森亲自参加，而且通知书上没有写清楚会议结束的具体时间。

2. 训练要求

若是你是帕森先生的商务文员，你该怎么办呢？

3. 训练提示

由以上案例可见，日程表安排好以后，不可能一成不变，因为事情的发展有很多时候是出乎意料的，因此一个好的日程表，要能适应各种情况的出现。

训练二

1. 训练背景

天地公司商务文员钟苗到公司工作不久，由于工作比较努力，深受领导的赏识，办公室主任准备把本部门的一些日常小额现金交给他管理。

2. 训练要求

钟苗应该如何来管理小额现金？

3. 训练提示

按照零用现金管理程序来进行管理。

第三节　印信管理与收发

一、规范案例

商务文员王琳负责保管公司印章，王琳把印章锁在专用抽屉里，每次离开办公室都不忘随身携带抽屉钥匙。公司有人找到王琳用印时，王琳每次都认真审核内容，查看有无领导签字，用印后认真登记。王琳工作期间从未因为用印失误为公司造成损失。

注： 印章是单位职责权力的象征，商务文员一定要按用印要求正确管理使用印章，如果管理使用不当，会给本单位乃至社会造成危害，商务文员必须认真对待这项工作。

二、应知应会

（一）印章的管理使用

1. 印章的保管

（1）确定专人负责管理。印章是代表机关或单位的信物，因此，印章必须由政治上可靠、工作上责任心强、有事业心、了解本单位情况的人员来负责管理。

（2）放置的地方安全可靠。平时，印章必须放置在办公室的保险柜或铁柜中，做到随用随开，用毕随时锁上保险；节假日在放印章的地方应加锁或加封条。

（3）注意保养。印章管理人员要及时保养清洗印章，以确保印章耐用、清晰。

（4）领导人的手章可由本人自行保管，亦可由负责人委托的代理人保管，使用要求与上述规则相同。

2. 用印的原则和要求

（1）首先填写用印申请单，由各用印部门负责人审查签字，经单位领导人批准后方可用印。

（2）在盖印前，必须检查有无机关或单位领导人批准用印的签字，对用印的文件内容与出示证明用途应认真阅览，以免出现差错。

（3）盖印要端正、清晰。任何文件和信函的盖印，必须位置恰当。如果盖出来的印文不清晰、不端正，就会影响印章的作用，甚至还会引起人们怀疑。盖印时，其位置通常在文件和信函末尾，年、月、日的中间。

（4）要严格履行登记手续，建立详细的用印登记本。每次用印，都必须进行详细登记，即使是为了证明某人为本单位的职工，或在包裹单、汇款单上加盖单位印章，也要严格履行登记手续，以备发生意外时查核。具体内容可参见下表。

印章使用登记表

盖章日期	文件名称	印章类别	盖章次数	批准部门	批准人	盖章人	备注

（二）介绍信的管理

1. 介绍信的填写要求

（1）介绍信内容要明确具体，不能含糊笼统。

（2）要填写有效限期。

（3）办公室工作人员要对开出的介绍信负责。

2. 介绍信的印制和保管

正式介绍信通常为专门印制并有编号，如联系一般事务也有以单位信笺代替。介绍信一般和公章由同一人保管并使用，与公章须同等重视，不可缺页或丢失。

3. 介绍信的开具

（1）凡领用介绍信者须经主管批准，商务文员不得擅自开具发放。

（2）使用介绍信要有明确的规定，即什么事由谁批，超出规定范围的，应先请示而后办理。

（3）对于一些下属部门较多的单位，办公室工作人员为下级单位换开领导单位介绍信时，应检查下级单位介绍信有没有超出职责范围。

（三）报刊收发工作

在公司与企业中，报刊订发一般由收发室或者由公司的专门人员负责，这是由企业的规模和公司的组织机构决定的，如果公司较大，常常会有专门的收发室，而较小的公司和企业常常是有专门收发人员负责，一般由商务文员来负责。相关部门和人员应在邮局开始征订报刊时给单位的各部门下发通知，要求各部门在规定日期内将需征订的报刊名称、数量及订阅单位（个人）的情况报到收发室或负责人那里，通知要附上全国报刊目录册，由收发室或负责人汇总后到邮局办理征订手续。然后编制"报刊分发登记表"放在显眼位置，以备接收和分发报刊时对照。

三、业务技能训练

训练一

1. 训练背景

办公室工作人员找到商务文员张蓉盖印，张蓉盖印时发现没有领导签字，可是领导又外出不在，同事要求先把印章盖上，等领导回来补签字，被张蓉拒绝。

2. *训练要求*

张蓉的做法正确吗？

3. *训练提示*

商务文员用印要谨慎，用印前一定要检查文件内容及有无单位领导或分管领导签字，要杜绝滥用印、私用印、空用印等违规用印行为。

训练二

1. *训练背景*

销售部人员找到商务文员张祥，说自己有点私事需要处理，让他帮助自己开据介绍信，张祥婉言拒绝了他。

2. *训练要求*

张祥做法正确吗？

3. *训练提示*

张祥的做法是正确的，因为开据介绍信一般是公事需要，还要有相关领导批准。

第四节　保密工作

一、规范案例

商务文员张明参加了上午公司的董事会，会上确定了销售部经理的候选人。会后，张明的好友苏尘找到她，询问候选人人选。张明笑着回答说：现在可不能告诉你，过几天公布你就会知道了。

注：张明严格遵守了商务文员保密的原则，非常重视保密工作，如果张明透露了董事会的决定，很有可能引起公司内部矛盾，影响公司正常工作的进行。

二、应知应会

各级各类办公室保密工作涉及的内容有所不同，一般来讲主要有会议安全保密、通信安全保密、计算机信息系统的安全保密、科学技术安全保密、商务安全保密等。保密工作虽然烦琐而枯燥，但事关重大，一旦出现纰漏，将会造成很大损失。要做好新形势下的保密工作，不仅要高度重视保密工作，还要进一步提高保密工作水平。

（一）会议安全保密

1. *会前保密工作*

（1）凡涉及秘密的会议，应严格确定出席、列席人员，对会议工作人员也要严格审查。未经批准，无关人员不得进人会场。

（2）召开秘密程度较高、较大型的会议，主办单位要与保卫、保密部门取得联系，要求专人负责保卫和保密工作，制定会议纪律、保密措施。

（3）选择会场的地点及会场的扩音、录音等设施，要有安全保障。会址选择要利于保密，尽量不在饭店内及内、外宾混住的宾馆召开秘密会议。

（4）秘密召开的会议，要求选择在不易受干扰的地方，如中心城市以外的地区。

2. 会中保密工作

（1）加强保密教育。会议一开始，就应宣布会议保密纪律。任何与会者，不得擅自向外泄露会议秘密，各新闻采访单位的到会人员所采写的新闻必须经过会议组织者的审查。

（2）会议文件和录音、录像管理。会议秘密文件要划定密级，统一编号，登记后按规定范围分发。

（3）会议期间如发生泄密事件，应及时追查，确定责任并采取相应补救措施。

3. 会后保密工作

（1）文件回收。会议结束后，凡需回收的秘密文件必须按照要求收回。工作人员应清理会议现场，不能遗落会议资料和笔记本。

（2）与会人员回到本单位后，应按会议要求在指定的范围传达会议精神，不得擅自扩大范围。

（二）计算机信息系统安全保密

计算机作为一种高速信息处理工具和大容量的信息存储设备，已被广泛应用到国民经济的各个领域。随之而来的是计算机信息保密问题，由于大量的保密数据、情报被储存在计算机系统中，使得计算机信息系统的潜在危险和不安全性变得越来越突出。

1. 计算机泄密的主要途径

（1）计算机电磁波辐射泄密。

（2）计算机网络泄密。

（3）计算机介质泄密。

（4）计算机工作人员泄密。

2. 计算机信息系统的安全防护措施

（1）使用低辐射计算机设备，电磁屏蔽，"电子烟雾"干扰。

（2）网络信息加密，加强信息保密技术，实施访问控制，防范网络黑客。

（3）防拷贝、消磁。

（4）抓好保密教育，使计算机工作人员牢固树立保密观念，认识到新时期保密问题的重要性、紧迫性，从而增强其保守国家秘密的意识。

（三）商务安全保密

1. 商业泄密的主要途径

（1）企业内因泄密途径：人才流动、兼职工作、接待外来参观者、退休职工被另一个单位聘用。

（2）企业外因泄密途径：盗窃、利诱、欺骗。

2. 保护商业秘密的途径

（1）建立健全企业内部保密制度。

（2）对企业员工加强保守商业秘密意识的教育。

（3）制定《商业秘密法》，以进一步加强对商业秘密的保护。

（四）做好失泄密的查处工作

• 认定失泄密事件的性质和程度，分清属于重大失泄密事件，还是一般失泄密事件。

• 要在 24 小时内报告上级保密委员会。

• 迅速组织力量，认真追查、补救，尽量减少损失。

• 对责任人员，视情节、影响、危害程度，分别给予教育或警告、记过、记大过、降级、降职、撤职、开除党籍直至刑事处分。

三、业务技能训练

训练一

1. 训练背景

一天，宏胜公司的商务文员小杨接到一个电话，是要找市场部的王经理。但是当时王经理不在公司。接电话的商务文员小杨当时脱口而出，这样回答到："对不起，王经理现在不在公司，正在忙着准备本月 28 号的新产品发布会，这几天都不会在公司。"

几天后，宏胜公司的竞争对手在本月 27 日召开了同一类型的新产品发布会，抢占了市场。

2. 训练要求

宏胜公司的商务文员小杨失误在哪里？

3. 训练提示

商务文员小杨在接电话的时候忽略了在应接电话过程中的保密要求，将本企业的商业机密不假思索地就告诉了不明情况的对方。这样，宏胜公司才会被对方提前抢占市场，不得不付出巨大的代价，使公司蒙受了巨大的损失。

训练二

1. 训练背景

总经理让商务文员小王去复印一份天地公司新开发产品的广告文案，以备去总公司开董事会时解释广告创意之用，争取获得天地公司的代理权。小王拿着广告文案来到了复印室，并很快复印好了总经理要复印的那部分内容，正在整理复印好的文件的时候，外面有人叫她。匆忙之中，她拿起复印好的文件走出了复印室，却把那份还在保密中的广告文案留在复印机里……

3 天后，小王得知公司失去了天地公司的那份合约，而几乎同时，她在大街小巷看到了铺天盖地的由另一家公司设计的该产品的宣传广告，奇怪的是，这一广告和他们公司的创意是惊人的相似……

2. 训练要求

商务文员小王的失误在哪里？

3. 训练提示

小王匆忙之中忘了带走广告文案，结果导致了广告创意的泄密，给公司带来了重大的损失。这个案例告诉我们商务文员应该在使用办公设备和办公用品的过程中随时要有安全保密意识。

第五节　值　班　工　作

一、规范案例

1983 年 5 月 14 日深夜，武汉市人民政府的值班人员突然接到市属交通部门打来的紧急电话，告知：市装卸公司搬运站在装卸农药过程中，将一包甲基 E605 农药掉进汉江。E605 是一种剧毒农药，人畜饮用含有这种药物的水就会中毒，严重的有生命危险。值班秘书立即采取了这样一些对策：

电话通知市属交通部门有关单位，马上组织力量进行打捞，并迅速上报打捞结果；

电话通知市防疫站马上派人火速赶往出事地点，采样化验；

电话通知汉阳区政府，请他们密切注意事态发展情况，要求他们赶紧告知汉江岸的国营水厂停止供水，同时与市、区防疫站迅速取得联系，随时准备通知居民停止饮用可能含毒的自来水。

将上述突发事件及处理措施报告市政府领导人及中共武汉市委值班室。

采取以上措施后，终于化险为夷，避免了饮用自来水中毒的严重后果。

注：从这个案例我们看出，值班人员在处理突发事件时，首先应保持冷静的心态，对突发事件的大致情况有个基本的了解，这样才能够及时地作出合理的处理决策。

二、应知应会

(一) 值班工作的职责和内容

1. 值班工作的职责

值班工作的职责是根据本单位的工作性质和任务而确定的。通常有以下几个方面：

(1) 通讯联络。包括接听并记录电话，接受并登记紧急文件，收受并转送电报等。

(2) 承办各种交办的事项。包括：一是承办上级通知事宜，二是承办下级电话请示、报告的事宜，三是承办领导交办的事宜。

(3) 负责公务接洽和来访接待工作。包括要为外地来访者安排好食宿．并通知有关单位做好接待工作；本地公务来访或询问事情，要视情况予以答复；找领导人解决问题的，要根据问题的性质，做出适当处理，不要随便安排会见。

(4) 处理突发事件。如果遇到发生事故、火灾、盗窃或暴雨、地震等突发事件，值班人员应该做到遇事不慌，立即向领导报告，就近组织人力抢救抢险。

(5) 安全保卫。主要指夜间和节假日机关内部机密文件资料和器材的保护。

2. 值班工作的主要内容

各个组织值班工作内容具有不同的特点。总的来说，值班人员应该做好以下记录工作：

(1) 做好值班电话记录；

(2) 做好值班接待记录；

(3) 记好值班日志；

（4）做好信息传递。

3. 值班资料的要求

值班资料是做好值班工作的必需，值班人员或者值班机构应该备有以下几方面的资料：

（1）电话簿。包括上下级机关单位、本单位的常用电话，领导同志及秘书办公室、宿舍电话，有关车站、机场、码头、招待所、新闻单位等的电话。积累的电话表应该经常核对、整理，有变动的要立即更改过来，以免耽误大事。

（2）值班工作所涉及的机关、单位，特别是上下级单位的机构设置、职责分工、办公地址、领导分工等情况。

（3）常用的工具书、列车时刻表、航班表、船期表等。

（4）本单位当前中心工作的计划安排、领导批示、开展程度、存在问题等有关资料。

（5）有关的文件资料。

（二）编制值班表

值班表是将某一时间段中已经确定的上班人员姓名清晰地记载和标明的表格，是提醒人们按照值班表的要求值班，以保证组织整体工作连续和完成的表格。编制值班表通常包括以下项目：

（1）列出值班时间期限和具体值班时间；

（2）按照要求填入值班人员姓名；

（3）标明值班的地点；

（4）标明负责人姓名或带班人姓名；

（5）有时须用简明的文字标明值班的工作内容；

（6）标明人员缺勤的备用方案或替班人员姓名。

（三）合理处理值班过程中的问题

1. 接待来访客人

值班工作中会遇到一些来访的客人，可能是预约好的，也有可能是突然到访的客人，值班秘书应该进行妥善的接待。首先，值班人员应该以良好的公司形象迎接来访者，致意问候；其次，值班人员应该礼貌地问清楚来访者的身份、来访事由、是否为预约客人。在了解清楚相关的信息以后，值班人员就应该根据实际情况，有区别地接待到访的客人，始终应该做到礼貌、热情、谨慎，注意维护公司的形象。

（1）对待已经预约的来访者。对事先有预约的客人，商务文员在问清楚之后，就应该进行接待，引导预约客人去见相关的领导人或者负责人，或者为客人办理预约事宜。

（2）对待不速之客。先要弄清楚来客的姓名、所在的公司、有什么事情。清楚来意后，值班秘书根据自己的业务知识进行判断，然后做出相应的处理。

（3）对待不受欢迎的客人。在来访的客人中，有的是上门推销，有的是强行募捐。对于这些人，商务文员也要待之以礼，显示出自己的涵养和风度。要及时摸清来者的意图，并进行适当的处理。

2. 处理突发事件和临时任务

能否处理好突发事件或者办好临时交办的任务，是对商务文员综合素质的一个极大考验。

但是，处理这些突发事件还是有一些程序可循的。

（1）接受任务。在接到临时交办的事情或者遭遇突发事件时，商务文员首先应该保持冷静，弄清楚事情的来龙去脉。对任务和突发事件的内容，包括时间、地点、找什么人、办什么事情、完成任务的时限和要求都应该问清楚，做到心中有数。不清楚的一定要问清楚明白。

（2）具体办理。接到临时交办的任务以后，应根据领导或者上司的意图，冷静分析，全面考虑，发挥主观能动性，积极努力完成任务。同时还应该注意潜在的问题，分清缓急，全面安排，妥善处理。譬如在同时遇到多件事项的时候，可以将多件事项按照轻重缓急分为几类，区别依次逐项办理。

（3）办毕汇报。首先应该选择合适的汇报方式，如书面汇报、口头汇报。书面汇报比较全面、准确，口头汇报比较灵活、生动，在有准备的前提下应该把两种形式有机地结合起来，以更加准确全面地向领导汇报清楚。其次，要把握汇报的重点。如果事情紧急或者非常重要，应该先选择事情的重点简明扼要地进行汇报，等事情处理完毕后再向领导进行具体的报告。

三、专业技能训练

训练一

1. 训练背景

海潮公司正在召开新产品质量鉴定会，会务商务文员黄佳正在会务组值班室值班，这时进来一位西装革履的先生，声称要找一位鉴定专家有急事，黄佳便让他自己到会场去找，这时，一个工作人员匆匆跑来，告诉她会场的电源插口有了问题，让她快找公司的电工师傅，黄佳说："今天是星期六，我哪知道他在哪里啊？"于是，便不再管。过了一会儿，她看了看表，快下午5点了，估计不会再有什么事，便离开公司办自己的事去了。

2. 训练要求

黄佳的过错在哪？

3. 训练提示

会议的值班工作是一项重要而严肃的工作，值班人员要以认真负责的态度做好工作，不能脱岗，不能推诿责任。在值班时，手边要有相关人员的通讯录。

训练二

1. 训练背景

某公司决定于某月某日召开一次重要会议，公司主要领导指定公司的C领导一定要参加。交办此事的一位办公室负责人还特别交代，要提前发通知，以便于C领导预先安排。值班人员马上将开会的时间、地点、内容、要求通知到C领导的办公室商务文员，并要他及时向上汇报。但到开会的前一天，C领导有事与主要领导通电话，电话中C领导说："没有接到通知，我已安排明天有几十人参加的会，怎么办？"那位主要领导马上找发通知的值班室查问，经查实，某月某日某时已通知到C领导的办公室商务文员。经过与C领导的办公室文员核实后，该商务文员承认已接到会议通知，但没有按要求立即报告，后来忘记了，造成两会冲突。最后，服从公司的安排，取消了C领导安排的会议。

2. 训练要求

为什么会出现这个问题？关键在哪里？

3. 训练提示

作为一名办公室的商务文员，虽然工作繁忙，如果安排得好还是可以避免失误的，就是说办事情要有主次、急缓之分，领导再三嘱咐要办的，应属于重要的，紧急的，要及时办理。如果 C 领导的秘书能注意到这方面，立即报告，就不会出两会冲突的事情。

培训小结

本章主要阐述了商务文员的办公室管理工作，通过本章学习，可掌握办公室日常管理工作的多项技能，如布置办公环境、低质易耗品的管理等相关技能。

重点名词与概念

——办公环境，从广义上说，它是指一定组织机构的所有成员所处的大环境；从狭义上说，办公环境是指一定的组织机构的成员进行日常业务活动和工作的具体场所的环境。它包括人文环境和自然环境，即软环境和硬环境。人文环境包括文化、教育、人际关系等因素。自然环境包括办公室所在地、建筑设计、室内空气、光线、颜色、办公设备和办公室的布局、布置等因素。

——印章，即图章，有时也称为"印信"，是指国家机关、社会团体、企事业单位使用的公章和上述单位相应领导人使用的名章。

练习与思考

1. 如何优化办公环境？

2. 用印的原则和要求？

3. 商务文员如何做好保密工作？

案例分析

印信的管理

红光公司的员工张某找到健雄公司商务文员王某，告知王某，他有一笔好买卖，但他是以个人身份，不如公司签合同方便，想借用健雄公司的名义，让王某给他出具一份健雄公司的业务介绍信，等合同签完后就还给健雄公司，并给王某一万元报酬。王某应允后，张某利用从健雄公司借用的业务介绍信，以健雄公司业务经理的身份和健雄公司的名义与大安公司签订了一份钢材购销合同，骗取了大安公司价值一百万元的钢材。张某将钢材卖掉后，携款潜逃。这一事件给健雄公司造成了信誉和财产上的损失。

（注：使用印章、介绍信，一般应该经本单位领导人批准，办理签批手续，相关人员不得擅自做主。相关人员要严格执行监印制度，他们对使用印章有监督权，对不合法或不合手续的使用印章、介绍信，有权拒绝盖印或者提出异议，而不能违反规定，"有求必应"，以避免给自己和公司带来无法挽回的损失。）

第七章　商务文员的服务工作

本章培训主要内容：本章主要概述商务文员的接待工作及组织商务活动的基本技能，掌握接待工作的相关程序及基本礼仪，会见与会谈等商务活动的组织方法及流程。

本章应掌握的主要技能：通过本章学习，学员应掌握接待的基本技巧及礼仪，会见会谈活动的组织与礼仪，如何组织开放参观、新闻发布会，以及宴请活动的基本礼仪及注意事项。

第一节　接 待 工 作

一、规范案例

某大型广告公司为了庆祝公司成立十周年，计划届时举办庆祝大会及大型招待会，邀请上级部门领导和各方客户出席。并为此临时成立了一个筹备小组，公司办公室商务文员小张首先对接待的各个环节进行分析，把接待人员分成签到组、贵宾接待组、一般来宾接待组，确定接待人选。然后聘请专业礼仪教师对公司参与接待的人员进行分组培训。最终这次活动取得了圆满成功。

注：举办大型活动，礼仪接待是很重要的工作。一定要有计划，有明确的组织分工。事先的培训也是必要的。因为公司成员对于专门的接待礼仪不一定都熟悉。

二、应知应会

（一）迎宾

1. 迎宾前的准备

（1）掌握基本状况。一定要充分掌握迎宾对象的基本状况，来宾尤其是主宾的个人简况。例如，姓名、性别、年龄、籍贯、民族、单位、职务、职称、学历、学位、专业、专长、偏好、著述、知名度等。必要时，还需要了解其婚姻、健康状况，以及政治倾向与宗教信仰。在了解来宾的具体人数时，不仅要务求准确无误，而且应着重了解对方由何人负责、来宾之中有几对夫妇等。如果来宾，尤其是主宾会前进行过访问的，则在接待规格上要注意前后协调一致。无特殊原因时，一般不宜随意在迎宾时升格或降格。

（2）制定具体计划。一定要详尽制订迎接来宾的具体计划，可有助于使接待工作避免疏漏，减少波折，更好地、按部就班地顺利进行。根据常规，它至少要包括迎送方式、交通工具、膳宿安排、工作日程、文娱活动、游览、会谈、会见、礼品准备、经费开支以及接待、陪同人员等各项基本内容。

2. 迎宾工作的实施

（1）迎宾方式。客人到来之前一定要精心选择迎接来宾的迎宾人员，数量上要加以限制，身份上要大致相仿。

（2）遵守时间。要在来宾启程前后对来宾的抵达时间再次予以确认，以便提前到达迎宾地点。

（3）迎宾地点。根据实际情况的不同，迎接来宾的地点可在交通工具停靠站，也可在来宾临时下榻之处或东道主一方用以迎宾的常规场所。

（4）迎宾礼仪：

① 对待来宾要热情。来宾抵达后，主人要主动与来宾热情握手，主动与来宾寒暄，对来宾有问必答，也可安排人员向来宾献花。

② 介绍陪同人员宾主双方其他人员见面。依照惯例，应当首先由主人陪同主宾来到东道主方面的主要迎宾人员面前，按其职位的高低，由高而低，一一将其介绍给主宾。随后，再由主宾陪同主人行至主要来访人员的队列前，按其职位的高低，由高而低，一一将其介绍给主人。

③ 来宾的引导。迎宾人员在接待来宾时，为之亲自带路或是陪同对方前往目的地。在一般情况下，在宾主双方并排行进时，引导者应主动在外侧行走，而请来宾行走于内侧。若三人并行时，通常中间的位次最高，内侧的位次居次，外侧的位次最低。宾主之位此时可酌情而定。在单行行进时，引导者应行走在前，来宾行于其后，以便由前者为后者带路。在出入房门时，引导者须主动替来宾开门或关门，此刻，引导者可先行一步，推开或拉开房门，待来宾首先通过，随之再轻掩房门，赶上来宾。出入无人控制的电梯时，引导者须先入后出，以操纵电梯。出入有人控制的电梯时，引导者则应后入先出，这样做主要是为表示对来宾的礼貌。如果引导者与来宾出行，宾主不同车时，一般应引导者所乘车辆在前，来宾所乘车辆居后；宾主同车时，则大都讲究引导者后登车、先下车，来宾先登车，后下车。

（二）交通

1. 安排交通工具

在正式的商务接待活动之中，在为来宾安排、准备、挑选专供对方使用的交通工具时，通常需要考虑以下几个因素：日程安排；方便舒适；顺畅快捷；安全至上；专人负责。

2. 乘车礼仪

乘坐轿车时，座次的尊卑一般是右座高于左座，后座高于前座。以一辆目前在国内公务接待中最为常用的双排五人座轿车为例，车上座次的尊卑自高而低依次应为：后排右座，后排左座，后排中座，前排副驾驶座。

在公务活动中，轿车上的前排副驾驶座通常被称为"随员座"。按惯例，此座应由商务文员、译员、警卫或助手就座，而不宜请客人在此就座。惟独在主人亲自驾驶轿车时，客人坐在副驾驶座上与主人"平起平坐"，才是合乎礼仪的。

在一般情况下，双排五人座轿车上的后排中座左右挨夹，坐在那里不很舒坦，故不宜请客人就座于此。

（三）住宿

商务接待住宿安排要根据客人的身份、人数、性别、年龄、身体状况、生活习惯和工作需要来酌情安排，选择宾馆要根据接待经费预算、宾馆实际接待能力、口碑与服务质量、周边环境、交通状况、安全条件等因素来考虑，基本生活需要，如空调、热水、卫生间、电话、电视、娱乐、购物及办公、会议设施要符合要求，但要以不妨碍对方私生活为准、以不限制对方个人自由为限、以不影响对方休息为度。

（四）礼品

礼品的选择要突出纪念性，讲究"礼轻情义重"，不宜赠送过于贵重的礼物，否则有行贿受贿之嫌。还要体现民族和地方特色，要有针对性，因人、因事而异，要避免品种、色彩、图案、形状、数目、包装方面的禁忌。

三、业务技能训练

训练一

1. 训练背景

某公司要接待一个参观访问团，主管请办公室商务文员小刘做接待。

2. 训练要求

小刘在拟定接待计划时应考虑哪些因素？

3. 训练提示

拟定计划要考虑要接待规格、日程安排、经费预算、工作人员等因素。

训练二

1. 训练背景

四海公司商务文员李默去机场迎接客户王经理，走出机场来到公司专车前，李默为王经理打开了后方的右侧车门，但是王经理却自己拉开了前方车门，坐到了副驾驶座上，并顺手关闭车门。

2. 训练要求

这时李默应如何处理？

3. 训练提示

确实有些客人喜欢坐在前排副驾驶，遇到这样的情况，秘书可以灵活处理，不必非让客人挪动，只需提醒客人系上安全带即可。提醒司机要加倍小心，掌握好速度，不可太快。

第二节　会见与会谈活动

一、规范案例

公司商务文员曲波在收到访客的会见请求后，立即向经理请示并答复了对方，并约好了会见时间、地点；随即通知了有关人员和有关单位做好必要安排，并安排工作人员布置会议室，并对会议室按会见要求进行了验收。

注：商务文员要重视会见会谈工作，掌握会见会谈的基本要求，这是做好商务文员工作必备的技能。

二、应知应会

会见一般称接见或拜会。凡身份高的人士会见身份低的或是主人会见客人，这种会见一般称为接见或召见。凡身份低的人士会见身份高的人士或是客人会见主人，这种会见一般称为拜见。我国一般统称会见。就其内容而言，会见有礼节性的、政治性和事务性的，或兼而有之。礼节性的会见时间较短，话题较为广泛。政治性会见一般涉及双边关系、国际局势等重大问题。事务性会见则有一般外交交涉、业务商谈等。

会谈是指双方或多方就某些重大的政治、经济、文化、军事以及其他共同关心的问题交换意见。会谈也可以是洽谈公务，或就具体业务谈判。一般说来，会谈内容较为正式，政治性或专业性较强。

（一）会见与会谈的种类

1. 礼节性拜会

如一个国家的代表到另一个国家访问，在抵达并安顿就绪后，前去拜会东道国的主人；一个国家的使节赴任，到达后拜会驻当地的各国使节。这种拜会具有较大的礼仪性，一般称之为礼节性拜会。

2. 回拜

在礼节性拜会之后，主人又到客人住所回访，以表示相互友好之意，即为回拜。不过，由于时间紧、活动多，这种安排有时被简化了，也是可以理解的。

3. 正式会谈

是双方就实质性的问题交换意见、进行讨论、阐述各自的立场，或为求得某些具体问题的解决而进行的严肃而正式的会谈。

4. 访谈

是领导人或高级官员接受记者或其他新闻媒体人员采访时发表谈话或回答问题之谓。

5. 辞行拜会

常驻使节离任前，拜会驻在国政府官员、有关人士和其他国家驻当地使节，向他们告别，谓之"辞行拜会"。有时因时间关系，来不及一一拜会，也可以举行告别酒会。临时出国人员离开访问国时，也可视情况以适当方式向东道主告别。

（二）座位安排

会见通常安排在会客室或办公室，宾主各坐一边。某些国家元首会见还有其独特礼仪程序，如双方简短致辞、赠礼、合影等。我国习惯在会客室会见，客人坐在主人的右边，译员、记录员坐在主人和主宾的后面。其他客人按礼宾顺序在主宾侧就座，主方陪见人在主人一侧就座。座位不够可在后排加座。

双边会谈通常用长方形、椭圆形或圆形桌子，宾主相对而坐，以正门为准，主人坐在背门一侧，客人面向正门。主谈人居中。我国习惯把译员安排在主谈人右侧，但有的国家亦让译员坐在后面，一般应尊重主人的安排。其他人按礼宾顺序左右排列。记录员可安排在后面，如参加会谈人数少，也可安排在会谈桌就座。小范围的会谈也可不用长桌，只设沙发，双方座位按会见座位顺序安排。

（三）会见与会谈注意事项

• 提出会见要求，并将要求会见人的姓名、职务以及会见什么人、会见的目的告知对方。接见一方应尽早给予回复，约妥时间。如因故不能接见，应婉言解释。

• 商定出席会见或会谈的时间、地点和出席人员，将会见或会谈的出席人员、时间、地点、具体安排、注意事项通知中外双方；中方主人及参加会见的中方人员应提前抵达会见地点。

• 准确掌握会见、会谈的时间、地点和双方参加人员的名单，及早通知有关人员和有关单位做好必要安排。主人应提前到达。

• 会见、会谈场所应安排足够的座位。如双方人数较多，厅室面积大，主谈人说话声音低，宜安装扩音器。会谈如用长桌，应事先排好座位图，现场放置中外文座位卡，卡片上的字体应工整清晰。视情况需要准备鲜花盆景、标语、茶水、饮料、点心等；签字仪式要准备台式国旗（挂旗）、文房四宝和签字笔具等。

• 准备会见、会谈提纲和背景材料（供领导参考）。

• 通知新闻记者。

• 迎候和引座。礼宾介绍时，首先将中方主人一一介绍给外方。

• 合影留念。事先排好合影图，人数众多时应准备架子。合影排列一般为主人居中，然后按礼宾次序，以主人右手为上，主客双方间隔排列。第一排人员既要考虑人员身份，也要考虑场地大小，即能否都能被摄入镜头。一般来说，两端均应由主方人员把边。

（四）会见、会谈时的礼节

1. 会见礼节

接见一方的接待人员应主动将会见时间、地点、主方出席人、其他具体安排及有关注意事项通知对方。会见前，主人应在门口迎候客人，可以在大楼正门迎候，也可以在会客厅迎候。如果主人不到楼门口迎候，则应由工作人员在大楼门口迎接，将客人引入会客厅。会见结束，主人应送客人至车前或在门口握别，目送客人离去。领导人之间的会见，除陪见人和必要的译员、记录员外，其他工作人员安排就绪后均应退出。谈话过程中，旁人不要随意进出。

2. 会谈时的礼节

会谈是指双方就某些重大的政治、经济、文化及其他共同关心的问题交换意见。会谈首先要组成专门班子，确定主谈人。我方主谈人的职位要与对方主谈人相同或相近。参加会谈人数大体双方相等。其次，准备会谈提纲，如，需在会谈结束时双方签署"会谈纪要"或"协议书"，则应事先草拟好文本。会谈由主谈人主持，其他人员未经主谈人许可，不得随便发表意见。如有不同看法，可写条子递给主谈人，供主谈人参考。如主谈人请大家做补充发言，其他人可按主谈人的谈话口径做适当补充，但不能提出与主谈人意见相反的看法。会谈时通常使用长方形正门为准，主人于背门一侧、椭圆形或圆形桌，宾主按各人名牌所示相对而坐。外宾面向正门。主谈人座位居中。

三、专业技能训练

训练一

1. 训练背景

公司商务文员刘新负责安排会谈场所，当天会谈双方人数较多，会谈场地也较大，但是刘新没有事先准备扩音器，致使双方主谈人不得不高声喊话，才能使全部参加会谈的人都听得清。

2. 训练要求

刘新的失误在哪里？

3. 训练提示

商务文员要对会谈场所有充分的了解，譬如场地比较大、会议室不聚音这样的因素都要考虑到，才能保证会见、会谈工作的顺利进行。

训练二

1. 训练背景

天地人公司要和韩国代表团洽谈生意，需要安排会谈室，公司领导将任务交给了商务文员刘新。

2. 训练要求

刘新应该如何安排会谈室。

3. 训练提示

按照课本要求进行操作即可。

第三节　开放参观与签约仪式

一、规范案例

公司商务文员孙倩负责接待一个参观团，但孙倩刚来公司不久，对公司了解得不是很具体。接到任务后，孙倩便开始搜集材料，认真学习公司背景及发展历程方面的知识，几次深入到工厂、车间了解情况。顺利完成了接待任务。

注：接待参观团一定要对本公司的基本情况有所了解，能做好向导，认真为参观团解说，做到有问必答，这是商务文员做好开放参观工作的重要准则。

二、应知应会

（一）开放参观

1. 准备工作

准备与寄发请柬；为来宾准备休息服务处；准备介绍材料；准备特殊的参观用品，如卫生服、安全帽等；准备茶水饮料；准备赠送的礼品和纪念品。

2. 接待服务与要求

来宾到达后热情引导接待；放映视听资料时认真解说；参观过程中为来宾做向导；做好招待来宾的餐饮服务；耐心解答来宾提出的各种问题；做好欢送工作。

3. 安排开放参观的内容

（1）情况介绍，事先准备好简明生动、印刷精良的宣传小册子。

（2）现场观摩，让参观者参观现场。

（3）实物展览，参观组织的成果展览室；可以陈列资料、模型、样品等实物。此外，参观活动内容的确定还要考虑到参观者的需要和兴趣。

4. 选择开放参观的时机

最好安排在一些特殊的日子里，如周年纪念日、重大的节假日、开业庆典、社区节日等。

5. 确定邀请对象

一般性参观常邀请员工家属或一般市民等；特殊性参观常邀请与本组织有特殊利害关系的团体和公众，如政府官员、行政主管部门、同行业领导和专家、媒体记者等。

6. 选择参观路线

参观路线的选择要求做到：能引起参观者的兴趣；能保证参观者的安全；对公司正常工作干扰小。

7. 策划宣传工作

参观前，可准备一份简明的说明书，发给参观者，或放映电影、录像片进行介绍。

8. 做好解说

挑选并培训导游或解说人员。

（二）签约仪式

为了使有关各方重视合同、遵守合同，在签署合同时，应举行郑重其事的签字仪式，此即所谓签约。

在商务交往中，人们在签署合同之前，通常会竭力做好以下几个步骤的准备工作。

1. 要布置好签字厅

签字厅有常设专用的，也有临时以会议厅、会客室来代替的。布置的总原则是要庄重、整洁、清静。

一间标准的签字厅，应当室内满铺地毯，除了必要的签字用桌椅外，其他一切的陈设都不需要。正规的签字桌应为长桌，其上最好铺设深绿色的台布。

按照仪式礼仪的规范，签字桌应当横放于室内。在其后，可摆放适量的座椅。签署双边性合同时，可放置两张座椅，供签字人就座。签署多边性合同时，可以仅放一张桌椅，供各方签字人签字时轮流就座；也可以为每位签字人都各自提供一张座椅。签字人在就座时，一般应当面对正门。

在签字桌上，循例应事先安放好待签的合同文本以及签字笔、吸墨器等签字时所用的文具。

与外商签署涉外商务合同时，还需在签字桌上插放有关各方的国旗。插放国旗时，在其位置与顺序上必须按照礼宾序列而行。例如，签署双边性涉外商务合同时，有关各方的国旗须插放在该方签字人座椅的正前方。

2. 座次安排

在正式签署合同时，各方代表对于礼遇均非常在意，因此商务人员对于在签字仪式上最能体现礼遇高低的座次问题上应当认真对待。

签字时各方代表的座次是由主方代为先期排定的。合乎礼仪的做法是：在签署双边性合同时，应请客方签字人在签字桌右侧就座，主方签字人则应同时就座于签字桌左侧。双方各自的助签人应分别站立于各自一方签字人的外侧，以便随时对签字人提供帮助。双方其他的随员可以按照一定的顺序在己方签字人的正对面就座。也可以依照职位的高低，依次自左至右（客方）或是"自右至左（主方）地列成一行，站立于己方签字人的身后。当一行站不完时，可以按照以上顺序并遵照"前高后低"的惯例排成两行、三行或四行。原则上，双方随员人数应大体上相近。

3. 要预备好待签的合同文本

依照商界的习惯，在正式签署合同之前，应由举行签字仪式的主方负责准备待签合同的正式文本。

举行签字仪式是一桩严肃而庄重的大事，因此不能将"了犹未了"的"半成品"交付其使用；或是临近签字时，有关各方还在为某些细节而纠缠不休。在决定正式签署合同时，就应当拟订合同的最终文本。它应当是正式的、不再进行任何更改的标准文本。负责为签字仪式提供待签的合同文本的主方，应会同有关各方一道指定专人，共同负责合同的定稿、校对、印刷与装订。按常规，应为在合同上正式签字的有关各方均提供一份待签的合同文本。必要时，还可再向各方提供一份副本。

签署涉外商务合同时，比照国际惯例，待签的合同文本应同时使用有关各方法定的官方语言，或是使用国际上通行的英文、法文。此外，也可同时并用有关各方法定的官方语言与英文或法文。使用外文撰写合同时，应反复推敲，字斟句酌，不要望文生义或不解其意而乱用词汇。

待签的合同文本应以精美的白纸制作而成，按大八开的规格装订成册，并以高档质料，如真皮、金属、软木等，作为其封面。

4. 签字仪式的正式程序

（1）签字仪式正式开始。有关各方人员进入签字厅，在既定的位次上各就各位。

（2）签字人正式签署合同文本。通常的做法是首先签署己方保存的合同文本，再接着签署他方保存的合同文本。

商务礼仪规定，每个签字人在由己方保留的合同文本上签字时，按惯例应当名列首位。因此，每个签字人均应首先签署己方保存的合同文本，然后再交由他方签字人签字。这一做法，在礼仪上称为"轮换制"。它的含义是在位次排列上，轮流使有关各方均有机会居于首位一次，以显示机会均等，各方平等。

（3）签字人正式交换已经由有关各方正式签署的合同文本。此时，各方签字人应握手，互致祝贺，并相互交换各自一方刚才使用过的签字笔，以示纪念。全场人员应鼓掌，表示祝贺。

（4）共饮香槟酒互相道贺。交换已签的合同文本后，有关人员，尤其是签字人可当场干上一杯香槟酒，这是国际上通行的用以增添喜庆色彩的做法。

在一般情况下，商务合同在正式签署后，应提交有关方面进行公证，此后才正式生效。

三、专业技能训练

训练一

1. 训练背景

商务文员刘萌为公司的一次重要签约仪式布置签字厅，结果签字仪式后经理对刘萌的工作很不满意。后来刘萌知道是因为签字厅的灯光太暗，布置的太简单，不够庄重。

2. 训练要求

刘萌的过错可能在什么地方？

3. 训练提示

布置签字厅的总原则是要庄重、整洁、清静。标准的签字厅，应当灯光明亮，室内铺地毯，除了必要的签字用桌椅外，其他一切的陈设都不需要，桌上最好铺设深绿色的台布。

训练二

1. 训练背景

天地人公司准备在公司十周年的庆典之际组织员工家属、业务客户和相关政府领导来参观自己的工厂，公司领导把此项任务安排给了公司商务文员刘萌。

2. 训练要求

刘萌应该如何来做？

3. 训练提示

按照开放参观的操作步骤，一步一步地去做，在操作中要结合自己公司的实际情况。

第四节　庆典活动与剪彩仪式

一、规范案例

某公司举行庆典活动，商务文员刘锋邀请市长参加庆典，但市长秘书表示市长在外地，参加的可能性非常小，负责制做嘉宾名签的工作人员便没有准备市长的名签，刘锋发现后立即通知工作人员制作，结果庆典当天市长按时出席。

注：商务文员要充分考虑实际工作的变数，庆典活动中邀请的嘉宾即使不确定能否参加也要为其制作名签、准备纪念品，以免引起尴尬的局面。

二、应知应会

（一）庆典活动

1. 精心确定庆典的出席人员名单

庆典的出席者不应当滥竽充数，或是让对方勉为其难。确定庆典出席者名单时，始终应当以庆典的宗旨为指导思想，一般来说，庆典的出席者通常应包括如下人士：

（1）上级领导。地方党政领导、上极主管部门的领导，大都对单位的发展给予过关心、指导。邀请他们参加，主要是为了表示感激之心。

（2）社会名流。根据公共关系学中的"名人效应"原理，社会各界的名人对于公众最有吸引力，能够请到他们，将有助于更好地提高本单位的知名度。

（3）大众传媒。在现代社会中，报纸、杂志、电视、广播等大众媒介，被称为仅次于立法、行政、司法三权的社会"第四权力"。邀请它们，并主动与它们合作，将有助于它们公正地介绍本单位的成就，进而有助于加深社会对本单位的了解和认同。

（4）合作伙伴。在商务活动中，合作伙伴经常是彼此同呼吸、共命运的。请他们来与自己一起分享成功的喜悦，是完全应该的，而且也是绝对必要的。

（5）社区关系。它们是指那些与本单位共居于同一区域、对本单位具有种种制约作用的社会实体。例如，本单位周围的居民委员会、街道办事处、医院、学校、幼儿园、养老院、商店以及其他单位等。请他们参加本单位的庆典，会使对方进一步了解本单位、尊重本单位、支持本单位，或是给予本单位更多的方便。

（6）单位员工。员工是本单位的主人，本单位每一项成就的取得，都离不开他们的兢兢业业和努力奋斗。所以在组织庆典时，是不容许将他们完全"置之度外"的。

以上人员的具体名单一旦确定，就应尽量发出邀请或通知。鉴于庆典的出席人员甚多，牵涉面极广，故不到万不得已，均不许将庆典取消、改期或延期。

2. 精心安排来宾的接待工作

与一般商务交往中来宾的接待相比，对出席庆祝仪式的来宾的接待，更应突出礼仪性的特点。不但应当热心细致地照顾好全体来宾，而且还应当通过主方的接待工作，使来宾感受到主人真挚的尊重与敬意，并且想方设法使每位来宾都能心情舒畅。

最好的办法，是庆典一经决定举行，即成立对此全权负责的筹备组。筹备组成员通常应当由各方面的有关人士组成，他们应当是能办事、会办事、办实事的人。

在庆典的筹备组之内，应根据具体的需要，下设若干专项小组，在公关、礼宾、财务、会务等各方面"分兵把守"，各管一段。其中负责礼宾工作的接待小组，大都不可缺少。

庆典的接待小组，原则上应由年轻、精干、身材与形象较好、口头表达能力和应变能力较强的男女青年组成。

接待小组成员的具体工作有以下几项：

（1）来宾的迎送。即在举行庆祝仪式的现场迎接或送别来宾。

（2）来宾的引导。即由专人负责为来宾带路，将其送到既定的地点。

（3）来宾的陪同。对于某些年事已高或非常重要的来宾，应安排专人陪同始终，以便关心与照顾。

（4）来宾的接待。即指派专人为来宾送饮料、上点心以及提供其他方面的关照。

凡应邀出席庆典的来宾，绝大多数人对本单位都是关心和友好的。因此，当他们光临时，主人没有任何理由不让他们受到热烈而且合乎礼仪的接待。在来宾的接待上若得过且过、马马虎虎，是会伤来宾的自尊心的。

3. 精心布置举行庆祝仪式的现场

（1）地点的选择。在选择具体地点时，应结合庆典的规模、影响力以及本单位的实际情况来决定。本单位的礼堂、会议厅，本单位内部或门前的广场，以及外借的大厅等，均可予以选择。不过在室外举行庆典时，切勿因地点选择不慎，从而制造噪声、妨碍交通或治安，顾此而失彼。

（2）环境的美化。在反对铺张浪费的同时，应当量力而行，着力美化庆典举行现场的环境。为了烘托出热烈、隆重、喜庆的气氛，可在现场张灯结彩、悬挂彩灯、彩带。张贴一些宣传标语，并且张挂标明庆典具体内容的大型横幅。如果有能力，还可以请由本单位员工组成的乐队、锣鼓队届时演奏音乐或敲锣打鼓，热闹热闹。但是这类活动应当要适度，不要热闹过了头，成为胡闹，或者"喧宾夺主"。

（3）场地的大小。在选择举行庆祝仪式的现场时，应当牢记并非愈大愈好。从理论上说，现场的大小应与出席者人数的多少成正比。也就是说场地的大小，应同出席者人数的多少相适应。人多地方小，拥挤不堪，会使人心烦意乱。人少地方大，则会让来宾对本单位产生"门前冷落车马稀"的感觉。

（4）音响的准备。在举行庆典之前，务必要把音响准备好。尤其是供来宾们讲话时使用的麦克风和传声设备，在关键时刻，绝不允许临阵"罢工"，让主持人手忙脚乱、大出洋相。在庆典举行前后，播放一些喜庆、欢快的乐曲，只要不抢占"主角"的位置，通常是可以的。但是对于播放的乐曲，应选期进行审查。切勿届时让工作人员自由选择，随意播放背离庆典主题的乐曲，甚至是那些凄惨、哀怨、让人心酸和伤心落泪的乐曲或是那些不够庄重的诙谐曲和爱情歌曲。

（5）应当精心拟定好庆典的具体程序。一次庆典举行的成功与否，与其具体的程序不无关系。仪式礼仪规定，拟定庆典的程序时，有两条原则必须坚持：第一，时间宜短不宜长。大体上讲，它应以一个小时为极限。这既为了确保其效果良好，也是为了尊重全体出席者，尤其是为了尊重来宾。第二，程序宜少不宜多。程序过多，不仅会加长时间，而且还会分散出席者的注意力，并给人以庆典内容过于凌乱之感。

4. 庆典的程序

依照常规，一次庆典大致上应包括下述几项程序：

预备，请来宾就座，出席者安静，介绍嘉宾。

第一项，宣布庆典正式开始，全体起立，奏国歌，唱本单位之歌。

第二项，本单位主要负责人致辞。其内容是对来宾表示感谢，介绍此次庆典的缘由，其重点应是报捷以及庆典的可"庆"之处。

第三项，邀请嘉宾讲话，大体上讲出席此次庆典的上级主要领导、协作单位及社区关系单位，均应有代表讲话或致贺词。不过应当提前约定好，不要当场当众推来推去。对外来的贺电、贺信等，不必一一宣读，但对其署名单位或个人应当公布。在进行公布时，可以以"先来后到"为序，或是按照具体名称汉字笔画的多少进行排列。

第四项，安排文艺演出。这项程序可有可无，如果准备安排，应当慎选内容，注意不要有悖于庆典的主旨。

第五项，邀请来宾进行参观。如有可能，可安排来宾参观本单位的有关展览或车间等。当然，此项程序有时亦可省略。

在以上几项程序中，前三项必不可少，后两项则可以酌情省去。

5. 庆典的礼仪

在举行庆祝仪式之前，主办单位应对本单位的全体员工进行必要的礼仪教育。对于本单位出席庆典的人员，还需规定好有关的注意事项，并要求大家在临场之时，务必要严格遵守规范。在这一问题上，单位的负责人，尤其是出面迎送来宾和上主席台的人士，要能够率先垂范，而绝不允许有任何例外发生。因为道理非常简单，在庆祝仪式上，真正令人瞩目的，还是东道主方面的出席人员。如果这些人在庆典中精神风貌不佳，穿着打扮散漫，举止行为失当，很容易对本单位的形象进行"反面宣传"。按照仪式礼仪的规范，作为东道主的商界人士在出席庆典时，应当严格注意的问题涉及以下七点：仪容要整洁；服饰要规范；时间要遵守；表情要庄重；态度要友好；行为要自律；发言要简短。

（二）剪彩仪式

剪彩仪式，严格地讲，指的是商界的有关单位，为了庆贺公司的设立、企业的开工、宾馆的落成、商店的开张、银行的开业、大型建筑物的启用、道路或航线的开通、展销会或展览会的开幕等，而隆重举行的一项礼仪性程序。因其主要活动内容是约请专人使用剪刀剪断被称之为"彩"的红色缎带，故此被人们称为剪彩。从操作的角度来进行探讨，目前所通行的剪彩礼仪主要包括剪彩的准备、剪彩的人员、剪彩的程序、剪彩的礼仪四个方面的内容。以下就分别择其要点进行介绍。

1. 剪彩的准备工作

通常情况下，剪彩仪式与其他商务活动相比较，需要使用一些特殊用具，诸如红色缎带、新剪刀、白色薄纱手套、托盘以及红色地毯，需仔细地进行选择与准备。

（1）红色缎带，亦即剪彩仪式之中的"彩"。作为主角，它自然是万众瞩目之处。按照传统作法，它应当由一整匹未曾使用过的红色绸缎，在中间结成数朵花团而成。目前，有些单位为了厉行节约，而代之以长度为两米左右的细窄的红色缎带，或者以红布条、红线绳、红纸条作为其变通，也是可行的。一般来说，红色缎带上所结的花团，不仅要生动、硕大、醒目，而且其具体数目往往还同现场剪彩者的人数直接相关。循例，红色缎带上所结的花团的具体数目有两类模式可依。其一，是花团的数目较场剪彩者的人数多上一个。其二，是花团的数目较现场剪彩者的人数少上一个。前者可使每位剪彩者总是处于两朵花团之间，尤显正式。后者则不同常规，亦有新意。

（2）新剪刀，是专供剪彩者在剪彩仪式上正式剪彩时所使用的。它必须是每位现场剪彩者人手一把，而且必须崭新、锋利而顺手。事先，一定要逐一检查一下将被用以剪彩的剪刀是否已经开刃，好不好用。务必要确保剪彩者在以之正式剪彩时，可以"手起刀落"，一举成功，而切勿一再补刀。在剪彩仪式结束后，主办方可将每位剪彩者所使用的剪刀经过包装之后，送给对方以资纪念。

（3）白色薄纱手套，是专为剪彩者所准备的。在正式的剪彩仪式上，剪彩者剪彩时最好每人戴上一副白色薄纱手套，以示郑重其事。在准备白色薄纱手套时，除了要确保其数量充足之外，还须使之大小适度、崭新平整、洁白无瑕。有时，亦可不准备白色薄纱手套。

（4）托盘，在剪彩仪式上是托在礼仪小姐手中，用来盛放红色缎带、剪刀、白色薄纱手套的。在剪彩仪式上所使用的托盘，最好是崭新、洁净的。它通常首选银色的不锈钢制品。为了显示正规，可在使用时铺上红色绒布或绸布。就其数量而论，在剪彩时，可以一只托盘依次向各位剪彩者提供剪刀与手套，并同时盛放红色缎带；也可以为每一位剪彩者配置一只专为其服务的托盘，同时使红色缎带专由一只托盘盛放。后一种方法显得更加正式一些。

（5）红色地毯，主要用于铺设在剪彩者正式剪彩时的站立之处。其长度可视剪彩人数的多寡而定，其宽度则不应在一米以下。在剪彩现场铺设红色地毯，主要是为了提升其档次，并营造一种喜庆的气氛。有时，也可不予铺设。

2. 剪彩的人员

在剪彩仪式上，最为活跃的当然是人而不是物。因此，对剪彩人员必须认真地进行选择，并于事先进行必要的培训。

除主持人之外，剪彩的人员主要是由剪彩者与助剪者等两个主要部分的人员所构成的。以下就分别来简介一下对于他们主要礼仪性要求。

（1）剪彩者。在剪彩仪式上担任剪彩者，是一种很高的荣誉。剪彩仪式档次的高低，往往也同剪彩者的身份密切相关。因此，在选定剪彩的人员时，最重要的是要把剪彩者选好。

剪彩者，即在剪彩仪式上持剪刀剪彩之人。根据惯例，剪彩者可以是一个人，也可以是几个人，但是一般不应多于五人。通常，剪彩者多由上级领导、合作伙伴、社会名流、员工代表或客户代表所担任。

确定剪彩者名单，必须是在剪彩仪式正式举行之前。名单一经确定，即应尽早告知对方，使其有所准备。在一般情况下，确定剪彩者时，必须尊重对方个人意见，切勿勉强对方。需要由数人同时担任剪彩者时，应分别告知每位剪彩者届时他将与何人同担此任。这样做是对剪彩者的一种尊重。千万不要"临阵磨枪"，在剪彩开始前强拉硬拽，临时找人凑数。

若剪彩者仅为一人，则其剪彩时居中而立即可。若剪彩者不止一人时，则其同时上场剪彩时位次的尊卑就必须予以重视。一般的规矩是：中间高于两侧，右侧高于左侧，距离中间站立者愈远位次便愈低，即主剪者应居于中央的位置。需要说明的是，之所以规定剪彩者的位次"右侧高于左侧"，主要是因为这是一项国际惯例，剪彩仪式理当遵守。其实，若剪彩仪式并无外宾参加时，执行我国"左侧高于右侧"的传统作法，亦无不可。

（2）助剪者。助剪者，指的是剪彩者剪彩的一系列过程中从旁为其提供帮助的人员。一般而言，助剪者多由东道主一方的女职员担任。现在，人们对她们的常规称呼是礼仪小姐。

具体而言，在剪彩仪式上服务的礼仪小姐，又可以分为迎宾者、引导者、服务者、拉彩者、捧花者、托盘者。迎宾者的任务，是在活动现场负责迎来送往。引导者的任务，是在进行剪彩时负责带领剪彩者登台或退场。服务者的任务，是为来宾尤其是剪彩者提供饮料，安排休息之处。拉彩者的任务，是在剪彩时展开、拉直红色缎带。捧花者的任务则在剪彩时手托花团。托盘者的任务，则是为剪彩者提供剪刀、手套等剪彩用品。

在一般情况下，迎宾者与服务者应不止一人。引导者既可以是一个人，也可以为每位剪彩者各配一名。拉彩者通常应为两人。捧花者的人数则需要视花团的具体数目而定，一般应为一花一人。托盘者可以为一人，亦可以为每位剪彩者各配一人。有时，礼仪小姐亦可身兼数职。

礼仪小姐的基本条件是，相貌较好、身材颀长、年轻健康、气质高雅、音色甜美、反应敏捷、机智灵活、善于交际。礼仪小姐的最佳装束应为：化淡妆、盘起头发，穿款式、面料、色彩统一的单色旗袍，配肉色连裤丝袜、黑色高跟皮鞋。除戒指、耳环或耳钉外，不佩戴其他任何首饰。有时，礼仪小姐身穿深色或单色的套裙亦可。但是，她们的穿着打扮必须尽可能地整齐划一。必要时，可向外单位临时聘请礼仪小姐。

3. 剪彩的程序

在正常情况下，剪彩仪式应在行将启用的建筑、工程或者展销会、博览会的现场举行。正门外的广场、正门内的大厅，都是可予优先考虑的。在活动现场，可略作装饰。在剪彩之处悬挂写有剪彩仪式具体名称的大型横幅，更是必不可少的。

一般来说，剪彩仪式宜紧凑，忌拖沓，在所耗时间上愈短愈好。短则一刻钟即可，长则至多不宜超过一个小时。

按照惯例，剪彩既可以是开业仪式中的一项具体程序，也可以独立出来，由其自身的一系列程序所组成。独立而行的剪彩仪式，通常应包含如下六项基本的程序：

（1）请来宾就位。在剪彩仪式上，通常只为剪彩者、来宾和本单位的负责人安排坐席。在剪彩仪式开始时，即应敬请大家在已排好顺序的座位上就座。在一般情况下，剪彩者应就座于前排。若其不止一人时，则应使之按照剪彩时的具体顺序就座。

（2）宣布仪式正式开始。在主持人宣布仪式开始后，乐队应演奏音乐，现场可燃放鞭炮，全体到场者应热烈鼓掌。此后，主持人应向全体到场者介绍到场的重要来宾。

（3）奏国歌。此刻须全场起立。必要时，亦可随之演奏本单位标志性歌曲。

（4）发言。发言者依次应为东道主单位的代表、上级主管部门的代表、地方政府的代表、合作单位的代表，等等。其内容应言简意赅，每人不超过 3 分钟，重点分别应为介绍、道谢与致贺。

（4）剪彩。此刻，全体到者场应热烈鼓掌，必要时还可奏乐或燃放鞭炮。在剪彩前，须向全体到场者介绍剪彩者。

（5）参观。剪彩之后，主人应陪同来宾参观被剪彩之物。仪式至此宣告结束。随后东道主单位可向来宾赠送纪念性礼品，并以自助餐款待全体来宾。

4. 剪彩礼仪

正式剪彩时，剪彩者与助剪者的具体做法必须合乎规范，否则就会使其效果大受影响。

当主持人宣告进行剪彩之后，礼仪小姐即应率先登场。在上场时，礼仪小姐应排成一行行进，从两侧同时登台，或是从右侧登台均可。登台之后，拉彩者与捧花者应当站成一行，拉彩者处于两端拉直红色缎带，捧花者各自双手手捧一朵花团。托盘者须站立在拉彩者与捧花者身后一米左右，并且自成一行。

在剪彩者登台时，引导者应在其左前方进行引导，使之各就各位。剪彩者登台时，宜从右侧出场。当剪彩者均已到达既定位置之后，托盘者应前行一步，到达前者的右后侧，以便为其递上剪刀、手套。

剪彩者若不止一人，则其登台时亦应列成一行，并且使主剪者行进在前。在主持人向全体到场者介绍剪彩者时，后者应面含微笑向大家欠身或点头致意。

剪彩者行至既定位置之后，应向拉彩者、捧花者含笑致意。当托盘者递上剪刀、手套，亦应微笑着向对方道谢。

在正式剪彩前，剪彩者应首先向拉彩者、捧花者示意，待其有所准备后，集中精力，右手手持剪刀，表情庄重地将红色缎带一刀剪断。若多名剪彩者同时剪彩时，其他剪彩者应注意主剪者动作，与其主动协调一致，力争大家同时将红色缎带剪断。

按照惯例，剪彩以后，红色花团应准确无误地落入托盘者手中的托盘里，而切勿使之坠地。为此，需要捧花者与托盘者的合作。剪彩者在剪彩成功后，可以右手举起剪刀，面向全体到场者致意。然后放下剪刀、手套于托盘之内，举手鼓掌。接下来，可依次与主人握手道喜，并列队在引导者的引导下退场。退场时，一般宜从右侧下台。

待剪彩者退场后，其他礼仪小姐方可列队由右侧退场。

不管是剪彩者还是助剪者在上下场时，都要注意井然有序、步履稳健、神态自然。在剪彩过程中，更是要表现得不卑不亢、落落大方。

三、专业技能训练

训练一

1. 训练背景

某公司要举办一个庆典仪式，要请有关单位的领导参加。商务文员小李负责嘉宾的邀请。她电话通知各位嘉宾，但有的嘉宾没有联系上，事后她把这件事忘记了，会前也没和嘉宾再次确认。对于重要嘉宾发出了邀请函，但邀请函不是十分美观，比较简陋。结果庆典当天，来的嘉宾很少。

2. 训练背景

商务文员小李的失误在哪？

3. 训练提示

商务文员小李的做法有许多不妥之处。邀请嘉宾是一项重要的工作，一定要抓住确认环节，另外，要注意邀请的礼节，在邀请函和请柬这些事情上都要精益求精，显示出应有的尊重和诚意。

训练二

1. 训练背景

某公司为了开拓国内外市场，加快产品的转型，专门成立了自己的研究院来研发新产品。在研究院成立的当天，举行剪彩仪式，需要一批礼仪小姐，本公司人员很难满足要求。

2. 训练要求

公司领导将此项任务布置给了商务文员小李，他在挑选礼仪小姐的时候，应该注意什么？

3. 训练提示

礼仪小姐的基本条件是，相貌较好、身材颀长、年轻健康、气质高雅、音色甜美、反应敏捷、机智灵活、善于交际。

第五节　新闻发布会

一、规范案例

在公司召开新闻发布会期间，商务文员李青与媒体进行了良好的沟通。她在会前为记者安排了一个介绍会，准备了详尽的会议材料，专门安排场地以供摄影摄像，并且给了记者充分的提问时间。发布会很成功，媒体的报道内容翔实，很有说服力，在社会上引起了较大的反响。

注：商务文员要充分了解新闻发布会对本企业的重要意义，做好新闻发布会工作就等于为企业在社会树立的良好的形象，媒体的正面报道比广告宣传更有说服力。

二、应知应会

(一) 新闻发布会的操作技巧

1. 新闻发布会的标题选择

新闻发布会一般针对企业意义重大，媒体感兴趣的事件举办。每个新闻发布会都会有一个名字，这个名字会打在关于新闻发布会的一切表现形式上，包括请柬、会议资料、会场布置、纪念品等。在选择新闻发布会的标题时，一般需要注意以下几点。

（1）避免使用新闻发布会的字样。我国对新闻发布会是有严格申报、审批程序的，对企业而言，并没有必要如此烦琐，所以直接把发布会的名字定义为"××信息发布会"或"××媒体沟通会"即可。

（2）最好在发布会的标题中说明发布会的主旨内容。如："××企业2005新品发布信息发布会"。

（3）通常情况下，需要打出会议举办的时间、地点和主办单位。这个可以在发布会主标题下以字体稍小的方式出现。

（4）为发布会选择一个具有象征意义的标题。这时，一般可以采取主题加副题的方式。副题说明发布会的内容，主题表现企业想要表达的主要含义。如：海阔天空 五星电器收购青岛雅泰信息发布会

2. 新闻发布会的时间选择

新闻发布的时间通常也是决定新闻何时播出或刊出的时间。

因为多数平面媒体刊出新闻的时间是在获得信息的第二天，因此要把发布会的时间尽可能安排在周一、周二、周三的下午为宜，会议时间保证在1小时左右，这样可以相对保证发布会的现场效果和会后见报效果。

发布会应该尽量不选择在上午较早或晚上。部分主办者出于礼貌的考虑，有的希望可以与记者在发布会后共进午餐或晚餐，这并不可取。如果不是历时较长的邀请记者进行体验式的新闻发布会，一般不需要做类似的安排。

有一些以晚宴酒会形式举行的重大事件发布，也会邀请记者出席。但应把新闻发布的内

容安排在最初的阶段，至少保证记者的采访工作可以比较早地结束，确保媒体次日发稿。

在时间选择上还要避开重要的政治事件和社会事件，媒体对这些事件的大篇幅报道任务，会冲淡企业新闻发布会的传播效果。

3. 新闻发布会的地点安排

场地可以选择户外（事件发生的现场，便于摄影记者拍照），也可以选择在室内。根据发布会规模的大小，室内发布会可以直接安排在企业的办公场所或者选择酒店。酒店有不同的星级，从企业形象的角度来说，重要的发布会宜选择五星级或四星级酒店。

酒店有不同的风格，不同的定位，选择酒店的风格要注意与发布会的内容相统一。还要考虑地点的交通便利与易于寻找。包括离主要媒体、重要人物的远近，交通是否便利，泊车是否方便。

发布方在寻找新闻发布会的场所时，还必须考虑以下问题：

（1）会议厅容纳人数，主席台的大小，投影设备、电源、布景、胸部麦克风、远程麦克风，相关服务如何，住宿、酒品、食物、饮料的提供，价钱是否合理，有没有空间的浪费。

（2）背景布置。主题背景板，内容含主题、会议日期，有的会写上召开城市，颜色、字体注意美观大方，颜色可以企业 VI 为基准。酒店是否会代为安排。

（3）酒店外围布置，如酒店外横幅、竖幅、飘空气球、拱形门等。酒店是否允许布置。当地市容主管部门是否有规定限制等。

4. 新闻发布会的席位摆放

发布会一般是主席台加下面的课桌式摆放。注意确定主席台人员。需摆放席卡，以方便记者记录发言人姓名。摆放原则是"职位高者靠前靠中，自己人靠边靠后"。

现在很多会议采用主席台只有主持人位和发言席，贵宾坐于下面的第一排的方式。一些非正式、讨论性质的会议是圆桌摆放式。

摆放回字形会议桌的发布会现在也出现的较多，发言人坐在中间，两侧及对面摆放新闻记者坐席，这样便于沟通。同时也有利于摄影记者拍照。注意席位的预留，一般在后面会准备一些无桌子的坐席。

5. 发布会其他道具安排

最主要的道具是麦克风和音响设备。一些需要做电脑展示的内容还包括投影仪、笔记本电脑、连线、上网连接设备、投影幕布等，相关设备在发布会前要反复调试，保证不出故障。

新闻发布会的资料准备：

提供给媒体的资料，一般以广告手提袋或文件袋的形式，整理妥当，按顺序摆放，再在新闻发布会前发放给新闻媒体，顺序依次应为：会议议程；新闻通稿；演讲发言稿；发言人的背景资料介绍（应包括头衔、主要经历、取得成就等）；公司宣传册；产品说明资料（如果是关于新产品的新闻发布的话）；有关图片；纪念品（或纪念品领用券）；企业新闻负责人名片（新闻发布后进一步采访、新闻发表后寄达联络）；空白信笺、笔（方便记者记录）。

（二）发布会发言人的确定

新闻发布会也是公司要员同媒介打交道的一次很好的机会，值得珍惜。代表公司形象的新闻发言人对公众认知会产生重大影响。如其表现不佳，公司形象无疑也会大打折扣。

1. 新闻发言人的条件

一般应有以下的几方面：

（1）公司的头面人物之——新闻发言人应该在公司身居要职，有权代表公司讲话。

（2）良好的外形和表达能力。发言人的知识面要丰富，要有清晰明确的语言表达能力、倾听能力及反应力，外表整洁、大方得体。

（3）执行原定计划并加以灵活调整的能力。

（4）有现场调控能力，可以充分控制和调动发布会现场的气氛。

2. 发言人回答记者问的准备

在新闻发布会上，通常在发言人进行发言以后，有一个答问记者的环节。可以充分通过双方的沟通，增强记者对整个新闻事件的理解以及对背景资料的掌握。由有准备、亲和力强的领导人接受媒体专访，可使发布会所发布的新闻素材得到进一步升华。

在答记者问时，一般由一位主答人负责回答，必要时，如涉及专业性强的问题，由他人辅助。

发布会前主办方要准备记者答问备忘提纲，并在事先取得一致意见，尤其是主答和辅助答问者要取得共识。

在发布会的过程中，对于记者的提问应该认真作答，对于无关或过长的提问则可以委婉礼貌地制止，对于涉及企业秘密的问题，有的可以直接、礼貌地告知其涉及企业机密，一般来说，记者也可以理解，有的则可以委婉作答。不宜采取"无可奉告"的方式。对于复杂而需要大量的解释的问题，可以先简单答出要点，邀请其在会后探讨。

有些企业喜欢事先安排好媒体提问的问题，以防止媒体问到尖锐、敏感的问题。建议不宜采取。

（三）新闻发布会对记者的邀请

媒体邀请的技巧很重要，既要吸引记者参加，又不能过多透露将要发布的新闻。在媒体邀请的密度上，既不能过多，也不能过少。一般企业应该邀请与自己联系比较紧密的商业领域记者参加，必要时如使发布会现场气氛热烈，应关照平面媒体记者与摄影记者一起前往。

邀请的时间一般以提前3到5天为宜，发布会前一天可做适当的提醒。联系比较多的媒体记者可以采取直接电话邀请的方式。相对不是很熟悉的媒体或发布内容比较严肃、庄重时可以采取书面邀请函的方式。

适当地制造悬念可以吸引记者对发布会新闻的兴趣，一种可选的方式是开会前不透露新闻，给记者一个惊喜。"我要在第一时间把这消息报道出来"的想法促使很多媒体都在赶写新闻。如果事先就透露出去，用记者的话说就是"新闻资源已被破坏"，看到别的报纸已经报道出来了，写新闻的热情会大大减弱，甚至不想再发布。无论一个企业与某些报社的记者多么熟悉，在新闻发布会之前，重大的新闻内容都不可以透漏出去。

在记者邀请的过程中必须注意，一定需要邀请新闻记者，而不能邀请媒体的广告业务部门人员。有时，媒体广告人员希望借助发布会的时机进行业务联系，并做出也可帮助发稿的承诺，此时也必须进行回绝。

三、专业技能训练

训练一

1. 训练背景

华远公司要针对公司新产品召开新闻发布会，商务文员苏明负责此项工作。结果发布会当天，到会的媒体记者很多，发布会现场根本容纳不了那么多人，发布会现场混乱不堪；有的记者向苏明要公司宣传手册，结果份数也不够，很多记者空手而归。结果第二天，负面报道铺天盖地，给公司造成了不必要的损失。

2. 训练要求

苏明的失误在哪？

3. 训练提示

举办新闻发布会要根据规模选择会址和场地大小，有很多新闻媒体没有接受邀请也会闻讯而来，商务文员一定要考虑到这一点；同时，也要充足准备公司宣传材料供新闻媒体查看、了解本公司情况或产品。如果准备不全面，就会引起发布会的混乱局面，从而导致负面报道。

训练二

1. 训练背景

新元公司准备举行新产品的新闻发布会，经理让商务文员章明考虑一下在什么时间举行比较好。

2. 训练要求

章明应该如何确定举行的时间？

3. 训练提示

因为多数平面媒体刊出新闻的时间是在获得信息的第二天，因此要把发布会的时间尽可能安排在周一、周二、周三的下午为宜，会议时间保证在1小时左右，这样可以相对保证发布会的现场效果和会后见报效果。发布会应该尽量不选择在上午较早或晚上。要避开重要的政治事件和社会事件。

第六节 宴 请 活 动

一、规范案例

公司商务文员小刘被派接待一欧洲考察团，考察团到达之前，小刘认真学习了西餐知识及餐饮礼仪。考察团考察期间，小刘一直负责安排考察团的三餐，并随之一起就餐。最后，小刘赢得了考察团人员的一致赞许，公司经理也对小刘做出了奖励。

注：公司商务文员不仅要掌握熟练的办公技能，商务宴请也是商务文员的重要工作之一。掌握中西餐礼仪，不仅可以提高自身修养，也可以更好地为来宾服务，这也是企业发展一个必不可少的条件。

二、应知应会

(一) 宴请的不同方式

宴请是一种常见的礼仪社交活动。就宴请活动的性质而言，约有三种：

(1) 礼仪性的，例如，为欢迎外国元首、政府首脑来访；为庆祝国庆日、建交日和其他重要节日；为庆祝重大工程的竣工等。

(2) 交谊性的，主要是为了表示友好，发展友谊。例如，接风、送行、告别等。

(3) 工作性的，主人或参加宴会的各方，为解决特定的工作问题而举行宴请，以便在席间进行商谈。

就宴请的形式而言，常见的有宴会、冷餐（或称自助餐）和酒会。宴会又有国宴、晚宴、午宴、早餐、工作餐之分。自助餐和酒会有时统称为招待会。

(1) 国宴是最隆重、最正式的宴会。逢国家庆典或欢迎外国元首、政府首脑时举行．由国家元首或政府首脑出面主持。宴会厅内悬挂国旗，乐队奏国歌及席间乐，席间致辞或祝酒。

(2) 晚宴是一种正式的宴请形式。西方习惯，正式宴会大多安排在晚上举行，一般都在晚 8 时以后。我国一般在晚 6 时开始。举行这种宴会说明主人对宴会的主题很重视。例如，为了向主宾表示很大的尊重，或为了某项庆祝活动等。正式晚宴一般要排好座次，在请束上注明对着装的要求。席间致辞或祝酒。有时亦有席间乐。

有的晚宴其隆重、正式的程度稍减，采取比较简便的形式，或称"便宴"。这种宴会适用于亲朋好友之间，气氛亲切友好，有的在家里举行，时间可略为提前，服装可以是非正式的，席位可排也可不排，可即席致简短祝酒词，也可不讲话；餐具、布置等亦可不必过分讲究。总之，可视具体条件简化有关程序并使客人不感到拘束。但这仍有别于一般家庭晚餐，仍应注意遵守宴会席上的礼节程序。

(3) 午宴的正式程度不如晚宴。但有时因日程安排较紧，也有在午间举行正式宴请的。一般的工作餐，多在午间举行。还有的聚餐会，参加者自己付费，亦多在午间举行。西方习惯，夫人较少白天出来参加宴会，因而一般不请夫人。由于中午时间有限，参加者有的下午还要工作，因此宴会比较简便，服装亦不讲究。

(4) 早餐也是一种简便的宴请方式，有时为某种特定的目的，如募捐、赞助慈善事业等；也有领导人亲切会见个别知名人士，共进早餐。

工作餐早、午、晚举行均可。其形式与安排，均以便于交谈为适当。一般不请配偶。

(5) 冷餐招待会（或称自助餐）是一种比较方便灵活的宴请形式，现在比较流行。招待会设餐台，大型招待会还可设多处餐台。餐台上陈列各种食品菜肴，有的布置成各种图案，色彩缤纷，甚为好看。餐盘、刀、叉及餐巾、口纸等放置在桌上，客人可自取选用，也可请招待员协助取用。客人还可根据自己的爱好，分次取食。酒水设酒水台（或放在餐桌一侧），供客人取用，也可由招待员端送。这种招待会虽名为冷餐，实际上临时上些可口的热菜，如软炸虾仁、软炸里脊及春卷等，亦往往很受欢迎。冷餐招待会可设一些散座，供老弱妇女使用；小型的，也可多设一些座位，使每个客人均可人座就餐。

这种宴请形式的好处是：①不设固定席位，客人可在场内自由活动，便于接触攀谈，进行社交；②既可布置得隆重热烈，适用于官方正式活动，如国庆招待会、欢迎代表团等；也可用于各种不同规模的友好活动，能灵活地适应不同的需要。其布置亦比正式宴会简便。夏天或热带地区还可在花园或院子里举行，别具一种风格；③可视财力情况适当掌握丰俭。有的阿拉伯或非洲国家，在招待会上烤全羊；还有些国家上烤乳猪等，显得比较丰盛考究；有时候，由主人备一些客人喜欢的可口菜肴和点心小吃，有的女主人还亲自做些拿手的食品，虽花费不多，却显得殷勤好客。不过，这种招待会一般不可能人人有座位，许多客人要端着盘子站着进餐，这对中国人来说不容易习惯。

（6）酒会或称鸡尾酒会，也是一种通行的招待方式。酒会以酒水招待为主，略备小吃，如各色面包托、小泥肠、三明治等，以牙签取食。酒水和小吃由招待员用托盘端送，也有的将食品置于小桌上由客人自取。现在有的酒会并没有准备鸡尾酒，亦统称鸡尾酒会。在酒会上，气氛随便，边饮边谈。在请柬规定的时间内，可以晚来早退。

酒会举行的时间，一般在下午 2 点以后到 7 点以前。如系国庆招待会，也可在中午举行。

除以上各种宴请方式外，还可以举行茶会招待客人。妇女之间的活动，如"三八"国际妇女节及其他妇女之间的联谊活动，就常采取茶会方式。英国习惯，中上层家庭喜欢在下午四五点钟邀请朋友来家品茗聊天，外加蛋糕、饼干之类的小点心。对茶叶和茶具的选择比较讲究，一般用红茶（或咖啡），茶具则用精致的瓷器，不用玻璃杯。茶会一般在客厅而不在餐厅举行。

（二）如何安排邀请

为了显示热烈友好的气氛，大型招待会有时可以适当多邀请一点客人，但过分扩大邀请范围，客人太多，招待不过来，效果反而不好。每年逢节日举行的活动，要瞻前顾后。今年邀请的客人，明年不请了，人家就会有想法。逢五、逢十，同平年节日活动的安排在规模上可以有所不同。如系多边活动，对于政治上互相敌对的国家人员，是否同时邀请，要慎重考虑。小型宴会的邀请名单，更应逐个研究。邀请夫妇一同参加的活动，要注意有些人是独身的男子或女子，写请柬时要有所区别。为人送行的宴会，一般以请熟人作陪为好。家宴一般也只请已经认识的人。出席宴会的主人，同客人人数的比例要适当，如只有少数几个客人，不要有一大堆主人出席作陪。不要为照顾内部关系而安排无关人员出席宴会；更不可将司机、子女、朋友、同事等未被邀请的人员带入宴请活动场所。曾有一位外宾在报纸上发表文章说，在中国赴宴入席时，"会发现许多在谈业务时根本没有露面或介绍起来毫不相干的人在座。你会突然明白自己其实是为他们带来一顿吃喝而未必带来一笔生意"。"即使是你请客，也要有心理准备，有那么一些不请自来的食客"。这位外宾为此感到很不自在。显然，我们应当制止这种情况的发生。

宴会时间的选定应以主客双方的方便为合适。驻外机构举行邀请驻在国领导人的活动，应同对方礼宾部门商定时间，注意不要选择对方重大的节假日、有重要活动或有禁忌的日子和时间。例如，对信奉基督教的人士不要选 13 号；伊斯兰教在斋月内白天禁食，宴请宜在日落后举行。小型宴请的时间，应首先征询主要客人的意见，主宾同意后再约请其他宾客。

宴会地点的选择，官方正式隆重的活动，一般安排在政府、议会大厦或宾馆饭店的大厅举行。其余按活动性质、规模大小、宴请方式及实际可能选定。小型正式宴会，宴会厅外另设休息厅（又称"等候厅"），供宴会前交谈用，待主宾到达后一起进入宴会厅。

宴请活动一般均先发请柬。这既是礼貌，亦对客人起提醒、备忘的作用。有的国家，如邀请国家最高领导人作为主宾，还单独发一邀请信，以示特别尊重。

请柬内容一般应包括活动的主题、形式、时间、地点、主人的姓名等。外文请柬通常还打上被邀人的姓名称呼。中文请柬则把被邀请人的姓名写在信封上。请柬行文不用标点符号，其中的人名、单位名、节日名应尽量采用全称。请柬印刷或书写均可。书写时，要求字迹清晰美观。

除了宴请临时来访人员，时间紧促的情况以外，宴会请柬一般应在两三周前发出，至少亦应提前一周，太晚了不礼貌。有的人甚至因此拒不应邀。已经口头邀约好的也以补送请柬备忘为好。可在请柬一角注明"备忘"样。需要排座位的宴会．为了便于事先确切掌握和安排座位，可要求被邀者收到请柬后给予答复。为此，可在请柬下角注明"请答复"。如仅要求不能出席者给予答复，则可注上"不能出席者请答复"，并注明对方电话号码。另外，也可在请柬发出后打电话询问对方是否出席。比较隆重、正式的大型宴会，最好先排好席位，并在请柬左下角注明席次号，然后根据落实后的出席情况，在略加调整。

国际上通常做法，如邀请夫妇两人，可只合发一张请柬。我国国内有些场所需凭请柬入门的，也可夫妇各发一张。请柬的格式与行文，中文本与外文本不完全一致，可以各按其习惯办事，不必强求一致。

（三）宴会座次的安排

正式宴会，一般都事先排好座次，以便宴会参加者各得其所，入席时井然有序；同时这也是对客人的尊重礼貌。非正式的小型便宴，有时也可不必排座次。安排座位时，应考虑以下几点：

（1）以主人的座位为中心。如有女主人参加时，则以主人和女主人为基准，以靠近者为上，依次排列。

（2）要把主宾和夫人安排在最尊贵显要的位置上。通常做法是以右为上，即主人的右手是最主要的位置；其余主客人员，按礼宾次序就座。

（3）在遵从礼宾次序的前提下，尽可能使相邻就座者便于交谈。例如，在身份大体相同时，把使用同一语种的人排在邻近。

（4）主人方面的陪客，应尽可能插在客人之间坐，以便同客人接触交谈，避免自己人坐在一起。

（5）夫妇一般不相邻而坐。西方习惯，女主人可坐在男主人对面，男女依次相间而坐。女主人面向上菜的门。我国和其他一些国家，不受此限。

（6）译员可安排在主宾的右侧，以便于翻译。有些国家习惯，不给译员安排席次，译员坐在主人和主宾背后工作，另行安排用餐。

（7）在多边活动场合，对关系紧张、相互敌视国家的人员，应尽量避免把座次排在一起。

以上各点是在安排座次时通常要考虑的一些方面。在具体实行时，还应根据当地习惯和主客双方的实际情况，妥为安排。例如，主宾偕夫人出席宴会，而主人的夫人因故不能出席，通常可安排其他身份相当的女主人在主宾夫人的邻近就座，以便招呼攀谈。有时还要根据客人临时因故不能来等情况，在入席前将座次在现场进行调整。

座位排妥后，应设法在入席前通知出席者，并在现场对主要客人进行引导。通知席位的办法有以下几种：①较大型宴会，以在请柬上注明席次为最好；②中小型宴会，可在宴会厅门口放置一席位图，画明每个人的坐处，请参加者自看；③有的小型宴请，也可口头通知，或在入席时，由主人及招待人员引坐。

在每个座位上均应放置书写清楚的座位卡。如系多桌次的宴会，还应在每个桌上放置桌次牌。桌次牌可在宴会开始，入座完毕后撤去。

（四）菜单的拟订和用酒

宴会上的食品菜肴，要精致可口，适合于来宾的口味，而且还要美观大方，让人看了，悦目赏心，做到色香味俱全。客人往往从主人准备的美味佳肴中，体会到热诚待客的心意，留下久而难忘的记忆。所以，对于宴会菜单的拟订，主人大多比较重视。技艺精湛的厨师，也常常得到嘉宾的赞赏。对于客人的宗教习惯一定要注意尊重。

西餐习惯，上菜的顺序是冷盘、汤、热菜，然后是甜食或水果。冷盘要十分精致，开人胃口，量不必太大，以免一开始吃多了，后面的主菜吃不下。汤宜于清爽可口。热菜要调配适当。西餐吃法，上主菜时还辅以配菜。

中国人则是先吃热菜后喝汤，宴会上的菜肴，应当着重讲究质量，精心调配。例如，对于某些常来中国的外宾，可以飨之以各色不同的地方风味，使其每次都感到有些新意。

菜单确定后，可打印或书写，置于餐桌上。也可以印制精美，每人一张；也可数人合用。

宴请用酒，约有三类：

一是餐前开胃酒。常用的有雪利、葡萄酒、马丁尼、金酒加汽水和冰块、威士忌加冰水等。一般只在进餐前喝一小杯。

二是席间佐餐用酒。常用的是红、白葡萄酒以及各种软饮料。席间用酒一般不上烈性酒。一般习惯，吃鱼虾时用白葡萄酒；吃肉菜时用红葡萄酒。也有的只用一个酒杯，红、白葡萄酒任君选用。白葡萄酒用时先冰镇过；红葡萄酒则不必要。

三是餐后用酒。在家庭式的小型晚宴以后，摆放各种烈性酒，供客人自愿选用。

至于冷餐招待会和酒会，则不分餐前、餐后，供应各种酒类饮料，任凭客人选用。外国人喝威士忌、啤酒及各种饮料大都喜欢冰镇过的，或加冰块，因此在宴会、招待会和酒会上，都要准备一些冰块。倒酒时，最好用白餐巾把酒瓶裹好再倒。

（五）餐具、酒具和摆台

美酒佳肴，如配以比较讲究的酒具、餐具，更能烘托气氛。酒具、餐具要美观大方，别具雅致，注意配套齐全。凡有裂痕及锯齿状的杯、盘及任何有污迹之餐具，均应加以更换。刀叉等要求明亮光洁，不应发黄。每次宴会，应根据参加人数和酒菜的道数，准备好足够的酒具、餐具，并洗净、消毒、擦亮。桌布、餐巾要浆洗熨平。餐桌上的一切用品都要十分清洁卫生。

西餐餐具有刀、叉、匙、盘等。刀分食用刀、鱼刀、肉刀（刀口有锯齿，用以切牛排、猪排等）、奶油刀、水果刀；叉分食用叉、鱼叉、龙虾叉；匙有汤匙、茶匙等；盘则有各种大小的菜盘、汤盘、吃盘、面包盘等。酒杯则分葡萄酒杯、香槟酒杯、烈性酒杯、啤酒杯等。

另外，尚须备有公用刀叉、冰筒、冰夹子（或冰匙）、托盘等。茶具或咖啡具，除杯子和小碟外，尚应有糖罐、奶罐以及茶壶或咖啡壶等。

中餐餐具有筷子、筷座、勺座、盘、碗、匙、小碟、酱油碟、五味架等。

"摆台"是一项专门的技艺。宴会前要把餐桌摆放好，既合乎规矩，又美观。西餐的摆法一般是：座位前正面放食盘（或汤盘），左手放叉，右手放刀。汤匙也放在食盘右边。食盘上方放甜食匙，再往前略靠右放酒杯，右起依次为，葡萄酒杯、香槟酒杯、啤酒杯（水杯）。餐巾叠成花样插在水杯内，或叠好置于吃盘上。面包盘在左手。正餐的刀叉数目应与菜的道数相等，按上菜顺序由外至里排列，刀口向内，用餐时按顺序取用。中餐如上米饭等可另用小碗。宴会桌上还可点缀一些鲜花。

在宴会过程中，在所有人都用完一道菜时，招待员应及时撤走用毕的餐具。撤盘时将刀叉一并撤去，要自始至终保持台面的整洁美观。但是，如果不是大规模的宴会，要注意必须等宾客全部吃完一道菜之后再撤盘子。否则，只要剩下一个客人没吃完，把其他客人的盘子撤掉就等于对那位客人的催促，是不礼貌的。

（六）宴会的程序

举行宴会，主人应站在大厅门口迎接客人。官方正式活动，还可以有少数主要官员陪同主人夫妇排列成行迎宾，通常称为迎宾线。客人握手后进入休息厅，如无休息厅则直接进入宴会厅，但不入座。在有些国家，正式隆重的宴会，客人到达时，还可雇请专人协助唱名介绍。当主宾到达后，主人即陪同主宾进休息厅。这时如尚有其他客人陆续前来，可由其他官员代表主人在门口迎接。

主人陪同主宾进入宴会厅，全体客人就座，宴会即正式开始。如休息厅较小，或宴会规模大，也可请主桌以外的客人先入座，主宾席最后入座。

我们在前面讲过，西餐的上菜顺序是冷盘、汤、热菜，然后是甜食或水果。中餐一般是最后喝汤。不论中餐、西餐，均应按菜单顺序依次上菜。

如双方有讲话，西方习惯，一般安排在热菜之后，甜食之前；我国做法，入席先讲话，后用餐。冷餐、酒会，讲话时间可灵活掌握。讲稿可事先交换，由主人一方先提供。

正式宴会，吃完水果，主人与主宾起立，宴会即告结束。西方习惯，上完咖啡或茶，客人即可开始告辞。主宾告辞时，主人送主宾到门口，原迎宾人员顺序排列送客。

家庭便宴比较随便，主人不一定在门口迎客，可在客人到达时，主动趋前握手招呼。如主人正与其他客人周旋，未发现客人到来，则客人亦可主动前去握手问好。在宴会过程中，往往以女主人的行动为准，入席时，女主人先坐下，并招呼客人开始就餐。餐毕，由女主人起立邀客人进入休息室。上咖啡后，客人可陆续告辞。通常男宾先与男主人告别，女宾先与女主人告别，然后再与其他人告别。与其他家庭成员亦应一一告别。

（七）当好招待员

宴会的招待员，应能熟练地掌握宴请活动的整个过程。包括宴会前的各项准备工作，例如餐具的准备、宴会厅和台面的布置、酒水的准备等。客人到达后，应及时送上开胃酒或其他饮料。入席时，要协助主要客人挪动椅子入座。宴会过程中，注意掌握上菜进度，随时听从主人的招呼，观察并及时满足客人的需要。

　　一般习惯，分菜应从主宾开始，按先客人后主人、先女宾后男宾的顺序，依次进行。如有两位以上招待员，也可分别从主宾和女主宾两头开始。为客人分菜，应从客人的左侧分菜；为客人倒酒则从客人的右侧进行。客人吃完，撤餐具也从右侧进行。每道菜上完第一轮后，还可视客人进食情况，征询主人是否需要添菜。如客人将刀叉呈八字或交叉放在盘中，是表示还想再吃；如客人将刀叉合拢并列放在吃盘中，则表示已经吃完，可以撤盘。

　　一般做法，每道菜吃完后都应另换吃盘。如设便宴，菜的道数又多，来不及每道菜换盘，也不要把味道差别大的两道菜用同一个盘子。天冷时，吃盘应先放在烤箱内加温，这样，吃热菜时不容易凉。

　　宴请活动对服务人员提出了很高的要求。招待员应该讲究清洁卫生，注意仪容服饰，精通招待业务，提高服务质量，和蔼可亲，彬彬有礼。还应当学习一些外语和礼宾常识。在整个宴会过程中，要始终全神贯注，毫不懈怠。

（八）当好宴会的主人和做好客人

　　总的来说，宴会的成功，有赖于主人的热诚好客、慷慨招待和细致周到的组织安排。从礼节上讲，主人的职责是使每一位来宾都感到主人对自己的欢迎之意。当客人到来时，主人应争取同所有来宾见面握手致意。主人还要努力使客人之间有机会相互认识和交谈。主人要努力使席间的谈话活泼有趣，气氛融洽。如果有人谈及不恰当的话题，主人应立即设法巧妙地转移话题。

　　用餐时，主人应适当掌握用餐速度，待客人吃完一道菜时，再换下一道菜。如有少数人没有吃完，主人可适当放慢速度，以免使客人感到不安。如客人将刀叉掉在地上，应立即让招待员另换一把；如有客人不慎打翻酒杯或打碎盘碗，应镇静地让招待员收拾干净，安慰客人，不可露出不悦之色。由于宴会前的大量准备工作，主人有时比较疲劳，但不可显示疲惫厌倦之态。主人不可以频频看表，显示出希望客人早走之意。客人告辞时，则应热情送别，感谢客人光临。

　　应邀参加宴会的客人，也应举止得当，讲究礼节，使宴会气氛和谐友好。由于东西方进餐的习惯多有不同，特别是正式的西餐宴会，规矩颇多，开始时，应多加练习。

　　出席西餐宴会的注意事项：

　　（1）应邀。对于别人的邀请，应及时给予答复。答复的方式可以是口头（电话）的，也可以是书面的。如应邀，可以在表示感谢之后说，"将很高兴地接受邀请"，"期待着×月×日前去参加宴会"，"我很高兴前去"，等等。如不能应邀，可说，"由于事先已另有约会，很抱歉不能参加，对失去这一机会表示十分惋惜"之类的话。如已答复应邀，以后又因有其他更重要的事，确实无法参加，更应认真向主人致歉并很好加以解释，使主人相信你确实是不得已而加以谅解。

　　（2）送花。应邀参加友好的家宴，赴宴时，女客人如带一束表示友谊的鲜花，或者带点小礼品，送给女主人，则主人会感到高兴。但不带也没有关系。大型庆祝招待会，也有在当天送花的，应视双方关系及历来做法而定。

　　（3）入座。入座的时间应听从主人的招呼。男客人应帮助其右边的女宾挪动一下椅子，待女宾入席下坐时，再帮助她将椅子往前稍推，使其身体离桌边半尺左右为合适。男子在女子坐下后才坐。

（4）餐巾。当女主人拿起餐巾时，你也可以拿起餐巾，铺在双腿上，餐巾很大时，可以叠起来使用。不要将餐巾别在领上或背心上，也不要在手中乱揉。可以用餐巾的一角擦去嘴上或手上的油渍或脏物，但不能用它来擦刀叉或碗碟。

（5）开始用餐。应等全体客人面前都上了菜，女主人示意后才开始用餐。在女主人拿起勺子或叉子以前，客人不要自行用餐。

（6）姿势。进餐时，身体要坐正，不要前俯后仰，也不要把两臂横放在桌上，以免碰撞旁边的客人。进食时，身子可以略向前靠，但不要把头低向盘子，更不要低头用嘴去凑碗边吃东西，也不要把碗碟端起来吃，而应用叉子或勺子取食物放到嘴里，细嚼慢咽。

（7）喝汤。汤匙是座前最大的一把匙，放在盘子右边，不要错用放在桌子中间那把较小的匙，那可能是甜食匙。盛汤一般用汤盘，可用汤匙朝外侧将汤从盘子中徐徐舀起，也可将盘子用左手稍侧向外，以便舀汤。喝汤时不要呼噜出声。

（8）使用刀叉。右手用刀，左手持叉。如只用叉子，也可用右手拿叉。使用刀时，不要将刀刃向外，更不要用刀送食物入口。切肉应避免刀切在瓷盘上发出响声。吃面条，可以用叉卷起来吃，不要挑。谈话时，可不必把手中刀叉放下，但做手势时则应将刀叉放下，不要手持刀叉在空中比划。中途放下刀叉，应将刀叉呈八字形分开放在盘子上。用餐完毕，则将刀叉并拢一起，放在盘子里。

（9）取面包、黄油。取面包应用手去拿，然后放在旁边小碟中或大盘的边沿上，不要用叉子去叉面包。取黄油应用奶油刀，不要用个人的刀子。黄油取出后放在旁边的小碟子里，不要直接往面包上抹。不要用刀切面包，也不要把整片面包涂上黄油，应该每次掰一小块面包，吃一块涂一块。

（10）喝饮料或喝水应把口中食物先咽下，不要用水冲嘴里的食物。用玻璃杯喝水时如嘴上有油渍要先擦一下，以免弄脏杯子。

（11）吃芹菜、小萝卜青果、干点心、干果、炸土豆片、整根的玉米、田鸡腿、龙虾片以及各式各样的面包或面包卷时，都可以用手拿来吃。但其他东西一般不要用手拿着吃。

（12）当需要添菜时，可将盘子传递或交给招待员。如果不问你，不要主动要求添菜。

（13）吃饭、喝汤不要发出响声，咀嚼应当闭嘴。咀嚼食物不要说话，即使有人同你讲话，也要等咽下食物后再回答。

（14）在饭桌上不要剔牙。如果有东西塞了牙非取出不可，应用餐巾将嘴遮住，最好等别人不注意时再取出。

（15）当招待员依次为客人上菜，走到你的左边时，才轮到你取菜。如在你的右边，你就不要去取。取菜时，最好每样都取一点。如果有实在不喜欢的菜，也不要勉强，可以说："谢谢，不要了。"不要流露对食品的不满。

（16）喝茶或咖啡。如愿加牛奶或白糖时，可自取。喝时用右手拿杯把，左手端小碟。如在餐桌上，也可不端小碟。不要把小匙放在杯中，用它搅拌完后可放在小碟上。

（17）吃水果，吃苹果、梨等，不要整个咬着吃。应先切成小瓣，然后削去皮、核，用手拿着吃。削皮时，刀口朝内，从外往里削。吃香蕉，剥皮后用刀切成小块，用叉取食。橙子可用刀切成四瓣后剥皮吃。西瓜、菠萝等可去皮切块，用叉取食。

(18) 喝酒。为表示友好，活跃气氛，可相互敬酒、祝酒；可以碰杯，也可举杯示意。用餐时，也可根据自己的需要，喝一些佐餐酒，但不应酗酒。要注意避免酒后开车。

(19) 不勉强劝人喝酒，不勉强劝人吃菜。

(20) 纪念物品。有的主人为每位出席者备有一朵鲜花或一件小纪念品，请客人带上。也有的客人愿将菜单留作纪念，有的还请主人在菜单上签名。但除此以外的招待用品，如香烟、糖果等均不应带走。

(21) 招待会上自取食品要轮流去取，文明谦让，不要争先恐后。不要一次取食过多，盘子放得太满，既不雅观，食用也不方便，可分次取食。别人尚未取到第一份时，你不要去取第二次。取完后不要围在餐台边进食，不要将汤水、渣沫溅到旁人身上或洒在地上，以致弄脏地毯。

(22) 离席。客人应等女主人从座位上站起后，一起随着离席。在此之前不应提前离席。离席时，男宾应帮助女宾把椅子放归原处。餐巾可置放桌上不必按原样折好。宴会结束后，可视情况与主人和其他来宾再聚谈一会儿，然后相机告辞。

(23) 告退。告退不宜过早或过迟。如果你是主宾，就应先于其他客人向主人告辞。一般来说，主宾应在用完点心之后，移到客厅，再过 20 分钟到 40 分钟后告辞。一般客人则不要先于主宾告辞，否则对主人和主宾均不礼貌。如有事情应说清楚，求得谅解。

(24) 感谢。在出席私人宴请活动后，有时致函或送名片表示感谢；也可打电话感谢。如过不了多久又要再次见面，也可面谢。

以上所述，看来属于细节，但都很重要，不可忽视。对于宴会上的礼节，如果另外又遇到一些有所不知的，则可视主人的所为，参照着做，或者向邻座客人问清楚，这都是可以的。

三、业务技能训练

训练一

1. 训练背景

天地公司年底为表示对客户的谢意，召开了客户联谊会，会后为客户设置了晚宴。负责接待工作的商务文员钟苗根据领导的指示和宴会惯例，安排桌次座位。这次宴会共设 _ 桌（圆桌），餐厅正面靠墙为主桌，编 1 号，靠入口处为 2、3 号桌，摆成三角形，突出主桌。重要客户在主桌。为方便来宾入席，钟苗特意做了座位名签，并摆放在桌子上。但由于这次联谊会时间紧，与会人员名单确定的晚，钟苗在抄写时漏了应编在主桌的一位重要客户，结果致使该客户入席时找不到座位，出现了十分尴尬的场面。

2. 训练要求

商务文员钟苗的失误在哪里？

3. 训练提示

钟苗在安排晚宴时，只注意到桌次的正确安排和名签的摆放，但忽略了对人员和名签的核对，致使重要嘉宾未能受到应有的礼遇，给公司造成了不良影响。

训练二

1. 训练背景

公司商务文员刘坤和经理一起陪同客户用餐，席间刘坤一直劝酒，几杯过后客户经理助理已经表示经理胃不好，不能再喝，刘坤执意不听并继续劝酒，结果弄得客户很不愉快。后来公司几次邀请对方都不再赴约，公司也因此失去了合作机会。

2. 训练要求

刘坤的错误在哪里？

3. 训练提示

餐桌上的礼节很多，很细致。尤其是在招待客人用酒的时候要注意，开始礼节性的仪式喝酒是必要的，但是如果客人已经表示不能再喝就不能劝酒，这会引起客人的反感，进而影响到公司形象。

培训小结

本章主要阐述了商务文员的接待与商务活动的服务工作，阐述了商务文员如何做好接待工作、如何组织会见会谈活动，掌握了简约仪式及剪彩仪式的流程，如何召开新闻发布会及宴请活动礼仪。

重点名词与概念

——迎宾所指的是，在人际交往中，在有约在先的情况下，由主人一方出动专人，前往来访者知晓的某一处所，恭候对方的到来。

——庆典，是各种庆典仪式的统称。在商务活动中，商务人员参加庆祝仪式的机会是很多的，既有可能奉命为本单位组织一次庆祝仪式，也有可能应邀去出席外单位的某一次庆祝仪式。

——会见一般称接见或拜会。凡身份高的人士会见身份低的或是主人会见客人，这种会见一般称为接见或召见。凡身份低的人士会见身份高的人士，或是客人会见主人，这种会见一般称为拜见。我国一般统称会见。

练习与思考

1. 正式接待前要做哪些准备工作？
2. 举办庆典活动大致需要哪几项程序？

案例分析

开放参观

日本丰田公司以参观活动作为树立公司形象、推销产品的重要手段，它不仅欢迎顾客参观公司，而且想办法招揽参观者。为此，公司专门盖了一栋楼房。一楼陈列公司的各种资料、零件和成品；二楼、三楼有冷暖设备，是放电影的大礼堂；四楼、五楼则为套房，给最近10年买过公司汽车的参观者免费住宿。这样一宿，丰田公司顾客盈门，那些想买丰田汽车的人不辞劳苦，前来公司参观，了解各种型号汽车的性能、优缺点，以便作出最佳选择。为了使参观者对组织产生兴趣和好感，组织对外开放参观日需要做好具体、细致的准备。

（注：近来，开放参观越来越受到企业重视。一般来讲，开放参观可分为游览参观和组织参观两类。通过游览参观，可以进一步了解合作对象；通过组织参观，可以扩大组织的社会知名度。）

第八章 商务文员的会议服务

本章培训主要内容：本章主要概述了商务文员的会议服务工作，其中包括常规会议服务、特种会议服务及大型国际会务服务等方面内容。

本章应掌握的主要技能：会议服务工作是商务文员要掌握的一项基本技能，通过本章的学习，要求学员掌握如何组织不同的会议，组织会议的基本流程及操作要领。

第一节 常规会议服务

一、规范案例

公司准备在暑期召开一个各部门负责人的培训会议，经理让商务文员刘青选择会议地点，刘青经过仔细考虑，预订了位于市郊风景区的一家酒店，价格相对便宜，而且周围环境宜人。经理及参加培训的人员都很满意。

注：选择会议地点时要综合考虑多方面的因素。由于该会议的参加者都是本单位人员，可以一起驱车前往，所以郊外是比较理想的选择，不但价位适中，而且位于风景区内，可使与会者身心放松。

二、应知应会

会前准备：

（一）拟定会议计划

1. 会议计划的内容

拟定会议计划的基本要素，如名称、议题、时间、地点、参与人员等，如下表所示。

××公司年度会议计划表

会 议 名 称		
会议地点		
会议日期		
会议时间		
会议宗旨及议题		
与会单位		

续表

会 议 名 称		
人数		
主持人		
会议召集单位		
会议主要工作人员		
与会者应备资料		
会场标示资料		
会场拟分发资料		

2. 成立会务工作机构

中大型会议的筹备和服务工作，不可能靠一两个人完成，这就需要组建会议筹备机构。一般来讲，会务筹备机构要分成几个小组，各组分工明确，互相协调，既熟记本岗位职责，又要胸有全局。一般而言，重要的会议，单位委派一位领导担任会议的总协调，由会务组负责向主管领导汇报，其他小组配合会务组负责人的安排，如有异议，可向主管领导申诉。在会议召开前，主管领导一般要召开三次筹备会，会议筹备伊始召开第一次会议进行动员及小组分工负责。第二次检查进度，解决问题。第三次，也即会前总检查，以确保会议圆满举行。

一般的小型会议，只设立会务组负责全部事宜。有些单位，会务工作由办公室全面负责。各小组的职责分工一般如下：

（1）会务组：负责会务组织、会场布置、会议接待签到等会议的组织、协调工作。

（2）秘书组：负责拟写会议方案，准备各种会议文件和资料，做好会议记录，编写会议纪要、简报等工作。

（3）接待组：负责生活服务、交通疏导和医疗服务等工作。

（4）宣传组：负责会议的录音录像、娱乐活动、照相服务和对外宣传报道。

（5）财务组：负责会议经费的统筹使用、收费和付账工作。

（6）保卫组：负责防火、防盗、人身安全和财务安全、保密工作。

3. 制定会议预算

会议活动是一项消费活动，举行任何会议都要消耗一定的人力、物力、财力。因此，会务工作机构及会务人员应当本着勤俭办会的原则，对会议的经费及各项支出做出预算，并提出筹集会议经费的方法、渠道，报领导者审批。

会议预算的内容：

会议的经费通常包括以下几个方面：

（1）交通费用。

·出发地至会务地的交通费用——包括航班、铁路、公路、客轮，以及目的地车站、机场、码头至住宿地的交通。

·会议期间交通费用——主要是会务地交通费用，包括住宿地至会所的交通、会所到餐饮地点的交通、会所到商务交际场地的交通、商务考察交通以及其他与会人员可能使用的预定交通。

• 欢送交通及返程交通——包括航班、铁路、公路、客轮及住宿地至机场、车站、港口的交通费用。

（2）会议室费用。

（3）住宿费用。

（4）餐饮费用。

（5）旅游费用。

（6）设备视听费用。

（7）宴请及演出费用。

（8）培训费或讲演费。

（9）预计外支出。

制作会议经费预算一方面要本着勤俭办会、节约办会的原则，尽量降低会议的成本；另一方面要有一定弹性，即注意留有余地，详细制作可参照下表。

会议费用预算明细表

名　称	序号	项目	数量	价格	备注
酒店费用	1	房费			
	2	餐费			
	3	会议室			
	4	布标			
	5	会议茶歇			
	6	其他民（须注明）			
会务费用	7	接站费用			
	8	送站费用			
	9	资料袋			
	10	签字笔			
	11	笔记本			
	12	集体照			
	13	资料复印			
	14	礼品			
	15	水果			
	16	鲜花			
	17	盆栽			
	18	其他（须注明）			

续表

名　称	序号	项目	数量	价格	备注
考察费用	19	门票			
	20	风味餐			
	21	市内交通			
	22	矿泉水			
	23	其他（须注明）			

（二）拟订会议议程、日程

1. 会议议程和会议日程的内容

（1）会议议程的内容。会议议程是为完成议题而做出的顺序计划，即会议所要讨论、解决的问题的大致安排，会议主持人要根据议程主持会议。会议议程是会议的概略安排，它通过会议日程显示出来。大中型会议的议程一般安排如下：开幕式；领导和来宾致辞；领导作报告；分组讨论；大会发言；参观或其他活动；会议总结；宣读决议；闭幕式。

（2）会议日程的内容。会议日程就是根据议程逐日做出的具体安排，它以天为单位，是会议全程各项活动和与会者安排个人时间的依据。

2. 会议议程的制定程序

（1）明确目标和参加者。

（2）安排各议程事项的时间。

（3）确定每一项议程。

（4）决定会议讨论形式

下表即为会议议程参照样式：

2005 中国营销领袖年会会议议程

时　间	议程安排	嘉宾（机构）	
13：00—13：20	签到		
13：30—13：36	主持人宣读"菲利浦·科特勒"先生贺辞		
13：36—13：39	开幕式致辞	段　敏：大会组委会主席　新营销杂志社会编	
13：39—13：42		何　志：《北京商业评论》执行主编　北京大学光华管理学院院长助理	
13：42—13：45		金　伟：天年生物（中国）有限公司总裁	
13：45—14：15	主题演讲：决定中国未来营销的关键性力量		
	主讲嘉宾	秦　亮（《第一财以日报》总编辑　大会主席）	
		孙为志（苏宁电器集团　总裁）	
		夏　波（中央电视台广告部主任）	

时　间	议程安排		嘉宾（机构）
14：15—15：00	交锋对话 Part 1：应对未来营销变局		
	主讲嘉宾	何　志（新营销杂志编委）	
	对话嘉宾	何　锐（上海联纵智达营销咨询公司首席顾问）	
		赵　民（格兰仕集团总裁助理）	
		孙为志（苏宁电器集团总裁）	
15：00—15：45	交锋对话 Part 2：体育营销：馅饼还是陷阱？		
	主讲嘉宾	兰　严（中国人寿企划部总经理）	
	对话嘉宾	郭　东（沃天体育产业集团总裁）	
		李　璐（美铭传播集团董事长）	
		刘　场（科特勒营销集团战略咨询事业部副总经理）	
		徐　云（瑞丰音响有限公司总经理）	
15：45—16：30	交锋对话 Part 3：跨国营销：中国企业要不要树品牌？		
	主讲嘉宾	巫　峰（新浪网财经频道主编）	
	对话嘉宾	李　云（福莱灵克公关公司总裁）	
		袁　宏（零点调查集团总裁）	
		冯国英（天进整合传播机构董事长）	
		张　岳（北汽福田营销公司副总经理）	
16：30—17：15	交锋对话 Part 4：营销娱乐化：平民主义还是精英主义？		
	主讲嘉宾	刘　志（实力传播整合行销和户外媒体董事总经理）	
	对话嘉宾	方　军（北京智捷天成公关咨询公司总经理）	
		娄　鹏（21 福来传播机构总经理）	
		许向辉（北京正略钧策企业管理咨询有限公司副总裁）	
		吕兰军（天下互联集团副总裁）	

3. 会议日程的编制方法

（1）制定日程表时，应注意议题所涉及各种事物的习惯性顺序和本公司章程有无对会议议程顺序的明确规定。

（2）制定日程表之前还须明确会议活动的人员、日期和时间、地点、有关的餐饮安排。

（3）宣布议程，然后说明一些有关此次会议事务性的内容，之后再安排讨论的问题。

（4）尽量将同类性质的问题集中排列在一起，这样既便于讨论，也便于有关列席人员到会和退席。

（5）保密性较强的议题，一般放在后面。

下表即为会议日程参照样式：

CNBE 测试标准研讨会暨第九届 CNBE 中国国际贸易会议日程

会议时间：2005 年 1 月 9 日—15 日　　　　　会议地点：广西北海××度假村

日期	时间	会议内容
1月9日	7：00—24：00	接站、会议报到
1月10日	9：00—10：00	开幕式 开幕词及有关部委领导讲话
	10：00—11：00	《CNBE标准》研制报告 关于"CNBE产品质量用户监督委员会工作章程"的报告。
	11：00—12：00	大会特邀报告
	12：00—13：00	午餐
	14：30—17：30	"商务英语学习与研究建设标准"论坛
	18：00—19：30	晚餐
1月11日	9：00—12：00	大会特邀报告 "CNBE网络资源共享平台"演示
	下午	北海参观
	18：00—21：00	"共建辉煌联谊晚会"及抽奖活动
1月12日	全天	越南下龙湾参观
1月13日	全天	越南下龙湾参观
	19：00—21：00	"CNBE监督委员会"筹备会
1月14日	上午	越南下龙湾参观
	下午	返回北海
1月15日	全天	会议结束，代表返程送站

注：CNBE（Chian National Business English Test），全国国际商务英语测试 Test

（三）制发会议通知

会议通知是向与会者传递召开会议信息的载体，是会议组织者同与会者之间会前沟通的重要渠道。制发会议通知是会前准备的重要环节。

1. 会议通知的种类与方式

会议通知的种类与方式多种多样，如当面告知、打电话、发传真和电子邮件、邮递、招贴、广播、登报等。每一种通知的方式各有特点，可以根据会议的性质、参加的范围、时间的缓急和保密要求选择适当的通知方式，必要时可以同时使用两种以上的方法，以确保有效性。

（1）按通知的形式可分为口头通知和书面通知。

口头通知，如当面通知、电话通知，具有方便、快捷、即时的优点，但容易遗忘。书面通知尽管需要打印、分发或者邮寄，手续较多，时间较慢，但显得严肃、庄重，而且具有备忘的作用。重要会议应当使用书面通知。

（2）按通知的性质可分成预备性通知和正式通知。

预备性通知先于正式通知发出，其作用主要是请与会者事先做好参加会议的准备。凡需要事先征求与会者的意见，或者需要与会者事先提交论文、报告、答辩和汇报材料，或者先报名然后确定与会资格的会议，应当先发预备性通知；待议程、时间、地点以及与会资格确定后，再发正式通知。

（3）按通知的名称分为会议通知、邀请信（函、书）、请柬、海报、公告等。

"会议通知"用于研究工作、进行决策的会议，发送对象是会议的当然成员和法定成员、本机关或本单位内部的工作人员、下级机关或所属单位、受本机关或本单位职权所制约的单位。

"邀请信"一般用于横向性的会议，具有礼节性，发送对象是不受本机关职权所制约的单位以及个人，如召开学术性会议或者技术鉴定会，以发邀请信为宜。

"请柬"主要用于举行仪式类活动，如开幕式、竣工仪式、签字仪式等。发送对象一般都是上级领导、社会人士、兄弟单位等，多使用书面语，语言恭敬儒雅。有时，举行一次会议需要根据不同对象分别使用"会议通知"、"邀请信"和"请柬"。

"海报"是一种公开性的会议通知形式，通常采用招贴的方式，主要用于可以自由参加的学术性报告会。

"公告"是一种专门用于股份公司召开股东大会时，通过登报发出的会议通知。

2. 会议通知的内容

会议通知的内容要尽可能详尽、明确。这是在会议准备工作中对秘书人员的一项基本技能要求。

会议通知的拟写格式一般包括标题、通知对象、正文、落款与日期四大项。正文主要包括会议的背景、议题、时间、地点、参加对象等事项。

3. 会议通知的发出

在拟写完会议通知后，应及时发出会议通知，让与会者做好充分的准备。在选定会议通知的发送时间时，要恰当把握发送时间。如发送过早，容易被人忘记；如发送过晚，与会人员准备不足，影响会议效果。

（1）会议通知的发送，应让与会者在接到通知后，能够从容做好赴会准备，并能准时到达会议场所为宜。

（2）如需要回复的会议通知或预备通知还可夹入一张明信片，上面注明本公司地址、邮编、电话、发信人姓名，以便对方有时间考虑并能及时回复。如以邮寄发送，信封上最好注明"会议通知，收到即拆"字样。

（3）重要会议的通知发出以后，还要及时用电话与对方联系，询问对方是否收到和是否赴会，予以确认。

（四）布置会场和安排座次

1. 会场整体布局的要求

（1）庄重、美观、舒适。

（2）会场的整体格局要根据会议的性质和形式创造出和谐的氛围。

（3）中大型会议要保证一个绝对的中心。

（4）小型会场要注意集中和方便。

2. 主席台座次和场内座次的要求

主席台是与会人员瞩目的地方，也是会场布置工作的重点。各种大中型会议均应该设主席台。座谈会和日常工作会议一般不设主席台或主席桌。无论是否设置主席台，都要注意使会议主持人面向与会人员，避免同与会人员背向现象。另外，一般会议不必把众多的领导人都请上主席台，只请讲话人和主持人即可。

3. 主席台的座次和场内座次安排

（1）安排主席台的座次。会议主席台就座者都是主办方的负责人、贵宾或主席团成员，安排座位时应注意以下惯例：

依职务的高低和选举的结果安排座次。职务最高者居中，然后按先左后右、由前至后的顺序依次排列。正式代表在前居中，列席代表在后居侧。

为工作便利起见，会议主持人有时需在前排的边座就座，有时可按职务顺序就座。

主席台座次的编排应编制成表，先报主管上司审核，然后贴于贵宾室、休息室或主席台入口处的墙上，也可在出席证、签到证等证件上表明。

在主席台的桌上，于每个座位的左侧放置姓名台签。

（2）安排场内其他人员的座次。小型会场内座位的安排。分清上下座，一般离会场的入口处远、离会议主席位置近的座位为上座；反之，为下座。会议的主持人或会议主席的位置应置于远离入口处、正对门的位置。

中大型会场内座次的安排。常见的安排方法有三种：

•横排法。是按照参加会议人员的名单以及姓氏笔画或单位名称笔画为序，从左至右横向依次排列座次的方法。

•竖排法。是按照各代表团或各单位成员的既定次序或姓氏笔画从前至后纵向排列座次的方法。将正式代表或成员排在前，职务高者排在前，列席成员、职务低者排在后。

•左右排列法。是按照参加会议人员姓氏笔画或单位名称笔画为序，以会场主席台中心为基点，向左右两边交错扩展排列座位的方法。

（五）安排会议食宿

1. 会议餐饮的常识和工作程序

会议餐饮的常识：

（1）餐饮安排的原则是让代表吃好而又不浪费。

（2）就餐大体上是一个标准，要适当照顾少数民族代表和年老体弱者。确定好伙食标准和进餐方式，照顾南北不同代表的口味。

（3）商务文员应提前到现场布置并检查组织工作的落实情况，并事先将座位卡及菜单摆上。

(4) 座位的通知除在请柬上注明外，还可在宴会上陈列宴会简图，标出全场座位以及全体出席者位置，还可用卡片写好姓名席位，发给本人。

安排会议餐饮：

(1) 根据会议的经费和人员情况决定会议餐饮的标准。

(2) 就餐方式可根据会议的规模和性质来确定，提倡实行自助餐制和分餐制。

(3) 事先与提供餐饮的单位确定餐饮时间和地点。

(4) 事先设计和确定就餐的凭证。

(5) 要与饭店一起确定菜单，饮食要卫生、可口、品种多。

(6) 事先要准备好干净的饮食用具。

(7) 给因开会或服务工作误了用餐的人员预留饭菜。

(8) 做好饮水、饮料的供应。

会议餐饮的类型和标准：

(1) 早餐。早餐食物的选择可以是正规的复杂早餐，也可以是自助早餐。

(2) 会场休息期间的茶歇。一般供应咖啡、茶或其他饮料。

(3) 午餐。午餐不宜大吃大喝，以免影响下午的会议安排。

(4) 正式晚餐。晚餐食物的选择既要考虑到营养和健康，又要考虑到出席者的口味和特色。

(5) 招待会。应选择健康的、美味的、人们爱吃的配餐。

2. 会议住宿的常识和工作程序

会议住宿的常识：

(1) 要提前编制住房方案。

(2) 长者、尊者、领导要适当照顾。

(3) 具体安排住宿时，要根据与会人员职务、年龄、健康状况、性别和房间条件综合考虑，统筹安排。

(4) 有时还要按地区集中，统筹安排。

(5) 不同标准的房间要作合理分配，一般是根据房间的不同规格并结合代表具体情况列出住宿表。

(6) 报经有关领导审定后，按表分配住宿，做到有条不紊。

安排会议住宿：

(1) 安排方式的选择。

(2) 预定会议住宿的程序。

(3) 确定会议住宿的程序。

会议房间的分配：

(1) 如果由主办方支付费用，则需按其职务标准安排住房，除了部分嘉宾和主办方的领导，其他与会人员的住宿标准应相近。

(2) 年龄较大的与会者和女性应尽量安排到向阳、通风、卫生条件较好的房间。

（3）注意尽量不要把汉族与会者与有禁忌的少数民族与会者安排在同一房间。

（4）可预先在会议回执上将不同规格的住宿条件标明，请与会者自己选择预订。

（5）预订住宿地点的工作一定要打出提前量，预订数量上应略有富余。

（六）准备会议资料、会议用品

1. 会议资料的类型和准备

会议资料的类型：

（1）来宾资料：会议手册、宣传材料、会议管理性材料。

（2）会议资料：开会的请示、提交会议审批的文件、会上用的文件、会议宣传性文件。

（3）沟通资料：来宾登记表、住宿登记表、用餐分组表、会务组成员通讯录。

会议资料的准备：

（1）来宾资料袋内容：会议手册、会议文件资料、分组名单、笔记本、文具、代表证、房号、餐券等。

（2）会务资料内容：接站一览表、来宾登记表、住宿登记表、用餐分组表、订票登记表、会议讨论分组表、会务组成员通讯录。

（3）沟通资料内容：会议参考文件、会议宣传文件资料、各种记录、各种会议协议和合同以及相关资料。

2. 会议用品的类型和准备

会议用品的类型：

（1）必备用品和设备是指各类会议都需要的用品和设备。

会议内设备主要包括灯光设备、音响设备、空调设备、通风设备、录音、摄像等设备以及必要的安全设施等。常用物资有电脑、打印机、复印机、传真机、照相机、摄像机或小型DVD、胶卷、饮用水、一次性水杯、电池、裁纸刀、剪刀、胶带纸、双面胶、回形针、大头针、胶水、白板笔、白粉笔等。

（2）特殊用品是指一些特殊类型的会议所需用品和设备。例如，选举会议、谈判会议、庆典会议、展览会经常需要的特殊用品和设备，如伴奏带、投票箱、旗帜、仪仗队、鲜花等。

准备会议用品：

（1）检查空调设备，必要时做好开机准备，一般要在会议前两小时预热或预冷。

（2）检查好灯光、扩音设备。

（3）检查黑板、白板，确保已擦干净，准备好粉笔、指示棒、板擦等用具。

（4）如有陌生人或外来人参加会议，摆放好姓名牌，注意文字大小适当，清楚易认。

（5）在每人座位前摆放纸笔。

（6）多媒体电视需要安放投影机、屏幕、录音设备等。

（7）如果有选举、表决、表彰的议程，还需要准备好投票箱、计数设备和奖励用品。

（8）会期较长的会议，要安排好茶水饮料，并指定专人服务。

（9）如果是电话、广播会议，须提前检查线路，保证音响效果良好。

会中服务：

（七）安排会议值班

1. 会议值班工作的内容

（1）值班电话记录。

（2）值班接待记录。

（3）值班日记。

（4）做好信息传递。

2. 安排会议值班的工作程序

（1）信息处理制度。

（2）岗位责任制度。

（3）交接班制度。

3. 明确值班工作任务

（1）在会议中协助搜集有关情况、文件和资料，传递各种信息。

（2）要加强与会议无关人员出入会场的控制。

（3）手边要有公司和各部门领导的联络方式，以便出了问题及时与之联络、请示。

（4）要备有一份设备维修人员、车队调度人员和食宿等后勤服务部门主管人员的电话通讯录。

（5）要坚守岗位，保证会议信息的畅通无阻。

（6）必要时，要负责督导和协助专职会议服务人员为与会者做好各项具体的服务。

（7）做好会议期间各项活动与各种矛盾的协调工作。

（8）必要时，应建立主管领导带班制度。

4. 会议值班表

会议值班表应包括以下内容：

（1）会议值班时间期限和具体值班时间。

（2）会议值班人员姓名。

（3）会议值班的地点，并在会议须知上注明会议值班室的房间号。

（4）会议值班负责人姓名或带班人姓名。

（5）用简明的文字表明值班的工作内容。

（6）表明人员缺勤的备用方案或替班人员的姓名。

（八）接待采访会议的新闻媒体

1. 接待采访会议的新闻媒体的基本原则

（1）报道的内容必须与会议基本内容相吻合。

（2）掌握会议信息的保密度，做到内外有别。

（3）报道中的重要观点和提法，要经领导审定。

（4）要准备得全面周到、主动积极。

（5）在传递的方式和内容选择上应本着对象、效果、时效、费用的原则综合考虑。

（6）在会议中，商务文员要随时注意收集外界舆论和新闻媒体对会议的反映信息的报道。

（7）在会议结束后，商务文员要为召开媒体沟通会提供必须的信息资料。

2. 接待新闻媒体的工作内容

（1）由会议商务文员撰写新闻报道稿件，经领导审阅后，向媒体发送。

（2）在会议召开期间，邀请有关报社、电台、电视台派记者驻会随访，发表消息。

（3）在会议结束时，召开记者报告会，由会议领导者直接介绍会议情况，并亲自回答记者提出的问题。

3. 工作程序

（1）媒体人员登记。

（2）为媒体人员提供简单的会议材料。

（3）安排拍照和新闻发布会等传统活动。

（4）安排媒体沟通会。

4. 妥善处理新闻媒体的负面报道

（1）快速做出反应。

（2）联合或聘请专业公关公司处理危机。

（3）让负责人出面。

（4）对未知的事实不要推测。

（5）不要隐瞒事实真相。

（6）为媒体采访敞开大门。

（7）统一口径，用同一个声音说话。

（8）频繁沟通。

（九）做好会议的记录工作和简报工作

1. 做好会议的记录工作

（1）会议记录的内容：

① 会议描述。

② 与会者姓名。

③ 缺席者请假条。

④ 宣读上次会议记录。

⑤ 会议记录中产生的问题。

⑥ 通讯记录。

⑦ 一般事务。

⑧ 下次会议日期。

⑨ 主席签名。

（2）会议记录的要求：

速度要快，要真实、准确、清楚、突出重点。

（3）会议记录的工作程序：

会议记录的结构是：标题＋正文＋尾部。

① 标题。一种是会议名称＋文种；另一种是文种。

② 正文。首部＋主体＋结尾。

③ 尾部。右下方写明"主持人：（签字）"、"记录人：（签字）"。

2. 做好会议的简报工作

（1）会议简报的内容：

会议简报要迅速反映会议的实际情况，交流会议的经验，沟通会议的信息。要反映出会议的新情况、新问题、新经验、新见解、新趋势，更好地对会议起到指导和沟通作用。

（2）会议简报的要求：

① 真实准确。

② 短小精悍。

③ 快是简报的质量体现。

④ 生动活泼。

（十）收集信息的分类

1. 会议信息的分类

（1）按照会议信息的作用划分：

① 与会者信息。

② 会议指导性、宣传性信息。

③ 会议议题性信息。

④ 会议主题内容信息。

⑤ 记录性、结果性文件信息。

⑥ 会议的程序性文件信息。

⑦ 会议交流性文件信息。

⑧ 会议参考性信息。

⑨ 会议管理性信息。

（2）按照会议信息的保密性划分：

① 保密性会议信息。

② 内部性会议信息。

③ 公开性会议信息。

（3）按照会议信息传递方式划分：

① 会议讲话信息。

② 会议书面信息。

③ 会议声像信息。

2. 收集会议信息的要求

（1）齐全。

（2）及时。

（3）准确。

（4）有效。

3. 收集会议信息的工作程序

（1）确定会议信息的搜集范围。

（2）选择会议信息的搜集渠道。

（3）确定搜集会议信息的方法。

① 召集开会。

② 提供书面材料。

③ 个别约见。

④ 会议结束时及时搜集。

⑤ 个别催退。

⑥ 按清退目录收集。

（十一）反馈会议信息

1. 反馈会议信息的内容和要求

（1）反馈会议信息的内容：

① 反馈会前信息。

② 反馈会中信息。

③ 反馈会后传达落实的情况。

（2）反馈会议信息的要求：

① 会议的信息反馈要注意点面结合，正负反馈结合。

② 会议信息反馈的目的要明确。

③ 充分重视会议的反馈信息沟通。

2. 反馈会议信息的工作程序

（1）布置会议信息收集工作。

（2）会议信息的搜集渠道的选择和建设。

（3）建立定期的会议信息反馈制度。

（4）做好会议信息的反馈汇报工作。

（5）抓好会议反馈信息的落实工作。

会后服务：

（十二）会议文件资料收集的要求

1. 收集会议文件资料的要求和内容

（1）收集会议文件资料的要求：

① 确定会议文件资料的收集范围。

② 收集会议文件资料要及时，确保文件资料在与会人员离会前全部收集齐全。

③ 选择收集文件资料的渠道，运用收集文件资料的不同方式方法。

④ 收集会议文件要履行严格的登记手续。

⑤ 收集整理过程中要注意保密。

（2）需收集的文件资料：

① 会前准备并分发的文件。

② 会议期间产生的文件。

③ 会后产生的文件。

2. 会议文件的立卷归档

(1) 会议文件立卷归档的意义：

① 保持会议文件之间的历史联系，便于查找利用。

② 保持历史的真实面貌，反映工作的客观进程。

③ 保护会议文件的完整与安全，便于保存和保管。

④ 保证会议商务文员工作的联系性，为档案工作奠定基础。

(2) 会议文件立卷归档的范围和分工：

① 会议文件立卷归档范围。

② 会议文件立卷归档分工。

(3) 会议文件立卷的基本原则和方法：

① 会议文件立卷的基本原则。

② 会议文件立卷方法。

(4) 会议文件立卷工作程序：

① 大中型会议文件立卷。

② 日常工作会议文件资料立卷。

3. 会议文件资料收集整理的工作程序

将收集的文件资料进行登记——向上级总结、汇报情况——甄别整理、分类归卷——卷内文件的排列——卷内文件的编号、编目——填写卷内文件的备考表——案卷标题的拟制——填案卷封面——移交给档案室——清理－销毁不再利用的纸张。

(十三) 会议纪要的内容和要求

会议纪要是根据会议的宗旨、议程、有关会议文件、会议记录以及到会人员提供的材料进行整理，用准确而精练的语言概括地综合反映会议概况和会议精神的一种公文。会议纪要有两个目的，一是向上级汇报会议情况，以便及时地得到上级的指导；一是向下级传达会议精神，以便下级及时贯彻执行。

1. 会议纪要的特点

(1) 内容的纪实性。会议纪要如实地反映会议内容，它不能离开会议实际搞再创作，不能搞人为的拔高、深化和填平补齐。否则，就会失去其内容的客观真实性，违反纪实的要求。

(2) 表达的要点性。会议纪要是依据会议情况综合而成的。撰写会议纪要应围绕会议主旨及主要成果来整理、提炼和概括。重点应放在介绍会议成果，而不是叙述会议的过程，切忌记流水帐。

(3) 称谓的特殊性。会议纪要一般采用第三人称写法。由于会议纪要反映的是与会人员的集体意志和意向，常以"会议"作为表述主体，"会议认为"、"会议指出"、"会议决定"、"会议要求"、"会议号召"等就是称谓特殊性的表现。

2. 会议纪要的格式

会议纪要通常由标题、正文、落款三部分构成。

标题有两种情况，一是会议名称加纪要，如《全国农村工作会议纪要》。二是召开会议的机关加内容加纪要，如《省经贸委关于企业扭亏会议纪要》。

会议纪要正文一般由两部分组成。

（1）会议概况。主要包括会议时间、地点、名称、主持人，与会人员，基本议程。

（2）会议的精神和议定事项。常务会、办公会、日常工作例会的纪要，一般包括会议内容、议定事项，有的还可概述议定事项的意义。工作会议、专业会议和座谈会的纪要，往往还要写出经验、做法、今后工作的意见、措施和要求。

大致可以有以下几种写法：

① 集中概述法。这种写法是把会议的基本情况，讨论研究的主要问题，与会人员的认识、议定的有关事项（包括解决问题的措施、办法和要求等），用概括叙述的方法，进行整体的阐述和说明。这种写法多用于召开小型会议，而且讨论的问题比较集中单一，意见比较统一，容易贯彻操作，写的篇幅相对短小。如果会议的议题较多，可分条列述。

② 分项叙述法。召开大中型会议或议题较多的会议，一般要采取分项叙述的办法，即把会议的主要内容分成几个大的问题，然后另上标号或小标题，分项来写。这种写法侧重于横向分析阐述，内容相对全面，问题也说得比较细，常常包括对目的、意义、现状的分析，以及目标、任务、政策措施等的阐述。这种纪要一般用于需要基层全面领会、深入贯彻的会议。

③ 发言提要法。这种写法是把会上具有典型性、代表性的发言加以整理，提炼出内容要点和精神实质，然后按照发言顺序或不同内容，分别加以阐述说明。这种写法能比较如实地反映与会人员的意见。某些根据上级机关布置，需要了解与会人员不同意见的会议纪要，可采用这种写法。

3. 会议纪要与会议记录的区别

会议纪要有别于会议记录。二者的主要区别是：第一，性质不同：会议记录是讨论发言的实录，属事务文书。会议纪要只记要点，是法定行政公文。第二，功能不同：会议记录一般不公开，无须传达或传阅，只作资料存档；会议纪要通常要在一定范围内传达或传阅，要求贯彻执行。

4. 会议纪要的要求

（1）会议纪要的拟写要求：

① 实事求是，忠于会议实际。

② 内容要集中概括。

③ 要有条理。

（2）印制并分发给有关部门有关人员或归档保存。

（3）会议纪要要按印发范围和查看等级分发：

① 确定印发范围。

② 确认接收者。

③ 签发会议执行。

5. 工作程序

完善会议记录→起草、编写会议纪要→确定印发范围→接收者确认→领导签字→打印成文→印制、分发或归档保存。

范例一：企业会议纪要

××公司总经理办公会议会议纪要

20××年××月××日下午，公司召开第一次总经理办公会议，研究讨论公司经济合同管理、资金管理办法、机关20××年3～5月份岗位工资发放等事宜。张××总经理主持，公司领导，总经办、党群办及相关处室负责人参加。现将会议决定事项纪要如下：

一、关于公司经济合同管理办法

会议讨论了总经办提交的公司经济合同管理办法，认为实施船舶修理、物料配件和办公用品采购对外经济合同管理，有利于加强和规范企业管理。会议原则通过。会议要求，总经办根据会议决定进一步修改完善，发文执行。（会议纪要范文）

二、关于职工因私借款规定

会议认为，职工因私借款是传统计划经济产物，不能作为文件规定。但是，从关心员工考虑，在职工遇到突到性困难时，公司可以酌情借10000元内的应急款。计财处要制定内部操作程序，严格把关。人力资源处配合。借款者本人要作出还款计划。

三、关于公司资金管理办法

会议认为计财处提交的公司资金管理办法有利于加强公司资金管理，提高资金使用效率，保障安全生产需要。会议原则通过，计财处修改完善后发文执行。

四、关于职工工资由银行代发事宜

会议听取了计财处提交的关于职工岗位工资和船员伙食费由银行代发的汇报，会议认为银行代发工资是社会发展的必然趋势，既方便船舶和船员领取，又有利于规避存放大额现金的风险。但需要2个月左右的宣传过渡期，让职工充分了解接受。会议要求计财处认真做好实施前的准备工作，人力资源处配合，计划下半年实施。（会议纪要范文）

五、关于公司机关11月份效益工资发放问题

会议听取了人力资源处关于公司机关11月份岗位工资发放标准的建议。会议决定机关员工3～5月份岗位工资发放，对已经下文明确的干部执行新的岗位工资标准，没有下文明确的干部暂维持不变。待三个月考核明确岗位后，一律按新岗位标准发放。

会议最后强调，公司机关要加强与运行船舶的沟通，建立公司领导每周上岗接船制度，完善机关管理员工随船工作制度，增强工作的针对性和有效性。

范例二：公文式会议纪要

××市人民政府办公会议纪要

第 58 期

××市人民政府办公厅	2009 年 8 月 25 日

关于加强煤炭行业安全生产工作
有关问题的办公会议纪要

2009 年 8 月 25 日上午，受市长李×委托，市政府秘书长王××在市政府三楼会议室主持召开会议，专题研究加强煤炭行业安全生产有关问题，会议通报了××自治县"8.12"透水事故，并根据省、市领导对"8.12"透水事件的指示精神，对全市煤炭安全生产着重进行

了两个方面部署，主要是"从严要求"和"认真落实"，会后将要出台有关文件具体规定实施。现将会议纪要如下。

会议明确：

一、切实提高对安全生产的认识。各级领导安全生产主管部门一定要负起责任，树立"安全生产第一、责任重于泰山"思想，把人民生命安全放在首位，杜绝类似"8.12"透水事故的再次发生。

二、抓好安全生产的落实工作。各县（区）和安全生产主管部门要对辖区内炭矿再进行一次认真的、仔细的安全检查，切实落实各项安全生产措施和省、市安全部门提出的整改要求，明确责任，落实到人，消灭一切安全隐患，真正达到安全生产标准要求。

三、抓好基础建设。进一步推行质量技术化建设，加强从业人员安全生产培训及各项基础工作，确保煤矿安全生产。

四、关于关闭小煤矿问题。全市将通过发放安全生产许可证和开展质量技术标准建设，对整顿无成效、安全生产条件差、能源消耗高的小煤矿予以关闭。

参加会议人员：（略）

主题词：能源　煤炭　安全生产　纪要

主送：市政府领导，各自治县、区人民政府，市政府有关委办局、市直属机构
抄送：市委、市人大、市政协、市纪委办公厅。

（共印 60 份）

市人民政府办公厅　　　　　　　　　　　　　2009 年 8 月 25 日

（十四）会议经费结算的方法

会议经费的结算是办会者在会议结束后对整个经费使用情况即会议开支费用的结算。会议经费的结算依据是会前经费预算（见会前筹备）。会议召开之前应拟定会议开支预算（见会前筹备），并经领导审核批准。准备专门账册，对会议的各项开支进行详细记录。会议结束后，会议财务工作人员、秘书应按照经领导审定的预算进行决算。一切会议都宜遵循勤俭节约的原则，精打细算，尽量减少不必要的开支，又要保证会议的质量和档次。超过预算指标，又无正当理由的不予报销。要做好会议经费的结算工作，及时向领导汇报，并向财务部门报销。

1. 会议的收费与付费方法

（1）收款的方法与时机。有些会议是要由会议人员向主办方支付一些必要的费用（如资料费、培训费、住宿费、餐饮费等），所以应注意如下事项：

• 应在会议通知或预订表格中，详细注明收费的标准和方法。

- 应注明与会议人员可采用的支付方式（如现金、支票、信 用卡等）。
- 如用信用卡收费，应问清姓名、卡号、有效期等。
- 开具发票的工作人员事先要与财务部门确定正确的收费开票程序，不能出任何差错。另外，如果有些项目无法开具正式发票时，应与会议代表协商，开具收据或证明。

（2）付款的方法和时间表。付款的方法和时间表如下表所示。

会议经费的付款方法与时间

设施和服务		付款的方法和时间
演讲者	事先确定费用	预订时交订金。活动之后按花掉的钱开发票、支票结账
食品饮料	事先商定费用	预订时交订金，活动之后按花掉的钱开发票，支票结账
会议地点	事先商定费用	预订时交定金，活动之后按花掉的钱开发票，支票结账
其他费用的偿付	事先确定的费用，活动之后开具账单	收到账单经批准后用支票付款
文具和打印	活动之前申请和安排 活动之前可用零用现金购买	零用现金偿付 文具订购事先开发票和付款
音像辅助设备	活动之前确定租用费用	活动之后为租用费用开发票和结账

2. 会议付费的要求

（1）会议经费的名称要规范。

（2）遵守公司消费价格及用品报销的各种财务制度和规定。

3. 会议经费结算的工作程序

结算会议开支费用的程序如下：通知与会人员结算时间地点—清点费用支出发票—核实发票—填写报销单、将发票贴于报销单背面—请领导签字—到财务部门报销—与相关部门及人员结清费用。

秘书要提醒与会人员结清食宿、会务等相关费用。会议一结束，应及时清点整个会议费用的实际支出，对照会前经费预算，逐笔账目进行核点。填写报销单，按报销要求将发票用胶水粘贴在报销单背面。请主管领导签字即可去财务处报销。一定要结清所有人的费用。将经费使用情况向领导汇报。

4. 会议经费结算的注意事项

（1）开具会议住宿费发票时，需要向宾馆酒店索取盖有酒店章的正式发票，保证开立的发票与收取的会务费相等。发票的服务项目一栏如何填写需要询问宾馆酒店，以利于宾馆酒店的账目管理。

（2）住宿费一般不包括使用房间的长途电话费、客房小酒吧、在酒店签单的费用。会议主办方如果所收取的会务费不包括这些额外的开支，又不希望这些开销带来不必要的麻烦，可以事先要求宾馆酒店撤掉这些服务项目或与与会人员说清楚。

(十五) 做好会议总结

会议总结是在会议结束闭幕式上的总结发言，也叫闭幕词。闭幕词是在会议宣布闭幕前由会议主持人向大会的致词。闭幕词一般起会议总结的作用。其结构一般包括：会议概述，会议的成果、重要性或对今后工作将产生的影响，分析说明面临的任务和对策，号召与会者为贯彻落实会议精神和决定事项而奋斗。

撰写闭幕词应注意以下五点：

(1) 对会议情况的综述要简明扼要，估价恰当；

(2) 所述面临的任务必须清楚明白，重点突出，注重现实性；

(3) 观点正确，语言富有感染力，切忌说教；

(4) 篇幅宜短，言简意赅；

(5) 要经过会议集体讨论通过或履行审批手续。

(十六) 跟踪反馈落实会议精神

1. 会议决定事项的传达

(1) 会议传达决定事项的要求：准确、及时、到位。

(2) 传达落实会议决策的具体实施：传达动员；分解任务；互相沟通；操作控制；效益考核。

2. 跟踪反馈落实会议精神的工作程序

会议决定事项的传达→会议决定事项的催办与登记制度→会议决定事项的反馈。

3. 跟踪反馈落实会议精神的注意事项

(1) 综合性的须由多部门共同办理的工作事项。

(2) 部门责任分工边缘的、交错的工作事项。

三、业务技能训练

训练一

1. 训练背景

某新产品的发布会上，经理正在用投影仪介绍产品，突然投影仪失灵，服务人员马上过去修理，但半小时内没有修好，经理只好不用投影仪，效果非常不理想，其间，由于专业化内容多，不易理解，有的听众离开了会场，致使会议无法达到预期目标。

2. 训练要求

商务文员的主要失误在哪？

3. 训练提示

这个案例说明了视听设备的重要性，商务文员应在会前准备、调试好发言人所需的各种设备，使设备在使用过程中避免一些不必要故障而造成不良的后果和影响。

训练二

1. 训练背景

公司员工小张去某城市参加全国电子产品交流会，会期一周。按照会议通知，他交了

1600元的会务费，组织方开具了发票。小张回来报销时，财务处说发票无效不予报销，原因是发票上缺少财务章。

2. 训练要求

小张的疏忽在哪？

3. 训练提示

发票是报销的凭证。发票应按照规定的时限和顺序，逐栏、全部联次一次性如实开具，并加盖单位财务印章发票专用章。不符合规定的发票，不得作为财务报销凭证，任何单位和个人有权拒收。

第二节　特殊会议服务

一、规范案例

某公司召开动员大会后，会议决定迟迟得不到落实，有的部门因对领导的决定持有异议，故意不响应公司号召。这使领导非常挠头。为解决此种被动状况，商务文员协助公司领导层层开会，首先对一些问题加以澄清，统一认识，从而解决了领导的难题。

注：传达落实会议精神是商务文员的重要职责之一。如果落实环节出现问题，应及时疏通，从某种意义上讲，催办也是一条信息渠道，可使领导及时掌握会议决定事项的办理情况，了解办理过程中出现的新问题、新情况，并有针对性地采取措施加以解决，保证会议决定事项办理工作的顺利进行。

二、应知应会

(一) 学术性会议

学术性会议是指专门进行研讨、传播学术问题而召开的会议。学术性会议学术性强，与会者以专家学者为主，具有横向特点，通常以中型会议为主。

学术性会议通常包括研讨会、论证会、务虚会等类型会议。我们以研讨会为例进行详细分析说明。

研讨会是专业人士及有关方面的代表，就某一专业问题进行研讨的会议。如，中华环保基金会、国家环保总局华南环境科学研究所、香港溢达集团和人民日报社华南分社于2001年7月23日～24日在广东省高明市广通地区举办了"人与自然、环境与经济协调发展国际研讨会"。来自中国、美国、德国等8个国家和地区的200余位学者、专家、企业家代表共聚一堂，就环境保护战略、生态保护和环境管理、建立可持续发展模式、实施清洁生产等议题进行探讨研究，为我国的可持续发展战略谋划策略。

从上面所述研讨会中我们大致可以看出，它是围绕某一专题进行研究探讨的会议，学术性强，与会人员多为专家学者，具有横向性，属于中型会议，是一个典型的研讨会。

议题。研讨会关键是议题要有价值。不是什么议题都能开研讨会的。所研讨问题必须是现实生活中具有全局性和前瞻性的重大问题。

与会者。研讨会还要选准与会者。参加研讨人员是否有代表性，是否对研讨的问题在理论、实践和政策上有较深的研究和了解，能否善于充分发表意见就显得格外重要。

规模。研讨会的人数要相当。人数太少，达不到一定的规模，会影响研讨的气氛和深度，无法充分展开话题；人数太多，规模太大，超过主持人控制的限度，研讨会就开成了报告会，同样会影响会议的质量和效果。所以，研讨会一般以中型为主。

会场布置。研讨会的会场布置应当简朴、典雅，设施先进，能够为学术交流提供技术保障。主席台布置应当突出报告人的地位。如果进行分组讨论，要事先安排好分会场。

与会接待研讨会的代表来自四面八方，做好接待工作意义重大。尤其是国际性学术研讨会议，接待工作的要求更高、更严，要把它作为一项重要工作来做。

制作会议通讯录研讨会期间是结交志同道合者的绝好时机。为方便与会人员会后的沟通和交流，同时也为了留作纪念，会议组织人员要及时为与会人员制作印发会议通讯录。

论文汇编。研讨会的后期工作中最重要的一项便是汇编会议论文集。编好会议论文集，不仅可以使会议的成果得以集中体现，同时为进下步进行相关研究提供了学术资料。如果条件允许还可以提供给出版社正式出版。

（二）显示性会议

显示性会议是以宣传教育和表彰为主要目的的会议。显示性会议隆重热烈，强调宣传教育效果，与会者有广泛性和代表性，会期短而精。显示性会议主要有以下几种类型：庆祝会、表彰会、纪念会、命名会。

1. 庆祝会

庆祝会是指对重大节庆、重大成就举行庆祝活动的会议。这类庆祝会，在我国政治和社会生活中比较多见。如"香港回归五周年庆祝会"、"浙江工商职业技术学院成立庆祝大会"、"×××先生80寿辰庆祝会"、"×××教授从教40周年庆祝会"、"澳门千禧年庆祝大会"等。

庆祝会一般开得隆重热烈，起礼仪性和宣传性的作用。庆祝会一般在节日前夕、某项工作取得显著成绩或某项重大工程竣工时召开，要开得欢快、热烈、隆重。其礼仪要求主要有如下几点：

（1）要安排布置好会场，显示出热烈的气氛。

（2）组织做好迎送上级领导和来宾的工作。对上级领导和兄弟单位的代表，一般由领导亲自迎送。

（3）组织各个阶层的人物发言，发言要一个接着一个，不要造成冷场。每一位代表的发言都不能过长，人数则可以根据情况多安排一些。每当一个人上台发言及发言完毕，主持人要引导与会人员热烈鼓掌。

（4）代表发言过程中可以穿插宣读捷报、喜报、贺电或贺信等内容，以便造成一浪高过一浪的气势。

（5）会议可以适当安排文艺演出或其他娱乐活动。

2. 表彰会

表彰会是指表彰先进、树立典型的会议。这是常见的一种显示性会议。通常，表彰会是通过表彰某个领域的先进分子，某阶段或某方面做出突出成绩和贡献的单位和个人，弘扬正气，树立榜样，起到正面宣传、典型引路的作用。

表彰大会要开得隆重、热烈，又简短紧凑。除了领导人的主题讲话外，还可以适当安排获得表彰的人员代表做表态性发言。

表彰会是以组织的名义表彰某些集体或个人先进事迹并宣布给予奖励的会议，主要应该注意以下几点：

（1）会场布置：会场布置在室内，门口可以悬挂大红横幅，两边可以设置彩旗；会场若布置在室外，应高搭主席台，会场四周遍插彩旗。规格较高的表彰会，还可以敲锣打鼓，安排欢迎的人员等。

（2）当被表彰人员或集体的代表走上主席台授奖并作代表发言时，会场内要播放欢快的乐曲，条件许可的还可以燃放鞭炮，全体与会人员则报以祝贺的掌声，会终为表彰者送行也是如此。

（3）表彰的仪式程序一般是首先由主持人宣布大会开始；接着欢迎被表彰者上主席台，有关领导宣布表彰决定、颁奖、宣读祝辞，被表彰者代表致答谢辞、自由讲话；最后是欢送被表彰者、礼成散会。

3. 纪念会

纪念会是指为纪念某一重要事件或人物而召开的会议。纪念会的与会者有领导，也有群众；有与纪念对象直接相关的人员，也有现实相关的人员。纪念会的规模一般较大，有相当的教育面。也有用小型座谈会的形式召开的，如 2001 年 5 月 23 日是西藏和平解放 50 周年纪念日，由于大型活动放到 8 月举行，纪念日当天，北京和拉萨分别召开座谈会纪念。

纪念会要求开得既隆重又庄严。其礼仪要求主要有如下几点：

（1）会场布置要素雅，不宜色彩缤纷。

（2）纪念个人的，一般邀请其家属参加；纪念某个事件的，一般邀请与其关系密切的人员参加，也可以有现实相关的人员。

（3）当被邀请者进入会场或走上主席台时，全体起立行注目礼。

（4）与会者在纪念会全过程中都要认真严肃，不能随便走动，更不应该自由议论，以致影响全场肃穆的气氛。

（5）会议仪式程序一般首先由主持人宣布会议开始、全体起立、向被纪念者默哀（纪念某人的）；接着是主题报告，报告应简介被纪念者的生平和主要事迹，阐明纪念的意义，或者介绍被纪念事件发生的背景、经过和历史意义；然后各界相关人士发言，共表纪念的心愿。

（6）会议结束时，主持者要对被邀请者表示慰问。被邀请者也可以致答谢辞，但内容应该是表达自己的感情和愿望，不能提及尚存在着争议的一些实际问题。

4. 命名会

命名会通常是指为某一单位和个人授予荣誉称号时召开的会议，如 2001 年 4 月 24 日中央军委在北京召开授予王伟"海空卫士"荣誉称号命名大会。这即是一个典型的命名大会。召开这种会议的目的是表彰先进，弘扬正气，起宣传教育作用。一般规格比较高，会议规模也较大，但会议议题单一，会期较短。

5. 显示性会议工作要点

（1）根据所需显示的内容和需要，确定适当的会议形式，并对会议的形式精心设计，力争在可能的范围之内达到最佳的显示效果。

（2）遵照领导者的意见起草显示会议主旨的讲话材料。

（3）会场布置及其装饰要符合不同显示性会议的会议主题气氛。

（4）做好对与会领导和有关人员的接待服务工作。

（5）保证所计划的到会人数和会场秩序。

（6）做好对新闻单位的接待或沟通工作等。

（三）信息性会议

信息性会议是指以发布信息为目的的会议。这类会议通报性强，通常以新闻媒介为对象，没有约束力。

1. 咨询会

咨询会是指为对某项决策、某个方案征求意见而召开的会议。如广东经济发展国际咨询会，这是广东省省长经济顾问咨询年会，每年举行一次。在内容上，将围绕广东经济发展中具有导向性、前瞻性的问题，分别确定每年的主题，请顾问就此提出报告并发表咨询意见，提出思路、意见和建议。会议还制定了《会议章程》。

这是较高规格的信息性会议。会议价值在于与会代表提供较高层次的信息，可供决策层参考。因此，会议组织者和参与者都会较为重视。

2. 报告会

报告会是指以口头形式向听众告晓有关事项、传达有关信息的会议。这是领导机关和领导者宣传教育群众的传统方式。报告会具有传播信息、释疑解惑的作用，实践证明，报告会的此功效相当明显。

报告会常常因内容目的的不同，叫法也不一样。总结部署工作的叫"工作报告会"，分析阐述形势的叫"形势报告会"或"时事报告会"，传播理论知识的叫"学术报告会"或"辅导报告会"等。

有的报告会的主讲人是机关单位的负责人，有的则是有关的专家。作为组织报告会，要讲究时机，选准主题。单位负责人主讲的，要充分准备讲稿；请专家学者主讲的，要说明报告对象，选好报告人。主持报告会通常需要说明背景意义，引出话题；结束时总结强调，提出要求。外请专家的，则要介绍报告人的基本情况，以便调动听众的聆听兴趣；结束时要做些恰如其分的评价，提出期望。

（1）工作要点：

① 会议目标。确定好目标就是要解决为什么要举行报告会和举行什么报告会的问题。比如，为交流学术观点，增强学术气氛，应举行学术报告会；为正确把握形势，明确方向，振奋精神，应举行形势报告会。

② 报告内容和报告人。报告内容和报告人两者关系密切。一般应先确定报告内容，然后根据内容再选择合适的报告人。内容要有新意，给人以启迪，或使人鼓舞振奋。报告人要选择在某一领域具有深厚造诣的专家学者，或亲自创造经验、发明技术、具有独到体会的人士。

报告人口齿要清楚，能够胜任作大会报告。

③ 邀请报告人。报告人确定后要通过适当的渠道发出邀请。邀请时要将举办报告会议的目的、与会人员情况和会场设置告知报告人，以便报告人事先了解报告的要求和报告的对象，掌握好分寸。同时，报告人也可根据会场的设施条件，选择和准备最佳的报告形式和手段，如使用投影仪、电脑演示、现场回答提问等形式。

④ 会场布置。报告会一般布置成上下对应式座位格局，也可布置成半围式格局，总之要设主席台，主席台上放置讲台，突出报告人地位。时间较长的报告会，也可不设讲台，报告人坐着作报告。主席台上方或背景处要悬挂会标。会场内要根据报告人的要求安装如扩音机、投影仪、计算机等必要设备。

⑤ 介绍报告人。会议开始后，主持人应对报告人作必要的介绍，并表示欢迎和感谢。

⑥ 回答提问。现场回答提问时，主持人要控制好局面。

⑦ 注意事项。采用录音记录的方式，或会后散发记录稿，要事先征得报告人的同意。

（2）礼仪要求：

报告会是邀请领导干部、专家、学者或有关人员作专题报告的会议。其礼仪要求有以下几点：

① 选准的报告人通常都是既有名望，又对报告内容有真知灼见的人。对于这样的人，我们应当尊重他、敬爱他。会前会后宜派专车迎送，还应有对等的组织人员陪同，要妥善安排其衣食住行。

② 报告人作报告时，主持人要在场作陪，而且必须同所有与会者一起认真倾听，不能分心去看书刊等，也不能显露出疲惫、焦灼等神情。

③ 报告会的参加人数不限，但不能太少，座位排列成"教室型"为宜。

④ 有的报告会听报告的人可以递"条子"发问由报告人作答，形成"对话"的形式。只要组织得好，口头提问也行，但提问者一定要注意礼貌。问题无妨尖锐，措辞却要委婉得当。

（四）会商性会议

会商性会议是指以协调商议事项为内容的会议。这类会议代表不相隶属，关系复杂，矛盾较多，涉及各个方面和与会者的不同利益。会商性会议主要有会商会、联席会、座谈会等类型。

1. 会商会

会商会就是由某一单位部门牵头，为了解决某一问题，把相关人员召集在一起，商讨对策或解决办法，最后达成共识的会议。如，连云港市曾制定《关于改善外商投资软环境的若干规定》，其中规定了会商、会办制度。规定对投资总额在 300 万美元以上或市外商投资管理中心认定的其他重要项目，由市外商投资管理中心牵头，市计委、经委、环保、工商、外管、国税、法制、司法等部门参加，进行会商、会办。

连云港市所规定的会商制度，虽然没有具体规定其实现形式，可以通过会签文件、电话沟通等方式进行。但最简便、最有效的方法，应该是通过会商会的形式来进行。

会商会议往往涉及各个方面，有时还会涉及与会各方各自的利益。需要牵头单位或主持会议的人员，从国家和全局的利益出发，站在公正的立场上说话和处事。

会商会有的是临时因事而召开的，有的则是通过制度固定下来，定期由相对固定的人员、单位参加，会商事项也大体固定，如年度地震会商会、防汛会商会、全国小麦病虫趋势会商会等。

2. 联席会

联席会通常是不相隶属的单位部门，为了协商一些问题而共同召开的会议。如香港回归以后，粤港合作联手推出粤港合作联席会议。这种由董建华特首提议、经中央政府批准的"粤港合作联席会议"，对粤港两地间的合作发挥了重要作用。自 1998 年 3 月 31 日在广州召开的首次联席会议以来，粤港双方不断探讨在新形势下，如何把粤港政府之间的进一步合作用联席会议形式固定下来，交流两地的经济、社会的最新情况。会上确定每年轮流在香港、广州共召开两次。

上述便是一种典型的联席会议。这种会议一般由一个部门或单位牵头，其他方面分工配合。如党政联席会、群团联席会等。

联席会一般由单位部门负责人或代表出席。会议对研究讨论的问题，作出可行性决策，这种决策须在各种情况下都能接受，从而开成纪要便于执行和遵守。

联席会工作要点：

（1）拟召开联席会议的有关各方共同推举一个为所有相关部门都认同的牵头单位。作为牵头单位的一方就提交会议商讨或商定的问题征询有关各方的意见，并作出必要的沟通工作，使与会的各方在一些焦点问题上首先达成初步的一致。

（2）牵头单位把需联席会议商的内容及初步商定的意见或共同行动方案的草案形成文字，印制多份，在会前分送给拟参加联席会议的有关各方，并为与会做好前提准备工作。

（3）牵头单位就联席会议的召开时间、地点、方式经协商确定后，正式通知参加联席会议的各方。

（4）牵头单位安排布置会场，做好与会各方的接待工作，在会议进行过程中做好协调和记录工作，会议所要形成的结论要当场确认，如有必要，应由各方代表签字。

（5）牵头单位将联席会议中通过的事宜及形成的决议落实为正式文字，分送与会各方和有关部门并做好会议确定事项的催办工作。

3. 座谈会

座谈会是指与会者坐在一起交流信息、交换意见的会议。如 2001 年 7 月 23 日，广东、广西两省区政府举行座谈会，商讨粤桂开展合作事宜。座谈会上，广东省副省长欧广源、广西壮族自治区常务副主席王汉民分别介绍了广西的经济、技术、交通等的交流与合作、社会发展的基本情况以及加强两省区经贸合作，各部门负责人参加了座谈会。会后举行了有关单位的签字仪式。座谈会是开展调查研究、取得第一手材料的主要手段，这种会议一般不做出什么决定。座谈会因目的不同，出席座谈会的人员也不同。上述会议是两省区的合作事宜，则是由有关方面负责人出席。

座谈会工作要点：

（1）通知。座谈会通知除了时间、地点外，要明确告知与会者会议的内容，有时还要告知与会者同时还有哪些人参加会议，以便做好思想准备和发言准备。除了发书面通知外，还要用电话跟踪落实。人数较少的座谈会，要及时掌握请假情况，以便及时对出席人员进行调整，防止出现因出席人员过少而无法开会的尴尬的局面。

（2）会场布置。座谈会的形式非常灵活，会场布置也要相应灵活多样，可以采取圆形、方形、长方形、椭圆形、六角形等围坐式座位格局，特殊情况下也可以设计成半围式。但切记一点，会场座位不要摆成上下对应式或分散式，否则就会使座谈会的气氛变得严肃、拘谨，或者散漫而无中心，影响会议的效果。较为重要的座谈会应当悬挂会标，如"全军思想政治工作座谈会"，既揭示会议的主题，又渲染会议气氛，便于摄影和有关媒体进行报道。会场内可适当放置饮料和茶水，可使与会者感到亲切、自然。

（3）发言。座谈会的发言形式有两种：一是自由发言，即事先不规定每人都要发言，也不规定发言顺序。与会者发不发言、什么时候发言，完全由与会者自己决定。二是事先确定几位主要发言者，也可以编排好他们的发言顺序，会上先由主要发言者发言，然后其他与会者自由发言。安排发言时应根据以下几个问题：

① 发言要紧扣会议主题，主持人要善于引导和控制。

② 避免"冷场"。座谈会上有时难免会出现暂时的"冷场"，这时主持人应及时找出"冷场"的原因，及时采取措施，激发与会者的思路和热情。

③ 必要时可以点名发言，但这只能是一种启发和鼓励，不能搞强制性发言。强制性发言会使与会者发表违心的言论。

④ 座谈会出现一些争论属于正常现象，只要是对会议主题的积极探讨，这种争论应当加以鼓励和保护，它有利于打破僵局，活跃会议气氛，激发与会者的热情和思路。当然，会上如出现无谓的争论且影响会议正常进行，主持人应及时给以正确引导。

（4）对与会者表示感谢。座谈会可以分为两种：一种是横向型座谈会，即座谈会的与会者同举行者无隶属关系，这种座谈会结束后，自然应当对与会者的光临表示感谢。另一种是纵向型座谈会，即会议是由领导机关或领导人召集下属有关部门或人员举行的，即使是这类座谈会，会议结束时，领导人说一句表示感谢的话，会使与会者倍感亲切。

（五）工作性会议

工作性会议是指党政团体、单位部门布置工作而召开的会议。如全国宣传部长会议、全国纪检案件审理工作会议等。这类会议有定期召开的，也有临时召开的；有普通会议形式，也有不少是用现场会、电话会、电视会等形式。这类会议以动员、布置工作为内容，部署性强，有下行性的特点。工作性会议的主要类型有：动员会、总结会、电视（话）会、现场会。

1. 动员会

动员会指为开展一项工作和活动而召开的发动性会议。动员会一般宣讲某项工作或活动的目的意义、工作方针、内容任务、注意事项、要求等，从而起到发动群众、广泛动员作用。

动员会一般要有一定的规模，会议要求气氛热烈，起到鼓舞士气、振奋精神的作用。

2. 总结会

机关单位、团体组织，经过一个阶段和完成某项活动后，需要总结。除了有关工作人员进行书面总结外，通常还要召开会议进行总结，回顾过去，总结成绩和经验，查找不足和教训，分析成因，以便发扬成绩，克服不足。总结会就是以总结工作为主要内容而进行的会议。

总结会有以年度、半年、季度、月份为期召开的，通常是定期召开。有以一项工作、一项活动结束后召开的，是在该项工作、活动结束或告一段落后进行。

总结会常常和表彰会结合起来开。还有的和动员会一起召开，这样做的最大优点即是精简会议，提高效率，降低会议成本。

有些总结会开得比较隆重，规格比较高，规模比较大；有些则开得比较精简、务实，规模较小。

三、专业技能训练

训练一

1. 训练情景

炎黄公司被省里授予的百强企业的荣誉称号，准备召开庆功表彰会。办公室主任沈萍来检查会场，她发现商务文员高娜安排的座次有问题。高娜按一般的礼仪规范，右为尊，她将董事长的位置安排在前排最右边，副董事长、总经理、副总经理，所有领导按职务高低从右至左，后面是受表彰的人员。

2. 训练要求

高娜的安排有哪些不当之处？

3. 训练提示

主席台的安排应该按照先左后右，由前至后的顺序依次排列。正式代表在前居中，列席代表在后居侧。

训练二

1. 训练情景

风雷公司在 2002 年年末召开了改革企业管理制度新春座谈会，会上各个部门的职工代表就如何改革现有的企业管理制度纷纷献计献策，公司总经理在做会议总结之前，让商务文员许茹搜集会议各方面的信息资料，许茹从简报、会议记录群众来信中收集了一些资料，但总经理却认为她没有能够提供一些反馈的信息，希望她能改进这方面的工作。

2. 训练要求

为什么总经理对许茹的工作不够满意？

3. 训练提示

许茹在掌握会议反馈信息搜集的方面不够全面，因此所收集的信息量不够。许茹应扩大自己收集信息的渠道，掌握更多的收集方法。

第三节　大型国际会议服务

一、规范案例

一次国际商务会议后，主办方新来的商务文员刘诗面对一大堆会议文件资料不知道怎样立卷归档。她把主要文件与一般文件混在一起归档，在编写目录时将本公司部门的与通讯者的混在一起。商务文员钟苗看到这种情况后，耐心地告诉她立卷归档的基本程序及注意事项，并手把手地教给她具体的操作步骤。告诉她商务文员需要在收齐会议文件后，及时整理会议相关文件，加工、修改与会人员的讨论稿，根据需要形成决议纪要或会议纪要。会议文件资料的立卷归档原则上是一会一卷，便于日后查找、利用。会议文件资料的立卷归档工作要严格遵守档案制度。及时将与会人员名单、议程汇报的资料、会议记录、会议纪要，会议照片、录像、录音等相关文件资料组卷归档，注意分门别类或按时间顺序装订成册。

注：商务文员需要重视文件资料的立卷归档工作。会议文件资料的立卷归档工作要严格遵守档案制度。立卷归档应该根据会议类型和材料多少而定。

二、应知应会

（一）国际会议的筹备

国际会议通常是围绕着特定的国际问题而进行的，它的举行往往涉及利害相关的国家。为了保证会议的成功，会前必须做好充分的准备。会议的准备工作一般包括会议的发起、会议召开的时间和地点的选择、会议的邀请，以及会议议程的拟定、会议文件的准备和有关的技术性问题（如与会各国代表团的座次安排名称的使用等）。周密的准备工作可为会议的成功奠定良好的基础。

1. 会议的发起

国际会议可由一国发起，也可由数国联合发起；也有一国倡议、数国发起的情况。不论发起的形式如何，国际会议总是与一定的国际局势发展相关。某些情况下，一些国家利用发起举行国际会议，来寻求提高国际威望、扩大影响。当然，有时过分热心于发起召开某一国际会议，则易引起其他国家的猜疑，而得不到响应。此外，有时即使一些国家倡议召开某一国际会议，并得到许多国家的支持，但由于有关主要当事国之一的反对，而难以举行。

从某种意义上说，会议的发起就是会议的酝酿过程。有关发起国家常常通过适当的外交途径，事先同其他国家，特别是有关主要国家就拟议中的会议交换意见，听取建议，以便对会议的召开达成一致或谅解。会议的议程、开会的地点、时间、参加的国家等常常是各方讨论、磋商的主要问题。

2. 会议的地点

国际会议的开会地点，虽然属于技术性问题，但由于其往往对会议的结果，特别是会议的气氛有相当的影响，故常为各方所关注。在 19 世纪，国际会议大都在主要有关的大国之一的首都举行。20 世纪以来，重大国际会议时常在中立地点（如瑞士的日内瓦、奥地利的维也纳等）举行。国际会议有时也在发起国的首都或某一城市举行，也有在对解决所讨论之问题最为关心的国家举行的情况，一些定期的国际会议（如西方七国首脑经济会议）轮流在各参加国举行或在有影响的国家举行（如不结盟首脑会议）。不少情况下，举办国际会议对东道国来说意味着在一定程度上对其国际地位的肯定，甚至扩大其国际影响。

3. 会议的邀请

一旦会议的准备工作停当，有关方面便着手邀请工作。邀请一般由会议主办国发出，有时由非主办国的发起国发出。在发出邀请信之时，应附有一份拟议中的程序规则草案，并说明对参加会议的要求。邀请信往往要阐明举行会议的目的和希望取得的结果。会议邀请的对象，即会议的参加国，一般应包括与会议讨论问题有关的所有国家，有时也包括对所讨论之问题有兴趣或对问题的解决可能发挥重大作用的国家。为了确保会议圆满成功，保证其结果的公正、合理并能得到普遍承认和遵行，一切直接有关的国家应该都被邀请参加会议。但是，有时某些国家为了达到一定的目的，故意借口阻止某个与会议所讨论问题有直接关系的国家参加会议。

在现代国际关系中，许多国际组织除召开定期的国际会议外，有时也发起举行临时性的国际会议。这类会议往往是根据某一国际组织基于部分成员国的建议所作出的决议而决定召开的。会议的时间和地点、议程、参加国，一般都在决定召开会议的决议中有所规定。有关的准备工作由该国际组织的秘书处负责。

（二）国际会议的举行

国际会议的主席，即会议的主持人，一般由与会国推举产生。推举多是一种形式，常常会前各国即已达成协商一致。按照惯例，会议的主席往往由东道国的首席代表担任，有时则由会议的发起国出任。某些情况下，为了保证会议的公正进行，国际会议采取几国轮流担任的方式，如1954年的日内瓦会议。出任主席一职的人通常应是在本国政府中担任较高职位并具有丰富经验的官员，比如外交部长或其他部长，也有一国首脑担任该职的情况。

会议主席对会议的进行及其结果具有一定的影响。作为会议主持人，主席应当客观、公正，需要坚定、敏感和灵活，并具有必要的耐心和克制。主席必须依照议事规则行事，同时又要善于引导会议的进程，以各种可能的方式，例如：给予非正式讨论的时间，在本人参与或不参与的情况下推动讨论的进行，或与个别代表进行磋商，以寻求打开僵局的共同基础。

1. 会议位次

双边会议位次按惯例应遵循一般的外交礼节。多边会议通常以与会国国名的英文（或法文）字母次序确定各国的位次。按传统，各国代表的席位依次交替地安排在主席的左右两方。现在，一般是按国名字母顺序，从主席右边开始排列位次。但主席右边第一个席位通常由抽签或协商决定。在有些情况下，由于不同因素的原因，如与会国之间的关系，各国代表团的人数，也影响到席位的安排。在国际和平会议中，交战双方国家的席次一般分为两个相对的集团。在一些国际组织的会议上，各国代表与主席相对而坐，各国代表的位次按抽签决定的字母顺序排列。

2. 会议组织

国际会议因其举行规模及讨论问题的不同，往往有不同的组织形式。有些会议只有全体会议（即大会），许多会议则分为全体会议和小组会议（即各委员会），有时还设立特别委员会。从理论上讲，全体会议为国际会议的最高机构。但在实践中，特别是在历史上，真正起最高机构作用的往往是由少数大国组成的某种形式的委员会。例如，1814年维也纳会议上的英、俄、奥、普四国委员会，1919年巴黎和会上的所谓"四国会议"。国际会议中，全体会议与小组会议一般交替举行。第一次全体会议具有开端的性质，其任务包括选举主席、通过议事规则、确定议程，并按需要建立相应的下属各委员会以及任命有关的官员（如各委员会主席、报告员等）。在有些会议中，还要举行一般性辩论，即由各代表团团长发表主旨性讲演。会议的具体问题常由各委员会的小组来讨论。小组会议中提出的各种主张和建议，由报告员归纳、综合后，提交全体会议审议和决定。在外交实践中，国际会议根据不同的情况往往分为公开性会议和非公开性会议，有时两者兼而有之。

3. 会议记录

许多国际会议都有会议记录。一般有三种类型：①逐字记录。②摘要记录。③决议文本。会议记录的内容一般需载明会议的日期、时间、地点、各国全权代表及工作人员的姓名，叙述讨论的经过、获得的结果及会议结束的时间。会议记录应得到各与会国的确认。会议记录有助于弄清哪些问题已经解决、哪些尚待努力，它也可以帮助后人了解会议的进程。

4. 会议结果

国际会议结束后总有一定的结果，其具体形式往往表现为会议的文件，如决议、协议、声明、宣言、条约、合约或最后文件。当然，也有的会议一无所获。会议的文件有时在会前就准备好了草案，以便在会议上供各国代表讨论、修改。有时则是在会议讨论的基础上草拟的。文件草案可由一国或数国提出，也可出于与会国的共同意愿而以主席的名义提出。会议文件必须经过大会的通过方有效。对会议文件表示赞同的国家都应履行其应该承担的义务。国际会议的条约、合约一般须经各国代表签字，并得到法定数量国家批准后才能生效。

三、业务技能训练

训练一

1. 训练背景

华夏企业家协会举办了"华夏公司融资操作研讨会"，此次会议邀请了国内外一批顶尖的经济学家、管理学家到场发表演说，各大媒体闻风而动，齐聚会场。商务文员邓林负责会议的信息宣传工作。她因事先对情况估计不足，当许多记者向她索要新闻稿、宣传资料、专家讲座大纲时，无法满足对方的要求，协会领导向她询问各大媒体对会议的报道情况时，她也没有做好剪报收集、留齐各种资料（文字资料、音像资料、图片资料等），无法为领导提供适用的信息。

2. 训练要求

邓林出了什么问题？

3. 训练提示

她应该做好充分的准备，准备好这次会议可能会使用到的材料。

训练二

1. 训练背景

小刘的公司应邀参加一个国际研讨会，老总特意安排小刘和他一道去参加，同时也让小刘见识大场面。可是小刘早上睡过头了，等她赶到，会议已经进行了 20 分钟，她在众人侧目下找到了自己的位置；刚坐下没 5 分钟，肃静的会场上又响起了刺耳的手机铃声，原来是小刘的手机响了，这下子小刘成了整个会场的明星……

没过多久，听说小刘就另谋高就了。

2. 训练要求

小刘的错误在哪里？

3. 训练提示

不管是参加大型国际会议还是单位内部会议，都必须遵守会议礼仪。特别是在大型国际会议这种高度聚焦的场合，稍有不慎，就会影响自己和单位的形象。

培训小结

本章主要阐述商务文员的会议服务工作，会议的准备阶段、会议的进行阶段、会议的结束阶段的会务工作，以及如何组织纪念会、座谈会等特殊会议，如何组织国际会议等内容。

重点名词与概念

——会议是有组织、有目的地召集人们商议事情、沟通信息、表达意愿的行为过程。

——座谈会是指与会者坐在一起交流信息、交换意见的会议。

练习与思考

1. 如何拟订会议议程、日程？

2. 会议纪要的内容和要求有哪些？

3. 会议文件大致有哪些？

4. 如何整理会议文件？

5. 汇编会议文件的方法有哪几种？

案例分析

汇编会议文件

2006 年 1 月 24 日，东川商学院举行《2005 年科研与教研教改课题及论文报告会》，会上宣读了经学校审批通过结题并获奖的课题 11 项、论文 17 篇。其中有 2 项课题获科研成果一等奖，3 项课题获二等奖，4 项课题获三等奖；有 1 篇论文获教研教改成果一等奖，3 篇论文获二等奖，5 篇论文获三等奖，8 篇论文获鼓励奖。东川商学院院长分别向获奖教师颁发了获奖证书和奖金。商务文员小王知道汇编会议文件可以是综合汇编，也可以按专题汇编，可根据内容、篇幅或需要按不同标准进行汇编。所以她采取以下两种方法汇编上述会议文件：

（1）将会议宣读的课题和论文按科研和教研教改分成两部分，分别汇编成《东川商学院2005 年科研成果汇编》和《东川商学院 2005 年教研教改成果汇编》。

（2）将会议宣读的课题和论文汇编成一卷：《东川商学院 2005 年科研与教研教改成果汇编》。

第九章　商务函电与外贸文书的阅读与运作

本章培训的主要内容：本章主要讲述商务函电与商务文员的阅读、摘要和办理；外贸商情调研与客户调研文书的概念、特点以及阅读、运作的要点；价格的构成与出口商品价格方案与经营方案的阅读、运作；外贸代销与包销协议的概念、内容以及国际商业广告和拍卖文书的相关内容。

本章应掌握的主要技能：熟悉商务函电、外贸商情调研与外贸客户调研文书、出口经营方案与出口价格方案、外贸代销协议与外贸包销协议、国际商业广告与国际拍卖文书的基本知识，掌握以上各种文书的阅读与运作方法。

第一节　商务函电与商务文员的阅读、摘要和办理

一、规范案例

赵明月在上海佳益有限公司做商务文员，她的工作职责之一是负责公司的商务函电的阅读和处理。她不但擅长商务英语写作，而且熟悉各种商务函电文体，拓展了本公司的对外沟通与商业合作的区域与范围，得到公司的嘉奖。

注：当今企业之间的经济交往与合作越来越广泛频繁，因而企业间通过商务函电来建立业务联系、维持友好合作关系、交流经济信息、增进友谊就显得越来越重要了。商务函电综合了信函和电子通讯的优点，既有法律效力又快捷方便。规范、简明、准确、得体的商务函电是企业吸引合作伙伴、树立企业形象、加强企业间合作与交流的重要工具与手段。

二、应知应会

（一）商务函电的概念与种类

随着电子技术日新月异的发展，国际贸易的操作方式发生了很大的变化：从编码和解码过程繁琐的电报、电传到今天的直接、快捷的电子邮件和电子传真。但不管形式如何变化，其实质仍然是商务函电。

1. 商务函电的概念

商务函电是指在日常的商务往来中用以传递信息、处理商务事宜以及联络和沟通关系的信函、电子文书。常用的商务函电涉及商务活动，尤其是国际商务活动的整个过程，其中有

询盘、还盘、下单、付款方式、装船、保险、代办、申诉、仲裁等环节。商务函电在当今世界贸易蓬勃发展之际，是商业交往中必不可少的手段，对外贸易的各个环节大多通过函电进行。从建立业务关系到达成交易、执行合同，以及执行合同过程中的纠纷等，大都需通过函电解决。在国际商务的操作实务中，各环节所有的交往函电都构成重要的法律依据。特别是当产生纠纷时，它有可能左右纠纷解决的结果。

2. 商务函电的种类

商务函电从形式上看，分为商务书信、商务传真、电子邮件及电报。商务函电从内容上看，种类各式各样，常用的有以下几种：联系函、询问函、推销函、订购函、答复函、商洽函、请求函等。

（1）联系函。这种信函首先自我介绍企业的实力、业务范围，以及声誉地位，接下来说明自己通过何种渠道获悉对方的业务信息，并适度表示对对方的敬仰，进一步表明自己有什么具体要求，如希望对方了解、购买自己的产品，或本企业欲了解、购买对方的产品等。

（2）询问函。价格问题是商务活动中交易双方关心的焦点，所以在写作询价及报价函时，价格问题一定要写得简洁切题，不可含糊其辞、吞吞吐吐，也不能生硬死板、不留余地，其原则是：卖方报价要清楚坦诚；买方询价要直截了当。

（3）推销函。推销函在商务活动中作用较大，推销函交代有关产品的名称、规格、型号、性能、使用方法、价格、成交条件、装运方式等内容，一般制成附件，或印在信笺的背面。

（4）订购函。订购货物函即订单其实在签发订单前双方已经过多次谈判磋商，基本上已达成共识，订单只是对以前商讨的确认。订单中要明确以下内容：商品名称货号或目录号，商品的规格与数量，商品的质量要求及检验方式，商品的单价与价格，运货条件，包括日期、地点、运输方式、运费承担等，包装及装运条件，付款条件等。当然并非所有的订单都要包含以上全部条款，但尽可能地详细一些可以避免不必要的麻烦。

（二）商务函电的特点

（1）语言简短，内容清晰。商务函电的交际双方是商务伙伴或潜在的商务伙伴，其语言风格是易读易懂，语气真诚、友好，表达正确、完整。只使用必不可少的词汇，清楚正确地传达信息。另外电子数据交换、电报等用语及短句的使用，也是其语言风格简洁化的原因。

（2）文体正式，措辞严谨。商务合作伙伴常常来自不同的地域甚至不同的国家，彼此间往往相距遥远。因此商务信函使用严肃、礼貌及正式的文体。

（3）格式自由，传递快捷。商务函电的格式多种多样，主要体现在信头、呼语和信内地址等方面。随着贸易双方业务联系的增多与贸易关系的加强，彼此间的了解与沟通日益深入，交往更加随意，因而来往函电相对自由。随着信息技术、多媒体技术和网络技术的发展，传真、互联网、电子邮件等更为迅速、方便、经济的通讯手段在商务函电中占绝对优势。进出口商可在网上轻轻松松地发广告、报价格、下订单、签合同、结货款等。

（三）商务函电的写作

1. 商务函电的写作原则

商务函电写作原则，可以称为 7 个 c 原则，即：完整（complete）、正确（correctness）、清楚（clearness）、简洁（concreteness）、具体（concreteness）、礼貌（courtesy）、体谅

（consideration）。

（1）完整，指商务函电应完整表达所要表达内容和意思，何人、何时、何地、何事、何种原因、何种方式等。

（2）正确，指表达的用词用语及标点符号应正确无误，因为商务函电的内容大多涉及商业交往中双方的权利、义务以及利害关系，如果出错势必会造成不必要的麻烦。

（3）清楚，所有的词句都应能够非常清晰明确地表现实际的意图，避免歧义或者含混不清。用最简单普通的词句来直截了当地告诉对方自己的意图。

（4）简洁，在做到准确、礼貌的前提下，应用最少的文字表达真实的意思，不能拖沓冗长。清楚和简洁经常相辅相成，一事一段则会使函电清楚易读和富有吸引力。

（5）具体，信函所要交代的事项必须具体明确，尤其要注意需要对方答复或会对双方关系产生影响的内容，不能一带而过。

（6）礼貌，是商务信函写作的主要原则之一，是缓和紧张气氛，赢得尊重的有效手段。尽管商场竞争激烈，但商函上总是彬彬有礼。礼貌的沟通可能化解分歧而不影响双方的良好关系。

（7）体谅，是为对方着想，始终以对方的观点来看问题，根据对方的思维方式来表达自己的意思，这样容易获得对方的认同，有利于双方达成共识。

2. 商务函电的结构

（1）称呼敬语。如知道对方姓名，直接称呼某先生，如不知道对方姓名，可用"尊敬的先生"。如对方职务较高，则最好用其职务名称，如："刘主任"、"王经理"。

（2）正文。陈述自己要说明的问题。

（3）结束敬语。常用尾语，商洽函："恳请协助"、"不知贵方意见如何，请函告"。询问函："请速回复"、"盼复"、"请予复函"。批准函："当否，请审批"。答复函、批答函："此复"、"特此专复"。

（4）署名。

（四）阅读、办理商务函电的准备

对于商务文员来说，阅读、办理商务函电要有一些最为基本的准备，包括熟悉商务函电的接收和发送工具。

1. 熟悉传真、电子邮件的使用

商务文员要掌握办公中常用的商务函电的发送工具的使用，并要熟练掌握。传真机可以当作远距离复印机使用，占用普通电话线。备忘录拷贝、信件、图表、草稿和许多种文章都可以通过传真机从一地传到另一地。传真还有很多功能，如：无人值守功能，可以节省人员，特别是对时差很大的国际间传真通信更有其实际意义；图像自动缩扩功能，有时发送的文稿尺寸未必与收方记录纸刚好配套，这时可以通过调整，使文稿按比例缩小或放大；自动进稿和切纸功能，纸张由机上的自动切纸器控制，按照顺序依次自动发送；色调选择功能，有的传真机除能传送黑白两种色泽外，还可以传送深灰、中灰以及浅灰等中间色调；缩位拨号功能，对于一些经常的传真对象，可以将其位数较多的电话号码用一两位自编代码来代替。电子邮件的使用，参见本书相关章节。电报要经邮局发送，程序简单。

2. 建立商务函电档案

商务函电的目的在于商业磋商和交流，商务活动的双方可以通过不同的载体和媒介进行沟通和联系。对于商务文员，每天都会接触到大量商务函电，根据函电的介质不同，要建立纸质存档文件夹或电子文件夹。在文件夹中可以按照函电涉及地区将其分类。如果公司与国内的几个省、国际上的几个国家和地区有业务往来，或者计划发展业务关系，就要分成多个文件夹，标记不同的地区。在具体某个地区的文件夹首先要包括多个客户的函电目录，后面是与客户间的函电往来记录与函电原件及函电处理情况。

（五）商务函电的阅读、摘要与办理程序

阅读、摘要和办理商务函电，需要根据函电的重要程度、关涉内容遵循不同的步骤和方法，但基本按照以下程序进行。

1. 根据内容选择处理的方式

商务文员对于每天收到的商务函电要按照其内容，选择处理的时间、方式等。对于表达礼节性问候或加强沟通联系的礼仪函电，商务文员可以简单记载来电人、来电时间，汇集在一起，定期向上级汇报。对于涉及公司重要订单或潜在重大商机的函电，商务文员需要停下手中其他工作，立即处理。

2. 抓住不同种类商务函电的重点

根据商务函电的种类不同，商务文员在阅读时，要关注不同的侧重点。如询问函，目的在于询问某项具体适宜，所以询问的事项内容是重点。推销函，是推销自己的产品，优惠政策和公司经营产品细目表是重点。订购函，是在买方对报价和样品均感到满意的情况下，为订购货物给卖方发送的函电，因此订购物品名称、数量、目录编号、价格、交货期就是需要关注的重点。

3. 商务函电摘要与办理

根据接收的商务函电突出的重点不同，商务文员要将其中提及的需要公司各部门协力完成的工作写成简短的摘要，有必要可以交给上级过目，再交给具体的经办部门和经办人员。下面以某公司接收的订购函为例，说明如何写商务函电的摘要和办理商务函电。

×××先生：

贵厂×月×日的报价单获悉，谢谢。贵方报价较合理，特订购下列货物：

EPSON LQ－100 打印机 10 台单价 1500 元总计 15000 元

STAR AR－2463 打印机 10 台单价 900 元总计 9000 元

CICIAEN CKP－5240 打印机 10 台单价 1500 元总计 15000 元

交货日期：×年×月底之前

交货地点：××市××仓储部

结算方式：转账支票

烦请准时运达货物，以利我地市场需要。

我方接贵方装运函，将立即开具转账支票。

请即予办理为盼。

××公司

×××年×月×日

商务文员拿到订购函，①摘要并交给相关部门办理。把其中提及的订购产品列成表格、交货日期、地点标记清楚，交给销售部门，由销售部门备齐商品。②监督订购货物的办理情况。在交货的最后期限前，商务文员要询问货物的准备、发送情况，如果有意外及时向上级汇报。③了解售出商品的财务结算情况。客户订购货物交货后，商务文员对于订单的货款是否到账要及时了解。如果遇到客户货款延期交付，要给对方发催款函电。④将客户信息存档。客户的积累是公司发展、拓展市场的重要基础，所以要把客户的相关信息储存、归档。商务文员把与客户之间来往的商务函电，按照国家和地区的分类存入预先建立的函电档案夹中，并定期与存档客户保持联系，如逢重要节日发礼仪函电进行情感沟通与交流。

三、业务技能训练

训练一

1. 训练背景

上海佳益有限公司为了培训员工需要增设自动化综合网络实训室，特向社会公开招标，招标邀请函如下：

招标邀请函

就以下项目进行公开招标，接受合格的投标人提交密封投标文件。有关事项如下：

1. 项目名称：自动检测实训室拓展部分——（自动化综合网络实训室）

2. 招标编号：GTXYDQ06

3. 招标内容：自动化综合网络实训室

4. 项目完成时间与交货地点：签订合同后 20 天内完成设备的供货及安装、调试并进行验收，交货地点：上海佳益有限公司（上海市京东中路 500 号）。

5. 投标人的资质要求：

（1）在中华人民共和国境内注册的独立企业法人，注册资金不少于 600 万元人民币（含 600 万元），并在上海设有分公司或售后服务机构，包括拥有相应的服务人员。

（2）投标人必须承诺中标后，能提供本项目的所有设备生产厂商出具的针对本项目的授权书和投标文件中所提供的资质证明文件原件核对。

（3）所提供的实训设备部分整套设备的质量、安全系数要符合规格（要求有省级以上的检验机构的检验证书复印件加盖公章）。

6. 本招标文件规定的时间（北京时间）：

（1）递交投标文件截止时间和开标时间：10 月 30 日下午 2：30。

7. 本招标文件规定的地点：上海佳益有限公司培训部。

8. 本项目的投标保证金为人民币拾万元整。投标保证金的有关事项按投标人须知的有关规定执行。

上海佳益有限公司
2009 年 10 月 25 日

2. 训练要求

指出招标邀请函中遗漏的内容。

3. 训练提示

缺少招标机构和联系方式。

训练二

1. 训练背景

赵明月刚刚调到一个新部门，工作热情很高，每一次接到函电，因为害怕耽搁重要的事情，都第一时间呈送给上级。

2. 训练要求

赵明月做得对吗?

3. 训练提示

赵明月的工作方式看似认真，但并没有尽责。商务文员的工作不是简单地接收商务函电，而要根据其内容选择处理方式，更不必件件请示上级。

第二节　外贸商情调研与外贸客户调研文书的阅读与运作

一、规范案例

上海佳益有限公司要开拓东南亚市场，经理要求商务文员赵明月负责外贸商情调研与外贸客户调研，并在一个月内交出书面报告。赵明月了解国内外同行在东南亚市场的发展状况，收集各种相关资料，在网上进行问卷调查，摸清了东南亚市场的需求和供应情况，并做了可行性分析。撰写了资料翔实、分析透彻的外贸商情调研与外贸客户调研报告。她的报告成为公司决策的重要依据。

注：企业的进出口贸易经营要遵循一定的流程，首先就要了解外贸商情，对国际市场和客户的各种情况进行分析、研究，了解国际市场需求、发展趋势、业内竞争对手的商务活动历史与现状，客户的倾向与特点，进而决定自己的企业该做什么和怎么做。

二、应知应会

（一）外贸商情调研与外贸客户调研文书

外贸商情调研与外贸客户调研，是商务部门、商情调研公司或企业的市场部运用科学的调查方法，有目的、有计划的搜集相关的商情与客户信息和数据，进行深入系统的分析、研究，以便了解国际市场贸易的现状、趋势和发展规律，掌握客户的行为态度、独特需求的信息处理过程。

1. 外贸商情调研文书的概念与种类

在外贸商情调研的过程中所使用的调查研究、预测分析、调研咨询等文书，都属于外贸商情调研文书的范围。外贸商情调研文书，是指运用科学的分析方法，对世界经济、贸易的形势、现状、变化趋势，对各国各地区的市场行情、销售环境、流通渠道、竞争结构进行广泛、深入地调查研究所写的书面材料。

外贸商情调研是一个信息情报的处理过程，要经历调查目标的选择、调查方案的确定、调查问卷的设计、调查数据的整理、调查现状的分析、发展趋势的预测，最后是外贸商情调研文书的形成。外贸商情调研文书的种类繁多，外贸商情调研的每一个阶段都有相应具体的文书记录，前一个环节的文书是后一个文书的基础和基本条件。主要包括商情调查提纲、商情调研问卷、商情调查报告、商情预测报告、商情简报、商情新闻、商情跟踪调查报告等。

2. 外贸客户调研文书的概念与种类

外贸客户调研是对消费者或产品购买者的文化背景、群体特点、行为态度、消费倾向、独特需求等方面进行深入调查与分析，从而为贸易经营提供科学的借鉴和依据。客户的需求是企业生产、运行的指挥棒，只有对客户全面深入的了解，才能保障企业决策的正确性。外贸客户调研文书是在对外贸客户研究的过程中形成的诸种书面材料，它包括：客户满意度调查、潜在客户研究、客户关系管理调查等。对外贸客户调查除去常规的客户需求、客户偏好之外，还要特别注意不同国家、不同民族的独特风俗礼仪和习惯，才能更好制定经营方案与策略。

3. 外贸商情调研与外贸客户调研文书的特点与作用

由于外贸商情调研与外贸客户调研文书是在商情调研和客户调研的科学过程中形成的书面文字，具有自己的独特之处。①客观性。外贸调研文书是对国内市场结构、需求、发展的分析、预测，所以其内容追求的是真实、准确与客观事实情况相符合。②评析性。外贸调研文书在陈述客观情况的基础上，对于获取并描述的数据、事实、现象进行了深入的分析、比较、研究。③时效性。外贸商情调研文书的撰写目的在于给企业的外贸经营活动以决策依据，所以迅速、及时地反映国际市场的各种情况是它的突出特点。

外贸商情调研与外贸客户调研文书的作用主要有：①给企业提供行业的国际发展现状、发展态势分析。②让企业熟悉上下游产业状况。③使企业了解行业的国际竞争格局，选择竞争策略。④保障企业科学的决策。为业务部门在组织出口货源、制定年度计划和长远规划、组织出口推销和进口进货、掌握好进口价格、改善经验管理方面，提供足够的信息和客观依据。

（二）外贸商情调研与外贸客户调研文书的阅读与运作

1. 外贸商情调研与外贸客户调研文书的来源

外贸商情调研与外贸客户调研文书有多种来源和渠道，针对具体的公司企业而言又各有不同，主要与公司或企业的规模、生产经营的产品的类别、公司的性质等因素有关。对于一般的公司和企业来说，外贸商情调研与外贸客户调研文书的来源主要有以下方面：

（1）商务部门做的专题性统计调查，经常以商情简报或商情新闻的形式出现。这类商情调研信息都是公开的、免费的，需要商务文员关注各类报纸、期刊，并上网查阅。

（2）专业咨询公司所做的商情、客户研究报告。这类报告是由专业的市场商情研究人员在来自可靠的数据的基础上对某种产品、某个行业、某个地区或国家的贸易现状所做的全面、系统的分析和预测。因为专业咨询公司具有专业市场调查研究人员，并在商情与客户的调研过程中积累了丰富的经验，所以此种来源的商情和客户调研资料具有科学性与实用性，是企业在外贸经营中必不可少的重要借鉴与参考。企业还可以根据自己的需要向咨询公司订购某一专题的商情和客户调研报告。

（3）企业的市场调查部门提供的外贸商情调研与外贸客户调研文书。一般在大型企业或公司都有自己的市场调查部门，但其运行需要大量投入，不但要配备专门的市场调查人员还要订购大量的图书、报刊。不过企业自己的市场调查部门，工作针对性强，能够从本企业的需要出发，有的放矢地进行调研工作，并写出更为适用的商情与客户调研报告。

（4）公司的经销商或代理商完成的调研文书。经销商或代理商在做好本地市场这一基本愿望上是与公司完全一致的，在这一前提下，公司可以策划、指导经销商或代理商做好本地区的商情调研工作，包括本地区基本状况、消费者状况、竞争品牌状况调查，以及当地媒介状况调查、当地政府、民间活动调查等。

2. 外贸商情调研与外贸客户调研文书的阅读与运作

不管哪一个来源的外贸商情调研与外贸客户调研文书，都是先由商务文员统一审阅、处理。商务文员根据外贸商情调研与外贸客户调研文书的结构和内容，来把握其中对公司有借鉴作用的观点、策略。外贸商情调研和客户调研，涉及产品从生产到流通领域最终到消费者手里的各个环节。主要包括市场供求、产品的情况、消费者的情况、市场竞争情况等。商务文员在阅读时要把握其中对企业有重要作用的特定调查内容，并做处理。

（1）了解国际市场的变化和需求，包括市场需求的商品的品质、规格、花色、品种、款式、包装。只有符合国际消费需求的产品才能有市场，商务文员首先要了解这个重要的方面。

（2）了解出口地区的消费习惯。不同的国家和地区消费差异极大，这与不同地域形成的历史文化密切相关，只有找准了拟出口地区的消费喜好，才可能拥有当地市场。

（3）从中了解、熟悉不同国家的政策、法令和分配渠道，只有了解好当地的市场，才能制定出口经销方案，选择具体的经销方案和销售方法。

（4）掌握进出口商品的价格。国际商品价格和金融货币汇率千变万化，力争把握价格的变动，获得最大的利润空间。

（5）了解国际市场的竞争情况，力争做到知己知彼，了解主要竞争者的情况，正确判断企业在国际竞争中的地位。

（6）掌握客户的结构、特点和组成，为凭借有经营能力的客户建立销售网络做准备。

（7）理解外贸商情调研与外贸客户调研信息中所做的市场评析与预测。

（8）根据前面步骤的阅读重点，商务文员可以对关键内容做出提示，并深入了解，对调研文书中没有涉及的内容进行补充，最终写出调研文书的摘要，一并提交上级作决策参考。

3. 外贸商情调研与外贸客户调研文书的阅读注意事项

因为外贸商情调研与外贸客户调研文书的来源不同，商务文员在阅读时要注意以下问题：

（1）选择权威机构和有信誉的咨询公司所做的调研报告。外贸商情调研与外贸客户调研不仅是客观现象和数据的陈述，还需要市场研究人员具有丰富的相关知识、经验与宏观把握能力，才可能做出准确的分析和预测。

（2）关注外贸商情调研与外贸客户调研报告中的客观数据，勤于动脑思考，运用自己的分析判断能力解决问题。商务文员在阅读中不能被动接受，要发挥自己的主动性，善于提问和思考。

（3）熟悉外贸商情调研与外贸客户调研的常用方法。商务文员有必要掌握相关的调查程序与方法，以清楚调研结论和预测是在怎样的条件下得出的，才能正确判断调研内容对于本企业和公司的适用度。

（三）外贸商情调研搜索

1. 常用网址

如何最快捷地搜索到需要的外贸商情信息，是商务文员提高工作效率的有效途径。下面是国内外常用的商情调研网址。

中商情报网 http：//www. chnci. com

中华调研网 http：//www. cmrr. com. cn/

中国商业情报网 http：//www. 21cnci. com/indeX. html

中国调研网 http：//www. umrnet. com/

中国联合市场调研网 http：//www. cu—market. com. cn/

纳博国际咨询 http：//www. chinapgc. com/

好参谋贸易咨讯 http：//www. tradegps. com/

博讯报告网 http：//www. 365report. com/

加博研究咨询集团 http：//www. reportol. com/

中国行业研究网 http：//www. chinairn. com/

国际招标网 http：//www. worldbidding. cn/

报告直通车 http：//www. reportbus. com/

塔塔咨询 http：//www. willand. com. cn/

报告在线 http：//www. 51report. com/

国际价格信息网 http：//china. jagol. com/

2. 外贸商情搜索技巧

即使知晓了众多的商情网站，但商务文员如果每天逐一浏览成百上千的网站，是根本办不到的。解决这种问题的办法是选用网络营销软件。这些软件可以自动在几千个商务平台上搜集客户所需的各种商情。搜索内容包括：最新供求、商业合作信息、最新客户、行业或地区客户邮件等。并且搜索信息和发布信息需要的时间很短，几分钟就可以从上千个网站上找到自己需要的信息。这些软件包括：商务快车、快枪手商情搜索王、点金商务引擎等。如商务快车能够在 2000 多个全球知名商贸网站的庞大企业数据库、产品数据库中搜索想要的企业目录；调查研究全球的同类产品，及时生成完整的商情报告。

三、业务技能训练

训练一

1. 训练背景

上海佳益有限公司在东南亚市场已经拥有一批经销商和代理商并占有一定市场份额，但近期销售量下降、业务开展受阻。负责东南亚市场商情调研工作的赵明月，收集了商务部门做的专题性统计调查并了解了同行业的国际、国内现状，做了比较详尽的市场调研，但经理要求赵明月就东南亚本地具体情况做更深一步调查。

2. 训练要求

赵明月应该通过怎样的渠道做更深一步的市场调研？

3. 训练提示

赵明月请公司的经销商或代理商完成进一步的调研工作。经销商或代理商在做好本地市场这一基本愿望上是与公司完全一致的，赵明月策划、指导经销商、代理商做好本地区的商情调研工作，包括本地区基本状况、消费者状况、竞争品牌状况调查以及当地媒介状况调查、当地政府、民间活动调查等。终于找到了市场份额下降的原因，并找到了解决问题的办法。

训练二

1. 训练背景

公司要刚刚参加工作的赵明月负责搜集外贸商情，她每天勤勤恳恳坐在电脑前，互联网上每一条信息她都不想放过，一一筛选有用的外贸商情，但几天下来收效甚微，因为一一浏览每个商情网站费时费力，找到自己需要的内容时又发现很多需求已经过期了。

2. 训练要求

赵明月应该怎样改进自己的工作？

3. 训练提示

赵明月需要掌握一些常用的外贸商情搜索网址和使用网络营销软件。这些软件可以自动在几千个商务平台上搜集客户所需的各种商情。搜索内容包括：最新供求、商业合作信息、最新客户、行业或地区客户邮件等。并且搜索信息和发布信息需要的时间很短，几分钟就可以从上千个网站上找到自己需要的信息。

第三节　出口商品经营方案与出口商品价格方案的阅读与运作

一、规范案例

佳益有限公司的商务文员赵明月参与公司商品 2009 年出口东南亚的业务，她负责商品经营方案中数据准确性的检验，核实国外市场状况、商品和货源情况。因为此商品经营方案的篇幅很长，赵明月对其进行摘要说明呈交上级。她还针对此份出口商品经营方案的格式、内容提出自己的修改意见，一并提交给上级审阅。之后该方案经修改完善进入执行阶段，赵明月检查方案执行情况，定期写出方案执行总结和汇报。她的工作得到上级好评。

注： 在有出口业务的企业或公司，商务文员需要熟悉出口商品经营方案与价格方案基本知识，并能够准确抓住两种方案的要点，在方案的执行过程中做好参考服务工作。

二、应知应会

（一）出口商品经营方案的概念和内容

1. 出口商品经营方案的概念

所谓出口商品经营方案，是企业根据国内外市场、企业经营决策及目标对其所经营的进出口商品所做的一种业务计划安排。它可使企业交易有计划、有目的地顺利进行，是企业同客户洽商交易的依据。

2. 出口商品经营方案内容

（1）商品和货源情况。包括商品的特点、品质、规格、包装，国内生产数量、可供出口数量、当前库存及国内需要量等；

（2）国外市场情况。包括国外商品生产、消费、贸易情况，主要进出口国家的交易情况，今后发展变化的趋势，国外主要市场经营该商品的基本做法、销售渠道等；

（3）经营历史情况。包括我国进出口商品在国际市场上所占的地位，主要进出口地区及销售情况，国内外客户的具体反映，经营该商品的经验、教训等；

（4）经营计划安排。主要包括进出口商品的数量、金额，对某国或某地区出口或进口的数量、进度等；

（5）营销策略。包括客户利用措施，采取的贸易方式、价格的掌握、收汇方法、出口销售的原则策略等。

（二）出口商品价格概述

出口商品价格的表述与形式是固定不变的，它受多种因素的影响。商务文员要在出口业务中做好服务工作，就要了解对外贸易术语和出口商品价格的核算问题。

1. 商品价格概述

（1）商品的价格。通常是指单位商品的价格，简称单价，包括：货币名称、单价金额、计量单位、贸易术语。例：USD1000.00/doz CIF London. 即：USD（货币名称）、1000.00（单价金额）、doz（计量单位）、CIF London（贸易术语）。

（2）商品的计价货币。是指合同中规定的用来计算价格的货币。这些货币可以是出口国或进口国的货币，也可以是第三国的货币，但必须是自由兑换货币（见下表）。出口贸易中，计价和结汇争取使用硬币，即币值稳定或具有一定上浮趋势的货币；进口贸易中，计价和付汇力争使用软币，即币值不够稳定且具有下浮趋势的货币。

出口交易中常用的计价货币

货币名称	货币符号	简写
英镑	£	GBP
美元	US$	USD
港元	HK$	HKD
瑞士法郎	SF	CHF
德国马克	DM	DEM
法国法郎	FF	FRF
日元	J¥	JPY
欧元	€	EURO

（3）计价货币的汇率折算。汇率是用一个国家的货币折算成另一个国家的货币的比率。

汇率的折算我国采用直接标价法，即用本国货币来表示外国货币的价格，外币是常数，本币是变量。例：100 美元＝827.27 元人民币。出口结汇是银行付出本国货币，买入外汇，用买入价；进口付汇是银行买入本国货币，卖出外汇，用卖出价。

（4）佣金与折扣。佣金是卖方或买方付给中间商作为其代买代卖的酬金。通常在 1%～5% 之间。折扣是卖方按照原价给予买方一定百分比的减让。

2. 三种贸易术语的对外报价核算

出口报价通常使用 FOB、CFR 和 CIF 三种价格，应按照如下步骤进行：明确价格构成，确定成本、费用和利润的计算依据，然后将各部分合理汇总。

（1）FOB、CFR 和 CIF 三种价格的基本构成。

FOB：成本＋国内费用＋预期利润；

CFR：成本＋国内费用＋出口运费＋预期利润；

CIF：成本＋国内费用＋出口运费＋出口保险费＋预期利润。

（2）核算成本。实际成本＝进货成本－退税金额（退税金额＝进货成本÷（1＋增值税率）×退税率）。

（3）核算费用。国内费用＝包装费＋（运杂费＋商检费＋报关费＋港区港杂费＋其他费用）＋进货总价×贷款利率/12×贷款月份。银行手续费＝报价×0.5%。客户佣金＝报价×3%。出口保险费＝报价×110%×0.85%。

（4）核算利润，利润＝报价×10%。

（5）三种贸易术语报价核算过程。FOBC3 报价的核算：FOBC3 报价＝实际成本＋国内运费＋客户佣金＋银行手续费＋预期利润。CFRC3 报价的核算：CFRC3 报价＝实际成本＋国内运费＋出口运费＋客户佣金＋银行手续费＋预期利润。CIFC3 报价的核算。CIFC3 报价＝实际成本＋国内运费＋出口运费＋客户佣金＋银行手续费＋出口保险费＋预期利润。

（6）对外报价的验算。成本＝收入－支出。

3. 出口商品的价格的构成及核算

出口商品价格的构成主要包括成本、费用和利润三个部分。

出口商品的核算包括：

（1）成本核算。我国实行出口退税制度，采取对出口商品中的增值税全额退还或按一定比例退还的做法，即将含税成本中的税收部分按照出口退税比例予以扣除，得出实际成本。计算公式：实际成本＝进货成本－退税金额。

（2）运费核算。班轮运输，根据是否装入集装箱可以分为件杂货与集装箱货：一是件杂货运费，基本费用＋附加运费。附加运费一般以基本运费的一定比率计收。二是集装箱货运费，件杂货基本费率＋附加费（拼箱）；包箱费率＋附加费（整箱）。

（3）保险费核算。保险金额一般是 CIF 价格加上 10% 的加成，保险金额＝CIF 货值×（1＋加成率），保险费的计算公式为保险费＝保险金额×保险费率，但在实际操作中，如果货值不大，比如在 2000 美元以下的，一般作简易处理，统一收取约 100 元人民币作为保险费。

（4）佣金核算。佣金是付给中间商的报酬，佣金的计算通常以发票金额作为基础。

（5）利润核算。采用利润率核算利润时，一般是以某一成本或某一销售价格为基数。以实际成本为依据：利润＝实际成本×利润率；以销售价格为依据：利润＝销售价格×利润率。计算利润的依据不同，销售价格和利润额也不一样。

（6）盈亏核算。盈亏核算的指标主要有两个：一是换汇成本，是出口商品获得每一单位外币的成本，即出口净收入1单位外币所耗费的人民币数额。换汇成本高于外汇牌价，出口为亏损；反之则为盈利。公式为：换汇成本＝出口总成本（人民币）/出口销售外汇净收入（美元）。二是出口盈（亏）额：出口销售人民币净收入与出口总成本的差额，净收入大于总成本为盈利；反之为亏损。公式为：出口盈（亏）额＝（出口销售外汇净收入×外汇买入价）－出口总成本。

4. 影响出口商品的价格的因素分析

对出口商品价格有影响的因素有：

（1）交货地点和交货条件。不同的交货地点和交货条件，买卖双方承担的责任、费用和风险也不同。

（2）运输距离。运输距离的远近关系到运费和保险费的开支，从而影响商品价格，要核算运输成本。

（3）商品的品质和档次。在国际市场，按质论价，要看品质、包装、款式、商标与牌名的知名度。

（4）季节因素。某些节令性商品，过了节令往往售价很低。要充分利用节令因素，提高价格。

（5）成交量。成交量大，在价格上应予适当优惠，或采用数量折扣办法。

（6）支付条件和汇率变动的风险。支付条件是否有利和汇率变动风险的大小，都影响商品的价格。确定商品价格时，一般应采用对自身有利的货币成交。如采用不利货币成交时，应把汇率风险考虑到商品价格中去，即适当提高价格降低买价。

（三）出口商品价格方案的概念和内容

出口商品价格方案要比出口商品经营方案更简单，仅对市场和价格提出分析意见并规定对各个地区的进出口价格以及掌握进出口价格的原则和幅度。

1. 出口商品价格方案的概念

出口商品价格方案，是企业根据商品的成本与盈亏核算，在考虑商品价格影响因素的基础上，综合历史价格，确定出口商品价格的过程的书面表达方式。通过出口商品价格方案，出口企业在报价前对价格进行充分的研究，确保在报价中凭借自己的综合优势，掌握主动。

2. 出口商品价格方案的内容

出口商品价格方案的内容包括：

（1）市场分析。对出口商品的国际市场行情、状况进行分析。

（2）出口商品价格核算。运用出口商品价格相关公式计算出口商品的成本、利润和盈亏。

（3）影响价格的因素分析。在出口贸易中商品的价格不是仅由成本和盈亏核算确定的，可以参照国际市场价格水平，结合国别政策，充分考虑影响价格的种种因素来确定价格。同一商品在不同情况下应有合理的差价。

（4）同类商品的历史价格。统计同类商品的历史价格，也是方案中的重要内容。

（5）确定各个地区的出口商品价格。在综合考虑出口商品价格核算与价格影响因素的基础上，再参考同类商品历史价格确定现在的出口商品价格。

（6）说明出口商品价格变化的原则和幅度。

（四）出口商品经营方案与价格方案的阅读与运作

出口商品经营方案与出口商品价格方案都是在商业谈判前的准备工作，是对于经营行为的一种理性分析、计划和判断。价格方案是经营方案的简化和具体，在小商品贸易中经常用到。商务文员在两种方案的审批与运作的过程中，需要细心检查，并监督其执行情况。

1. 出口商品经营方案与价格方案的阅读

商务文员在阅读出口商品经营方案与价格方案时，注意以下方面：

（1）核实情况和数据。商务文员对于方案中提及的国外市场状况、商品和货源情况以及历史上该产品的经营状况要根据自己的经验和知识给予评价与核实。如果自己有新的信息可以作为补充说明，附加在文本上。对于方案中的数据，尤其是关于商品价格的成本、盈亏、利润核算，商务文员应该按照既有公式检验其准确性。如果内容有误，商务文员需要与撰写人联系，及早改正。

（2）撰写简要说明。有时商品经营方案的篇幅很长，商务文员需要对其进行摘要说明，以便上级在最短的时间了解方案的内容。

（3）提出完善建议。商务文员有责任检查出口商品经营方案与价格方案的格式、内容是否完善。并指出需要修改的方面，提出自己的修改意见，一并提交给上级审阅。

2. 出口商品价格方案的运作

经过公司审核通过的出口商品经营方案和价格方案，进入执行阶段，商务文员也要参与其中。

（1）检查方案执行情况。两种方案是公司出口经营中的一种业务计划书，因此在具体的出口合同签订、履行过程中，方案内容的执行情况需要检查、监督。商务文员要检查拟签订的合同是否符合出口商品经营方案与价格方案的相关计划。

（2）定期总结汇报。商务文员对于出口商品经营方案与价格方案的执行情况，要定期总结，并写成书面的汇报，提交给上级，以便协助上级对于公司各种业务进行控制和检查。

（3）提出修订条款建议。国际商品市场千变万化，事先制定的出口商品经营方案与价格方案可能随着某些情况的出现，而不合时宜。商务文员在准确把握市场情况的基础上，要及时提出修改某些条款的建议。

三、业务技能训练

训练一

1. 训练背景

上海佳益有限公司针对出口东南亚的产品制定出一套出口商品经营方案和价格方案。商务文员赵明月受命负责在具体的出口合同签订、履行过程中，检查拟签订的合同是否符合出口商品经营方案的相关计划，她认为这超出了自己的工作范围。

2. 训练要求

赵明月的想法对吗?

3. 训练提示

商务文员赵明月在公司审核通过的出口商品经营方案和价格方案的执行阶段,要负责检查方案执行情况。商品经营方案和价格方案是公司出口经营中的一种业务计划书,因此,在具体的出口合同签订、履行过程中,方案内容的执行情况需要检查、监督。

训练二

1. 训练背景

赵明月负责制定公司出口东南亚部分产品的商品价格方案。她考虑到东南亚运输距离比北美市场距离短,就报出低于北美市场 20% 的价格,经理看过批评她考虑不周,要她重新制定商品价格方案。

2. 训练要求

你觉得赵明月哪些方面考虑不周?

3. 训练提示

赵明月只考虑到运输距离对商品价格方案的影响是不全面的。影响商品价格方案的因素还包括:交货地点和交货条件,商品的品质和档次,季节因素,成交量,支付条件和汇率变动的风险等。

第四节　外贸代理协议与外贸包销协议的阅读与运作

一、规范案例

上海佳益有限公司要与多家客户签订外贸代理协议与包销协议,赵明月作负责文字工作,她在阅读协议的过程中做了以下工作:考察代理商和经销商的资质,判断代理或包销商品数量、价格在销售地的合理程度,分析协议的可行性并把握双方各自的权利和义务;核对包销或代理产品的数量等数据;检查代销协议与包销协议中的费用负担与时间约定;附加自己的建议,提请上级参考。她在各个环节缜密的工作使得公司与客户签订协议的进程加快,得到上级赏识。

注:商务文员在公司出口销售的过程中,要熟悉外贸代理协议与外贸包销协议的格式、内容,并能根据实际工作需要起草、阅读、处理两种协议,熟练掌握两种协议运作的一般过程。

二、应知应会

(一) 外贸代理协议的概念与内容

1. 代理的含义和种类

代理 (agency) 是指代理人 (agent) 按照委托人 (principal) 的授权,代表委托人与第三人订立合同或实施其他法律行为,而由委托人负责由此产生的权利与义务的贸易方式。

国际贸易中的代理按委托人授权的大小分为总代理、独家代理和一般代理。总代理,全权代理,有权签订合同。独家代理(exclusive agency; sole agency),有专营权。一般代理(commission agency),无专营权。

代理按照行业性质不同可分为销售代理、购货代理、运输代理、广告代理、诉讼代理、仲裁代理、银行代理和保险代理等。

代理的特点:代理人接受委托指示行事;代理人有推销商品的义务,但没有必须购买商品的责任;代理人居间介绍,赚取佣金,不负盈亏责任。

2. 外贸代理协议及其内容

外贸代理协议,是明确规定委托人和代理人之间权利与义务的法律文件。其内容包括:①订约双方名称、地址及订约的时间、地点。②商品种类、地区范围以及商标等。③代理的委任、受任及法律关系。④委托人的权利与义务。接受和拒绝订货的权利;维护代理人权益的义务;向代理人提供广告资料(样品、样本、目录等);保证向代理人支付佣金等。⑤代理人的权利与义务。代理人的权利范围;代理人积极促销的义务;代理人保护委托人财产、权利的义务;代理人的推销组织方式;代理人对客户资信进行调查的义务;代理人提供售后服务的义务;代理人向委托人汇报市场情况的义务;保密问题等。⑥佣金支付。佣金率、佣金的计算基础、佣金支付时间和方法等。⑦协议的期限和终止。⑧不可抗力和仲裁。

(二) 外贸包销协议的概念和内容

1. 外贸包销协议的概念

外贸包销协议,是指出口商与国外经销商达成的协议,商定在一定时间内,把指定商品在指定地区的独家经营权授予该经销商,经销商则承诺不经营其他来源的同类或可替代的商品。包销就是通过包销协议,双方建立起一种稳定的长期的买卖关系,而具体的每一笔交易,则以包销协议为基础,另行订立买卖合同。

对出口商来说,采用包销方式的主要目的是利用包销商的资金和销售能力,在特定的区域建立一个稳定发展的市场。对包销商来说,由于取得了专卖机会,因而在指定商品的销售中处于有利的地位,避免了多头竞争而导致降价的局面。故其有较高的经营积极性,能在广告促销和售后服务中作较多的投入。

由于包销是包销商买断商品后再自行销售,所以包销商需要有一定的资金投入和承担销售风险、若包销商资金不足或缺少销售能力,则有可能形成"包而不销"。因此,对出口商来说,选择一个合适的包销商是成功采用包销方式的关键所在。

2. 外贸包销协议的内容

外贸包销协议本身不是买卖合同,它规定了双方的权利和义务,以及一般交易条件,其主要内容如下:

(1) 双方的基本关系。明确出口方与包销商之间的关系是买卖关系。包销商应自筹资金买断商品,并自负盈亏进行销售。

(2) 包销的商品、地区和期限。协议是应规定包销商品的种类或型号,并对包销商享有经营权的地理范围给予规定,按出口商的营销意图和包销商的销售能力和所承诺的销售数量,由双方商定。包销期限即为包销协议的有效期限、通常规定为一年至两年,也有不规定期限,只规定中止条款或续约条款。

（3）包销专营权。专营权包括专卖权和专买权。前者指出口方承诺在协议有效期内不向包销地区内的其他客户出售包销商品。后者指包销商承诺只向协议出口方购买该项商品，不得向第三者购买此类商品或有竞争性的替代商品。其中专卖权是包销协议必不可少的内容，是区别于一般经销协议的主要条件。

（4）包销商品的最低数量或金额。在协议规定期限内包销商必须向出口人承购的最低限额，也有的包销协议对此不作规定。

（5）包销商品的价格。包销商品的价格可以一次性规定，也可以在订立买卖合同时按市场行情商定。一般贸易条件是指适合于协议期间每一笔交易的条件，如支付方式、检验索赔、保险，以及不可抗力等贸易条件，可在包销协议中予以规定。

（6）广告宣传和费用负担。包销与一般买卖方式有区别，其中表现在包销商有义务负责出口货物的商标保护、广告宣传和市场报导。

（7）违约补救。为了明确责任，协议应规定签约的一方如不履行协议，致使另一方遭受损失，受损害的一方有权提出索赔撤销协议。

3. 外贸包销协议的订立方法

外贸包销协议本身不是买卖。包销协议有两种订立方法：一种是仅规定出口人与包销人的一般权利和义务，具体的包销货物数量、金额、价格、交货等内容须订立买卖合同；另一种是包销协议即为买卖合同，亦即在买卖合同中规定给予国外商人独家专营权利。这种形式多为成交数额较大，合同期限较长的业务。

（三）外贸代理协议与包销协议的阅读与运作

外贸代理协议与包销协议都是出口企业与国外经销者签订的商品销售协议。但外贸代理协议中的代理商不负责产品的宣传与推销，只在其中赚取佣金。而外贸包销协议中的经销商要有资金和实力，并负责推销产品，在某地具有专营经销权。商务文员在阅读与运作两种协议的过程中，需要学习相关知识，掌握一定的技巧。

1. 外贸代理协议与包销协议的阅读

（1）评价两种协议的可施行性。商务文员阅读外贸代理协议与包销协议的过程中，要考察代理商和经销商的资质、判断代理或包销商品数量、价格在销售地的合理程度，分析两种协议的可行性。

（2）明确代销协议与包销协议中规定的双方权利和义务的关系。商务文员在阅读两种协议的过程中要准确把握双方各自的权利和义务。如代销协议规定代理商无推销、宣传商品的责任，出口企业需要自己实施各种推销策略。

（3）确认包销或代销商品的数量、金额、价格等。商务文员需要核对包销或代理产品的相关数据，它是最终签订合同的重要因素，决定公司在贸易中的盈亏。

（4）重点检查代销协议与包销协议中的费用负担与时间约定。在代销协议中佣金的数量是吸引代理商的关键因素，要合理确定。而在包销协议中包销商包销商品的数量也是利润的重点。还有宣传费用与协议的期限都是要重点掌握的内容。

（5）撰写两种协议的简要内容并附加自己的建议。商务文员阅读两种销售协议，对于自已能够提出异议和创见的内容要附在文末，提请上级参考。

2. 外贸代理协议与包销协议的运作

（1）综合反馈意见，修改定稿，送审。商务文员要把草拟的外贸代理协议与包销协议送交相关部门和人员，寻求、征集意见，并综合反馈意见，将协议整理定稿，送交上级审阅。

（2）准备协议签署事项。上级审阅通过协议后，商务文员需要发送国外合作商阅读了解。如果国外合作商提出不同意见，可以经过进一步磋商，力求最终达成共识。

（3）签署协议。如果国外的合作商完全同意协议内容，双方可以签订电子协议。商务文员要保障使用正确的电子签名操作技术。

（4）生效协议的归档保存。商务文员要把签署完毕的外贸代理协议与外贸包销协议存在硬盘或光盘上，以备随时查阅。

（5）定期总结、汇报协议执行情况。商务文员在后续的出口合同签订中，要对照已签订的协议条款，检查协议的执行情况，并定期向上级提交总结。

三、业务技能训练

训练一

1. 训练背景

上海佳益有限公司要与非洲商人签署外贸包销协议，经理让已经有一定经验的商务文员赵明月负责此项工作。

2. 训练要求

作为商务文员赵明月的工作应该有哪些步骤？

3. 训练提示

（1）草拟协议，综合反馈意见，修改定稿，送审。

（2）准备协议签署事项。上级审阅通过协议后，商务文员需要发送给国外合作商阅读了解。如果非洲商人提出不同意见，可以经过进一步磋商，力求最终达成共识。

（3）签署协议。如果非洲商人完全同意协议内容，双方可以签订电子协议。商务文员要保障使用正确的电子签名操作技术。

（4）生效协议的归档保存。商务文员要把签署完毕的外贸包销协议存在硬盘或光盘上，以备随时查阅。

（5）检查协议的执行情况，并定期向上级提交总结。

训练二

1. 训练背景

上海佳益有限公司要与东南亚南华公司签订代理销售协议，上级指派赵明月起草协议书。

2. 训练要求

赵明月起草代理协议书应该包括哪些条款？

3. 训练提示

参见本章附件2。

第五节　国际商业广告与国际拍卖文书的阅读与运作

一、规范案例

上海佳益有限公司有一批货物要委托给拍卖公司进行国际拍卖，作为商务文员赵明月认真准备了招商信息表、委托拍卖合同、拍卖公告、拍卖标的清单，还有竞买人所使用的竞买协议书、拍卖规则与须知、拍卖目录、成交确认书等各种文书。赵明月的细致工作受到上级的表扬。

注：作为商务文员赵明月需要熟悉国际拍卖流程以及拍卖文书的种类、格式，并能够协助上级使公司的拍卖活动顺利进行。

二、应知应会

（一）国际商业广告

1. 国际商业广告的概念

国际商业广告，指商品经营者或服务提供者以盈利为主要目的，自己承担费用，通过一定的国际大众传播媒介和形式，进行的有关商品、劳务、观念等方面信息的有说服力的促进活动。

2. 商业广告的类型

（1）商品广告。它是以销售为导向，介绍商品的质量、功能、价格、品牌、生产厂家、销售地点以及该商品的独到之处，给人以何种特殊的利益和服务等有关商品本身的一切信息，追求近期效益和经济效益。

（2）劳务广告。是服务广告的一种，比如介绍银行、保险、旅游、饭店、车辆出租、家电维修、房屋搬迁等内容的广告。

（3）声誉广告。又称"公关广告"、"形象广告"，它是指通过一定的媒介，把企业有关的信息有计划地传播给公众的广告。这类广告的目的是为了引起公众对企业的注意、好感和合作，从而提高知名度、树立良好的企业形象。

（二）拍卖及国际拍卖文书

1. 拍卖的概念

拍卖是由专营拍卖业务的拍卖行接受货主的委托，在一定时间和地点，按照一定的章程和规则，以公开叫价的方法进行竞买，最后由拍卖人把货物卖给出价最高的买主的一种现货交易方式。

2. 国际商品拍卖业务基本程序、特点与出价方法

国际商品拍卖要经过下列基本程序：①准备阶段。②察看货物。③正式拍卖。④付款与提货。

国际商品拍卖业务的特点：

（1）拍卖是一种公开竞买的现货交易。拍卖开始前，买主可以查看货物，拍卖开始后，

买主当场出价、公开竞买，拍卖主持人代表货主选择交易对象。成交后，买主即可付款提货。

（2）拍卖是在一定的机构内有组织地进行。拍卖一般都是由拍卖行定期组织，集中在一定时间和地点，买卖某种特定商品。也有由货主临时组织的拍卖会。

（3）拍卖具有自己独特的法律和规章。拍卖不同于一般的进出口交易。在交易磋商的程序和方式、合同的成立和履行等问题上，都有其特殊的规定。拍卖行也各有其不同的章程和规则。

拍卖的出价方法：

（1）增价拍卖。拍卖人按照拍卖目录规定的顺序，宣布预定拍卖的货物的底价，由竞买者按规定的增价额度相加价，当主持人认为无人再出更高价格时，即已击槌方式宣布成交，将货物卖给出价最高的买主。

（2）减价拍卖。又称荷兰式拍卖，是由拍卖人先宣布拍卖价格，无人接受就逐渐降低叫价，直到有竞买者认为已经降到可以接受的价格，并以规定的方式表示接受时为止。减价拍卖，其成交速度快，常用于拍卖易腐和鲜活商品，如水果、花卉、蔬菜、鲜鱼等。

（3）密封递价拍卖。密封递价拍卖又称招标式拍卖，具体做法是，由拍卖人公布每批商品的具体情况和拍卖条件，然后由买主在规定的时间内，将自己的出价递交拍卖人，再由拍卖人选择条件最适合的达成交易。这种方式已失去了公开竞买的性质。采用这一方式，拍卖人不一定接受最高的递价，往往还要考虑其他因素。

3. 国际拍卖文书的概念

国际拍卖文书，即在国际拍卖的流程中，拍卖人所使用的招商信息表、委托拍卖合同、拍卖公告、拍卖标的清单，竞买人所使用的竞买协议书、拍卖规则与须知、拍卖目录、成交确认书等各种文书。

（三）国际商业广告的阅读与运作

1. 国际商业广告阅读

对于企业委托广告公司策划的本公司产品的国际商业广告，商务文员需要做到：

（1）检验广告形式的新颖性和可接受性。对于广告公司所做的广告策划，商务文员首先要看起形式是否新颖、独特。在纷繁复杂的广告世界里，成功的关键是以外在形式取得先入为主的优势。但还必须注意其可接受性，有的形式有创意但可接受性差，也不利于企业推销产品。

（2）检验广告内容是否准确展示商品的特性，契合消费者需求。商务文员在充分熟悉本公司业务，了解本公司的产品的基础上，要判断所做广告提案内容能否准确概括出商品的优点和特性。是否适合目标人群的需求。

（3）检验广告的内容和形式是否符合商品销售国家和地区的社会文化风俗。商务文员需要在认真研究外销产品国际的习俗和文化，并对广告内容中违背当代文化习惯的内容剔除。

（4）撰写国际商业广告的综合评价。对于广告公司的策划方案，商务文员要从多角度分析、评价，最终成书面材料，提交上级参考。

2. 国际商业广告运作

（1）向上级提供广告发布媒体的参考建议。商务文员在日常工作中，积累大量信息，比较熟悉国际广告发布情况，有责任向公司提供国际商务广告的发布形式和地点。

（2）调查广告产生的效力和影响。商务文员要关注广告发布之后，产品订单的数量变化，以及产品销售总额情况。也可以通过本公司的网站，做产品知名度调查，从而判断广告产生的效力和影响。

（四）国际拍卖文书的阅读与运作

1. 国际拍卖文书的阅读

（1）核对各类国际拍卖文书的数字、时间、地点。商务文员需要检查诸如拍卖公告、拍卖商品目录中提及的数字因素是否正确。综合考虑拍卖时间、地点安排的是否合理，能否有影响拍卖成交的因素存在。

（2）确证委托拍卖合同中的关键条款。商务文员要对委托拍卖合同中规定诸如委托拍卖商品的数量、质量、价格，拍卖佣金一一确证其准确无误。

（3）检查各类国际拍卖文书中是否有遗漏项目。

（4）对于各类拍卖文书中存在的问题，商务文员需要及时写出书面说明，向上级汇报。

2. 国际拍卖文书的运作

在拍卖过程中，商务文员负责对各种拍卖文书进行处理。

（1）审查拍卖公司提供的商品拍卖计划。商务文员初步评价拍卖公司的合理性，并写出自己建议。

（2）准备与拍卖公司签订委托拍卖合同。检查委托拍卖合同的条款是否完备。

（3）检查拍卖公司制定的拍卖公告、拍卖规则与须知等文书。如果有不合乎本公司意愿条款，商务文员要及时与拍卖公司联系，进行修订。

三、业务技能训练

训练一

1. 训练背景

赵明月要为公司的一批货品拟写委托拍卖合同，与拍卖公司讲好，按照拍卖款的 3％ 支付佣金并预付受理费 40000 元。

2. 训练要求

请帮助赵明月撰写合同中的权利与义务条款。

3. 训练提示

双方的权利和义务条款：

（1）委托人应保证对拍卖物拥有无争议的处分权，并向拍卖人提供有关的证明文件和拍卖物的详尽资料。必要时，拍卖人可随时向委托人要求提供咨询，委托人不得拒绝。

（2）委托人可在法律允许的情况下确定拍卖物的底价；拍卖人不得以低于该底价的价格进行拍卖，但因此而造成不能成交的，由委托人承担责任。

（3）委托人在交付拍卖物时，应向拍卖人指出其知道或应当知道的拍卖物瑕疵。否则，由此造成的后果由委托人负责。

（4）委托人应向拍卖人预付受理费 40000 元，用于对拍卖物进行估价、仓储保管、运输、保管和公告、广告等项费用开支，由拍卖人按实际开支多退少补。

（5）委托人应按成交总金额的3％向拍卖人支付佣金；该款项也可由拍卖人从拍卖所得价款中扣除。

（6）拍卖人应对拍卖物的底价保密，不得委托或代理他人参加竞价；亦不得委托他人进行拍卖。

（7）拍卖人对其暂管的拍卖物负适当保管责任，并应将拍卖物的变动情况及时通知委托人；确因拍卖人的过错而造成拍卖物损失的，由拍卖人负赔偿责任。

（8）拍卖过程结束，拍卖人在收齐全部应收款项后，应于7日内通过其银行账户，将拍卖所得价款一次全部付给委托人，不得延误。

（9）对需要征税的拍卖物，由委托人交付税金；经税务机关同意，税金可以从拍卖所得价款中取得。

（10）拍卖成交后，由拍卖人按成交价金开给竞买人发票或符合税务机关规定的收据。

训练二

1. 训练背景

上海佳益有限公司的商务文员赵明月负责委托广告公司设计本公司外销东南亚产品的广告，赵明月在撰写国际商业广告的综合评价时，从广告形式的新颖性和可接受性、广告内容是否准确展示商品的特性两个方面，提交上级参考。但上级看过，认为她写的综合分析不够全面。

2. 训练要求

赵明月提供的广告综合评价为什么不全面？

3. 训练提示

商务文员赵明月遗漏了检验广告的内容和形式是否符合商品销售国家和地区的社会文化风俗。赵明月需要在认真研究外销产品国家的习俗和文化，并对广告内容中违背当地文化习惯的内容剔除。

培训小结

本章从介绍各种进出口文书的概念、特点、内容入手，具体交代了各种进出口经营文书的阅读与运作。

重点名词与概念

——外贸商情调研文书，是指运用科学的分析方法，对世界经济、贸易的形势、现状，变化趋势，对各国各地区的市场行情、销售环境、流通渠道、竞争结构进行广泛、深入地调查研究所写的书面材料。

——出口商品经营方案，是企业根据国内外市场、企业经营决策及目标对其所经营的进出口商品所做的一种业务计划安排。它可使企业交易有计划、有目的地顺利进行，是企业同客户洽商交易的依据。

——外贸包销协议，是指出口商与国外经销商达成的协议，商定在一定时间内，把指定商品在指定地区的独家经营权授予该经销商，经销商则承诺不经营其他来源的同类或可替代的商品。

练习与思考

1. 在外贸商情调研与外贸客户调研文书的阅读中，有哪些注意事项？
2. 怎样进行出口商品价格方案的运作？
3. 外贸代理协议包括哪些内容？
4. 在国际商业广告阅读中，商务文员要怎样做？

案例分析

外贸代销协议内容要有不可抗力条款

某家具公司与美国某地经销商，于 2006 年签订有效期 3 年的某品牌木制家具包销协议。因为这一品牌家具系天然木材所制，当这一品牌家具进入当地市场时，供不应求。所以，起草此协议的商务文员小王，草拟包销协议的时候，没有考虑违约补救这项内容。主管签署协议的领导也没有发现这一遗漏。2008 年，因为次贷危机的影响，该品牌家具在当地开始滞销，经销商单方面终止了包销协议。因为没有签署违约补救条款，致使该家具公司蒙受重大经济损失而无处索赔。

（**注：**签署包销协议作为外贸出口经营中规定双方权利义务关系并具有法律效力的文书，一定不要遗漏违约补偿条款。小王和主管上司的疏忽致使公司在这一事件中蒙受经济损失。）

附件1   《出口商品价格方案》(表格式)

商品概况	品名： 包装： 收购价：	规格： 尺码： 进货成本：	核定换汇： 净重： 毛重： 生产厂：			
	项目	金额（人民币）	数量			
货源库存	年初库存 收购计划 成交待运 预计出口 预计期末库存					
	年份	出口数量	换汇成本		主销地区	
历年出口	2005 年 2006 年 2007 年 2008 年					
2009 年	外销计划	国别地区	数量	单价	FOB 单价	换汇成本
出口安排	主要客户					
	主要措施					

附件 2　《外贸销售代理协议》

为在平等互利的基础上发展贸易，有关方按下列条件签订本协议：

1. 订约人

供货人（以下称甲方）：

销售代理人（以下称乙方）：

甲方委托乙方为销售代理人，推销下列商品。

2. 商品

双方约定，乙方在协议有效期内，销售不少于××的商品。

3. 经销地区

只限在……

4. 订单确认

本协议所规定商品的数量、价格及装运条件等，应在每笔交易中确认，其细目应在双方签订的销售协议书中作出规定。

5. 付款

订单确认之后，乙方须按照有关确认书所规定的时间开立以甲方为受益人的保兑的、不可撤销的即期信用证。乙方开出信用证后，应立即通知甲方，以便甲方准备交货。

6. 佣金

在本协议期满时，若乙方完成了第二款所规定的数额，甲方应按装运货物所收到的发票累计总金额付给乙方×％的佣金。

7. 市场报告

乙方每 3 个月向甲方提供一次有关当时市场情况和用户意见的详细报告。同时，乙方应随时向甲方提供其他供应商的类似商品样品及其价格、销售情况和广告资料。

8. 广告费用

在本协议有效期内，乙方在上述经销地区所作广告宣传的一切费用，由乙方自理。乙方须事先向甲方提供宣传广告的图案及文字说明，由甲方审阅同意。

9. 协议期限

本协议经双方签字后生效，有效期为××天，自××至××。若一方希望延长本协议，则须在本协议期满前 1 个月书面通知另一方，经双方协商决定。

若协议一方未履行协议条款，另一方有权终止协议。

10. 仲裁

在履行协议过程中，如产生争议，双方应友好协商解决。若通过友好协商达不成协议，则提交仲裁委员会，根据该会仲裁程序暂行规定进行仲裁。该委员会的决定是终局的，对双方均具有约束力。仲裁费用，除另有规定外，由败诉一方负担。

11. 其他条款

（1）甲方不得向经销地区其他买主供应本协议所规定的商品。如有询价，当转达给乙方洽办。若有买主希望从甲方直接订购，甲方可以供货，但甲方须将有关销售确认书副本寄给乙方，并按所达成交易的发票金额给予乙方×％的佣金。

（2）若乙方在×月内未能向甲方提供至少××订货，甲方不承担本协议的义务。

（3）本协议受签约双方所签订的销售确认条款的制约。

（4）本协议于××年×月×日在××签订，正本两份，甲乙双方各执一份。

甲方：（签字）　　　　　　　　　　　　乙方：（签字）

附件 3　《委托拍卖合同》

委托人：_____

拍卖人：_____

根据《中华人民共和国合同法》和《中华人民共和国拍卖法》和其他有关法规，双方经协商一致，签订本合同：

第一条 委托人愿就下述拍卖物委托拍卖人依法公开拍卖：

1. 拍卖物名称_____

2. 品种规格_____

3. 数量_____

4. 质量_____

5. 包装_____

6. 存放地_____

第二条　拍卖物的交接方式：_____

第三条 拍卖物的估价和底价：_____

第四条 拍卖方式：（　　　　　　　　）：[1] 估低价拍卖；[2] 估高价拍卖；[3] 无估价拍卖；[4] 标卖。

第五条　拍卖期限：_____

第六条　双方的权利和义务：

1. 委托人应保证对拍卖物拥有无争议的处分权，并向拍卖人提供有关的证明文件和拍卖物的详尽资料。必要时，拍卖人可随时向委托人要求提供咨询，委托人不得拒绝。

2. 委托人可在法律允许的情况下确定拍卖物的底价；拍卖人不得以低于该底价的价格进行拍卖，但因此而造成不能成交的，由委托人承担责任。

3. 委托人在交付拍卖物时，应向拍卖人指出其知道或应当知道的拍卖物瑕疵。否则，由此造成的后果由委托人负责。

4. 委托人应向拍卖人预付受理费_____元，用于对拍卖物进行估价、仓储保管、运输、保验和公告、广告等项费用开支，由拍卖人按实际开支多退少补。

5. 委托人应按成交总金额的____％向拍卖人支付佣金；该款项也可由拍卖人从拍卖所得价款中扣除。

6. 拍卖人应对拍卖物的底价保密，不得委托或代理他人参加竞价；亦不得委托他人进行拍卖。

7. 拍卖人对其占管的拍卖物负适当保管责任，并应将拍卖物的变动情况及时通知委托人；确因拍卖人的过错而造成拍卖物损失的，由拍卖人负赔偿责任。

8. 拍卖过程结束，拍卖人在收齐全部应收款项后，应于 7 日内通过其银行账户，将拍卖所得价金一次全部付给委托人，不得延误。

9. 对需要征税的拍卖物，由委托人交付税金；经税务机关同意，税金可以从拍卖所得价款中取得。

10. 拍卖成交后，由拍卖人按成交价金开给竞买人发票或符合税务机关规定的收据。

第七条　合同经双方签字后生效，不得违约。否则，由违约方向他方按拍卖物底价的％支付违约金。因合同履行产生纠纷时，双方同意由苏州仲裁委员会仲裁。

第八条　其他需要约定的事项＿＿＿＿＿＿＿＿＿＿＿＿＿＿＿＿＿＿＿＿＿＿＿＿＿＿＿

＿＿

第十章　商务文员拟文工作

本章培训主要内容： 本章主要概述商务文员供职所需的拟文基本技能，以及商务文员工作上的常用文种写作方法与技巧，具体包括事项性通知、商洽函、传真稿、备忘录、邀请信、贺电（贺信）、感谢信、启事以及合同等文书的拟写。

本章应掌握的主要技能： 商务文员拟文工作是一项细致严谨、规范认真地工作，也是从事各项办公室事务性工作的基础，在从事商务文员工作之前就应掌握任职所需的写作基本技能，并能够使用这些技能顺利从事商务机构工作。如：事项性通知、商洽函、传真稿、备忘录、邀请信、贺电（贺信）、感谢信、启事以及合同等文种的写作技巧等。

第一节　事项性通知拟写

一、规范案例

下面的"通知"是单位内部的公告栏或悬挂的小黑板上经常见到的一种情况。它是将单位或团体内部事项或决策"告知"员工，有时也用来征求员工对某一事项的意见。但是，它与写给"下级单位"看的法定公文中的通知有明显的区别。请你具体说明它们之间的区别有哪些？

通　知

请全体员工注意，公司提供的工作服，是为了保护您的人身安全和衣物不受损害，管理部请大家无论是在生产岗位、打扫卫生时或是在装配车间都务必穿工作服。

谢谢合作！

生产部经理　李××
2010 年 3 月 5 日

注： 单从"非公文"（民间、企业）的角度考察，这个"通知"写得很好：读来让人感到亲切、平易近人，容易赢得对象的合作。如果用"全体生产工人工作时都必须遵照管理部规定穿着工作服"的语气，就会给人一种居高临下、高人一等的感觉，员工读后可能会产生逆反心理和抵触情绪，不利于通知事项的执行。

写这种通知，如果内容是要求雇员必须遵守的某一事项，如有关安全的规定、公司的某一决定等，在写作时要注意所表示的语气，最好用商量的、客气的口吻，如"恳请全体员工注意……"，"请全体员工注意……"，"管理部门请员工在……方面给予合作……"等等。避免用生硬的命令口气，最好不要使用下列词语："所有员工不得……"，"所有人员必须……"，

"全体员工不准……"等。

二、应知应会

(一) 事项性通知概述

事项性通知，即就某一具体事项而发出的通知。它的内容一般比较简单，只告知某些情况，并不要求下属马上办理某种事情。它是某种信息的传递和沟通。

事项性通知适用于传达要求下级单位办理和有关单位需要执行或周知的事项的公文。此类通知的实际使用内容、范围是很广泛的，如布置业务工作、召开会议、告知设置或撤销某机构、节假日放假等。

(二) 撰写事项性通知

其基本框架结构和要领是：

1. 标题

常见的写法有：

(1) 以文种名称做标题。即在第一行居中用较大字体书写"通知"二字。可以根据实际情况书写"紧急通知"、"重要通知"、"补充通知"等。

(2) 告知事项加文种名称。如"会议通知"、"放假通知"、"作息时间调整通知"等。

(3) 公文式标题。即构成"关于××××××的通知"的形式。有时正式或重要的行文在关于前面加上发文单位名称，即由发文机关名称、事由、文种三者构成。如"××××公司工会关于庆国庆职工歌咏比赛的补充通知"。通知的标题以简易明了为宜，除非必要，不必一定采用公文通知的标题形式。

2. 称谓

在标题之下另起一行顶格书写通知的告知对象，一般为统称，如"各分公司"、"各分厂"、"各部门"、"各车间"、"各班组"等。有的通知在正文中写明告知对象，这里则省略。称谓后加冒号。

3. 正文

在称谓之下另起一行空两格开始书写，写明所要告知事项的具体内容。所以正文有三个方面的内容：通知的缘由、事项、结尾。

(1) 通知缘由：说明发文的依据、目的、意义，或概括工作情况，阐发指导思想，然后用"现将有关问题（或事项）通知如下"、"特作如下通知"：作过渡，引出通知事项。

(2) 通知事项：是主要部分，是指应知应办的事项，是对工作的具体部署，是执行的依据，应提出明确、具体的要求。事项部分一般采用"分条分项式"写法，并用序码和小标题标注，以便于领会、理解和操作执行。

(3) 通知结尾：一般惯用"特此通知"表达。

4. 落款

在正文的右下方署上通知者的名称。通知者的名称一般为单位名称。在署名的下方写上发文的准确日期。如果通知者名称在标题或正文中已经出现，此处可以省略。

（三）事项性通知的写作要求

明确目的。明确目的即为什么写这个通知。是对工作做布置、指导，还是具体告知某个事项？

主题要集中。每件通知要求明确说明一件事情，布署一项工作，不要试图在一件通知中表述许多事情和达到多种目的。

事项要清楚。通知的写作重点在于将通知事项交代清楚，让人一看便知什么事、什么要求等，使受文者能够正确理解并方便执行。

语气要客气。由于这类通知大多不具备公文通知那样大的强制性和约束力，所以行文中语气应当较为客气，多使用"请"之类的用语。

三、业务技能训练

训练一

1. 训练背景

机关游泳池办证的通知

机关各直属单位：

机关游泳池定于 6 月 1 日正式开放，6 月 10 日开始办理游泳证。请你们接此通知后，按下列规定，于元月 30 日前到机关俱乐部办理游泳手续。

一、办证对象：仅限你单位干部或职工身体健康者。

二、办证方法：由你单位统一登记名单、加盖印章到俱乐部办理，交一张免冠照片。

三、每个游泳证收费伍拾元。

四、凭证入池游泳，主动示证，遵守纪律，听从管理人员指挥。不得将此证转让他人使用，违者没收作废。

五、家属游泳一律凭家属证，临时购买零票，在规定的开放时间内入池。

×××俱乐部
××××年××月×日

2. 训练要求

通过挑上述病文的毛病并做出修改，掌握事项性通知的正确写法。

3. 训练提示

运用教材中通知的结构和写法（重点是通知标题的写法以及事项性通知的正文的写法），挑出上述病文的毛病，提出修改思路并做出修改。

训练二

1. 训练背景

天宇公司总经理："刘萌，11 月 30 日 9 点总公司决定开一个业务检查工作会议，请各分公司、中心、部主管经理（主任）或相关责任人参加，你准备一下。"

商务文员刘萌："好的。"，"会议预订在第一会议室。接下来写通知吧。"

2. 训练要求

请撰写这份会议通知。

3. 训练提示

关于召开业务检查工作会议的通知

各分公司、中心、部：

　　兹定于 2009 年 11 月 30 日 9 点在公司第一会议室召开业务检查工作会议，请各分公司、中心、部主管经理（主任）或相关责任人按时出席。

天宇公司　总经理办公室
二〇〇九年十一月二十三日

第二节　商洽函拟写

一、规范案例

关于玉石小动物、钻石及宝石串珠寄样报价的函

上海蓝宝石饰品商厦：

　　你商厦 5 月 10 日询玉石小动物、钻石及宝石串珠价及要求寄样的函收悉，现答复如下：

　　一、玉石小动物因用材、样式、规格不同，品种繁多，价格自 20 元至 400 元不等。此类商品逐件报价有困难，你商厦如有意订购，请告知具体品种或用材、样式、规格范围，我公司另函报价。

　　二、你商厦求寄钻石样品问题，在目前供货数量有限的情况下，我们对客户订货均采取看样成交方式，恕难按你方要求寄出实样。我公司竭诚欢迎你商厦来人看样订货。

　　三、随函附寄宝石串珠样照两张，报价单一份，供你商厦选购。

　　专此函达，候复。

　　附件：1. 宝石串珠样照；

　　　　　2. 宝石串珠报价单。

杭州泰丰贸易公司
二〇〇九年五月十五日

　　注：这份商洽函既是一份报价函，同时又是一份回复性商洽函。开头说明来函日期和事由，然后有针对性地给予答复。主体部分按商品类别分为三条，分别作答，便于说明不同商品的不同情况。

二、应知应会

（一）商洽函概述

　　商洽函是指用于商洽工作的函。这种函的使用范围很广泛，是行政机关、社会团体、企事业单位尤其是商务企业之间使用最多的一种，如联系有关业务、学习培训、商务谈判、催办公务事宜等。特别是有关洽谈生意、清偿债务、商品买卖、产权交易等方面的商洽函还受法律严格保护，可视作合同、协议的补充，一经双方承诺或认可，即产生权利、义务关系，必须遵照执行。

商洽函的种类包括：询问函、答复函、请求函、告知函、联系函。从商洽函的具体使用功能来讲，又可分为：来函处理答复函、订货函、任命函、介绍函、联络函、致歉函、慰问函、唁函、推销函等。商洽函有去函和复函之别，这是从行文方向上来看的。

商洽函的作用，一是索取信息或传递信息，二是处理商务交流中有关事宜，三是联络与沟通感情。

（二）撰写商洽函

商洽函的结构一般由标题、主送单位、正文、落款和日期构成。

1. 标题

商洽函的标题通常有两种结构形式：①由"事由＋文种"构成。②由"发文机关＋事由＋文种"构成。

2. 主送单位

即受文并办理来函事项的单位，应写全称或规范化简称顶格书写。

3. 正文

商洽函的正文主要由原由和事项两部分构成，有的附加结尾。

（1）原由：写明发函的原因、依据。即因何事致函。原由的写法，除问答函（指复函）有一定模式可循，商洽函、请批函均无模式可循。不同内容有不同写法。复函的原由常见写法是"××日来函收悉"或"（关于……的函）收悉。"商洽函的原由写明商洽的原因理由即可。

（2）事项：写明商洽、请批、答复的具体内容。内容较多时可以分条列项陈述，答复函则应根据对方来函内容逐一答复清楚。常见写法有两种：第一种写法是一段到底，把事项跟原由融合起来。第二种写法，事项与原由分开，事项部分依据内容分条来写。

结尾：即结束语。有的意完即止，无特殊的结尾标志；去函的结束语常用"特此函达"，"盼复"，"专次致函，见复为荷"等；复函的结束语常用"特此函复"，"此复"等。便函还可以用"此致 敬礼"结束，但公函不用这种表示方法。

4. 发函单位

加盖单位公章。

5. 发函日期

位于印章下方，全称写明年、月、日。

三、业务技能训练

训练一

1. 训练背景

商　洽　函

××大学校长办公室：

首先，我们以××省财经学校的名义，向贵校致以亲切的问候。我们以崇敬和迫切的心情，冒昧地请求贵校帮助解决我校当前面临的一个难题。

事情是这样的：最近，我们经与××学院磋商，决定派×位老师到该院进修学习。只因该院恢复不久，在"文革"中大部分房屋遭到破坏，至今未能修盖完毕，以致本院职工的住房和学生的宿舍及教室破旧拥挤。我校几位进修教师的住宿问题，虽几经协商，仍得不到解决。然而举国上下，齐头并进，培养人才，时不我待，我校几位教师出省进修学习机会难得，时间紧迫，任务繁重，要使他们有效地学习，住宿问题是亟待解决的。

为此，我们在进退维谷的情况下，情急生智，深晓贵校府高庭阔，物实人济，且具有宽大为怀，救人之危的美德。于是，我们抱着一线希望，与贵校商洽，能否为我校进修教师的住宿问题提供方便条件。但不知贵校是否有其他困难，如有另外的要求和条件，我校则尽力相助。若贵校对于住宿一事能够解决，我校进修教师在住宿期间可为贵校教学事务做些义务工作，如辅导和批改作业等，这样可以从中相得益彰。我们以校方的名义向贵校表示深深的恩谢。

以上区区小事，不值得惊搅贵校，实为无奈，望谅解。并希望尽快得到贵校的答复。

此致

敬礼

××省财经学校（公章）

二〇××年×月×日

2. 训练要求

分析这篇商洽函存在的毛病，应如何修改？

3. 训练提示

这篇商洽函存在以下几个方面的问题：

（1）格式不正规。首先是标题不规范。商洽函的标题通常有两种结构形式：①由"事由＋文种"构成。②由"发文机关＋事由＋文种"构成。只用"商洽函"二字作标题，显然不合要求。其次是结语不规范。此函用一般书信的祝颂语作结语，消解了商洽函的特色，有些不伦不类。

（2）请求近乎无理。发函单位为解决自己进修教师的住宿问题，竟要求与此事无关的第三方帮助解决困难，这要求近乎无理。合作总是要在互利互惠的前提下才能得以实现的，请求帮助也要在合情合理的情况下才能提出，此函仅以帮助辅导、批改作业作为交换条件（他们的教师其实并没有为对方做辅导和批改作业的资格），其他真正能作为对等交换的条件完全没有，其结果可想而知。

（3）语言不得体、不准确。此函的语言有较多问题。

一是没有商洽函语言的严谨性与简洁性，有些话近乎口语，如"事情是这样的"、"希望尽快得到贵校的答复"等。

二是有些语言分寸失当，有献媚之嫌，如"深晓贵校府高庭阔，物实人齐，且具有宽大为怀，救人之危的美德"。

三是用词不当，如"宽大为怀"，应是旧时惩处时的用语，"救人之危"的说法也有些过份。最不应该的是居然要和对方"相得益彰"。还有"我们以校方的名义"一句话，让人莫名其妙：难道这函不是以校方名义发出的吗？

以上种种问题使得这篇商洽函几乎没有达到目的的可能，应从中汲取失败的教训。

训练二

1. 训练背景

关于商洽代培酒店保安人员的函

××酒店 ［2009］ ××号

××培训机构培训部：

获悉贵机构将于 2009 年 9 月 20 日开办酒店保安人员进修班，系统讲授有关酒店业务技能以及保安人员的必备知识和技巧。由于敝酒店属于新开业，大部分保安人员没有经过系统的专业学习，业务素质较差，有待提高。现贵机构开办进修班，为我们的保安人员提供了一个非常难得的学习机会，敝酒店拟派 12 名保安人员随班学习，委托贵机构代为培养。有关代培一切费用，敝酒店将如数拨付。

可否，盼予函复。

××酒店人力资源部（公章）

××××年××月××日

2. 训练要求

分析这篇商洽函是否符合写作要求。

3. 训练提示

这篇商洽函符合商洽函的写作要求。该商洽函的结构由标题、主送单位、正文、落款和日期构成。该商洽函的标题由"事由＋文种"构成。该商洽函的正文主要由原由和事项两部分构成。结束语用"可否，盼予函复"。发函单位加盖了单位公章。发函日期规范，位于印章下方，全称写明年、月、日。

第三节　传真稿拟写

一、规范案例

鸿运公司传真

收件人：田峰
单位：宇光运输公司
传真号：（021）85142635
发件人：高亮
日期：2009－6－30
传真号：（010）8176342
电话：（010）81763543
页数：共 1 页
主题：联系仓储运输
√□紧急　□请审阅　□请批注　□请答复　□请传阅

宇光运输公司：

　　我公司现有 100 吨硝酸铵化肥急需运往四川灾区，请贵公司与我联系有关运费报价及储运事宜。

鸿运公司（公章）
二〇〇九年六月三十日

　　注：这是一则日常使用的传真稿。它由标题、文头和正文部分组成的一篇短函构成。

　　学习传真的写作，重点应放在明确传真稿的文头部分应撰写什么内容和应采取什么格式。这一份传真的文头格式规范，包含的内容齐全，值得学习。

二、应知应会

　　传真是一种高技术手段，它能在短时间内将文件、图片、符号等直接传送给接收方，为我们的生活、工作及各种活动带来很大的便利。传真稿的写作就显得尤为重要。

（一）传真稿概述

　　传真稿是利用电子通讯技术在用户之间超时空传送的文书。

　　传真是真迹传输，它可以在短时间内传送任何平面的、视觉可见的文书，包括文本（文件）、图表、照片、符号、签名等。它具有以下两个特点：

　　1. 真迹传输

　　传真传送的是文书原件的真迹，绝不会变形走样。特别是一些手书手绘的签名、图纸、图画、符号、古文字等，要求的精确度很高，只有传真可以做到真迹传输。

　　2. 便捷可靠

　　传真是利用电子通讯技术传输信息，只要具备传真设备，信息就能够在瞬间传至接收方，超越了时空限制。借助加密措施更可保证传输信息的安全可靠。

　　传真稿的种类：

　　（1）按性质分，有商务传真稿、普通传真稿、加密传真稿、政务传真稿等。

　　（2）按内容分，有文本传真稿、图表传真稿、照片传真稿、符号传真稿等。

（二）撰写传真稿

　　传真稿的写作与一般书信相同。由于在商务活动中传真，因而商务传真形成了一些特定的要求。

　　商务传真稿文本的结构是标题＋文头＋正文

　　1. 标题

　　传真稿的标题通常由单位名称和文种构成。如"步步高公司传真"。

　　2. 文头

　　传真稿的文头应写明收件人姓名、单位、抄送人姓名、传真号及发件人的姓名、发件日期、总页数、传真号、电话、主题、紧急程度及回复要求选项等。

　　收件人。这一项包括收件人姓名、单位和传真号码，必须写请，不能有遗漏。

　　发件人。这一项包括发件人姓名、单位和传真号码。如果使用公司专用信笺，上面已经印有发件人信息，就不用再写了。

发件日期。发件日期多标于信笺上方右侧空白处，比较醒目。也可以居左侧在发件人之下依次排列。应注意完整标示日期，如 2009 年 6 月 30 日，或 2009－6－30。

信函总页数。传真稿在文头标明页数是为了避免信息遗漏或缺失，提醒收件人完整接收信息。同时，传真是按页计费的，标明页数也便于计算费用。只有一页的传真稿也可不标示页数。

主题。主题是传真稿主要内容的概括，一方面便于收件人明了事项内容，另一方面也便于传真稿归档管理。直接洽谈业务的传真稿都应标示主题。

3. 正文

传真稿的正文部分即为所传输的文书、文字材料或图像内容。正文的结构为称谓＋主体＋落款。其写作与书信基本相同。日常大量使用的业务传真，只要写得准确清楚即可。

（三）传真稿写作的注意事项

• 如果传真的文书需自己撰写，则要求语言简洁，格式规范。

• 传真文稿纸要求统一印制，上标所在单位的名称、地址、单位标志图案及电话、传真号、电子邮箱等。

• 传真文稿传出以后，应主动电询收件单位是否收到。

• 简洁明了。传真稿的写作虽然与书信相同，但由于传真的费用较高，而且是按页计费，因而应在保证内容完整清楚的前提下，文字尽可能的简洁明了，以减少页数，节约费用。

• 准确无误。发传真时要特别注意的是准确书写收件人的传真号码，操作时更要正确输入号码并仔细核实。如果因为粗心而导致机密文件发错了地方，那麻烦就大了。

三、业务技能训练

训练一

1. 训练背景

总经理："刘萌，你以天宇公司的名义给寰球运输公司联系一下仓储运输！"

刘萌："好的。"

2. 训练要求

请撰写这份传真稿。

3. 训练提示

天宇公司传真

收件人：钟苓

单　位：寰球运输公司

抄　送：

传真号：(010) 82311124

发件人：刘萌

日　期：2009/12/5

传真号：(010) 82421234

电　话：(010) 82424231

页　数：共 1 页

主　题：联系仓储运输

（　）紧急（　）请审阅（　）请批注（　）请答复（　）请传阅

寰球运输公司：

我公司现有 100 吨硝酸铵化肥急需运往宁夏灾区，请贵公司速与我们联系有关仓储运输事宜。

天宇公司（公章）
二〇〇九年十二月五日

训练二

1. 训练背景

刘萌："经理让我以长达公司名义给天宇公司发送一份传真，我该怎样给传真做个标题呢？"

2. 训练要求

请撰写这份传真的标题。

3. 训练提示

（长达公司传真）

第四节　备忘录拟写

一、规范案例

备　忘　录

发给：郝丽——秘书

发自：李明——行政部经理

日期：2009 年 6 月 6 日

内容：万达公司总经理来沪行程安排

万达公司总经理将于 2009 年 6 月 9 日星期一到达上海，并将于 6 月 10 日下午离开返回香港。希望你安排一下万达公司总经理在上海期间的行程。并经我确认后发到香港办公室。

注：这是一则备忘录。属企业内部计划式备忘录。正文文头写收、发对象、时间和内容提要，主体部分内容是上司对下级近期工作的提示。这种企业自印的工作计划备忘录稿笺，使用时只要填上收、发人和正文内容即可，很方便。

二、应知应会

（一）备忘录概述

备忘录是记录有关活动或事务，起揭示或提醒作用，以免忘却的一种记事性文书。

备忘录可用于个人事务的记录，也可作商务谈判或业务合作的记录。

办公室备忘录是商务文员要写的另一种类型的日常文件。仅在办公室内部通用的备忘录，通常包括通知、公告、查询等事项。备忘录也常在分布于城市较近的公司各部门之间流传。

备忘录用迅速、经济、有效的通信方法，把重要的信息传送给社团的全体职员或一些起重要作用的人。今天，办公室的复印机可在几分钟里复制出备忘录多份，然后把它发送给众多的人。另一方面，备忘录也可针对某一个人而作，"送"的栏目里可是一人，也可是几个人，或者是一组人。

备忘录具有以下两个特点：

1. 事务性

备忘录所记录的事项有两类：一类是如实记录现实中曾经发生过的事实真相，如记录商务谈判中双方所表达的承诺，一致或不一致的意见等；另一类是为了避免忘却而提前记下计划办理的事项。如上级发给下级的工作要点备忘录。

2. 提醒性

即提示当事人避免忘却的特性。

备忘录可分为三种类型：

(1) 个人备忘录。即属于个人事务的备忘录，记录的事情其他人不参与。

(2) 交往式备忘录。这是记录人与人之间活动的备忘录，这种备忘录必须真实地记录各种情况，包括对当事人有利或不利的情况。这类备忘录有商务谈判备忘录等。

(3) 计划式备忘录。即提醒将来之事的备忘录。

(二) 撰写办公室备忘录

大公司的备忘录有着标准的程式。备忘录的印制形式多样，然而大部分不外乎标题（"送至"、"发自"、"主题"、"日期"）和正文两个主要部分。备忘录不须客套语言，也不常署名，但可签上起草人名字的缩写。

1. 标题

标题通常有两种写法：一种直接写文种名称，即《备忘录》；另一种由单位、事由和文种组成，如《××公司与××集团公司合作开发机电产品会谈备忘录》。

2. 文头

备忘录的文头通常由这些构成："发给"栏即受文者：包括受文者名字及他（或她）的头衔、职务；"发自"栏即发文者：包括作者名字及他（或她）的头衔、职务；"日期"栏；"主题"栏和"确切地点"（楼层、单元）等栏目。

备忘录的"主题词"甚为重要，它能提纲挈领地向读者展示出整个文件的内容。商务文员必需能够从文件中提炼出简洁而又确切的主题，这对存档来说也非常有用。下面是一些主题词的例子：

主题词：有关四月份举行的商务文员工作讨论会。

主题词：需要一架新的电子打字机。

主题词：铁丝或钢筋的运输费用。

3. 正文

简洁、礼貌、真实、得体是办公室备忘录正文的四点要求。正文的主要观点通常出现在第一个段落，有关附加论述或论证材料在下文中安排。备忘录的结尾可用来敦促某事的办理，或者提供进一步的信息。在某种情形下，敦促或叮嘱也可以在一开头就作出，以便接下来提供说明材料。

个人备忘录和计划式备忘录的正文写法自由，不拘一格，写下事项要点即可。下面专门介绍商务谈判备忘录正文的一般写法。

导言。记录谈判的基本情况，包括双方单位名称、谈判代表姓名（与外商谈判需注明国别）、会谈时间、地点、会谈项目等。

主体。记录双方的谈判情况，包括讨论的事项、一致或不一致的意见、观点和做出的有关承诺。主体内容的记录类似于意向书的写法，通常采用分条列项式记录。

结尾。备忘录多数不另写结尾。

落款。由参加谈判的各方代表签字认可并标明时间。

（三）备忘录写作的注意事项

• 注意商务谈判纪要与商务谈判备忘录的区别：一是效力不同。商务谈判纪要一经双方签字，具有一定的约束力，而商务谈判备忘录没有约束力，只起提示备忘作用。二是内容不同。商务谈判纪要中记的主要是谈判双方达成的主要的一致性意见，而商务谈判备忘录中记的则不一定是谈判达成的一致意见，是为了下一次谈判、洽谈或磋商而提示的问题。

• 内容要详实、具体而完备。

• 语言要朴实、准确。

三、业务技能训练

训练一

1. 训练背景

行政部经理李林："××代表团将于2009年12月2日来公司考察，并将于12月8日下午返回，希望秘书刘萌安排一下他们的行程。"

2. 训练要求

请在下面备忘录的横线处填写所缺内容。

3. 训练提示

备　忘　录

发给：刘萌——行政秘书

发自：李林——行政部经理

日期：2009年11月25日

内容：××代表团来我公司考察行程安排

××代表将于＿＿来公司考察，并将于＿＿下午返回。希望你安排一下他们在北京期间的行程，并经我确认后发给该代表团。

训练二

1. 训练背景

备忘录的拟写练习

内容　序号

（　　）日期：2009 年 9 月 8 日 1

（　　）发给：刘萌——行政秘书 2

（　　）总经理将于 2009 年 9 月 8 日星期四到达北京，并于 9 月 11 日下午离京返回香港。希望你安排一下总经理在北京期间的行程，并经我确认后发到香港办公室。3

（　　）发自：李林——行政部经理 4

（　　）内容：总经理来京行程安排 5

2. 训练要求

把备忘录内容与序号连接起来。

3. 训练提示

答案：24153。

第五节　邀请信拟写

一、规范案例

案例 1

请　柬

尊敬的××集团董事长×××：

　　兹订于 2009 年 8 月 10 日上午 10 时在华方广场举行通讯大厦开工奠基典礼。敬请届时光临。

迅捷通讯有限公司
2009 年 8 月 4 日

　　注：这是商务活动中常见的请柬，有明确的受文对象，用语正式、规范。

案例 2

请　柬

　　谨定于 2009 年 7 月 10 日上午 9 时，在长江路 67 号金龙大酒店二楼多功能厅，举行我店开业典礼，敬请光临。　　　　　此致

　　×××先生

金龙大酒店总经理　×××
2009 年 7 月 5 日

　　注：这份请柬内容简洁，时间、地点具体明确，语言谦恭，典雅不俗，格式规范。尤其被邀请者的称谓写在了落款之前，用"此致"引出。

二、应知应会

(一) 邀请信概述

邀请信又叫邀请书 (函)，是邀请亲朋好友或知名人士、专家等参加某项重要活动时所常用的约请性书信。它比请柬内容更详尽、更有针对性。一般来说，邀请参加会议的多用邀请函，邀请参加庆典活动、宴会、联欢、演出等活动的多用请柬。邀请信既可以用于邀请集体，也可以邀请个人；而请柬多用于邀请个人。

邀请信与请柬都属于书信，又与一般书信不同。书信一般是双方不便或不宜直接交谈而采用的交际方式；而请柬和邀请函却不同，即使近在咫尺，也须送达，它表示对客人的尊敬，也表明邀请者对此事的诚意和郑重的态度。

(二) 撰写邀请信

1. 标题

邀请信的标题，在纸上方中间用大于正文的字体标出"邀请书"三个字。也可在"邀请书"三字前用小字标出发邀请书的单位名称。

2. 抬头 (称谓)

与标题间隔一行，顶格写被邀请者单位或个人的名称，称呼后面加上冒号。请柬的称谓也可写在落款之前，用"此致"引出。

3. 正文

邀请书的正文较请柬详细，一般写清邀请的目的、活动内容、性质、时间、地点及应注意的一些问题。若有其他要求也需注明，如"请准备发言"等。

4. 结尾

常用"敬请光临"、"此致敬礼"、"恭候指导"、"敬请莅临"或"恭候光临"等礼貌用语。

5. 落款

在正文的右下角署上邀请者 (单位或个人) 的名称和日期。

6. 附启语

有的根据不同情况，还写各种附启语，如地址、联系人、联系电话等，写在日期下方空两格处。

(三) 邀请信的写作要求

• 要正确书写被邀请对象的姓名、身份、人数。

• 邀请函要提前发出，给被邀请者留下一定的准备时间。

• 如果有签到卡可把签到卡附在邀请信里。

• 措词要简洁、文雅，自然、得体。

对于被邀者来说，利用邀请信中的回执来做答复是最易不过的了。可如果正式邀请信没有回执卡时，那答复连同所需的信封上的地址等都要专门书写了。在后一种情形下，被邀者要以第三人的称谓作答复，重复邀请名目，星期，日期，时间，地点。如果接受邀请，还应表示感谢；如不能应约，应表示歉意，最好能述说一下不能出席的原因。

三、业务技能训练

训练一

1. 训练背景

总经理："公司想邀请一些客户来参加 2009 年 9 月 14 日上午 9：00—11：00 在××宾馆国际会议室举行的新产品发布会，你准备一下邀请信。"

商务文员刘萌："好的。"

2. 训练要求

请撰写这份邀请信。

3. 训练提示

2009 年天宇公司××新产品发布会邀请信

××公司××总经理：

天宇公司将于 2009 年 9 月 14 日上午 9：00—11：00 在××宾馆国际会议室举行××新产品发布会，……

此致

敬礼！

天宇公司
二〇〇九年九月五日

训练二

1. 训练背景

刘萌："下周要开个平台技术交流会，经理让我写一封邀请信，我该怎样命名标题呢？"

2. 训练要求

请撰写这份邀请信的标题。

3. 训练提示

答案：平台技术交流会邀请信；邀请信。

第六节　贺电（贺信）拟写

一、规范案例

下面是贺电（贺信）案例：

贺　信

××厂全体职工：

喜闻十月二日是贵厂建厂 30 周年纪念日，谨此表示热烈祝贺！

十年来贵厂全体职工发扬了艰苦创业、自力更生、增产节约、多做贡献的可贵精神，不仅为祖国的工业建设提供了新产品，而且培养了大批技术人才，支援了兄弟单位。多年来，贵厂在技术力量方面，给我厂以无私的帮助和支援。为此我们表示衷心的感谢，并决心以实际行动向贵厂全体职工学习，努力钻研技术，提高产品质量，为达到同行业的先进水平而努力。

最后，祝贵厂全体职工在四个现代化的新长征中取得更大的成绩。

此致

敬礼

××厂
××××年×月×日

注：这是一封向兄弟厂家表示庆典祝贺的贺信，贺信首先向对方建厂 30 周年纪念日表达了真诚的祝贺，接着以概括的语言高度赞扬了该厂艰苦创业、自力更生、增产节约、多做贡献的可贵精神，尤其突出了该厂对（包括自己的厂家在内的）其他厂家的帮助和支援，在表达感激之情的同时，也表示向对方学习的决心。最后，再次向对方全体职工表示祝愿之情，希望对方取得更大的成绩。文章简短明快，热情有力。

二、应知应会

（一）贺电（贺信）概述

贺信即贺词也称祝贺词、祝贺信，是表示祝贺、祝愿的言辞和文章。常常用于社会组织或者个人对取得巨大成绩、做出卓越贡献的集体或个人表示赞扬、祝贺，或者对国际、国内发生的重大喜事表示慰问和赞扬，对一些重要会议、节日、庆典、开业、晋升、婚礼、寿辰等表示庆贺、祝愿等。重要的贺信往往对广大群众有很大的激励和教育作用。

贺电是借助电报拍发的祝贺性、赞颂性礼仪文书。发贺电既节省时间，又表示郑重，可在对方有值得祝贺的事情时，尽快传递祝贺的信息。贺电一般篇幅短小，感情充沛，文字明快。贺电（贺信）有以下三个特点。

1. 及时性

贺信一定要及时，注意篇幅的简短，文字的明快，做到及时快速。

2. 针对性

贺信无论是用于祝愿还是祝贺，都有明确的祝贺对象，称呼礼貌具体，态度诚恳地表达自己的良好祝愿。

3. 喜庆性

贺信是在喜庆的场合对祝贺对象表达一种真诚的祈颂祝福和良好心愿，因此喜庆性是贺词的基本特点。贺词的语言热情洋溢，充满喜庆。

（二）撰写贺电（贺信）

包括标题、称谓、正文、结尾、署名四部分。贺电的结构与贺词基本相同，普通贺电内容相对简单，只说明祝贺何事即可。

1. 标题

（1）正中可直接写"贺电（贺信）"作为标题。

（2）只标示祝贺事由："祝贺××公司开业"。

（3）发信主体加文种，如"××公司贺词"。

（4）祝贺对象＋文种名称。如"给××公司的贺信"。

（5）发信主体＋贺信接受者＋文种构成，如，"××公司给××公司的贺信"，"××协会给××公司的贺信"。

（6）正标题＋副标题。即正标题用概括性的语言写出对祝贺对象的祝贺，副标题标示祝贺对象、祝贺事由等内容，如正标题"长风破浪会有时"，副标题"贺××公司开业大吉"。

2. 称谓

顶格写明被祝贺单位或个人的称呼，祝贺会议则写会议的名称。

3. 正文

（1）开头用简练的语言写出祝贺的原因。常用"值此……之际，谨代表……向……表示热烈祝贺。"

（2）由于祝贺对象不同，主体内容与措辞也应有区别。比如可以先简略叙述当前的形势，说明对方所取得的成绩的社会背景，或者重要会议召开的历史条件。如果是祝贺对方取得突出成绩，就要充分肯定和赞扬对方在这些方面取得的成绩和意义，并要分析对方取得成绩的主观原因和客观原因；如果只祝贺会议的召开，就要侧重说明会议召开的重要意义和深远影响；如果是寿辰贺信，应概括地说明对方的贡献和品德，表示热烈的祝贺；如果是祝贺对方担任新职务，就要侧重祝贺对方荣升新职，并祝愿对方在新的岗位上取得成绩。

4. 结尾

写上表示祝愿的话，如"祝大会圆满成功"、"祝您健康长寿"等。

5. 落款

另起一行，在右下方写发信单位或个人姓名，署名下边写年、月、日。

（三）贺电（贺信）写作应注意的事项

• 表示祝贺的感情要饱满、充沛，给人以鼓舞、力量。

• 内容要实事求是，评价成绩要恰如其分，表示决心要切实可行，不可言过其实。

• 语言要精练、明快、通俗流畅，不能堆砌华丽的词藻，篇幅要简短。尤其贺电，是按字数收费的，所以电文越简短越好。但精简应以表达清楚、明白为前提。

三、业务技能训练

训练一

1. 训练背景

总经理："寰球科技公司在第16届巴黎科技博览会上摘取科技发明金奖，你代表天宇公司发一封贺电表示祝贺！"

商务文员刘萌："好的。"

2. 训练要求

请撰写这份贺电。

3. 训练提示

贺 电

寰球科技公司：

欣闻贵公司在第 16 届巴黎科技博览会上摘取科技发明金奖，我公司谨向你们表示热烈的祝贺并致以崇高的敬意。你们今天取得的辉煌成绩是你们多年来倡导的"求实、拼搏、进取、创新"精神的最好体现。希望你们继续发扬这种精神，在科学的道路上勇攀高峰，为我国微电子科学事业的发展做出新的贡献。

天宇公司
二〇〇九年九月五日

训练二

1. 训练背景

刘萌："经理让我写一封我们长达公司给天宇公司的贺信，我该怎样命名标题呢?"

2. 训练要求

请撰写这份贺信的标题。

3. 训练提示

答案：共有 4 个答案，其中任意一项都是正确的：①贺信；②长达公司贺信；③给天宇公司的贺信；④长达公司给天宇公司的贺信。

第七节 感谢信拟写

一、规范案例

感 谢 信

××公司并××总经理：

首先让我们向您致以衷心的感谢。

日前，我们"中美贸易和投资洽谈会"青岛分团正着急为赴美选带什么礼品时，是您总经理毅然伸出友谊的手，××公司的姑娘们昼夜加班，赶制出一份丰厚独特的礼品，使我们深深感到，××公司的环境美，礼品更美；××公司的姑娘们手巧，心灵更美。

让我们再次感谢总经理和××公司姑娘们的支持和诚挚友情。

此致

敬礼!

青岛分团
××年×月×日

二、应知应会

(一) 感谢信概述

感谢信是机关、团体、单位在获得有关方面和人员的关心、支持、帮助、慰问、馈赠后，向对方表示感谢的事务书信。日常生活中，当对方为本单位或自己解决了面临的困难，做了各种风格高尚的好事，我们要有感恩之心并以写感谢信的方式表达诚挚的谢意和敬意。感谢信在公务活动及日常生活中使用较广泛。

感谢信除有感谢的意思外，还有表扬的意思。它可以直接送给对方或对方所在的单位，也可以张贴在对方单位内或与对方单位有关的公共场所，还可以通过报纸、电台、电视台等大众传播媒介予以宣传，以表谢意。

根据感谢信内容，可分为两类，一类是普发性感谢信，即对与本单位有过交往的众多单位表示谢意，内容要求概括些，使之适合所有的感谢对象。另一类是专用感谢信，专为某事向某单位或个人表示感谢。内容应写得具体些，使之适合个别感谢对象。

（二）撰写感谢信

感谢信的格式由标题、称谓、正文、结尾、落款五个部分构成。

1. 标题

直接以文种"感谢信"为标题，即居中写上"感谢信"三个大字，显出醒目的效果。也可以由受文单位＋文种组成标题，如"致××公司的感谢信"；还可由发文单位＋受文单位＋文种组成，如"××商务公司致××公司的感谢信"。

2. 称呼

在标题下隔行顶格写所感谢的单位名称或个人姓名。个人姓名后可写"女士"、"小姐"、"先生"等相应的尊称及其他合适的称呼，以示礼貌。

3. 正文

换行空两格写感谢信的内容。它是全文的主体，写感谢的内容和感激心情，应包括以下两个方面内容：

一是感谢对象的好品德、好作风与先进事迹。在写的过程中要交待清楚人物、事件、时间、地点、原因和结果，尤其要重点写明感谢对象在关键时刻对自己的关心、支持、帮助及所产生的效果。

二要热情赞扬对方的可贵精神及所产生的影响，并表示向对方学习的态度。如果感谢信是写给所感谢者的单位或新闻单位的，还可以写上要求对方单位给予表扬的建议。

4. 结尾

在正文下另起一行写，结尾一般不应写祝颂语，而应写表示敬意和感激的话。常用的有"此致、敬礼"、"致以最诚挚的谢意"等。

5. 落款

右下方应写上自己的单位名称或自己的姓名，这样可以为核实和询问带来方便。写信日期应写全年、月、日。

（三）感谢信的写作要求

• 要把被感谢的人物、事件，准确精当地叙述清楚。

• 要对所感谢对象的好人好事加以评价，突出其深刻含义，宏扬其崇高的精神。

• 感谢信的语言要符合双方的身份、年龄、职业、境遇等。

• 感谢的事项必须真实。字里行间所流露出的感激之情应是由衷的、真挚的。反对虚伪、应付、客套。

  • 感谢信的格式要符合规范。

三、业务技能训练

训练一

1. 训练背景

销售部李林经理："5月3日下午，我乘坐××出租汽车公司'京A8688'号出租汽车时，不慎将皮包丢失。内有人民币8万余元、身份证一个、护照一本、空白支票三张及各种票据若干张。所幸司机冯志伟同志主动将拾到的皮包送至公司，使公司避免了一次重大损失。当公司拿出1万元作为酬谢时，冯志伟同志却说是他应当做的，不接受，你以天宇公司的名义写一封感谢信吧！"

商务文员刘萌："好的。"

2. 训练要求

请撰写这封感谢信。

3. 训练提示

感 谢 信

××出租汽车公司：

5月3日下午，我公司销售部经理李林乘坐贵公司"京A8688"号出租汽车时，不慎将皮包丢失。内有人民币8万余元、身份证一个、护照一本、空白支票三张及各种票据若干张。在我们焦急万分之时，贵公司司机冯志伟同志主动将拾到的皮包送至我公司，使我公司避免了一次重大损失。为此，我们再三表示感谢并拿出1万元作为酬谢，冯志伟同志却说："这是我应当做的"，表示不能接受。冯志伟同志这种拾金不昧的高尚品德，体现了社会主义社会良好的道德风尚，对我们全体工作人员是一次很好的教育。在此特致函贵公司，深表谢意，并建议对冯志伟同志的高尚行为予以表扬。

　　此致

敬礼

天宇公司

二〇〇九年五月六日

训练二

1. 训练背景

刘萌："接下来的工作是写一封我们长达公司为感谢畅通出租汽车公司的拾金不昧精神的感谢信，那么怎么命名标题呢？"

2. 训练要求

请撰写这封感谢信的标题。

3. 训练提示

答案：有3种：①感谢信；②长达公司为感谢畅通出租汽车公司的拾金不昧精神的感谢信；③拾金不昧——给畅通出租汽车公司的感谢信。

第八节　各种类型启事的拟写

一、规范案例

寻 物 启 事

本人不慎于元月二十五日乘七路公共汽车时，将部队复员证、驾驶证、复员介绍信遗失。有拾到者请与××厂机修车间×××联系，必有重谢。

电话：×××××

启事人：×××

××××年×月×日

注：该篇是一则公布丢失东西的信息请求公众帮助的寻物启事，写明了所遗失物品的时间、地点、遗失物品的名称，联系人、联系电话及答谢方法等具体信息，事项完备，条理清楚。

二、应知应会

（一）启事概述

"启"即告知、陈述的意思。"事"即事情，"启事"就是公开陈述事情。启事是机关团体、企事业单位或个人向社会公众陈述事宜、告知音讯、请求协助时所使用的告知性应用文。它不具备法律效力，也没有强制性和约束力。

启事的种类繁多。随着生活的丰富多彩和节奏的加快，启事使用日趋广泛。从公布的方式分，可分为张贴启事、报刊启事、广播启事、电视启事。从内容分可分为三大类：

（1）寻找（领）类启事，如寻人启事、寻物启事、招领启事等。

（2）声明（告知）类启事，如迁移、更名、更期、更正、开业、解聘、作废、辨伪等启事。

（3）征招类启事，如招生、招标、招领、招聘、征集、征文、征婚、换房等启事。

（二）撰写启事

启事一般包括标题、正文、落款三部分。

1. 标题

启事标题有多种写法。

（1）直接用"启事"二字。

（2）事由和文种组成。如"征婚启事"、"遗失启事"、"招聘启事"、"寻人启事"、"开业启事"、"征集广告语启事"等。

（3）只写事由，不写文种，如"招领"、"招工"。

（4）由单位、事由和文种组成。如"××公司招聘启事"、"××银行迁址启事"。

（5）由单位和文种组成。如"××公司启事"。

2. 正文

由于启事各自的目的、内容不同，正文的写法也各自不同，应从实际需要出发，不能千篇一律。但有一点需注意，那就是必须紧紧围绕着陈述的事情、告知的内容来写。

3. 落款

（1）标题上有发文单位名称的，落款只署日期。

（2）标题上没有发文单位名称的，落款可署上该单位名称或发文者姓名、日期。

（3）正文内容已经写明发文单位或发文者的，也可不署名称，只署日期。

以机关、团体名义发布的启事，应盖上公章，并附上联系地址、联络人和电话号码等。有时为了办事方便快捷，还要把乘车路线写明。

（三）启事写作的注意事项

启事的事项，要严密、完整，表达清楚，不遗漏应启之事；不能将"启事"错写为"启示"，因为"启示"是启发、开导、使人有所领悟的意思。前者是名词，后者是动词；应一事一启，事项单一，措辞要礼貌讲究。

三、业务技能训练

训练一

1. 训练背景

刘萌："要拟一份长达公司的招聘启事，那么标题该怎么命名呢?"

2. 训练要求

请撰写这份启事的标题。

3. 训练提示

答案：①招聘启事；②长达公司招聘启事；③启事。

训练二

1. 训练背景

××集团是中外合资的大型企业，集团所属五星级长虹宾馆，设施完备，拥有一流的写字楼、客房、中西餐厅、娱乐休闲中心和综合商场。为了适应集团业务发展的需要，宾馆决定面向社会——（女100名，男50名）。

一、招收条件：凡本市户口，年龄在18周岁以上，22周岁以下，高中以上文化，男身高一米七零以上，女身高一米六零以上，身体健康，五官端正的男女青年，均可报名（会英语者从优）。

二、报名手续：持身份证、毕业证及近期免冠照两张

三、报名时间：××年×月×日

四、报名地点：××市宏山路10号长虹宾馆人事部

五、录取办法：面试和笔试相结合

地址：××市宏山路10号

联系人：张先生

联系电话：8234567

2009年10月1日

2. 训练要求

请在横线处填上所缺内容。

3. 训练提示

答案：招聘启事；招聘；2009 年 10 月 3 日—2009 年 10 月 8 日；××集团长虹宾馆。

第九节 商务合同类文书的拟写

一、规范案例

经营租赁合同

出租单位：××五金公司（简称甲方）

承租人：赵焕成（简称乙方）

一、甲方同意乙方的要求，将原有"××路五金零部件门市部"租赁给乙方经营使用，经双方协商签订本合同，共同遵守。

二、原"××路五金零部件门市部"共有固定资产 2.3 万元，其中房屋建筑面积 100 平方米，经营面积 65 平方米，货架 11 个，柜台 20 节，保险柜 1 个，办公用具若干。乙方每月按固定资产总额 4% 的比例向甲方交纳固定资产占用费。乙方每月向甲方交纳占用国家流动资金使用费 160 元。

三、原"××路五金零部件门市部"属微利企业，近 5 年来平均月赢利额千元左右，经乙方充分考虑，同意每月向甲方上缴实现利润的 10% 作为统筹基金，每月一般不低于120 元。

四、本租赁合同有效期为两年，自××××年 6 月 1 日起至××××年 6 月 1 日止。

五、合同履行期间，甲方对乙方的经营方向进行监督，负责对乙方的业务指导，组织乙方参加各种政治活动，保障乙方在不违反国家政策和规定的前提下自主经营，赢利除足数交纳租金外自主使用。乙方要及时向甲方汇报业务经营情况，未能按月交纳时，按应交金额每日罚 3% 的滞纳金。

六、乙方在租赁经营期间，各种政治待遇不变，拥有自主经营的权力。

七、乙方向甲方交纳的租金总额为 1200 元，每月月初前 5 天内向公司财务科交纳，一般交纳转账支票，如没有在银行另立账户，也可以交纳现金。

八、本合同正本 3 份，甲乙及鉴证机关各 1 份，副本 5 份，甲方 3 份，乙方 2 份，分别交有关部门备查。

九、其他未尽事宜，由甲、乙双方协商解决。

甲方：××路五金公司负责人签章   乙方：赵焕成（章）

鉴证机关：（签章）   负责人：（签章）

××市工商行政管理局监制合字第 10 号

××××年五月二十八日

注：这是一则条文式租赁合同。标题，标出合同的性质。立合同双方，分别写明出租单

位（甲方），承租人（乙方）。然后分条列款分别标出合同内容。最后为签订合同负责人并印章，同时，注明鉴证机关及编号和日期。

二、应知应会

（一）商务合同概述

1. 商务合同的概念

合同是平等主体的自然人、法人、其他组织之间设立、变更、终止民事权利义务关系的协议。

商务合同是合同的一种，它是法人之间或法人与其他经济组织、个体工商户、农村承包经营户之间，为实现一定的经济目的，明确相互权利和义务而订立的协议。

2. 商务合同的特点

（1）商务合同是双方或多方的法律行为。

首先，合同必须双方或多方当事人意思表示一致。意思表示不一致，即未取得一致的协议，合同就不能成立。合同的这一特点使它与其他经济法律行为区别开来。其次，签订合同的双方或多方当事人，必须具有合法的资格，即具有签订合同的权利能力和行为能力。

（2）合同双方或多方当事人的法律地位平等。

合同双方或多方当事人的法律地位是平等的。任何一方都不得把自己的意志强加给对方，任何组织和个人不得非法干预。采取胁迫手段所签订的合同是无效合同。

（3）商务合同当事人的权利和义务是相互的。

当事人双方签订合同，是为了实现一定的具体的经济目的，双方的法律地位是平等的，因而决定了权利义务也是相互的。

（4）商务合同一旦订立，就具有法律效力。

订立经济合同是一种法律行为。其内容必须符合国家法律、法规和政策的规定，而且要经公证处公证后，才能得到法律的认可和保护。同时经济合同的法律约束力，还表现在任何第三者不得对依法设立的合同关系进行非法的干预和侵害。

3. 商务合同的分类

按商务合同的内容和业务范围来划分，主要有如下种类：

（1）按形式分，有表格式合同、条款式合同和表格条款式相结合的合同。

（2）按期限分，有长期合同、中期合同、短期合同。

（3）按合同是否立即交付标的分，有诺成合同和实践合同。

（4）按合同的性质分，有供销合同、委托代办合同、加工订货合同、借贷合同、补偿贸易合同等。

（5）按合同的内容分，有买卖合同、供用（电、水、气、热力）合同、赠与合同、借款合同、租赁合同、融资租赁合同、承揽合同、建设工程合同、运输合同、技术合同、保管合同、仓储合同、委托合同等。

（二）撰写商务合同

商务合同的结构包括：标题＋约首＋正文＋约尾。

1. 标题

标题一般是由合同事由加合同两字组成，应表明合同的业务性质和种类，如购销合同、保险合同等，有时还需要进一步写出内容，如"电冰箱购销合同"、"机动车辆保险合同"等。

2. 约首

(1) 签订合同当事人名称。写明全称，并注明"甲方"、"乙方"。

(2) 合同编号。

(3) 签约地点。

(3) 签约时间。

3. 正文

(1) 开头。简要说明签订合同的目的或依据，以引起下文。如："为了……，根据……，经过双方充分协商，特签订本合同，以资共同信守。"

(2) 主体。主体是商务合同最重要的部分，是当事人双方或多方协商的具体内容。这部分应清楚明确地写明合同应具备的主要条款。签订商务合同时条款应齐全，条款不全既不利于执行，又容易引起合同纠纷。商务合同的主要条款包括：标的、数量和质量、价款或酬金、履行期限、地点 方式、违约责任等。

标的（双方当事人权利义务指向的对象）。

数量（衡量当事人权利义务大小的尺度）。

质量（规格、性能、款式、标准、材质等）。

价款或酬金（指取得标的物应当支付的代价或获得服务应当支付的代价）。

履行的期限、地点和方式。

违约责任。

解决争议的办法（和解、调解、仲裁、诉讼）。

4. 约尾

(1) 合同的有效期（也可列入主体中）。

(2) 条款未尽事宜的处理办法。

(3) 合同的份数和保存。

(4) 合同的附件（表格、图纸、实样等）。

5. 落款

双方单位名称、代表人姓名（签字）、印章、单位地址、电话号码、电报挂号、邮编、开户银行和账号。

有的合同有鉴（公）证意见、经办人签字、鉴（公）证机关署名印章。

(三) 商务合同的写作要求

• 要熟悉有关的法律法规和方针政策。

• 要精通业务，全面了解情况。

• 要在公平、公正、公开的原则下，确定合同条款。

• 合同的履行要由当事人双方单位负责人负责，因此，一般的合同必须经当事人双方单位负责人认可，重要的合同须由双方单位负责人直接签订。

• 要注意合同应内容明确、具体，用语准确、简明，要防止语意含糊或有歧义的情况发生。

三、业务技能训练

训练一

1. 训练背景

前不久，某装修公司张经理与外地某家具厂赵总经理签订了一份金额达 500 万元的购销合同。合同规定：两个月内交货，由装修公司交付 10 万元作为保证合同履行的定金。期间赵总接到了一宗更大的生意，无法按期履行合同，便电告张经理，经多次协商未果，张经理只好要求赵总退还定金，另找合作伙伴。

张经理要求赵总双倍返还定金，不料对方却只退还 10 万元，张经理拿出合同一看，自己错把"定金"写成了"订金"，追悔莫及。

2. 训练要求

讨论：订立经济合同是一项严肃的法律行为，对合同数字、文字的书写切不可粗心大意。"张经理"一字之差，损失了 10 万元，所幸还只是经济上的损失。有些人签订合同或麻痹大意，或考虑不周全，以致引起经济纠纷，造成的就不仅仅是经济损失了。

3. 训练提示

注：根据《经济合同法》中的定金法则，当缴纳定金者不履行协议时，无权请求返还定金；接受定金方不履行协议时，要双倍返还定金。订金则有预约之意，当不想履约时，可申请原额退还。

训练二

1. 训练背景

租赁合同

出租方：××

承租方：××网络公司

根据《中华人民共和国经济合同法》及有关规定，为明确出租方与承租方的权利义务关系，经双方协商一致，签订本合同。

一、甲方将自有的一套公寓房（地点、楼层）出租给乙方作办公之用。

二、租赁期限：2009 年 7 月 1 日—2011 年 7 月 1 日共两年整。

三、乙方应于每月 20 日前支付下个月房租，否则按日支付应付款的千分之三的违约金，直到付款日为止。

四、本合同一式两份，合同双方各执一份。

五、本合同自签订之日起生效，有效期两年。

出租方（章）：　　　　　　　　承租方（章）：

单位地址：　　　　　　　　　　单位地址：

电话：　　　　　　　　　　　　电话：

2. 训练要求

分析上面租赁合同存在的问题。

3. 训练提示

这份租赁合同格式上是符合要求的，但内容上还有遗漏之处：

①合同中没有明确租金及违约金的数额；②出租方和承租方的义务和责任不明确，特别是出租方。如租赁期间租赁物的使用价值、维修义务、违约责任等；③履行的地点和方式等没有明确；④未填写签定日期。

培训小结

本章阐述了商务文员任职的时候所需要的基本拟文技能及在日常工作中常用文种写作方法与技巧，如事项性通知、商洽函、传真稿、备忘录、邀请信、贺电（贺信）、感谢信以及各种类型启事、商务合同等文种的拟写，并训练了写作这些文种的基本技能。

重点名词与概念

——事项性通知适用于传达要求下级单位办理和有关单位需要执行或周知的事项的公文。

——商洽函是指用于商洽工作的函。

——传真稿是利用电子通讯技术在用户之间超时空传送的文书。

——备忘录是记录有关活动或事务，起揭示或提醒作用，以免忘却的一种记事性文书。

——邀请信，是邀请亲朋好友或知名人士、专家等参加某项重要活动时所常用的请约性书信。

——贺信即贺词也称祝贺辞、祝贺信，是表示祝贺、祝愿的言辞和文章．

——感谢信是在获得有关方面和人员的关心、支持、帮助、慰问、馈赠后，向对方表示感谢的事务书信。

——启事是机关团体、企事业单位或个人向社会公众陈述事宜、告知音讯、请求协助时所使用的告知性应用文。

——合同是平等主体的自然人、法人、其他组织之间的设立、变更、终止民事权利义务关系的文书。

练习与思考

1. 事项性通知的结构是由哪几部分组成？

2. 商洽函的结构一般由哪几部分构成？

3. 传真的正文首部一般要写什么内容？

4. 处理传真有何注意事项？

5. 试述商务谈判备忘录正文的写法。

6. 备忘录写作有哪些注意事项？

7. 邀请信是由哪几部分组成？

8. 贺电（贺信）的结构包括哪几部分？

9. 什么是感谢信？感谢信有哪几种？

10. 感谢信的结构包括哪几部分？

11. 给在生活中帮助过自己的人写一封感谢信。

12. 启事的结构是由哪几部分组成?

13. 商务合同的结构一般由哪几部分构成?

案例分析

成都松风电子有限公司关于召开代理商工作会议的通知

各地区代理商,本公司各部门:

为了保证松风显示器在中国的领先地位,建立一个和谐顺畅而稳定坚固的销售渠道,给厂商、代理商和消费者带来更多的利益,本公司决定在成都召开松风电子 2009 年度显示器代理商工作会议。现将有关事项通知如下:

一、会议议题

1. 总结各地区代理销售情况。

2. 讨论并解决各地区存在的销售矛盾。

3. 商讨如何建立一个和谐顺畅而稳定坚固的销售渠道。

二、参加会议人员:各地区代理商及本公司各部门负责人。

三、会议时间:5 月 10 日至 5 月 12 日。

四、报到时间和地点:5 月 9 日在成都乐园度假村酒店大堂报到。

五、会议地点:成都百乐园度假村二楼圆形会议厅。

六、其他事项:

1. 大会将为各与会人员免费提供食宿。

2. 参加会议的代理商请按要求填写本通知所附的会议报名表,于 4 月 20 日前寄回会务组。需接车、接机及购买回程机票、车票的人员,务请在会议报名表中注明。

3. 请华东、华北及华南各代理商报到时向我公司提交一份销售情况报表。

会务联系:成都市××路××号松风电子有限公司代理商工作会议会务组

邮编:××××××

联系人:李秘书

联系电话:××××××××

电子邮箱:liwen@21cn.com

附件:成都松风电子有限公司代理商工作会议报名表

成都松风电子有限公司
二〇〇九年四月十八日

(注:这是一篇事项性会议通知。正文开头写会议目的和会议名称。文种承启语后,写了会议的议题、时间、地点、与会人员及有关注意事项。文章层次分明,语言简洁、清晰。此外,为与会人员赴会考虑得比较周到,也是本文的一大特点,值得借鉴。)

第十一章 商务文员的文书办理

本章培训主要内容：本章主要概述办文工作中的文字记录、文书撰拟、文稿审核、文件收发等基本内容。

本章应掌握的主要技能：收文处理和发文处理是商务文员应该熟悉和掌握的一项基本技能，本章重点叙述收文处理的程序和发文处理的程序，并对每一个步骤如何进行操作技能进行详细的阐述，需要商务文员牢固掌握。

第一节 文字记录与撰拟

一、规范案例

浙江腾达贸易公司准备从下个月起，利用两个月的时间，在全公司范围内开展一次销售业绩竞赛活动，本次竞赛分设一等奖、二等奖、三等奖。一等奖将有直接晋升机会，二等奖将作为公司干部后备人才，在以后的晋升中有优先权，三等奖将获得加薪。公司领导将撰拟活动通知的任务交给了商务文员张扬，张扬在听取领导交代时认真记录，仔细领会领导意图。写了一份开展竞赛活动的通知，交到领导手里，领导对张扬的工作很满意。

注：做文字记录和撰拟一些简单的文稿，是商务文员经常要做的一项日常工作。商务文员只有在平时多做记录，多积累材料，并认真领会领导意图，才能写出让领导满意的文章来。

二、应知应会

（一）文字记录与撰拟的含义

文字记录的含义包括广义和狭义之分，广义的文字记录就是用文字的形式把公司日常的具体事务与公司的业务往来记录下来，狭义的文字记录是根据领导的授意将相关的会议、谈判、会见等活动的内容用文字的形式记录下来。

文书撰拟就是文书的写作过程。具体来说，就是根据领导授意和要求，按照一定的文体和规范的格式拟写出来的应用性文件。

（二）文字记录内容、方式及注意事项

1. 文字记录的内容

文字记录是我们形成具体文件的依据，这就需要我们对日常工作中哪些事情需要进行文字记录进行甄别，然后把他们分门别类的记录下来。具体来讲工作中的以下内容常是我们应该进行文字记录的：日常的具体事务，领导的日常重要讲话，会议、谈判、会见等活动的内

容，领导的直接授意。

2. 文字记录方式

文字记录的方式是商务文员采用何种方式，使用哪种载体来进行文字记录。一般说来文字记录的方式包括以下四种常用的方式：①纸质记录，纸质记录就是把需要记录的内容记录在纸质的材料上，如工作日志，记录本、日历、记录卡片等材料上面。②影音记录，从严格意义上讲，影音记录不属于文字记录，但是它对文字记录起到了巨大的辅助性作用。它可以把现场的音像记录下来，方便商务文员在事后和文字记录的内容反复进行校对，确保记录的内容真实可靠。③机器输入记录。机器输入记录是采用机器输入的方式对需要记录的内容进行文字记录，如打字机、电脑输入记录等。一般说来这种记录方式速度较快，方便、简洁，能够根据需要对记录的内容进行调整，能够做到事情完成，文件成型。商务文员只要进行相应的打字训练都能够适应机器输入记录的需要。④微缩胶卷记录。这种文字记录方式对已经成型的文字文件可以进行有效的记录，但是对一些非文字性的内容就无法记录，使用范围相对较窄。

3. 文字记录需要注意的事项

在做文字记录的时候，一般要注意以下事项：实事求是、认真校对、分类记录、遵循领导的意图和公司的利益。

（三）文字记录的格式

一般说来记录的事情不同，所采用的格式就不同，如，记录日常事务的工作日志与记录会议的会议记录格式就不同。但无论是记录什么内容，一般都要包括以下一些内容：

时间。即所要记录的事情发生的具体时间。时间一般要包括年、月、日、星期几，一些记录还要精确到上下午和几点几分，如会议记录。

地点。事情发生的具体地点，一般要写清公司的××楼××房间。

人员。具体的在场人员是哪些，并要标明相关的身份，如果是会议，还要记录缺席的人员及缺席的原因和会议的主持人等内容。

内容。这是文字记录的主干部分。即这次文字记录记录的主要内容包括哪些，如果是会议，就要记录会议上做了什么报告、通过了什么决议，主要领导人分别做了什么样的发言；如果是领导日常讲话，就要记录这次讲话的主要内容是什么；如果是日常事务就要记录日常事务的主要内容等。

记录人。最后要把记录人的名字署上。

（四）文书撰拟的主旨

1. 主旨的含义

文章的主旨，也叫文章的中心，它是一篇文章的主要观点、看法，是一篇文章所要表达观念的集中体现，文章的其他部分都是围绕这个中心展开的。公司常用文书的主旨是文书所要表达的基本思想和明确意图。

2. 主旨的提取

（1）明白领导意图，大多数应用文书，是在单位和部门领导的授意下写的，因而，我们在确定一篇应用文书主旨时，应该先与领导沟通，认真领会领导的意图和想法，明确领导想让我们去探讨和解决一个什么问题，领导对这个问题的具体看法是什么等方面内容。这是我们确定文章主旨的出发点和第一手资料。

（2）广泛搜集材料，在明白领导意图之后，我们还应广范的搜集与占有相关资料。这些材料既可以是直接材料，也可以是间接材料；既可以是文字材料，也可以是音像材料；既可以是书面材料，也可以是实际调查。总之，要在主旨确立之前，尽可能多的去占有材料。

（3）分析材料、确定主旨，然后我们要对占有的材料进行去伪存真、由表及里、由浅入深的分析，得到一个最符合客观实际的认识，在结合领导的意图，从而来确定我们应用文书的主旨，这样的主旨才是能够经受住时间的考验，才是更具有实际意义的主旨。

3. 主旨的表现方法

应用文书写作中，由于要求主旨一定要明确和清晰，所以应用文书的主旨在应用文书的结构中一定要显眼，尽量放在标题、开头和结尾等显眼的地方。

（1）标题点旨，这样的应用文书，一般把文章主旨放在标题中，我们一眼就可以看到文章表达的中心，清晰明了。如《××学院关于进一步加强对学生考风考纪教育的通知》，就直接在标题中点明了文章的主旨，是加强对学生的考风考纪教育。多数的公文常采用标题点旨的方式。

（2）开头点旨，是在文章的开头将应用文所要表达的主要内容，主要目的简明扼要的交代清楚，也就是我们常讲的，要开门见山，使人在一开头就知道文章所要表达的内容。如申请和总结常在开头点旨。

（3）篇末点旨，就是在文章的末尾点明文章的主旨，这种方法常在调查报告、论文中使用得到。

（五）文书撰拟的材料特征

1. 材料的含义

材料是作者通过搜集和整理，用来说明文章主旨的事实和道理。既包括通过调查和研究得到的事实情况，也包括各种间接的书面、音像等材料。

2. 材料的提取和应用

（1）从主旨出发，在应用文书的写作中，我们要根据主旨来搜集和占有材料。

（2）材料的搜集方法：①平时积累，在日常工作与生活中，要注意对各种材料的积累，要善于保存各种有用的资料，要学会对各种文件和资料的分门别类，要学会做卡片，从而为写文章，写应用文书做材料积累。②日常观察，要善于对日常的生活与事务进行观察，要把握住主要矛盾，并经常进行深入的思考，把那些反映事务本质的材料保存起来。③查阅文献，要善于查阅报刊、杂志、档案、文件等书面与音像材料，了解各种事件的动态和实际情况，并为自己的文书写作获取有用的材料。④问卷调查，问卷调查是我们获取一手资料常常会使用到的一种有效的方法，这种方法，打破了个人搜集材料中存在的时间、空间的限制，使搜集的材料更具有代表性和典型性，能更好的说明一个问题。⑤实地考察，这是我们获取一手材料最直接、最有效的方法。古语云："耳听为虚、眼见为实"，只有自己深入实际地进行调查和了解，才能够真正地接触到事物的本质和实际，才使我们的结论建立在事实可靠的基础之上。⑥座谈法，座谈法是通过开座谈会的方式，将涉及某个事务的具体当事人，在场人员邀请到某一个地方进行座谈，通过他们对当时情况的回顾和讲述，了解事情真相，从而达到搜集资料的目的。

（3）研究、鉴别、分析材料，提取真实、可靠、典型、新颖材料，我们根据文章的主旨，搜集到大量的材料之后，还要对材料进行研究、鉴别和分析，要做到去伪存真、去粗取精，使那些最具有代表性，最能说明和支撑主旨的材料，能够脱颖而出。

（六）文书撰拟的结构

1. 结构的含义

文章的结构是文章各个部分之间结构关系，是文章的谋篇布局，是把材料安排在最为恰当的位置来说明文章的主旨。

2. 整体结构常见模式

（1）横式结构。横式结构是指各个段落之间是一种平行的关系，其所要说明和表达的观点是并列的，没有先后、深浅的关系，往往是一个事物的几个不同的方面，我们在进行计划、总结的撰拟中常会使用到这种方式。但是，我们对这种模式使用过程中，要注意我们分类的标准和角度应该是一致的。

（2）纵式结构。纵式结构是一个由浅入深的过程，各个段落之间，有一个逐渐递进的过程，前后段落不能改变，它常用来表明我们对一个事务认识逐渐深化的过程。

（3）综合模式。即文章的结构中，既有横式结构也有纵式结构，在文章的总体上是纵式结构，但在某些段落之间或段落内部，又是横式结构。大多数应用文书，采用的就是这种综合模式。

（4）表格式。就是将所要表达的内容，按照一定的表格来进行填写，这为使用者提供了方便，因而在平常的办公与事务交往中，常被使用。如各种报表、申请表等。

3. 局部结构常见模式

（1）标题：①公文式标调，这类标题，程式化强，有严格要求，缺少变化。常在各类公文中使用。如"关于进一步加强金融行业上市监管的通知"。②论文式标题，这类标调表达作者的观点和内容，使人很清楚地知道文章所要写的主要内容和观点。这种标题，常在学术性的应用文当中使用到。如"大学生就业率低深层原因分析"。③提问式标题，通过提问方式，引起人们的深思，来警醒人们。如"我们失去了什么"。④多行式标题，最常见的是双标题。即分为大标题和小标题（或正标题和副标题），其中大标题主要来说明文章主旨，而小标题是对文章主旨的补充说明，从而为读者提供更多的信息和更详细的说明。如"求同存异，相依共存—对中美关系的展望"。

（2）开头：①概述式，概述工作的基本情况、取得成绩或经验，人物的主要事迹等，使读者对事情有个整体情况的了解。总结、通报、会议记录、调查报告等文体常采用这中开头方式。②说明式，主要来说明原因、依据、背景、目的等。在开头经常采用"为"、"为了"、"依据"等词语来引出目的、原因和依据。③论述式，在文章的开头采用议论的方式来论述观点与看法。④陈述式，陈述式是在会议的开头采用陈述的方式来介绍会议的背景、目的、与会的人员和单位等基本情况。⑤结论式，是在文章的开头将事情的结论、处理等情况写出来，以引起读者的警醒和重视。⑥提问式，根据写作的内容，提出具体的问题，引起下文和阅读兴趣。在学术论文和调查报告当中常会使用到这种方式。⑦引述式，是在文章的开头将相关文件的名称和文件的相关精神及内容引述在文章的开头的一种写作方式。

（3）结尾：①总结式，这种方式是对全文内容进行总结，让读者对文章内容印象深刻。②号召式，是在文章的结尾提出号召、希望和对未来的展望。给读者鼓舞和一个光明的目标。③期请式，提出期望、请求和要求。"请示"、"函"、"意见"的结尾常常采用这种方式。如"请批复"、"肯盼回复"等。④建议式，是在文章的末尾提出对事情的看法和处理的建议。在调查报告中常常采用这种方式。⑤强调式，是对文中提出的主要观点、看法、处理的意见，强调说明以引起读者的注意。常采用"特此通知"、"特此函达"等语言来提示。

（七）文书撰拟的表达特征

1. 表达的含义

文章的表达，是指作者如何使用语言来阐述自己的观点和看法的方式与方法，即组织语言的方式与方法。在一般的文章中，叙述、议论、说明、描写、抒情等表达方式都会被广泛地使用。而在应用文书中一般最常使用的表达方式是叙述、说明和议论这三种表达方式。

2. 表达的方式

（1）叙述，就是对事物或事件做客观的陈述的表达方式，它是在写作过程中最常采用的一种表达方式。叙述从不同的角度出发，又可以分成不同的种类，如，从叙述的方式，可以分为"顺叙、倒叙、插叙"，从叙述内容的多少可以分为"详叙、略叙、概叙"等。但在文书的写作中这些叙述方式的使用又是不平衡的，具体来说文书写作的叙述有以下一些特点。①以顺叙为主，很少使用倒叙与插叙。多数文书，在叙述事件及事情的过程中，按照事件发展的顺序或者是时间的先后顺序进行叙述与交代，这样就使文章条理清晰，使复杂的事情简单化，符合大多数人接受事务的规律。②以概叙为主，很少使用详叙。应用文书写作过程中，在叙述事件时，常是概括式的叙述，交代事件的大体经过，不对细节进行刻画，只要使人对整体情况有个清晰的认识和了解就可以了。不像文学性的作品，常要对细节进行深入、细致的描画，以体现人物的性格或事件的详细情况。③以叙事为主，很少记人。大多数应用文书的叙述，是以事件为中心的，很少有人物形象的塑造，而大多数的文学作品，需要有人物作为事件发展的中心。④叙述客观真实、富有理性，不能有虚构和想象的成分。不像文学性作品需要使用各种修辞的手段，或虚构人物或情节来表达自己对生活的认识和自己的情感。应用文书的叙述是在客观实际的基础上进行有理性的，有条理的叙述，做到不夸张，不隐晦，以实事求是的态度来进行叙述。

（2）议论，就是阐明自己对事物的看法与认识，或者对事物或事件进行评价和分析，找到事件发生的原因、规律及其解决的办法等。如果说叙述是摆事实，那么议论就是讲道理。与普通的议论文相比较，应用文书的议论有以下一些特点。①以事实为依据。议论是在对客观事实的分析与认识的基础上而得到的看法与认识，它不是因个人的主观情感或者看法的偏见，而不顾客观实际情况，随意发表的言论。因而应用文的议论是对客观材料的一种认识，是实实在在的，只能务实，不能务虚，不能凭空猜想，空发议论。②以法律和政策为准绳。应用文书，大多都是为了处理日常事务而要使用到的文体，而日常事务的处理是要遵循国家的法律法规和各种政策。因此，应用文书的议论也要以国家的法律法规和政策为准绳，不能脱离各种政策性的文件，这样才有解决实际问题的效益。在今天，我们这个越来越强调法制的社会里，更是如此。③叙议结合，夹叙夹议。应用文书的议论不是孤立存在的，它往往是先叙述，再议论，再叙述，再议论。在叙述的基础上进行议论，把摆事实与讲道理相结合。④议论要有针对性和深刻性。应用文书的议论，都是针对某一具体事件，某一具体现象而阐明的自己看法与观点的，因而它有很强的针对性，不能泛泛而谈，不能流于表面，要认识的深刻，一针见血，发人警醒，要认识到事物的本质，要能够解决实际的问题。

（3）说明，是对某一具体事物的描述，通过具体的说明，使我们对事物有个清晰的认识与了解。在写作的过程中，说明的方法有很多种，如列数字、画图表、举例子、打比方、下定义、分类、比较、比喻、拟人等说明方法。但是在应用文书的使用中，最常用到的说明方法是分类、比较、下定义、列数字、画图表。而很少采用打比方、拟人、比喻等说明方法。具体来说，应用文的说明有以下一些特征。①说明客观真实。客观地去说明事物的形状、性质、作用等。让大家对事物的认识是客观和真实的。这就要在说明中，要严肃、认真、科学，一丝不苟，不能马虎，不能得过且过。要不将会害人不浅。如各种药品的说明书，机器的使用说明。在叙述中，都是要客观真实的，都是符合实际的，要不会害死人的。②说明要简洁具体，多用列数字和列图表的方式，这样既使别人信服，也利于对比与比较，同时也一目了然，形象具体。③说明要平实，不能夸张，铺陈，只是用平实晓畅的语言将事情讲清楚，说得明白就可以了。要少用那些修饰性很强的词语。④说明要准确。在应用文书的说明中，一定要准确，不能有误差，特别是数字的说明，一旦出现较大误差，其可信度必然会降低，将很难使人信服，所得出的结论同样也站不住脚。

（八）文书撰拟的语言

1. 语言的含义

一般来说，文章的语言，是文章用来表情达意的基础，是构成一篇文章的最基本单位，是文章的细胞。文章离开了语言，就无法存在。

2. 文书语言的要求

准确、简明、朴实、庄重。

3. 常用的文书专门用语

（1）开端用语：为了、依照、按照、遵照、关于、根据、查、兹、兹有、兹因、现、前接、近查等。

（2）递送用语：送、报、呈、印发、发布、下达等。

（3）称谓用语：第一人称—本、我；第二人称—贵（上级）、你（上下级）；第三人称—该、其。

（4）经办用语：业经、前经、即经、兹经等。

（5）拟办用语：责成、交办、审批、批准、可以等。

（6）引叙用语：悉、近悉、惊悉、前接、近接等。

（7）过渡用语：为此、鉴于、有鉴于此、综上所述等。

（8）期请用语：请、拟请、报请、恳请、希、希予、即请查照、希即遵照、望、盼、切望、切盼、务求等。

（9）表态用语：照办、同意、可行、不宜、不可、不同意、遵照执行。

（10）征询用语：当否、可否、妥否、是否可行、是否妥当、可否同意等。

（11）期复用语：请批示、请批复、请批准、请告之、请函复、请函告等。

（12）结尾用语：为要、为盼、为荷、特此函达、特此通知、专此报告、特此函复。

三、业务技能训练

训练一

1. 训练背景

年底，浙江腾达贸易公司要求每一位员工都要写工作总结，商务文员张扬写了一份四五千字的总结，里面使用了大量的修饰词语，运用了许多修辞方法，通篇都在抒发自己的感想，只是在最后，才简单交待了一下自己一年的工作。总结交到领导那之后，领导看了一下，让张扬重写。

2. 训练要求

张扬应该如何重写这篇总结。

3. 训练提示

张扬应该区别应用性的文章与文学性作品的区别，总结是应用性的文章，就要求实事求是，不需要用大量的词语和修辞方式，只要把自己一年的工作交代清楚就可以了。他可以一开头做个总结，然后分别从德、能、勤、绩四个方面分别说明就可以了。

训练二

1. 训练背景

浙江腾达贸易有限公司召开年底总结性会议，在这次会议上总经理对下一年的工作任务做了安排，但办公室主任被派到外地考察，无法参加这次会议，主任让张扬把这次会议记录下来。

2. 训练要求

张扬在做记录的时候，应该记录哪些内容？

3. 训练提示

他应该记录会议的名称、时间、地点、出席的人员、每位领导人所做的重要指示等内容。

第二节　文稿的审核

一、规范案例

浙江腾达贸易有限公司商务文员张扬，在公司里面要经常给各位领导打印文稿，在打印文稿时，张扬都仔细检查和校对，改正文稿中的错别字、对文稿进行规范排版，并把文稿中一些错误的句子画出来，向领导请示，是否需要修改。经过他打印的文稿，往往领导都很满意。

注：对文稿的进行打印的过程，也是对文稿进行审核的过程，这就需要商务文员必须掌

握一些文稿审核的基本知识。

二、应知应会

(一) 文稿审核的含义

文稿审核是审核人员以严肃、认真的态度，对文稿的内容、文种、格式到会签手续等方面严格衡量，逐字逐句审核，严格把关，杜绝不准确、不规范的文件印发的过程。

(二) 文稿审核的要求

1. 行文是否必要

在企业的运行中，一般行文时都是针对比较重要事务和决策而做出的，通过行文的方式来明确责任和义务，使公司的相关人员熟知公司的相关决策和自身的责任，从而在工作中严格的执行。它是相关责任与义务的凭证，具有法律的效力。所以行文是严肃和认真的，这就需要审核人员要能够判断什么情况下需要行文，什么情况下不需要行文。因为过多的行文只能造成公司财力与人力的浪费和公司效率的低下。

一般以下三种情况不需要行文：一是为了应付上级，有些工作上级已经发文，下级只要按照要求执行就可以了，在大多数情况下，下级不需要再另行行文向上级汇报，但有些公司和部门却要求下级部门将相关的情况以文件的形式汇报上来，造成下级公司应付文件。使得公司的日常事务变成了文书的往来，工作人员疲于应付各种文件，而不能把精力投入到实际的业务中去，造成公司的工作效率极其低下。二是为了搪塞下级而发文。一些公司和部门为向上级表明重视，便对上级下发的文件依样画葫芦，再发一个内容雷同、全无新意的文件，以便对上对下都有交代。三是属部门职权范围内的事、专业会议纪要、不成熟的文件以及可以口头或用电话等其他方式处理的事项，可以不再另行发文。

2. 文件内容是否符合法律政策规定

即文件内容是否符合党和国家的方针、政策、法律、法规，是否符合公司的现有相关规定，同现行规定是否有矛盾。作为公司和企业的日常运营，必须遵守国家的相关法律和政策，必须在政策允许的范围内进行商业经营。这就需要文稿的审核人员在审核文稿的时候要严把质量关，避免公司的文件出现违反国家政策法规和公司现有的规章制度。

3. 涉及有关部门的问题是否协商一致

公司的一些文件涉及面广，决策性较强，需要公司内部不同部门的协调一致，如果发文的部门不主动与涉及的相关部门进行协商和会签，也没有报相关领导进行审批，就盲目发文，造成意见不统一，就很难贯彻和执行。因此，凡未经协商的，应退回来文单位或部门重新会签。如协调中不能取得一致意见，应将分歧意见如实汇报，并由主办处、科（室）与部门在拟办中提出建议和意见，一并报请公司有关领导审定。

4. 内容是否明确

文件提出的政策界限、措施和要求等是否明确具体、切实可行。对含混不清、模棱两可或者脱离实际、过于繁琐之处，应与报文单位与部门研究修改。

5. 格式是否规范

即引文是否无误，引文方法是否规范，文字表述是否准确、严密、简练，标点是否正确，文件格式是否符合有关规定。

6. 拟定审定文件会议的建议

凡需提请一定会议审定的文件，应提出交何种会议审定的建议，报请公司分管领导审阅后，列入议程。

7. 使用纸质稿件进行审核

随着无纸化办公的推进，许多审核人员在文稿审核时习惯于在计算机上对文稿进行审核，而不注意对纸质文稿的审核，这样常会出现一些疏漏。所以审核人员在计算机上对文稿审核完成后，还需要打出纸质稿件来进行审核，这样才能尽量避免出现差错和疏漏。

（三）文稿审核的主要内容

对文稿内容的审核主要把握好四个方面，即政策关、文字关、格式关和程序关。

1. 政策关

文件作为传达公司决策和业务往来，具有法律效力的文书。它本身就具有很强的法律效力，要求审核人员要强化法律意识，政策意识，熟悉国家的相关法律和政策，熟悉公司的相关规定和要求，把好政策关。这就需要文稿的审核人员对以下方面做出审核：一是审核文件所反映和体现的基本立场、观点，所提出的意见、措施、办法和要求，以及所得出的结论，是否符合党和国家的有关方针、政策、法律、法规、规章以及上级的指示、决议和公司的相关规章和制度，同现行有关规定有无矛盾。二是对于因情况变化而需要对原有政策做出变更或提出新的政策规定的，应与有关部门协商并就其必要性、可行性做出文字说明，同时在表述上注意前后之间的衔接，并要求有关部门附上原有政策规定的文件材料，供审签领导把关。三是文稿中的内容有无政策界限不清，或把政策界限规定得过死、过宽的情况。有没有政企不分、内外不分的问题。四是文稿中的观点、提法是否正确，提的意见、办法是否符合实际，有无主观武断、片面或者绝对化的问题。五是文稿中所下的结论是否恰当，理由是否充足，收文部门是否能接受，文稿中的结论涉及其他部门，是否经过充分的研究商讨，意见是否统一清楚等。如果文书内容与法律、法规和政策不一致，与公司现有的规章制度不一致，审核人员就应提请起草部门弄清情况，根据法律、法规、政策和公司的规章制度，会同有关部门协商修改。

2. 文字关

文件是一种通过文字来传达公司的决策和进行业务往来的文书，它依赖于文字的准确、简洁和清楚的表述。同时，商业文件是一种特殊的文体，有它的常用文字和固定的书写方式。因此，文件的审核中，对文字的要求是严谨而细致的，要求审核人员以一丝不苟、严肃认真的科学态度，字斟句酌，锤炼文字，力求使文稿准确运用商业文件语体，达到以记述为特征，以实用为目的，把准确性、简洁性作为最基本的要求，使每一个字都有每一个字的作用，每一句话都有每一句话的力度。能够清楚明白表述公司的决策和商业往来中双方的权利与义务，避免因语句模糊导致双方的利益之争。这就要求审核者从以下几个方面进行审核：

一是语言表述应准确、简洁和明白。准确，就是要求文稿准确传达决策，如实反映情况，确切体现文件的内容和基本精神，观点明确。简洁，要求文稿的用语要精炼。要用较短的文字简明扼要、准确地表达丰富而深广的内容，力戒穿靴戴帽。要提倡写短文，反对空话、套话。明白，由于文件是来传达公司决策和进行商业往来，施行管理措施，请示、答复问题，指导、布置、商洽工作以及报告情况、交流经验的重要工具。因此，要求文稿在表述上必须明白易懂，直达其意，不渲染，清楚明白。二是篇章结构。要求文稿的层次清晰、条理清楚，中心明确，重点突出。必要时，要忍痛割爱，对文稿材料进行增删和改换，即删掉多余的段落，增补新的材料，增加某些引文。要从大处着手，统观全篇，注意内容和形式的统一，通盘考虑和处理文稿，防止顾此失彼，破坏文件结构的整体性。但同时文稿要对双方的权利与义务做出详细的规定，不要留下可以被利用与想象的空间。三是逻辑。要求概念准确、判断恰当、推理严密、合乎逻辑。四是语法修辞。用词要合乎语法规范，句子通顺、完整；无错别字、生僻字、怪字；无错用数码、标点符号；无滥用省略和简称。

3. 格式关

由于文件是一种具有特定体式的文章，因此，起草文件和审核文件都要注意体式，使其合乎文件体式的要求。对文件体式的把关是一项重要的、规范性很强的工作。要求审核人员在工作中发扬严谨细致的工作作风，对每篇文稿都要从标题、发送范围、正文、附件到成文日期和落款，进行严格细致的审核，只有这样，才能做到不规范文件不出手。审核人员要依据国家的相关规定和公司的规定来规范文稿的体例格式。这需要审核人员在以下几个方面进行审核：

（1）行文名义是否得当，在行文名义上，一些部门或起草单位为提高文件的规格常常用上级的单位或部门的名义发出，从而造成了公司权威的降低，审核时需要注意把关。

（2）使用文种是否合适。在行文中，"请示"、"报告"不分，或"请示报告"连用的情况常常发生。审稿时需要认真阅读文稿内容，审核文种使用是否恰当。

（3）标题有无毛病。按照规定，标题必须由发文机关或部门、事由、文种三要素组成。但是在行文中，往往容易忽视"发文机关或部门"、使标题不完整，需要审核人员及时补充完善。

（4）发文字号是否准确。

（5）发文机关和部门是否准确。

（6）会签中部门印章、领导签字是否齐全。

（7）有无附件，附件名称前后是否一致。

（8）涉及紧急或秘密事项的文件紧急程度或密级的标定是否恰当。一些办文的人员往往把需要印刷部门尽快印出来的文件标注为"急件"。这种随意性的标注"急件"往往造成文件运转中急与不急的混淆，反而会误大事。因此，"急件"的标准应根据文件内容的紧急程度来定，而不应随意标注。

（9）人名、地名的引用是否准确。人名、地名的引用应准确无误。在审核文稿中，对涉及政策性、法规性的问题核稿时往往是比较谨慎的。而对于人名、地名等却往往容易忽视。如从人名来说，如果是众所周知的名人、领导，一般不容易出错；而对不熟悉的人名及其单位，如不认真核对，很难保证不出差错。这就需要我们在核稿时，要再次核对，甚至找起草单位或部门核对，尽量避免出错。

（10）数字的审核。①要求准确；②要规范。按照有关规定，除成文日期、部分结构层次序数的惯用语、缩略语、具有修辞色彩语句中作为词素的数字必须使用汉字外，其他数字用阿拉伯数字书写。审稿人员在核稿时，应按规定进行规范。

（11）是文件的引用。引用文件应当是先引标题，后引发文字号。文件的引用，首先的要求是准确；其次是要规范。如果仅引用标题，或者仅引用文号，或者以文件的发文时间代替发文字号都是错误的。核稿人员对文稿部门要提出"补齐"的要求。在具体审核中，要认真核定。对不符合要求的文稿，要及时增补或更换，必须完整、准确后才能正式发文。

4. 程序关

不同的公司与企业对办文的程序都做出了符合自己公司实际的相关规定，办文部门的人员在文件的形成过程中，文稿必须经审核人员的把关，然后按规定程序送分管领导签发。

部门内部文件送审程序：起草人员→本处（科）长→部门负责文书处理工作的处（室）→部门分管领导→部门主要领导（重大问题）。公司办公室对部门上报批转文件的送审程序：经办人员→本处（科）长→办公室文书综合部门→分管文书工作的办公室主任→公司分管领导→公司主要领导（重大问题）。这些环节不是必须都有的，这要根据不同公司的大小、内部机构的设置和公司的相关规定来处理。

三、业务技能训练

训练一

1. 训练背景

浙江腾达贸易公司下发加强对新员工加强培训的文件，经理让商务文员张扬打印。张扬拿到文件后，发现文件的标题是"关于进一步加强对新员工进行培训的通知"，并在文件的一角标着"急件"。张扬觉得这份文件有些不妥。

2. 训练要求

如果你是张扬，你应该如何做？如果不妥，应该在什么地方？

3. 训练提示

张扬应该向经理说明：一是这份文件题目不全，应该是浙江腾达贸易公司"关于进一步加强对新员工进行培训的通知"；二是这份文件不应该标注"急件"。

训练二

1. 训练背景

浙江腾达贸易有限公司办公室主任经常要对文稿进行审核，有一次，由于有紧急公务，需要外出，无法审核一份公司的一般性文件。主任就将这份文件交给张扬审核。

2. 训练要求

张扬应该如何来审核这份文件？

3. 训练提示

他可以从政策、文字、格式、程序四个方面进行审核。

第三节　发文处理

一、规范案例

浙江腾达贸易公司商务文员张扬要经常把公司印刷完成的文件进行下发，同一份文件，既要通过邮寄的方式下发到各省的分公司，又要通过直接分发的方式发到总公司的各个部门。为此，他专门制作了发文登记簿，把每一份下发的文件都认真进行登记，保证了文件及时下发到各部门，极少出现发文的错误。

注：对于商务文员来说，在日常工作中，发文是经常要处理的工作，只要严格按照公司的发文程序来办事，一般极少会出现大的事故。

二、应知应会

（一）发文处理的含义

发文是单位答复来文或根据需要向外单位主动发出文件的过程。发文处理程序主要由草拟、改稿、审核、签发、编号、复核、誊印、校对、用印、登记、装封和发出等工作环节组成。发文办理分为两个阶段，从草拟到签发，称为制文阶段，从编号到分发是制发阶段。

（二）发文处理程序

1. 草拟

草拟就是文件起草拟稿的过程。草拟文件要注意以下一些事项：①符合国家的法律、法规和公司的规章制度与相关决策。②情况确实，观点鲜明，表述准确，结构严谨，条理清楚，直述不曲，字词规范，标点正确，篇幅力求简短。③文件文种应该根据文件的内容、行文的目的、发文单位的职权和与主送单位的行文关系确定。④拟制紧急文件，应当体现紧急原因，并根据实际需要确定紧急程度。⑤人名、地名、数字、引文准确。引用公文应当先引标题，后引用文字符号。引用外文应当注明中文含义。日期应当写明具体的年、月、日。⑥结构层次序数，第一层为"一"，第二层为"（一）"，第三层为"1."，第四层为"（1）"，第五层为"A"，第六层为"a"。⑦使用国家法定计量单位。⑧如果文内使用非规范化简称，应当先使用全称并注明简称。使用国际组织的外文名称或其缩写形式，应当在第一次出现时注明准确的中文译名。⑨文件中的数字，除成文日期、部分层次结构序数和在词、词组、惯用语、缩略语、具有修辞色彩语句中作为词素的数字必须使用汉字外，其他数字都应当使用阿拉伯数字。

2. 修改

修改是文件承办人员草拟完稿件后要对主题、观点、材料、结构和语言等进行反复斟酌，梳理修正的过程。修改需要注意以下方面：①修改主题，要看主题是否符合公司领导层的决策和意图，主题思想是否正确，主题是否集中，挖掘是否深刻。②修改观点。要考虑观点是否立得住脚，表述论证是否有力。凡属思想观点不正确，感情色彩不健康，看法偏激，观点偏颇，论据不全面，提法不妥当，都要认真修改。③修改材料，要检查材料是否选择得当，是否真实，能否说明观点，否则就需要增删修改。④修改结构，要看文件结构是否合理，结构类型是否符合应用文格式要求。如果结构不合理，承接不顺达，层次不分明，那就需要修改。⑤语言修改，主要修改语言是否通顺，逻辑是否正确，对那些概念模糊，以及推理、论证不合逻辑的、不通顺的语句，不规范的字词及标点符号都应进行修改。

3. 审核

这是指文件的草拟稿在签发之前，对文稿的内容、体式进行全面的核对检查。具体内容在前面已经进行了详细叙述，这里就不再赘述。

4. 签发

签发是指单位领导对承办部门送达的草稿进行审批签字发出的过程。签发应该注意以下事项：①凡是以单位名义发出的文件，应由单位正职或主持日常工作的副职领导人签发，内容重要或涉及面广的文件必须经公司领导层集体讨论通过后，然后由主要领导人签发。②属于涉及两位或两位以上副职领导人工作的文件，经有关副职领导人审查后送主管副职领导人或主持日常工作的副职领导人签发。③一般业务性、事务性工作文件，可由具体分管的副职领导人签发。如是重要问题也可请正职领导人签发。④有关日常性工作文件，经授权可由办公室主任签发。⑤经会议讨论、修改通过的文件，整理后可由会议主席及其他授权人签发。⑥会办的文件经过协商取得一致后，共同签发行文。⑦属于公司授权以办公室名义对下级公司、公司部门安排布置工作的文件，由公司分管副职领导人或办公室主任签发。⑧属于办公室职权范围内的文件，由分管办公室主任签发。⑨签发时，签发领导应在"发文稿纸"的签发栏内明确写明意见，如"发"、"印发"、"抄发"、"急发"等，并亲署姓名和日期。代行签发的要注明"代签"字样。签署意见必须明确，不能模棱两可。字迹要清楚、端正。如需要送单位领导人审阅的，要写明"请某某领导同志审阅后发"。若经审批人圈阅或签名，应视为同意。受领导委托代行签发职责的，要注明"某某代签"。下面是一份标准的发文稿纸。

（单位名称）发文稿纸

密级：（   ）   紧急程度（   ）

签发（会签）：主办单位拟稿人：核拟稿：

事由：   附件：

主送机关：（受文对象）抄送机关：

主题词：   打字：   校对：   共印   份

发文字号：   机关代字〔   〕   号   成文日期：年   月   日

（正文）

第   页

5. 编号

编号是指发文字号，同时也包括文件的份数序号。文件的编号是"一对一"的关系，同一份文件只有一个发文字号。一般来说企事业单位文件的编号通常包括机关代字、年份、序号。机关代字是发文机关单位或者部门的中文简称。年份是发文的年份，序号是这一年中同样文件的序号。年份与序号都要用阿拉伯数码标识，年份应标全数，用六角括号"〔〕"括入，序号不编虚位（即1不编为001），也不加"第"字。如深圳市政府办公厅2009年印发的有关某一事项的第一份文件，发文字号就可以编为"深府办〔2009〕1号"。除此之外，一些重要公文还要编写公文份数序号。公文份数序号是指将同一文稿印制若干份时每份公文的顺序编号，通常称为份号。可编虚位，最多可用7位数字，如"0000001"，如果文件只有个位数，不能写成"1"，应用两位数"01"表示。在公司里面对文件编号还会用到其他方式，这要由不同公司的具体规定决定。

6. 复核

复核，又叫核发，是发文办理过程中第二次审核。这也是文件正式印制前由相关人员和部门对发文的复查审核。复核主要注意以下事项：①文稿是否按规定程序送审签发，审批手续是否完备，即审批意见是否明确、审批人是否署全名及时间、附件材料是否齐全。②文稿中的人、地名、时间、数字、引文和文字表述、印发范围、主题词是否准确、恰当，标点符号、数字的用法及文种使用、公文格式是否符合规定等。③编排发文字号，联合行文使用主办单位的发文字号。④对需要标明密级、紧急程度的文件进行准确标注。⑤确定主送机关、抄送机关范围及印制份数。

7. 誊印

誊印是指对已经领导审批签发的定稿进行誊印和排版印制文件正本的过程。誊印文件一般都是通过打印、胶印、铅印的方式来印制文件。誊印文件应该注意的事项：①严格遵守定稿，即在誊印时，以签发的定稿为依据，从文字到格式，都不得擅自改动。如发现定稿中确有错漏之处需要改正，也要向上级报告，由拟稿人或审核人进行重新审核与修改。②严格按照规定的文件格式制版。要做到字迹清晰，排列匀称，美观大方，修订整齐。不要发生漏页、缺页、倒页、错页等现象。保证文件的印刷质量。③在规定时间范围内印制完成。急件要先印制，保密件要制定专门的印制单位或专人印制。文件数量不多的，可在本单位文印室印制，较多时，可以到指定印制单位印制。印制时要保密，必要时可以派人监印。交付文件要认真验收并履行签字手续。④要避免末页无正文的现象，如无法避免，应采取调整行距、字距等措施解决，务必使落款与正文同处一页。⑤要注意保密，不要让外人随意翻阅定稿和正本。密级文件应由专人负责送达指定印刷厂印发。凡是与原稿有关的文字材料、图片、数据等要加强监管，该存档的存档，该销毁的销毁。⑥誊印公文时应填写誊印登记册。下面是一份标准的誊印登记册。

誊印登记册

文件名称	送文单位	送文时间	印文数量	印完时间	取件人姓名	誊印人姓名	备注

8. 校对

校对即在誊印文件过程中将印制出来的文本清样与定稿从内容到形式进行全面对照检查

的一道程序。校对工作需要注意的问题：①要采用逐字逐句、逐个标点进行校对的方法。对数字、人名等关键词语更要反复校核，对公文的发文字号、密级、紧急程度、标题、主送单位、抄送单位、日期、印刷分数、页码等内容更需要仔细核对。②注意消灭和纠正排版错误，注意字体、字号、格式的统一。③每次校对最好由不同人员进行，避免先入为主和个人因素的影响。不长的文稿，通常进行一校、二校就可以，文稿较长且很重要时，就需要多校几次，以减少错误。④应使用统一的校对符号进行校对，防止因校对符号不一致而发生误解。⑤重要文件还应将校对后的清样送领导人审阅、修改。⑥如果发现原稿有错误，应与拟稿部门联系后妥善解决，不得擅自改动原稿。⑦校对人员要对自身工作反复检查，直至最后一校确认无误后方可将清样付诸印制。

9. 用印

用印是在印好的文件正文落款处，正确加盖单位公章，以示文件生效的过程。用印要注意以下问题：①用印要注意端正不歪斜，清晰不模糊，一般要求是"上大下小，齐年盖月"，不盖无字印。②盖印的次数要与发文件份数基本一致，不无故盖章，以防冒用公章。③一般用印有两种方法，如果是普发性文件，文件数量较多，一般是使用专门印模，在文件印制过程中将公章以红色套印在文件落款处；如果文件数量不多，可以人工加盖印章。④应以领导人在定稿上的签发意见为依据。未经签发或不同意发出的文件，不得用印。⑤以单位名义发文并由正职或主持日常工作的领导人，或经授权的办公室主任签发的公文，应加盖单位印章，以部门名义发文，应加盖部门印章。⑥用印要与发文单位、部门相一致。⑦当两个以上单位联合行文时，需要分别加盖各自单位印章。如果是加盖两个印章，应将成文日期拉开，左右各空 7 字，主办单位印章在前，两个印章互不相交或相切。当需要加盖三个以上印章时，应将各发文单位名称（可用简称）按序排列并盖章，每排 3 个印章，两端不得超出版心。在最后一排印章之下右空 2 字标识成文时间。这种情况在商业文件中不多见。⑧合同契约类文书，即应用印又需签署。即由签发文件的正职领导人在正本落款处签署其职务、姓名以证实其法定的效力。⑨重要的文件用印，还应该填写用印登记簿。下面是一份标准的的文件用印登记簿。

文件用印登记簿

时间	用印单位	公文标题	件数	批准人	用印人	经手人	备注

10. 登记

登记即发文登记。它是在文件发出之前对文件的主要内容和基本要素的记录，以便对发出文件进行统计、核查等管理。发文登记的形式主要是簿册式，其中有内收发使用的《发文登记簿》，内收发对外收发的《送文登记簿》和外收发使用的《发文登记簿》三种。如果单位规模较大，可能这三种登记簿都有，如果规模不大，只需用《发文登记簿》就可以。下面是一份标准的《发文登记簿》和《送文登记簿》。

发文登记簿（适用于内收发）

序号	日期	发文号	密级	公文标题	发往机关	份数	归卷情况	备注

送文登记簿（适用于内收发对外收发）

序号	日期	公文标题	封号	密级	附件	份数	发往单位	发送方式	签收时间	签收人	备注

11. 分发

分发又叫封发。是指对印制完毕、需要发出的文件按分发的范围作分封和发送的过程。分发一般包括书写封面、装入文件、封套封口、登记、发送文件等一系列工作。分发文件时应该注意以下一些内容：①装封文件前先看发文稿纸注明的发送单位、密级、有无附件，然后根据发送文件份数，要对发出的文件数量认真清点，确认无误，特别要注意是否有漏缺，文件页数有无缺页、倒页、错页的现象，文件有无漏印章等问题。②分发文件时可以按照分发的名单和部门，将文件分发到相应人员与部门手里，并由接收人员填写发文登记簿。如果需要对外分发邮寄时则文件封面的书写必须清楚、明白、正确，邮编的地址、部门名称、姓名称谓都要书写工整（经常需要送文的单位可将上述内容打印成签条直接印制在封面上备用），不得滥用简称和不规范的字体。文件如有紧急、密级要求必须在封面上盖上相关戳记。③文件装入封套时要注意短于封口，封口要牢靠、严实，不能用订书钉封口，应用糨糊或胶水封实，有密级的文件还要按密封的要求贴上密封条并骑缝加盖密封印。④可以通过邮局、传真和网络来传递文件。秘密的文件由公司特定部门或者专人来传送，如果通过计算机和传真来传送，必须采用加密装置。对绝密级文件由公司机要人员和专职人员负责签收与管理，并不能通过计算机和传真机传送。邮寄重要文件，应当有回执单。⑤大批寄发的普发性文件，可印制成套的信封，以节省书写时间，避免书写错误。

文件装封发出后，相关人员应将发文稿纸、定稿和两本文件正文及时归卷，以留待查考和年终立卷归档。

三、业务技能训练

训练一

1. 训练背景

浙江腾达贸易公司销售部，要誊印一份文件，办公室主任将需要誊印的文件交给了张扬，张扬拿到文件后认真核对和检查无误后把文件印好，交到了销售部。可不久，由于销售部保存不善，文件丢失了。销售部就说，张扬没有给他们誊印这份文件，要求张扬给誊印，办公室主任要求张扬自己垫付重新誊印的费用。

2. 训练要求

张扬在誊印时出现了什么问题，如果是你，你应该如何做？

3. 训练提示

张扬在誊印时应该填写誊印登记簿，并要求对方签名，这样可以作为已经誊印的证明。避免这种情况出现。

训练二

1. 训练背景

浙江腾达贸易公司要下发一份文件，办公室主任将这份文件的分发交给张扬办理。

2. 训练要求

张扬应该如何来分发文件？

3. 训练提示

张扬应该按照文件分发的要求来办理。

第四节   收 文 处 理

一、规范案例

浙江腾达贸易公司商务文员张扬每天都要收发文件，每次他收到文件的时候，先是签收，对于重要文件交给领导直接签收，然后拆封、登记、分发。每一步他都严格按照公司的相关规定执行，兢兢业业，一丝不苟。

注：收文工作繁琐而重要，有许多重要的工作是从收文开始，如果在收文环节上出现了错误，常会导致工作的延误、信息的泄露，给公司带来损失。所以，商务文员应该认真负责地做好每一天的收文工作。

二、应知应会

（一）收文处理的含义

收文处理就是指文书部门收到文件材料后，在单位内部运转直到阅办完毕的过程。收文处理程序主要有签收、拆封、登记、分送、传阅、拟办、批办、承办等环节组成。

（二）收文处理的程序

1. 签收

指收文机关收到文件，在发文通知或登记簿上签字、签章的过程。下面是一份标准的发文登记簿。

发文登记簿

第　　页

序号	发文日期	封皮号	发往机关	文别	签收人	签收日期	备注

　　注：文别一栏填写"密件"、"急件"、"挂号件"等。

　　签收主要有三种方式，签字、签字并加盖公章、出具收条。签收时应该注意以下三个方面：①核对，即核对收到文件与发文通知是否相符，如发现不符，在查明原因前，可暂不签收，待查明原因并使文件数量等和发文通知相符再行签收。②检查，主要检查受文单位与本单位是否相符以及文件包装是否完整。③签字，在发文通知或登记簿上签字或签章以表明收到文件。对急件应注明收到日期。

　　2. 拆封

　　拆封是收文人员对写明由本单位或本部门收启的信件进行启封，而对于写明由某领导人"亲启"、"亲收"的文件和信函，则其他人员无权随意拆启文件和信函，应由领导本人拆启。拆封应注意以下一些事项：①急件、密件应当先启封，以保证其得到优先处理。②纸封的文件信函，启封时应使用剪刀或者小刀，不要用手去撕拆，以免损坏里面的文件或毁坏邮戳等标记。③拆封后，从封套或文件袋内取出文件时，注意不要遗漏文件，并要检查收到文件是否完整、齐全，有无缺页，是否发错了单位等。其次应将封套内零散的如汇票、发票、单据、现金、照片等物一一妥善保管好，可以放在专用纸袋里或随同文件一起办理或送财务部门处理。④检查核对后，确认没有任何差错，即应在"发文通知单"上签字并盖上签收章，寄回原发文机关。⑤拆封后的信封和包装封袋一般可以不保留。如是初次发生工作或业务联系的单位，因信封或封皮上印有发文单位详细地址、电话号码、传真号码、邮政编码等标识，收文人员可以将其保留，以备日后查用。

　　3. 登记

　　收文登记是将需要登记的外来文件在收文登记簿上编号和记载文件的来源、去向，以保证文件的收受和处理。收文登记可以分为总登记和分登记。总登记使用于收文总量较少的单位，就是将总收文按照年或季度以时间为序造册。分登记适用于收文较多的单位，应按一定的标准对收文进行归纳、分类别登记。登记要注意以下一些事项：①凡是收到的重要文件都应登记，无论是上级部门或单位文件还是下级部门或单位的请示、报告不管有无密级的文件等。②仔细确认不必登记的文件，主要包括公开的和内部不保密的出版物，一般性的简报、事务性的通知、便函、介绍信、请柬等。③收文登记的形式可以根据各个公司的实际情况来确定，一般有簿册式、卡片式、联单式，最为常用的还是簿册式。下面是一份标准的收文登记表。

收文登记表

第　　页

序号	来文日期	来文单位	来文封号	密级	送往部门	签收人	备注

4. 分送

分送也称分办或分发，指收文人员在文件拆封登记后，按照文件的内容、性质和办理要求，及时、准确地将收文分送有关领导、有关部门和承办人员阅办。分送给单位领导阅批的文件，有的时候需要填写"文件处理单"，并列于文件前随文运转。这种单子一般由公司较高级别的秘书填写，商务文员涉及较少。下面是一份标准的文件处理单。

文件处理单

密　级：

收文日期：　　年　　月　　日　　　　　　　　　　　　　　　　　　　收文号：

来文单位		来文日期		来文字号	
内容摘要：					
附件：			主办部门：		
拟办意见：					
批示意见：					
处理结果：					
归卷日期			归入卷号		

5. 传阅

传阅即有关人员在工作职责范围内传递阅读文件。需要传阅的文件有两种情况，一是文件经主要领导批办后需要其他副职领导或有关人员传阅，以掌握文件精神和主要领导的批示意见；二是来文属于抄送件，不需要办理，只要求有关单位、部门和人员了解的，收文后，收文人员在"分办"时将文件直接送有关部门和人员传阅。传阅文件要注意以下问题：
（1）有密级的文件，严格按照公司保密工作的要求做好文件保密工作，即按不同的密级要求限定传阅范围，无关人员不得随意接触文件。（2）传阅文件要有时间限制，尤其对有办理时限要求的文件，更要严格控制好传阅的时间。（3）文件传阅完毕必须及时交还给办公室保管，不得随意存放在个人手中。（4）每份传阅文件都要有文书部门在文件首页附上"文件传阅单"。下面是一份标准的文件传阅单。

文件传阅单

来文单位				来文标题			
来文字号		来文日期		收文日期		收文号	
传阅范围							
阅件人签名	阅件日期	备注		阅件人签名	阅件日期		备注

6. 拟办

拟办是对文件如何办理提出初步办理意见，以供领导参考。这类事情一般由秘书来处理，商务文员一般涉及不多。

7. 批办

批办是领导人对文件如何办理提出最终的批示意见和要求。批办通常有单位主要负责人对来文做出批示，若主要负责人暂时不在工作岗位，可由副职领导代行批办或经其授权批办，有的文件也可以由办公室主任负责批办。批办要注意的事项：①批办意见要明确具体。②批办的语言应明确、恰当。③批办内容要记录在文件处理单的"批办意见"栏内，并注明批办人的职务、姓名和批办日期。其中批办人要写全名并注明职务，批办日期要将年、月、日写完整。

8. 承办

承办是贯彻落实文件精神和要求，按领导人批示执行具体工作任务，办理有关事宜的过程。承办是收文处理的最后一道程序，也是发文处理程序的开始。承办文件要注意以下三点：①区分轻重缓急、务求实效。②区分主办和协办、主动协商。③区分复文不复文，力求务实。凡是可以通过口头、电话、派人联系等方式解决的问题，就不必复文，力求精简，但必须做好回复记录。④遇到问题要主动向领导请示，不能自行其事。

文件办理完成后，要根据文件的性质，或者归档或者销毁。

三、业务技能训练

训练一

1. 训练背景

浙江腾达贸易公司有一次从政府商务部门接到一份指导性的文件，公司总经理看完后，交给张扬，让他送给公司的副职领导进行传阅，然后再交回到总经理办公室。张扬在交给公司副职领导传阅时，忘了附上一张文件传阅单，也没有说明是传阅文件。这位公司副职领导以为是给自己的文件，就没有再传给其他副职领导。过了几天，总经理开会，让其他几位副职领导谈谈对这份文件的看法，多数副职领导面面相觑，告诉总经理他们没有看到这份文件。张扬被领导狠狠地批评了一顿。

2. 训练要求

如果你是张扬，你应该怎么办？

3. 训练提示

要按照文件传阅的程序办理。

训练二

1. 训练背景

浙江腾达贸易公司商务文员张扬每天都要对接收到的文件进行拆封，每次拆封的时候，张扬都是用手去撕，也没有出现太大的问题。有一次，由于信件过于靠近封口，张扬将一份文件撕坏，他向办公室主任说明，主任把他批评了一顿。

2. 训练要求

你觉得张扬在拆封文件时有何问题？

3. 训练提示

他对文件拆封应该注意的问题了解得不够，不应该用手，而是用剪刀或小刀拆封。

培训小结

本章对商务文员办文工作进行了详细的叙述，对文字的记录、文书的撰拟、文稿的审核、文件的收发等内容都做了深入浅出的阐述，便于商务文员去学习和熟悉。并重点阐述了收发文件的程序问题，使办文工作变成切实可行的技能，让商务文员熟练地掌握。

重点名词与概念

——办文工作。办文工作是围绕公司的日常业务而进行的文书的记录、撰写、印制、收发等文书的管理性工作。简单来说即对公司的各种文件进行的管理性工作。

——文字记录。文字记录的含义包括广义和狭义之分，广义的文字记录就是用文字的形式把公司日常的具体事务与公司的业务往来记录下来，狭义的文字记录是根据领导的授意将相关的会议、谈判、会见等活动的内容用文字的形式记录下来。

——文书撰拟。文书撰拟就是文书的写作过程。具体来说，就是根据领导的授意和要求，按照一定的文体和规范的格式拟写出来的应用性文件。

——文稿审核。审核人员以严肃、认真的态度，对文稿的内容、文种、格式到会签手续等方面严格衡量，逐字逐句审核，严格把关，杜绝不准确、不规范的文件印发的过程。

——文件分类。文件分类是按照一定的标准给文件划出类别，以便于文件的收发、保存、查阅与验证。

——发文。单位答复来文或根据需要向外单位主动发出文件的过程。发文处理程序主要由草拟、改稿、审核、签发、编号、复核、誊印、校对、用印、登记、装封和发出等工作环节组成。

——收文处理。指文书部门收到文件材料后，在单位内部运转直到阅办完毕的过程。收文处理程序主要有签收、拆封、登记、分送、传阅、拟办、批办、承办等环节组成。

练习与思考

1. 文字记录需要注意哪些事项？
2. 文字记录的方式有哪些？
3. 文书撰拟的主旨表现方法有哪些？
4. 文稿的审核主要严把哪四关？
5. 文件的誊印应该注意哪些问题？
6. 文件传阅应该注意哪些问题？

案例分析

文件拆封注意的事项

李琳从大学中文系毕业之后，进入一家跨国公司打工，做商务文员工作。由于工作认真仔细，又善于学习，加上写得一手好文章。不久，就被调到总经理办公室去做商务文员。这家公司业务往来频繁，每天有大量的文件信件往来，李琳由于缺乏相关的工作经验，在对这些邮寄的文件处理时总是手忙脚乱，不得要领。一次，从上级公司同时寄来三份文件，有一份标着"密件，由公司的总经理亲收"，一份标着"急件"，一份什么都没有标识。李琳把这几份文件同时拆封，拆完后又觉得有点不妥。不久，就被总经理批评了。为此，李琳专门请教公司的老秘书王秘书，王秘书给李琳详细讲述了文件拆封时应该注意的问题，使李琳很受益。不久，李琳就能熟练地掌握文件拆封的问题，处理同类事情很少出错，获得了公司领导的称赞。不久，又从商务文员被提拔成了秘书。

（**注**：李琳的主要问题是对公司的文件拆封应该注意的事项了解不清，从而在操作中出现了差错。）

第十二章　商务文员信息管理与档案管理

本章培训主要内容： 本章探讨了商务文员信息收集的方法和范围，并指出信息处理要经过分类、鉴别、加工、编写等一般程序。介绍了档案收集工作的内容、方法；鉴定档案价值的原则、基本方法、标准；档案著录、标引与档案检索工具；档案整理工作的方法；档案保管工作的内容、任务、基本要求和物质条件，档案库房管理与档案在流动过程中的维护与保护方法等基本知识与技能。

本章应掌握的主要技能： 本章要求商务文员了解信息存储的方式，并全面掌握信息加工、处理的方式方法，培养准确的信息处理能力。掌握档案室收集工作的要求、归档制度的内容，档案整理工作的原则、方法，档案鉴定工作的主要内容、方法，了解档案保管期限表，掌握档案鉴定工作，档案检索工作的要领，档案整理工作的要领，档案保管工作的要领等技能。

第一节　商务文员的信息管理

一、规范案例

重要信息要加密，设置阅读权限

小张是一家医药经销公司的商务文员，他所在的公司拥有稳定的客户关系，公司业绩连续攀升。小张工作认真负责，他把公司的各类信息分类、编码存储保管。对于经常往来的客户的各种资料、商品的交易价格也作为有价值的信息保存在自己的电脑里。小张的信息工作得到了上司和其他同事的认同。但最近，公司的销售出现了问题，老客户不再联系进货，经调查发现很多客户都改从另外一家医药公司进货，那家公司以更低的价格提供相同的产品。究竟是哪个环节出现了问题，这让公司上下一筹莫展，小张也在挖空心思找原因。后来证实抢了公司生意的，是本公司的劲敌，而前不久一个销售人员也跳槽到该公司。这些情况之间到底有什么联系呢？经调查是小张维护的公司信息库出了问题。小张认为电脑是自己专用的，为了方便信息的使用，他并没有给信息分级加密。事发前不久，为了同事传文件，他把自己的电脑设置了共享，可能就是在这时候，客户信息被准备跳槽的员工复制了。原因是找到了，可是信息流失给公司造成的损失是难以挽回的，小张在信息工作中接受的教训太深刻了。

注： ①商务文员对于收集到的信息应该分类加工储存，为公司建立自己的信息库。小张这一点做得很好，履行了一个商务文员的职责。②商务文员应该注意信息安全，防止信息失窃、损坏，建立信息安全制度，对于电子信息库里的信息应该设置密级和阅读权限。

二、应知应会

(一) 信息收集

信息收集是根据一定的目的,通过不同的方式收集、获取信息的过程。信息收集是一项艰巨而复杂的工作。公司的发展离不开对信息的解读和掌握,对商业与市场信息的收集是整个信息工作的起点与基础。

1. 收集信息的范围

商务文员作为公司的综合性工作人员,需要收集的信息范围非常广泛,主要包括以下几个方面的信息:

(1) 社会信息。社会信息主要反映公司面临的外部环境发生的变化。包括公司发展的社会历史条件;人们在现实生活中遇到的新问题、表现出的新倾向以及整个社会的愿望、意见、呼声和要求等。社会信息主要来自国家政府机关、主管部门、其他公司和国外市场,内容包括政府方针政策、市场需要容量、消费者和消费行为等。

(2) 公司的行业信息。指商务文员作为公司的办事人员,对于本行业的相关信息要及时收集。包括:国内外本行业发展的现状与最新动态;国家对于本行业的政策法规的最新变化情况;社会其他政治、经济因素对于本行业的最新影响以及产生的可能性后果;与本行业形成链条的行业发展动向等。公司的行业信息也包括竞争企业和竞争产品信息。通过产品展销会、订货会、社会活动以及与其他公司互相交换的材料、互通的情报等,了解来自其他公司的信息。

(3) 公司内部信息。它指本公司各个部门的信息,内容包括员工对公司规章制度的执行情况,各部门工作进展情况,所属各个部门的重要工作安排,重要工作开展情况和存在的问题,公司的业绩水平,员工的思想动态以及工作中取得的成功经验和失败教训等。公司内部信息既包括公司经营与管理信息也包括操作层执行决策的反馈信息。

(4) 日常办公信息。在日常工作中,商务文员不仅要负责接打电话、收发实物邮件与电子邮件,还要负责公司内其他员工出差的订票与住宿安排。因此商务文员要收集公司常用的电话号码,公司主要客户的相关信息,并要掌握快递公司、机票订购点、各大城市主要旅馆的电话号码。

2. 信息收集的渠道

收集信息,既要注意开发信息源,又要注意打通信息渠道,商务文员收集信息的渠道主要有:

(1) 调查渠道。即按一定目的向下级单位收集有关信息。方式有调查访问,开座谈会。听汇报,电话咨询等。

(2) 文书渠道。即从各种文件、材料、内参、简报及其他文字材料中收集信息。商务文员应利用办文的有利条件,从文书中获取有价值的信息。

(3) 会议渠道。即从各种会议的报告,发言简报、会议纪要中以及与参加会议人员的访谈中收集信息,会议是交流信息的重要方式,商务文员应充分利用办会的有利条件获取各处信息。

（4）信访渠道。即从人民群众来信来访中发现和收集信息。通过信访渠道获取的信息，往往反映社情民意，具有某种共同性与先兆性。

（5）图书档案渠道。即从国内外书籍、报纸、杂志以及档案资料中获取信息，尤其是党的各报刊所登载的具有动态性、指导性的文章，要特别注意从中领会上级精神，看清形势变化。

（6）新闻媒介渠道。即从广播、电视等新闻媒介中获取信息。商务文员要充分利用新闻媒介了解党和国家的路线、方针、政策，了解各种有价值的信息。

（7）信息网络渠道。即通过建立信息网络从各个信息点上收集信息，了解情况。随着计算机网络的发展，商务文员要充分利用计算机网络这个现代化的信息传输手段，从中获取所需要的信息。

3. 信息收集的方法

（1）阅读法。这是商务文员收集信息最常用的方法。商务文员要坚持不断地阅读大量的文书、报刊、简报等文字材料，并从中获取有用的信息。

（2）视听法。视听法是指商务文员对广播、电视、电话、电脑网络以及录像、光盘等采用视听的方法收集信息。

（3）调研法。调研法是指商务文员到实际工作中调查了解情况，从中获取信息，对在获取的信息中发现的带有普遍意义的重要问题，要进行专题调研，以证实信息、扩充信息，还可挖掘和开发深层次的信息。

（4）交换法。交换法是指利用信息网点交流的信息，从中交换、选择可为我所用的信息资料。

（5）在互联网上收集信息。随着计算机网络的发展，商务文员要充分利用计算机网络这个现代化的信息传输手段，从中获取所需要的信息。网络普及率的提高和网上资源的日益丰富，人们习惯于通过互联网表达自己的想法，记录自己的言行。社会生活中的大事小情都会在网络上以新闻、论坛、博客、贴吧等各种方式反映出来，这使网络承载了最新、与生活最为贴近和极具价值的信息资料。在互联网上不但可以通过进行新闻资料浏览、收发电子邮件，还可以通过相关内容的网络搜索和网络调查，获取大量有用信息。

除上述信息收集方法外，商务文员收集信息还有一些其他方法，如观察法，即在日常的工作生活中，注意留心观察各种社会现象，从中捕获信息；会议法，即参加各种会议，做好会议记录，从中提取信息。

（二）信息处理

商务文员通过各种渠道，采用各种方法收集的信息只能算是原始信息，信息并非越多越好，也不是所有收集到的信息都是有用或有益的。有时虚假的信息也有可能给工作带来干扰。对大量的原始信息进行加工整理，使之变为可以利用的资源就是信息处理。信息的处理一般要经过分类、鉴别、加工、编写等程序。

1. 信息分类

信息处理首先要对信息进行分类。商务文员每天会收到大量信息，科学的分类，不仅能使杂乱的原始信息条理化、系统化，而且为以后的鉴别、筛选、加工、编写打下良好的基础。

作为商务文员要根据信息分类的标准，对于公司收集到的信息要进行分类。

（1）确定信息分类。商务文员应该选取适合本公司实际情况的种类。按信息性质划分，可分为社会信息、经济信息、商业信息等。按信息来源划分，可分为内部信息、外部信息、交换信息等。按信息发生的时间划分，可分为当前信息、历史信息、未来信息等。按信息用途划分，可分为供商业决策信息、供改进产品或服务的信息、供完善管理的信息。按信息使用对象划分，可分为行业发展信息、产品销售信息、公司业绩信息、公司运行情况信息等。

（2）登记信息。确定信息的分类后，将搜集到的信息按类别进行登记，可以制作信息收集表。商务文员要根据信息登记表对信息进行清查、整理，及时删除失效信息，从而实现对信息的有效监控和管理。

信息收集表

收集信息名称与时间	来源	性质	预计用途	使用情况

2. 信息鉴别

收集到的信息经过分类之后，商务文员就要对其真伪情况及能否客观、准确地反映事物运动变化的本质特征，进行一番鉴别。消除信息资料中不真实的因素，必须善于识别它们，要找出病症，去伪存真。鉴别信息有多种方法，常用的有三种：

（1）分析法。指对原始信息资料中所表述的事实和叙述论证方法进行逻辑分析，发现其中的破绽和疑点，从而辨别其真伪。

（2）核对法。指依据权威性的信息资料，包括权威性的书面材料或权威人士提供的口头材料，进行对照、比较，发现和纠正原始信息中的某些差错。所谓权威性的资料，即它本身的正确性是毋庸置疑的。比如用《中国统计年鉴》来对照某一部门的年终统计资料，用国家颁布的标准化规定来对照某些产品的标准化程度等，就是核对法的具体运用。

（3）调查法。就是对原始信息中所表述的事物的运动变化情况，通过直接的、现场的调查来检验它的真实性和准确性。

3. 信息加工

信息加工是指对鉴别筛选出来的信息进行具体的分析，在分析的基础上再加以综合和提炼，以揭示出事物的普遍联系和内在本质，提高信息的层次和利用价值。信息加工的目的是为信息的使用创造便利。

信息加工的方法主要有以下几种：

（1）浓缩法。浓缩法为了提炼主题、简洁行文，提高工作效率，通过压缩信息资料的文字篇幅，去掉过多的修饰成分来简化信息，把文字冗长的信息压缩成简单易读的文字。使用浓缩法时，要求信息材料主题单一集中，即一篇信息资料只表达一个中心思想，阐明一个观点。

（2）扩充法。是对残缺不全的信息通过调查、查阅资料或参照其他信息等办法加以补充，使其充实、完整，通过扩充还可使原本无价值或价值较低的信息变为有价值或价值较高的信息。

（3）汇集法。收集来的信息，经过初步分类和筛选，商务文员需要将涉及某个内容的信息汇集在一起，便于全面地反映某一现象或问题的基本状况。这种方法适宜于纵览一个地区、一个部门的某一方面的状况。

（4）归纳法。这种方法是将反映同一类问题的原始信息资料集中放在一起分析，从中提升出专题信息，以便完整地、明晰地说明某一方面的工作情况和发展动态。

（5）比较法。就是把信息数据拿来进行横的比较和纵的比较，以强烈地反映出数量变化的特征。

（6）摘编法。就是把收集到的信息，仔细阅读，摘取原始信息中新颖的有价值的内容，整理编排后，供上级决策参考。

（7）图表法。有的原始信息资料中涉及的问题和数据，用文字陈述，不够明晰。商务文员可以将其制作成图表，使各种问题一目了然，便于使用。

4．编写信息

信息的编写过程，就是把经过筛选、整理的信息转变成可以利用的，条理清晰的语言文字形态的信息过程。信息的编写是商务文员信息工作的最终成果形式。信息的编写一般采用以下形式：

（1）提炼主题。商务文员认真、仔细地对信息进行剖析，是正确提炼主题的前提。对文章主题分析得正确与否，决定了信息能否发挥应用的效力。

（2）编写简报。信息简报又有专题信息简报和综合信息简报两种形式，专题信息简报可由单篇信息构成，也可由围绕一个专题的多篇信息构成，综合信息简报一般都由多篇信息构成。由多篇信息构成的简报一般要先编出目录，按目录顺序逐篇编排信息文稿。

（3）信息汇集。即定期或不定期地把需要传达的信息加以汇编，可供公司决策层集中了解某一方面的情况，又可供普通员工进行集中学习。信息汇集的内容可以是本年或本季公司的业绩情况也可以是本行业发展的最新动态。

5．存储信息

原信息经过编写后，并不是就可以废弃不要了。想做好信息工作，还要重视信息的存储。原信息和编写的信息中有价值的内容是需要商务文员使用一定的方法和技术加以存储和保管，建立本公司的信息库，以备随时日后查阅和使用。

信息存储的步骤。信息存储虽然只是个档案管理的问题，但因为有的信息涉及机密，所以商务文员不能将其看做是工作中小事。建立信息库，可以是电子数据信息库，也可以是纸质文本资料信息库。①登记。信息的登记可分为总括登记和个别登记，前者应反映信息库储存信息的全貌，一般只登记信息储存的册数、种类等，后者应记录每一条信息的具体情况。②编码。即在科学分类的基础上给每一类、每一组、每一条信息确立一个代码。信息的代码一般由字符组成基本数码，再由基本数码结合成基本数据。③排列和存放。排列一般按下列三种方法进行：一是按信息登记号排列，二是按信息来源单位排列；三是按信息反映的内容排列。信息的存放，按其载体的不同有下列存放形式；原物存放，如各种文件、手稿、剪报、卡片、报刊、书籍、画册、照片。

三、业务技能训练

训练一

1. 训练背景

海潮公司为了开拓新的市场，拟开发一种节能环保型净水设备生产项目。公司为此专门召开办公会议，讨论开发节能环保型净水设备的优势及可行性。从节省能源和环保的角度看，这种净水设备是很有优势的，但产品应用的可行性和市场前景如何，还须根据有效的市场信息进行综合分析和科学预测，才能作出正确决策。商务文员张洁就马上着手收集相关信息。

2. 训练要求

通过训练掌握信息收集的方法、渠道及要求，能够采用有效的方法收集各类信息。

3. 训练提示

（一）信息收集基本方法

①观察法。②阅读法。③询问法。④问卷法。⑤网络法。⑥交换法。⑦购置法。

（二）信息收集的渠道

①深入市场、实地调查；②大众传播媒介；③图书馆；④数据库；⑤供应商和客户；⑥贸易交流会；⑦信息机构；⑧业务相关部门。

（三）收集信息时的注意事项

• 要收集各种形态的信息，包括文字、声像等形态的信息。

• 建市通讯联系索引卡，记载业务往来的单位、个人或客户信息，便于及时进行业务联系。

• 信息收集要有超前性。超前的信息对制定有效的对策有重要意义，要抢先捕捉信息，迅速加工传递，使信息工作发挥应有的作用。

训练二

1. 训练背景

海潮公司商务文员张洁负责信息的管理工作。公司在生产、经营活动中不断产生着各种各样的信息资料，刚开始的时候，张洁把这些资料都一股脑地堆放在专门的文件柜里。随着公司经营规模的扩大，信息资料越来越多，文件柜也被塞得拥挤不堪。这些资料数量多、内容丰富、载体形式多样，是公司日后工作活动的主要参考依据。面对这些逐渐增多的信息，张洁应该怎么整理呢？

2. 训练要求

通过本训练掌握信息整理的一般方法。

（1）将收集到的信息进行筛选，从中选出对本公司业务具有借鉴价值和参考作用的信息。

（2）对信息进行分类，使信息条理化，以方便查找利用。

（3）选择一条有疑问或者较重要的信息，对信息进行校核。

（4）选择一条有价值的信息，整理成一篇 500 字的信息稿。

3. 训练提示

1. 信息分类的方法

（1）字母分类法。（2）地区分类法。（3）主题分类法。（4）数字分类法。（5）时间分类法。

2. 信息校核的方法

（1）溯源法。（2）比较法。（3）核对法。（4）逻辑法。（5）调查法。（6）数理统计法。

第二节　商务档案的管理工作

一、规范案例

放松档案管理给企业带来的负面影响

员工档案真的没有用了吗？员工档案对于企业的 HR（human resource 即人力资源管理）部门来说又有什么意义？放松对档案的管理会带来哪些后果呢？

以某公司的员工档案管理现状为例。它隶属于某国有集团，因为集团公司自身管理档案，所以公司老员工的档案过去都是集中在集团管理的，随着公司 90 年代以后人员流动的频繁和异地员工的调入增多，传统的人事档案管理出现了新的问题。由于过去许多流动出去的员工放弃档案，造成公司存放着许多无主档案，这部分人多年在外飘泊，公司无法掌握他们离开公司后的动向，如果一旦有人出现犯罪或其他纠纷，很可能给公司造成麻烦。因此，公司对待新招聘进来的员工采取了一些措施：一般普通员工调入以后，公司并不为他们办理调档；而是仅仅为高级管理人员和重要岗位工作人员办理档案调动手续。这里面还存在着如下问题：一部分业务能力强的员工并不希望公司为他们调档，顾虑是一旦辞职，害怕公司扣住档案拿不出来。而同时，一些新员工却因为档案不能调入公司，认为自己在公司的地位不牢，因而时常具有危机感和对公司的不信任感，这部分新员工一旦翅膀硬了，又会主动炒老板的鱿鱼。

因为档案的问题，公司员工被分为了三六九等。这是许多公司在管理中不希望看到的，却是很多公司实际中的做法。

注：从上述案例分析，放松档案管理给企业带来直观的或潜在的诸多麻烦，因此加强对员工的档案管理，最迫切的需求就是为企业最大限度规避由此带来的麻烦。

二、应知应会

（一）商务档案的收集与鉴定

1. 档案的收集

（1）档案收集工作的定义。

档案收集工作就是按照党和国家的规定，通过例行的接收制度和专门的征集方法，把分散在各机关、部门、个人手中和散失在社会上的档案，集中到机关档案室和国家档案馆从而进行科学管理的业务环节。

（2）档案室的收集工作。

①收集工作的要求。确保档案的齐全和完整，所谓档案的齐全，就是指企业各种门类和载体的所有档案全部归档。所谓档案的完整是指归档的每一份档案都完好无缺。

符合规范和标准。在企业档案收集工作中要坚持机关档案的标准化和规范化。

保证及时和安全。任何单位和个人都应按规定及时归档，确保机关、单位和国家档案全宗的完整。

②归档制度的内容。归档制度主要包括：

• 归档范围。所谓归档范围的文件材料，是企业工作活动形成的具有保存价值的、各部门类和载体的、已经办理完毕的文件材料。

具体而言，机关文件材料归档范围有：机关正式发出的具有保存价值的文电，包括公务文书证件、附件（图表、计划、总结、登记表、名册等）。

机关内部文件材料，如会议记录、纪要、规章制度、电话记录、统计报表、名册、调研材料、计划总结、重要文件的历次修改稿，机关领导人进行重要活动的录音、录像、照片等。

未经机关发文登记的各种文件材料，如会议文件、访问记录、合同契约、调查报告以及来自其他机关的文件。

• 不归档范围。不归档文件材料的范围主要有：上级机关的文件材料中，具有普发性不需本机关办理的文件材料，任免、奖惩非本机关工作人员的文件材料，供工作参考的抄件等。

本机关文件材料中的重份文件，无查考利用价值的事务性、临时性文件，一般性文件的历次修改稿、各次校对稿，无特殊保存价值的信封，不需办理的一般性电话记录，机关内部互相抄送的文件材料，本机关负责人兼任外单位职务形成的与本机关无关的文件材料，有关工作参考的文件材料。

同级机关、下级机关的文件材料中，供参阅的简报、情况反映，抄报或越级抄报的文件材料。

归档时间

文书类：纸质文件材料现行归档时间定于次年6月底以前。电子文件材料目前尚无统一规定时间，各机关单位可视自身情况自行规定。

专门文件材料：如科研课题、基建项目、录音、录像、照片等，按现行规定的归档时间执行。电子载体归档时间可自行规定。

特殊情况处理办法：如办公地点分散或远离机关档案机构的部门形成的文件、跨年度办理的文件、虽办理完毕但需经常查阅的文件等，可适当推迟归档时间，但应按时向机关档案室报送归档文件材料目录。

归档案卷的质量要求

归档案卷的质量要求是：遵循文件材料形成规律和特点，保持文件之间的有机联系，区别不同的价值，便于保管和利用。

归档手续

文书处理部门向档案部门移交档案时，交接双方应根据案卷目录详细清点。经过认真核对后，交接双方如确认无误，即可履行签字手续，并将案卷目录中每一份由档案部门签字后，交还移交单位妥善保存。必要时，移交单位需编写归档文件简要说明，交接双方还应填写交接清单或移交清单。

2. 档案的鉴定

（1）档案鉴定工作的定义。

档案的鉴定一般是指对档案真伪和档案价值的鉴定，而经常的业务工作则是后者。档案价值鉴定工作是档案室按照一定的原则、标准和方法，甄别和判定档案的价值，确定档案保管期限，剔除失去保存价值的档案予以销毁的一项业务工作。

（2）档案价值鉴定工作的基本方法。

鉴定档案价值的基本工作方法，就是直接、具体地审查分析档案内容，判定档案的价值，通常把这种方法称为直接鉴定法。它包括以下两点含义：

① 直接鉴定法要求档案鉴定人员逐件、逐页地审查档案材料，从档案的内容、责任者、名称、完整程度、可靠程度等方面，去全面考查分析确定档案的价值，不能只根据文件题名、名称、卷内文件目录、案卷题名、案卷目录等判断档案的价值。因此，为了保证鉴定工作的质量，必须直接审查档案材料。

② 鉴定人员必须直接审查档案材料，根据档案的具体情况直接判定其价值。只有充分了解档案的实际情况，并且掌握鉴定档案价值的标准，才能对照档案保管期限表来判定档案的价值。

（3）鉴定档案价值的标准。

鉴定档案价值应以反映本单位主要职能活动、基本历史面貌和科学研究方向为出发点，以分析档案的内容为中心，结合考虑档案的产生时间、完整程度、可靠性、有效性等因素，确定档案的价值。

① 分析文件的内容。

文件内容是鉴定档案价值工作的一个最重要的方面。文件内容所记录的信息和反映的情况，是分析判定档案价值的关键因素，也是鉴定档案价值的基础。

② 分析文件的形成者。

形成者是指文件的责任者或立档单位。一般说本单位形成的文件比外单位形成的价值大，因此，分析文件的价值，应站在本单位的角度，重点保存本单位形成的文件。

③ 分析文件的形成时间。

文件形成时间表明文件产生的历史。一般来说，文件产生的时间越早，保存下来的就愈少，也就愈显得珍贵，其价值就大，判定它们价值的尺度就要放宽些。

④ 分析文件的名称。

文件的名称，表示着文件的不同作用，在一定程度上反映出文件的不同价值。文件名称不同，用途不同，而保存价值也不同。

⑤ 分析归档文件的完整程度。

在正常情况下，数量大，档案材料比较完整的，保管期限可划严一些；如果一年中主要文件散失，那么次要文件保存价值尺度就应放宽一些。必须将能够说明单位历史及其活动的重要文件保存。

⑥ 分析文件的可靠程度。

文件有正本（原稿、手稿、底稿）、副本、草稿的区别，它们的法律、行政效用不同，可信程度不同，影响甚至决定了文件价值的不同。经领导签发的正本、底稿是比较可信的，其价值就大些，而副本、草稿价值就小些。

以上各个标准不是孤立存在的，它们之间互为补充，在实际工作中，要根据各立档单位的不同状况，具体分析，灵活运用，从而切实保证鉴定工作的准确性。

（4）档案保管期限表。

档案保管期限表，就是用表册的形式列举档案的来源、内容和形式并指明其保管期限的一种指导性文件。它是企业档案室鉴定档案价值和确定档案保管期限的依据和标准。

① 档案保管期限表的结构。

档案保管期限表，一般由顺序号、条款、保管期限、附注以及总的"说明"等部分组成，其中条款和保管期限是最基本的项目。

顺序号

档案保管期限表的各条款系统排列后，必须在各条款前面统一编排顺序号码。编号的目的是固定条款的位置，同时可以作为鉴定工作人员使用档案保管期限表鉴定档案时引用条款的代号。

• 条款

条款是一组类型相同的文件的名称或标题。拟制条款一般要求反映出同一组文件的来源、内容和形式。条款可以指出具体的作者、问题和文种，也可以概括出其类型。文件的来源、内容和形式三者并不绝对要求一律俱全，而应当根据档案保管期限表的适用范围、各种文件的特点及其价值来决定。

• 保管期限

保管期限是根据各类文件的保存价值所确定的保存年限，列于每一条款之后。文书档案的保管期限定为永久和定期两类。定期一般分为 30 年 10 年。

第一，永久保管。

凡是反映本机关主要职能活动和基本历史面貌的，对本机关、国家建设和历史研究有长远利用价值的档案，列为永久保管。

第二，定期保管。

凡是反映本机关一般工作活动，在较长时间内对本机关工作有查考利用价值的文件材料，列为定期保管。

附注

附注是在条款之后对条款及其保管期限所作的必要的注解或说明。

说明

说明应当指出档案保管期限表的适用范围，制定档案保管期限表的依据，保管期限表的结构，保管期限的计算方法，以及其他应当说明的事项。

② 档案保管期限表的编制步骤。

• 准备工作

在编制档案保管期限表之前，必须仔细考察机关的工作职能、任务、地位、组织机构、业务分工、文书工作以及以往文件的数量、种类等情况。

　　• 起草工作

　　在研究、了解企业工作和以往文件的基础上，设计档案保管期限表的结构和格式，然后具体拟写内容。起草工作也可以通过卡片来进行，首先把条款和保管期限拟写在卡片上，再将卡片系统排列和编号，最后构成档案保管期限表的草案。

　　征求意见和修正草案

　　档案保管期限表的草案编成后，应分送各单位征求意见，经修正的草案，须送领导审查批准。一些比较小型的企业，由于产生文件较少，文书工作与档案工作往往集中一个单位或一人来进行，也可把机关档案保管期限表与机关文件立卷用的立卷类目合编，在立卷类目的每一条款下指明其保管期限。

　　（二）商务档案信息检索

　　1. 档案检索的定义

　　商务文员档案检索是对档案信息进行系统存储和根据需要进行查找的工作。包括档案信息存储和查找两个具体过程。存储是查找的前提，查找是存储的目的。

　　2. 档案检索的内容

　　（1）存储阶段的主要内容。

　　著录标引。即对档案的内容和形式特征进行分析、选择和记录。每件（卷）档案著录标引后形成的一条记录称为一个条目。

　　编制检索工具。即对著录标引后形成的条目加以系统排列，组成各种检索工具，或输入计算机建立计算机检索数据库。

　　（2）查找阶段的主要内容。

　　确定查找内容。即对利用者的检索要求进行分析，确定利用者所需档案的实质内容，形成概念。有时也需将这些概念借助检索语言转换成规范化的检索标识。

　　查找。即档案工作者采用各种手段把表示利用需求的检索标识或检索表达式与存储在检索工具或计算机数据库中的检索标识进行相符性比较，将符合利用者要求的条目查找出来。

　　3. 常用的档案检索工具及其编制方法

　　（1）案卷目录。案卷目录是以案卷为单位，依据档案整理顺序编排的检索工具。案卷目录具有以下功能：固定档案整理顺序；保管和统计档案的重要依据；检索档案的工具。

　　案卷目录一般采用书本式，其目录表包括：顺序号（案卷号）、案卷题名、年度、卷内文件页数、保管期限、备注等。编制案卷目录以全宗为范围，通常按照全宗内档案分类的类别来编制，如按年度编制、按组织机构编制、按问题编制等；为了便于移交和管理档案，编制案卷目录以分清不同保管期限为宜。

　　（2）全引目录。全引目录亦称"案卷文件目录"或"卷内文件目录汇集"，即将一全宗内的案卷目录和卷内文件目录汇编成册。案卷文件目录格式见下表：

案卷文件目录格式

案卷号	案卷题名	起止日期	页数	保管期限	备注	
顺序号	责任者	文件字号	文件题名	文件日期	页号	备注

　　（3）分类目录。分类目录是根据体系分类法的原理，以分类号为排检项，依据档案分类表的体系组织起来的一种检索工具。

　　分类目录一般采用卡片式，即分类卡片。就是将档案室永久和长期保存的文件或案卷，逐一制成卡片，打破全宗界限和全宗内分类系统，按档案分类表的逻辑体系分类排列。

　　（4）主题目录。主题目录是根据主题法的原理，将档案的主题按字顺排列的一种目录。

　　主题目录大多采用卡片形式，一般以一份文件为单位将标题式标识串作为排检项，按标识串首字的字顺加以排列。所谓"标题式标识串"是把反映该份文件主题不同因素的主题词组配成的一条标识，主题卡片目录见下表：

主题卡片目录格式

主题标目	全宗号	档案目录号	文件号	页号
题名				
责任者				
主题词				
附注				

　　（5）专题目录。专题目录是集中、系统地揭示档案室（馆）内有关某一专门事物、某一专门内容档案的检索工具。

专题卡片目录格式（一）

专题名称：	发生	时间：	
类：属类	事件	地点：	
全宗名称：	全宗号：		
文件内容与成分	档案分类号	文件号	页号

专题卡片目录格式（二）

专题名称：	发生事件		时间：	
类：属类：			地点：	
文件内容与成分简介： 				
档案分类号：	档案目录号：		文件号：	页号：

（6）文号索引。文号索引是揭示档案的文号和档号之间对应关系的一种检索工具，它提供了一条按文号检索档案的途径。

文号索引应按年度、发文机关分别编制，即将同一年度、同一发文机关的文件编一张表，然后将所有的表装订成册，便成为一套文号索引。

文号索引的格式不限，较常见的有号码对应式和位置对应式两种。号码对应式（见下表）是将文号一一列出，在该文号对应的空格中填写该份文件的档号，以100号为一张。

号码对应式文号索引
××××年××单位文号索引

00		10		20		30		40		50		60		70		80		90	
01		11		21		31		41		51		61		71		81		91	
02		12		22		32		42		52		62		72		82		92	
03		13		23		33		43		53		63		73		83		93	
04		14		24		34		44		54		64		74		84		94	
05		15		25		35		45		55		65		75		85		95	
06		16		26		36		46		56		66		76		86		96	
07		17		27		37		47		57		67		77		87		97	
08		18		28		38		48		58		68		78		88		98	
09		19		29		39		49		59		69		79		89		99	

位置对应式（见下表）是用一定的格式确定每一发文号在表格中的位置，即以纵横坐标读数表示文号，在该位置上直接填写该份文件的档号。

位置对应式文号索引
××××年××单位文号索引

	0	1	2	3	4	5	6	7	8	9
0										
1										
2										
3					2—3—21—1					
4										
5										
6										

（7）人名索引。人名索引是揭示档案中所涉及的人物并指明出处的一种检索工具。人名索引包括人名和档号两部分，即把人名引向所在档案的档号，利用者通过索引的指引，可以查到记载某一人物的材料。

人名卡片目录著录格式（一事一卡）

姓名		曾用名		性别		出生年月		民族		籍贯	
简历											
档案内容提要											
全宗号				档案目录号			文件号			张（页）号	

人名卡片目录著录格式（多事一卡）

姓名		曾用名		性别		出生年月		民族		籍贯	
简历											
档案内容提要											
全宗号	档案目录号	文件号		页号		全宗号	档案目录号	文件号		页号	

（8）全宗指南。全宗指南是以文章叙述的形式介绍某一个全宗档案内容和成分及其意义

的一种工具书，又称全宗介绍。

全宗指南的内容主要包括以下几部分：①立档单位的历史概况。主要包括单位名称、隶属关系、性质、任务、内部组织机构、主要领导人等方面的情况和沿革。②全宗档案概况。主要包括档案的来源、数量、进馆日期、整理、保管、鉴定情况、完整程度、所编制的检索工具等。③档案的内容与成分。这是全宗指南的主体。一般依原整理体系加以介绍，如果是按组织机构分类的，可按机构逐一介绍；如果是按问题分类的，可按原划分的类目逐一介绍。

（9）专题指南。专题指南是介绍报道档案室（馆）中反映某一特定题目档案的工具书，又称专题介绍。

专题指南的基本结构由以下几部分组成：①序言。对该题目的含义、意义、选材范围、档案价值以及编写方法作概要说明。②档案内容介绍。这是主体部分。以专题目录为基础编写的指南，可按专题目录中划分的类别分别介绍。③附录。可将专题指南材料来源的全宗名单、人名、地名索引等加以编排，以便利用者使用。

4. 档案的计算机检索

企业档案计算机检索，就是利用计算机及其网络和配套设备（如光盘），根据档案利用者的不同目的、要求，按照一定的方法、步骤和途径，从储存在计算机内的机读档案目录或保存在磁盘、光盘等外设上的档案信息中，获得所需信息的过程。

（三）商务档案的整理与保管

1. 档案整理工作的定义

档案整理工作是档案内容整理和档案实体整理的统称，是档案管理的一项重要内容。档案内容整理，主要包括对档案文件的内容真伪的鉴别，对档案内容客观性的考证及编纂出版档案史料等活动。档案实体整理，就是把零散的和需要进一步条理化的档案，进行分类、组合、排列和编目，使之系统化、有序化的一项业务环节。主要包括区分全宗、全宗内档案的分类、文件材料的整理（含组卷）和目录的编制等。我们通常所说的档案整理工作，主要指档案的实体整理。

2. 档案整理工作的原则

（1）充分利用原有基础。充分地重视和利用先前的整理基础，以确定档案整理的任务和要求，不要轻易打乱重整。在整理过程中，应该充分研究和利用原来整理的成果，不要轻易破坏以往整理和保存的历史状况。

（2）保持文件之间的历史联系。文件之间的历史联系，主要体现在文件的来源、时间、内容和形式几个方面。

（3）便于保管和利用。保持文件之间的历史联系，不是整理档案的主要目的，便于保管和查找档案，才是档案整理工作的基本出发点和最终要求。

在整理档案时，必须依次做好区分全宗、全宗内档案的分类、同类中档案的组合排列以及目录编制等整理工作。这一条原则集中体现了档案整理工作的目的和任务。

3. 档案整理工作的方法

（1）区分全宗。①全宗。全宗是指一个独立的机关、组织或个人在社会活动中所形成的全部档案的总和。

②全宗构成者的条件。全宗构成者又叫立档单位（包括法人和自然人）。就法人来说，应该具备三个条件：（a）能够独立行使职权，能够以自己的名义对外行文；（b）是一个会计单位或独立的经济核算单位，自己可以编制并确定经费预算或财务计划；（c）具有一定的人事任免权，设有人事管理机构或专门人员。

科技档案全宗的构成条件为：一是法人，二是大型工程项目。

（2）全宗内档案的分类。全宗内档案的分类，就是把立档单位所形成的档案，按其来源、时间、内容和形式的异同，分成若干层次和类别，构成有机的体系。

① 常用分类法。

• 年度分类法就是根据形成和处理文件的年度将全宗内档案分成若干类别。

• 组织机构分类法就是按照立档单位的内部组织机构，把全宗内的档案分成各个类别。

• 问题分类法又称事由分类法。就是按照全宗内档案反映的问题进行分类。

② 复式分类方法。

以上三种分类方法都存在着一定的局限性，年度分类法太粗，组织机构分类法太活，问题分类法太难。因此，在实际运用中，往往不只使用一种分类方法（或称"简式分类法"），而是多种分类法结合运用，这就是复式分类法。

年度—组织机构—保管期限分类法

即将归档文件按年度分类，每个年度下按机构分类，再在组织机构下面按保管期限分类。

年度—问题—保管期限分类法

即先将归档文件按年度分类，每个年度下按问题分类，再在问题下面按保管期限分类。

保管期限—年度—机构分类法

即先将归档文件按保管期限分类，每个保管期限下按年度分类，再在年度下面按机构分类。

机构—年度—保管期限分类法

即先将归档文件按机构分类，每个机构下按年度分类，再在年度下面按保管期限分类。

保管期限—年度—问题分类法

即先将归档文件按保管期限分类，每个保管期限下按年度分类，再在年度下面按问题分类。

问题—年度—保管期限分类法

即先将归档文件按问题分类，每个问题下按年度分类，再在年度下面按保管期限分类。

年度—保管期限分类法

即先将归档文件按年度分类，再在年度下面按保管期限分类。

保管期限—年度分类法

即先将归档文件按保管期限分类，再在保管期限下面按年度分类。

（3）类内档案的系统排列。一个全宗内的档案，经过分类后，需要在每个类内将案卷按相互之间的联系，确定前后次序，即为案卷排列。案卷排列一般按案卷形成的时间顺序和各案卷内容上的相互联系进行，即内容联系密切的案卷排在一起，形成时间早的案卷排在前面，时间晚的案卷依时间先后依次往后排。

（4）编制案卷目录。所谓案卷目录，就是按照案卷排列的顺序，抄录案卷题名、保管期限、卷内文件页数等项目而形成的一本案卷名册。

案卷目录的结构与编制方法：

① 封面和扉页（里封）。其项目包括：全宗号、档案室编制的案卷目录号、目录名称、保管期限、编制单位和编制年月等。案卷目录封面格式如下：

案卷目录封面

目　录　名　称	
（　　年或组织机构）	
全宗号：	档案室编目录号：
保管期限：	档案馆编目录号：

② 目次。要根据全宗内案卷的分类排列情况，分别写明各案卷分类类目的名称及其起止页码，也可包括案卷的起止号。它是案卷目录的索引及案卷目录内容各结构的纲要。

③ 序言或说明。一般多放在案卷目录的首页。序言中应叙述使用案卷目录和利用档案时了解的情况。如目录的结构、编制方法、立档单位和全宗简史，尤须说明全宗内档案的完整程度。每本案卷目录是否必须编写序言，其生活繁简程度如何，应根据案卷目录的内容和使用情况来决定。

④ 简称表。根据需要将案卷目录中使用的名词简称与其全称列为对照表，以便查对，简称表可以单独编制，也可以写在序言内。

⑤ 案卷目录表。这是案卷目录的主体部分，应该认真逐项填好。它以表格形式直接登记案卷封面上的各项内容。主要项目包括：案卷号、题名、年度、页数、期限、备注。

《机关档案工作业务建设规范》规定的案卷目录表的格式如下：

案　卷　目　录

案卷号		题名	年度	页数	期限	备注
档案室编	档案馆编					

⑥ 题名：案卷封面上的标题，目录中的标题必须与案卷封面上的标题一致，不能随意改动或缩减。

⑦ 页数：卷内文件实有的页数。

⑧ 期限：案卷封面注明的保管期限。

⑨ 备注：用来说明个别案卷的情况，如卷内文件字迹模糊、残破等，以及案卷的变化情况（如案卷的移出、销毁和卷内文件数量的增减等）。

⑩ 备考表。附在全部案卷目录之后，总结性地记载案卷目录的基本情况，包括本目录所

登记的案卷数量和案卷排列长度（米）。案卷目录的页数（用中国大写数字和阿拉伯数字标明），编制日期以及其他必要的说明，最后是编制者签名或盖章。

备　考　表

　本目录共　　张，包括　　个案卷，案卷排列长　　米，一式　　份。案卷情况说明：

　　　　　　　　　　　　　　　　　　　　编制人：　　　　　年　月　日

---

4. 档号

（1）概念。档号是档案实体管理编号的总称，它包括全宗号、案卷目录号、类别号、案卷号、件号和页（张）等。

（2）结构。档号的结构采用层次码，即以档案实体分类的从属、层次关系为排列顺序的代码。

档号的结构大体可分为两种：

第一种结构为：全宗号—案卷目录号—案卷号—件或页（张）号。

×××× 　　×××　　　×××　　　×××

全宗号　　　　案卷目录号　　　　案卷号件号　　　页（张）号

第二种结构为：全宗号—类别号—案卷号—件或页（张）号。

×××× 　　×××　　　×××　　　×××

全宗号　　　类别号　　　　案卷号　　　件号、页（张）号

第三种结构为：类别号—项目号—案卷号—件、页（张号）。

×××× 　　×××　　　×××　　　×××

类别号　　　项目号　　　　案卷号　　　件号、页（张）号

（3）编制方法。

① 全宗号。全宗号用四位代码标识，其中第一位用汉语拼音字母标识全宗属性，后三位用阿拉伯数字标识某一类别全宗顺序号。

全宗号的格式是：

×　　　　　　　　　×××

全宗属类代码　　　　全宗顺序号

② 案卷目录号。案卷目录号应根据全宗内档案整理状况设置，可按年度或阶段、组织机构、问题、档案种类、保管期限、档案载体形态分别设置案卷目录并编号。

③ 类别号。类别号由汉字、汉语拼音字母或阿拉伯数字组成的代码标识。类别号应根据档案的内容及数量设置，一般不超过三级。

④ 案卷号。案卷号用流水顺序方法编制，用三位以内的阿拉伯数字标识，其间不应有空号。一般来说，案卷号在案卷目录内采用流水编号比较合适。

⑤ 页（张）号或件号。要逐件编件号，并按份装订。件号应连同全宗号、案卷目录号、案卷号依次编出。件号在案卷内按其排列次序编流水号，其间不应有空号。

5. 档案保管工作的内容

"保管"一词在档案学中有广义与狭义之分。广义上的保管就是指管理。如人们说某档案室保管了哪些档案就是指该档案室管理着哪些档案。狭义上的保管是指档案管理工作的八项基本内容之一，即对已整理好并已存入库房及其柜架中的档案进行的日常维护、保护性管理工作。本节所讲的档案保管显然是指狭义上的。

档案保管工作的内容，主要包括三个方面：

(1) 档案的库房管理。即库房内档案科学管理的日常工作。

(2) 档案流动过程中的保护。即档案在各个管理环节中一般的安全防护。

(3) 保护档案的专门措施。即为延长档案的寿命而采取的诸如纸张去酸、字迹恢复、修裱等各种专门的技术处理。

6. 档案保管工作的任务

档案保管工作的基本任务是科学地保管档案，克服与限制损毁档案的各种因素，以维护档案的完整与安全，最大限度地延长档案的寿命，保证社会各方面对档案的利用。

档案保管工作的具体任务是：

(1) 建立和维护档案的存放秩序。档案室收集来的大量档案，需要按照一定次序排列和存放于库房之中，使之在库房内形成一定秩序，并使这一秩序得到维护。这是保证档案完整与安全，利用存取迅速便捷的基本条件。

(2) 防止档案的损坏。要了解档案损毁的原因和规律，通过经常性的具体工作，采取专门的技术措施和方法，最大限度地消除各种可能损坏档案不利因素的影响，从而把档案的自然损坏率降低和控制在最小的范围之内。

(3) 延长档案的寿命。档案保管工作不仅仅在于只是一味地防治档案的自然损坏，而且还要从根本上采取更积极的措施，尽可能最大限度地延长档案的寿命，即尽可能延长档案被自然损坏的时间。

(4) 维护档案的安全。一方面是指档案作为一种物质存在的形态必须最大限度地使其安全存在下去，另一方面是指档案作为一种社会现象要保证其政治上的安全，不失密、不泄密。

7. 档案保管的物质条件

开展档案保管工作，必须有一定的物质条件作保证。档案保管的物质条件是其所需一切物质装备的总称，大体有以下几种：

(1) 档案库房。库房是保管档案的最基本的物质条件，直接关系到档案的保护和安全。档案库房建筑应遵循适用、经济、美观的原则。档案室应在库房的建造使用上尽量向《档案馆建筑设计规范》（试行）的要求靠拢，在无法达到其要求的情况下，也必须注意这样几个问题：①库房必须专用，不能与办公室合用，也不能同时存放其他物品；②档案库房必须坚固，至少应是正规的建筑物，不能是临时建筑；③库房应远离火源、水源和污染源并符合防火、防水、防潮、防光等基本要求。因此，全木质结构房屋不宜作档案库房使用，一般的地下室也不能作档案库房使用。库房门窗应有较好的封闭性。

(2) 档案装具。装具即用以存放档案的柜架箱。一般而言，封闭式的柜箱比敞开式的架子更有利于对档案的保护。柜架箱的制成材料最好为金属物，这样更有利于防火。

（3）档案保管设备。档案保管设备一般是指那些具有"固定资产"性质的机械、器具、仪器、仪表等技术设备，而不包括库房、装具、卷皮、卷盒、药品等在内。用于档案保管的技术设备很多，如去湿机、加湿机、空调、通风设备，温湿度测量及控制设备，防盗、防火报警器，灭火器，装订机，复印机，缩微拍照设备及缩微品阅读复制设备，通讯及闭路电视监控设备，消毒灭菌设备以及档案进出库的运送工具等。

（4）档案包装材料。档案包装材料主要有卷皮和卷盒。卷皮、卷盒是指用于直接存放保护每一档案案卷的纸质或其他质地的包装物。

（5）消耗品。即用于保管工作的易耗低值物品。如防霉防虫药品、吸湿剂、各种表格及管理性的办公用品等。

8. 档案库房管理

档案库房管理是档案保管工作的主要体现形式。因为档案绝大部分时间是存放在库房里的，档案的实体秩序状态也主要存在于库房中。其基本工作内容及其相应的技术方法大体有以下几方面：

（1）进出库制度。库房是保存档案的重要场所，因此必须对进出库房的人员及其进出的方式、时间、要求等进行必要的限制并做出专门的规定。这种专门规定的内容也就是进出库制度的主要内容。一般情况下，库房只允许档案工作人员进入，非档案工作人员原则上不允许进入库房，如工作需要（如维修库房及其设备等）必须进入时也应有档案工作人员陪同并始终相伴。档案工作人员进出库房也应有相应的限制性规定，如非工作时间内一般不允许进入库房，在库房内不允许从事与库房管理工作无关的活动，更不允许在库房内吸烟、喝水、吃东西。库房中无人时必须关灯、关窗、库房门上锁。

（2）库房温湿度控制。库房内的温湿度是直接影响档案"自然寿命"的环境因素。根据《档案馆温湿度管理暂行规定》，库房温度应在 14℃～24℃（±2℃）之间，相对湿度应在45％～60％（±5％）之间。为了掌握库房温湿度情况，应配置精确可靠的温湿度测量仪器，随时测量并记录库房温湿度的具体指标状况。

我国各类档案库房温湿度适宜范围

库 房 种 类	温度范围（℃）	相对湿度范围（％）
纸质档案库房	14～24±2	45～60±5
金属唱片档案库房	18～20	＜50
塑料唱片档案库房	＜20	50
录音磁带档案库房	15～22	40～60
黑白胶片及其照片库房	10～20	55～65
彩色胶片及其照片库房	13～17	55～65
机读档案库房	15±5	60±5
缩微品档案库房	15～25	25～40

注：±2℃、±5％指一昼夜允许波动幅度。

（3）"八防"措施。档案保管工作中常说的"八防"，一般是指防火、防水、防潮、防霉、防虫、防光、防尘、防盗。这"八防"基本囊括了对档案实体可能造成的自然和人为的因素，是库房管理工作的重要内容。做好"八防"工作需要采取一系列防护性措施，并在工作中注意一切与此有关的问题。

（4）库房与装具的有序化。这主要是指库房与装具的编号以及装具在库房中的排放方式应井然有序，便于日常管理工作的进行。

（5）档案在装具中的存放方式。档案在装具中的存放方式有竖放和平放两种。

（6）档案存放秩序的维护与管理。在档案室，档案是以全宗为单位进行排列的，一个全宗的档案应该集中在一起。但是，有些特殊情况应妥善处理。维护档案的存放秩序是一项十分具体且十分重要的工作，具体可采取的措施和方法主要有以下几种：

① 档案存放位置索引（档案存放地点索引）。存放位置索引，按其作用可以分为两种：

第一种指明档案的存放位置，即以全宗及其各类的档案为单位，指出它们的存放地点。见下表：

全宗名称：			全宗号：				
案卷目录号	案卷目录名称	目录中案卷起止号数	存放位置				
			楼	层	房间	柜架（列）	柜架	层（格、箱）

第二种指明各档案库房保存档案情况，即以档案库房和档案架（柜）为单位，指出它们保存了些什么档案。见下表：

楼：		层：	房间：				
柜架（列）	柜架	层（格、箱）	存放档案				
			全宗号	全宗名称	案卷目录号	案卷目录名称	起止卷号

② 装具所存档案标识牌。即在每一列、每一件、每一层（格、箱）装具外面的醒目位置设置标牌并表明该列、该柜架、该层（格、箱）中所存放档案的起止档号，以方便检查和调还档案。

③ 档案代理卡。档案代理卡又称"代卷卡"、"代理卡"，它是库房管理人员编制和使用的一种专门指明档案去向的卡片。在档案馆（室）的档案需要暂时借出库外使用时，填制代卷卡放在被暂时移出案卷的位置上，可以使库房管理人员准确掌握档案流动情况，有利于库房管理人员对档案进行安全检查。

全宗号	目录号	案卷号	移出日期	移往何处		库房管理人员签字（移出）	归还日期	库房管理人员签字（收回）
				单位名称	经手人姓名			

（7）定期检查、清点。这是库房管理的一项制度化措施。定期检查的内容重点在档案的理化性状，以发现是否有霉变、虫蛀等现象和迹象发生，库房中是否有潜在的隐患等危险因素存在，以及档案的调出和归还是否履行了严格的手续，实体秩序是否受到破坏、出现了混乱，是否有长期使用未归还的案卷等。定期清点的目的在于及时发现实体秩序的错乱现象及档案丢失或去向不明等问题，并及时予以纠正，使档案实体严整有序。尤其在搬迁或突击性的大规模利用之后，清点工作尤为重要。

（8）全宗卷。全宗卷是档案室（馆）在管理某一全宗的过程中形成的，能够说明该全宗历史情况的各种文件材料所组成的专门案卷。

全宗卷中通常应包括：档案交接凭据、立档单位与全宗历史考证、整理工作方案、档案实体分类方案（分类表）、移进移出记录及手续（凭据）、对全宗进行检查、清点的历次记录及所发现的问题记录以及档案受损害、遭破坏的情况记录和实施补救性措施的记录材料、档案销毁清册等。

9. 档案流动过程中的保护

档案在档案室（馆）中并不是永远静止地存放在库房及装具里，而是处在一种有静有动、动静交替的状态中。造成档案流动的根本原因就是对档案的使用。这就需要做好档案使用过程中的维护与保护工作。做好这一工作有两条基本途径：

（1）建立严格的管理制度。

建立严格的管理制度并在工作中严格执行落实。主要有以下两方面内容：

一是档案使用的登记与交接制度。

二是档案使用行为的管理与限制制度。

（2）档案在流动过程中的维护与保护方法。

采用各种合理有效的管理方法，认真细致地做好维护与保护工作。

① 数量与顺序的控制。

② 对利用行为的现场监督与检查。

③ 利用方式及利用场所的限制。

④ 对重要档案的保护性措施。

三、业务技能训练

训练一

1. 训练背景

目前档案鉴定工作中主要存在的问题：

（1）鉴定标准单一、主观：鉴定依据相关条款过于粗化，里面又有不少模糊的词汇，如"一般"、"主要"、"其他"等。

（2）鉴定程序不灵活，范围易受限：重复率高，机构外的社会档案如家庭档案、社区档案、私人档案排除在外。

（3）鉴定没有形成法定的制度，鉴定心态保守：档案能"长"不"短"，宁"留"勿"销"。

2. 训练要求

讨论：请针对目前档案鉴定工作中存在的问题，给出你的看法或建议？

3. 训练提示

档案鉴定的标准：①分析文件内容；②分析文件的形成者；③分析文件的形成时间；④分析文件的名称；⑤分析归档文件的完整程度；⑥分析文件的可靠程度。

档案鉴定的方法：①鉴定人员必须直接审查档案材料。根据档案的具体情况直接判定其价值。②鉴定人员要逐件、逐页地审查档案材料。

档案的销毁：①销毁档案的标准；②销毁档案的程序。

训练二

1. 训练背景

某公司是一家老牌商贸企业。3 年前，公司进行改制，改制后公司除设有行政部、人力资源部、财务部等职能部门外，还设有第一生产分公司、第二生产分公司和供应部、销售部等生产经营部门。目前，公司各部门职责分明、机构稳定，需要对改制后形成的文件材料进行系统整理。

2. 训练要求

请你为该公司设计至少两种科学合理的分类方法。

3. 训练提示

（1）年度——机构（问题）——保管期限分类法。

（2）保管期限——年度——机构（问题）分类法。

（3）年度——保管期限分类法。

（4）保管期限——年度分类法。

培训小结

本章阐述了商务文员信息管理、档案工作所需掌握的基本技能，介绍了对信息管理的理解，档案的价值，档案收集工作的内容、方法，档案的分类和归档范围；鉴定档案价值的原则、基本方法、标准；档案著录、标引与档案检索工具；档案整理工作的含义、原则与方法；档案保管工作的内容、基本要求和物质条件等基本知识与技能。

重点名词与概念

——信息收集。就是根据一定的目的，通过不同的方式收集、获取信息的过程。

——信息处理。就是对大量的原始信息进行加工整理，使之变为可以利用的资源。信息的处理一般要经过分类、鉴别、加工、编写等程序。

——信息加工。是指对鉴别筛选出来的信息进行具体的分析，在分析的基础上加以综合和提炼，以揭示出事物的普遍联系和内在本质，提高信息的层次和利用价值。

——档案的收集。就是接收和征集档案及有关文献的意思，它是档案管理工作的实际起点。

——档案价值鉴定工作。是档案室按照一定的原则、标准和方法，甄别和判定档案的价值，确定档案保管期限，剔除失去保存价值的档案予以销毁的一项业务工作。

——档案保管期限表的结构。一般由顺序号、条款、保管期限、附注以及总的"说明"等部分组成，其中条款和保管期限是最基本的项目。

——档案检索。是对档案信息进行系统存储和根据需要进行查找的工作。

——档案整理工作。是档案内容整理和档案实体整理的统称，是档案管理的一项重要内容。

——档案的保管。是指档案管理工作的八项基本内容之一，即对已整理好并已存入库房及其柜架中的档案进行的日常维护、保护性管理工作。

练习与思考

1. 信息加工的方法有哪些？
2. 如何准确、快速地在网络上搜索到要找的信息？
3. 信息存储的步骤和要求有哪些？
4. 假设你是某商务企业的档案室工作人员，你将如何完成档案收集工作？请拟定你的工作方案。
5. 到档案馆或企业档案室实习，要求对所在单位的档案鉴定工作的基本情况进行社会调查，并撰写一篇 1000 字左右的调查报告。
6. 调研××公司，假设你是该公司的档案工作人员，收集一些卡片目录及相关材料进行手工检索。
7. 档案整理工作的原则是什么？
8. 档案保管工作的任务是什么？

案例分析

长兴民企兴起建档热

2009 年 8 月 1 日，浙江京兴物业管理公司的周干事来到长兴档案馆："一请将我们内部出的《京兴物业特刊》赠给档案馆收藏，二请指导我们建立企业档案室。"得到肯定答复后，周干事高兴地说："现在档案'开门'服务经济和民生，真是新气象。"

全国综合实力百强县之一的长兴，近几年经济社会又好又快发展，县工商登记的各类民营企业已有 2000 多家。"随着企业的壮大和对知识产权、专利、品牌等的日益重视，他们对档案的需求日益增长，民营企业建档热在长兴已悄然兴起。"县档案局（馆）长张满山介绍，截至目前，县档案馆已帮助县内"天能"、"诺力"、"永达"、"新大力"等民营企业及"合溪水库"等重点工程，建起了百余家规范的档案室。

企业为何对建立档案如此感兴趣？就"务实"来说，档案给企业带来直接收益的多个例子就摆在那里。浙江诺力机械股份有限公司是长兴县一家国内资深的仓储搬运设备制造企业，手动液压搬运车产品连续多年列世界同行业之首。2004年欧盟以"诺力"不符合国际会计准则的牵强理由，决定不给予"诺力"市场经济地位，并确立了35.9%的高额初裁倾销税率。"后来'诺力'成为国内第一家打赢欧盟反倾销案的民企，最得力的还是档案武器。"据介绍，为打官司，当时"诺力"方面准备了很多材料，但欧盟有关方面并不认可。他们自己派员前来企业，看了"诺力"最原始的会计档案，认可了，官司因此打赢了。2007年"天能"在香港成功挂牌，成为长兴县内首家上市企业。"其中一个重要原因就是企业建立了完善的档案制度。"档案还能"协助"企业管理。坐落和平镇的浙江永达电力实业股份有限公司是一家实力民营企业。其下属的家分公司，有县内县外的，有的在安徽、江苏等地，如何确保整个公司完整科学地保存历史资料、全面系统地掌握情况，高效快捷地进行管理成为当务之急，公司由此决定建立档案信息系统。在县档案馆人员的指导下，"永达"总公司及下属企业很快地建立了档案目录，搭建档案信息查询平台，形成系统内网络，使公司通过档案"倒追"有效地加强了包括分散在外地的下属企业等的管理。

（资料来源：湖州晚报 2009-8-9）

第十三章　计算机基础

本章培训主要内容：本章主要讲述了商务文员所需的计算机基础知识及常用办公软件 Office 中 Word、Excel、PowerPoint 三个组件的使用方法和操作技巧。

本章应掌握的主要技能：随着计算机和网络技术的飞速发展，商务文员在实际工作中不可避免地会使用到计算机，了解计算机的相关知识并熟练使用常用的办公软件能够帮助商务文员更加有效地完成各种日常工作，因此，掌握一定的计算机及办公软件的使用方法和操作技巧是非常必要的。

第一节　计算机操作基础

计算机是商务文员必备的办公设备，而用户只有通过操作系统才能使用计算机硬件和软件系统。目前应用最广泛的操作系统是微软公司的 Windows XP。

一、规范案例

张扬在浙江腾达贸易公司做商务文员工作，某天总经理在使用计算机时突然死机并无法重新启动，于是要求他恢复计算机的系统，提高使用速度，并使之能够具有较好的稳定性。张扬在对计算机的硬件设备初步查看后重新安装了 Windows XP 操作系统及相关的常用软件，这样计算机重新开始正常工作，操作速度也有了明显提高。

注：商务文员在日常的工作中要做的一项重要的工作就是对计算机的运行进行维护，因而，掌握必要的计算机基础知识对商务文员来说是非常重要的。

二、应知应会

（一）计算机系统构成

任何一个计算机系统都包括硬件系统和软件系统两大部分。所谓硬件系统，是指构成计算机的物理设备，包括五大部分：控制器、运算器、存储器、输入和输出设备，它们是组成计算机的物理实体，是计算机完成各项工作的物理基础。所谓软件系统是在计算机硬件系统上运行的各种程序、相关文档和数据的总称。软件系统包括系统软件和应用软件两大部分。计算机硬件系统和软件系统共同构造一个完整的计算机系统，相辅相成，缺一不可。

1. 计算机硬件组成

目前从外观上看微型计算机通常由主机、显示器、键盘、鼠标组成。

在主机内部包括主板、CPU、内存、硬盘、软盘驱动器、光盘驱动器、插卡扩展槽、各类接口和电源等。

（1）主板。主板是一块控制和驱动计算机的电路板，也是 CPU 与其他部件联系的桥梁。微型计算机的性能主要由主板的性能决定。

（2）CPU。CPU 是微型计算机的核心部件又称为微处理器芯片。现在生产 CPU 芯片的厂家主要有 Intel 和 AMD。

（3）内存。内存条是将多个存储芯片并列焊接在一块电路板上构成内存组。

（4）硬盘。硬盘是微型计算机的外部存储器，用来长期存储大量的信息。

（5）光盘及光盘驱动器。光盘也是一种可移动存储器。存储容量大、价格便宜，是多媒体软件的主要载体。

光盘驱动器是用来读写光盘的设备，简称光驱。光盘驱动器分为只读型光驱（CD－ROM/DVD－ROM）和可擦可写型光驱（CD－RW/DVD－RW）。

（6）U 盘。U 盘又称为闪盘，采用半导体存储介质存储信息，通过 USB 接口连入微型计算机。其最大特点是可以热插拔、携带方便、容量大。

（7）显示器与显示卡。显示器是将计算机处理的信息显示给用户的设备。目前比较常见的是阴极射线管显示器（CRT）和液晶显示器（LCD）。

显示卡是 CPU 与显示器之间的接口电路（显示适配器），它的基本作用就是将 CPU 送出的数据转换成显示器可以接收的信号。

（8）键盘与鼠标。键盘是微型计算机最常用的输入设备，主要采用 PS/2 接口或 USB 接口。常用的键盘是 104 键，分为主键盘区、功能区、数字小键盘区和编辑区四个部分。

鼠标因其外观像一只拖着长尾巴的老鼠而得名，它是微型计算机最常用的输入设备，主要采用 PS/2 接口和 USB 接口。按其工作方式分为滚轮式和光电式等类型。

2. 计算机软件组成

计算机软件系统是在计算机硬件系统上运行的各种程序、相关文档和数据的总称。软件系统包括系统软件和应用软件两部分。

（1）系统软件。系统软件是计算机系统中最靠近硬件层次的软件，用于管理，控制和维护计算机系统资源的程序集合，例如 Windows 系列操作系统。

（2）应用软件。应用软件是为解决特定应用领域问题而编写的软件。例如，即时通信软件 QQ、Office 办公软件等。

随着用户应用需求的增加，计算机软件技术得到快速的发展，出现了功能丰富，样式繁多的各类应用软件。例如，办公类软件、网络安全类软件等。

① 办公类软件。常见的办公类软件有微软公司的 Office 办公软件，它包含了 Word（文档编辑软件）、Excel（电子表格软件）和 PowerPoint（演示文稿软件）。

使用 Word（文档编辑软件）可以创建和编辑电子文档。例如，公文文件、通知、报告、宣传海报、日历等。使用 Excel（电子表格软件）可以创建和编辑电子表格。例如，财务报表、考试成绩单、产品销量清单等。

使用 PowerPoint（演示文稿软件）可以创建和编辑演示文稿。例如，产品展示、专题汇报、多媒体教学课件、电子相册等。

② 网络安全类软件。常见的网络安全类软件有瑞星杀毒软件，卡巴斯基等。它们的主要功能是查杀计算机病毒、木马、蠕虫病毒，防范系统入侵和攻击，保障系统安全。

③ 即时通信类软件。常见的即时通信类软件有 QQ、MSN 等。它们的主要功能是即时发送和接收 Internet 消息，例如在线聊天。

（3）如何选购一台微型计算机。目前选购一台微型计算机有两种途径：一是选择品牌计算机，例如联想、方正等制造商。二是自己组装一台兼容机。无论哪种途径，在选购微型计算机时都要从两个方面着手。

① 硬件配置。硬件配置当然是越高越好，但应该考虑到性能价格比，以能够满足自己需要为原则。配置计算机时一般考虑的基本配置有：主板、CPU、内存条、硬盘及硬盘驱动器、光盘驱动器、显卡、声卡、鼠标、键盘、显示器。如果需要，还可以增加打印机和扫描仪等外围设备。

② 软件配置。硬件安装完毕之后，首先对硬盘分区及格式化，之后安装操作系统（Windows XP、Windows Vista），然后安装各种硬件驱动程序，包括主板驱动程序、显卡驱动程序、声卡驱动程序等。最后安装各类工具软件，例如 Office 办公软件，瑞星杀毒软件等。

（二）Windows XP 的安装和配置

1. Windows XP 操作系统的硬件要求

13－1　　　　　　　　　　　　　**Windows XP 硬件要求**

硬件要求	基本配置	建议使用
CPU 速度	300 MHz X86 兼容	300 MH$_2$ 以上 X86 兼容
CPU 数量	1 个	1 个
内存	64MB	128MB 或更高
安装硬盘空间	至少 1.5GB	5GB 以上可用空间
显示卡	标准 VGA 卡或更高分辨率的图形卡	支持硬件 3D 的 32 位真彩色显示卡
显示器	14 英寸彩色显示器	15 英寸或更大的高分辨率显示器

2. Windows XP 操作系统的安装

首先将 BIOS 设置中的 First Boot Device 选项的参数设置为 CD－ROM（从光盘启动），然后将 Windows XP 安装光盘插入光驱，计算机从光盘启动后将自动运行安装程序。按照屏幕提示，根据需要可以进行硬盘分区格式化或直接安装 Windows XP。为了加快操作系统安装速度，便于用户备份和还原系统，还可以使用 GHOST 光盘完成 Windows XP 操作系统、各种驱动以及常用软件的安装。

（三）文件及文件夹管理

1. 文件

文件是具有符号名的数据的集合。它可以包含文本、图像及数值数据等信息，是 Windows 文件系统中最基本的存储单位。每个文件都具有一个唯一的符号名，这个符号名就是文件名。

文件名一般都，主文件名和扩展名组成，其格式为：

〈主文件名〉〔.扩展名〕

一个文件的主文件名不能省略，它由字母（不区分大小写）、数字、下划线、空格及一些特殊字符组成，最多可以包含 255 个字符，但不能包含"："、"＊"、"?"、"｜"、"〈"、"〉"、"""等字符。文件的扩展名用来区分文件的类型。

根据文件的用途不同，文件有很多类型，一般通过文件的扩展名来区分，建议用户不要随意更改，以免造成文件无法使用。常见文件扩展名如表 13—2 所示。

表 13—2　　　　　　　　　　　　**常用文件扩展名**

WAV	声音文件	BAK	备份文件
EXE	可执行文件	TMP	临时文件
DBF	数据库表文件	DOC	Word 文档
HLP	帮助文件	HTLM	网页文件
SYS	系统配置文件	TXT	文本文件
PPT	演示文稿文件	XLS	电子表格文件

2. 文件夹及路径

可以把文件夹理解为存放文件的容器，它便于用户使用和管理文件。文件夹中除了包含文件外，还可以包含其他文件夹（子文件夹）。在 Windows 中，文件夹是按树型结构来组织和管理的。如图 13—1 所示。

图 13—1　树型结构

在文件夹树型结构中，每一个磁盘分区都有唯一一个根文件夹（"\"）。如 C:\表示 C 盘下的根文件夹。在根文件夹下可以建立子文件夹，子文件夹下还可以继续建立子文件夹，这便形成了根向上，树枝向下的倒置树，称为树型结构或多级文件夹结构。

通常，用户在使用文件或文件夹时要指明它们在系统中的位置，如：

C:\Program Files \ 3721 \ wind. txt

3. 新建文件及文件夹

① 选择需要新建文件或文件夹的位置。例如 Windows XP 的"桌面"。

② 在空白区域右击鼠标，弹出快捷菜单。如图 13—2 所示。

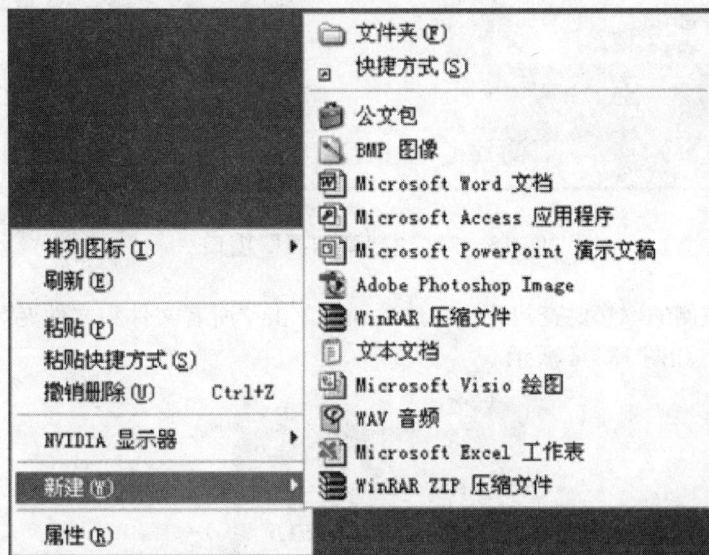

图 13—2 新建文件及文件夹

③ 选择"新建"菜单项，弹出子菜单。

④ 在子菜单中可以创建文件或文件夹。

4. 搜索文件或文件夹

① 单击"开始"菜单，选择"搜索"菜单项，在子菜单中选择"文件或文件夹"，打开"搜索结果"窗口。如图 13—3 所示。

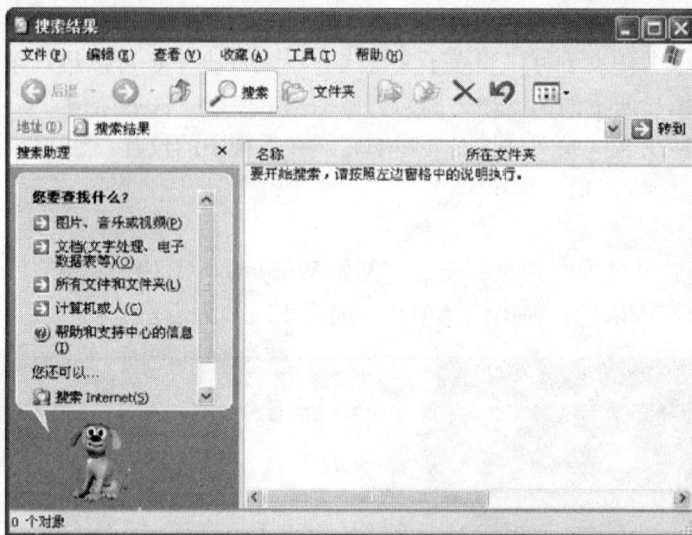

图 13—3   "搜索结果"窗口

② 在该窗口左侧的"您要查找什么"选项区中单击"所有文件和文件夹"超链接，打开"搜索助理"窗格。如图 13—4 所示。

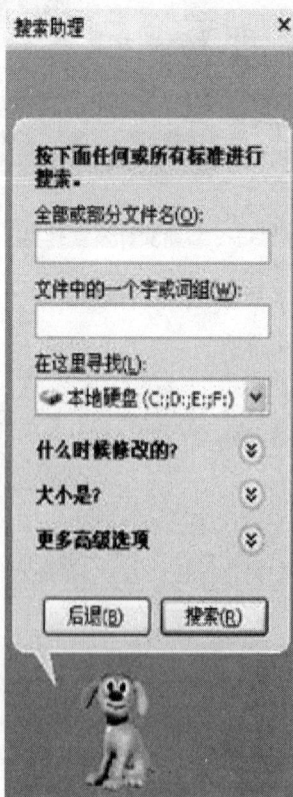

13—4   "搜索助理"窗格

③ 在"全部或部分文件名"文本框中输入要查找的文件或文件名的名称。如果用户查找的文件是标准的 Windows 格式文件（写字板文件、本文文件或 Word 文档），也可以在"文件中的一个字或词组"文本框中输入要搜索的文件中所包含的文字内容。

④ 在"在这里寻找"下拉列表框中确定搜索的范围，例如单个磁盘区分、整个计算机或在网络中搜索。

⑤ 通过"什么时候修改的?"、"大小是"和"更多高级选项"选项设置，用户可以进一步确定搜索的条件。例如搜索系统文件夹、搜索隐藏的文件或文件夹等。

⑥ 设置好搜索条件后，单击"确定"按钮，系统开始查找文件或文件夹，若搜索到结果则在右侧的结果窗格内显示搜索结果。同时，用户可以对搜索结果进行一系列操作，包括复制、移动、删除等。

5. 共享文件夹

通过共享文件夹的功能使得资源能被网络中其他计算机访问。Windows XP 操作系统中的文件共享分为两种：简单文件共享（Simple File Sharing）和高级文件共享（Professional File Sharing）。系统在默认情况下使用简单文件共享，本节介绍使用简单文件共享功能实现文件夹的共享。

① 选择要共享的文件夹，在该文件夹图标上右击鼠标。

② 在弹出的快捷菜单中选择"共享和安全"菜单项，打开"文件夹属性"对话框。

③ 在"共享"选项卡的选择"在网络上共享这个文件夹"复选框，在"共享名"文本框中输入共享名称。若允许网络用户更改共享文件夹，则选中"允许网络用户更改我的文件夹"复选框，然后单击"确定"按钮。

④ 要允许网络用户访问共享文件夹，必须打开 GUEST 账户。鼠标单击"任务栏［开始］"按钮，打开"控制面板"窗口。鼠标双击"用户账户"图标，打开"用户账户"窗口。若 Guest 账户没有启用，鼠标单击"Guest 账户"在显示界面中单击"启用来宾账户"按钮。

当文件夹设置为共享后，网络中其他计算机用户可以通过"网上邻居"浏览该计算机中共享的资源。也可以在"开始菜单"，"运行"文本框中输入\\\计算机名（IP 地址）\ 共享资源名浏览共享资源。如图 13－5 所示。

三、业务技能训练

训练一

1. 训练背景

浙江腾达贸易公司商务文员张扬在为公司经理重新安装完操作系统后，为了保证计算机的安全，他准备为计算机再安装一个杀毒软件及防火墙。

2. 训练要求

张扬应该如何完成？

3. 训练提示

张扬首先上网查询杀毒软件的相关信息，经过对几种不同软件的比较他选择了口碑较好的国产软件瑞星。购买正版软件后，他首先将光盘放到光驱中，然后按照提示信息直接安装

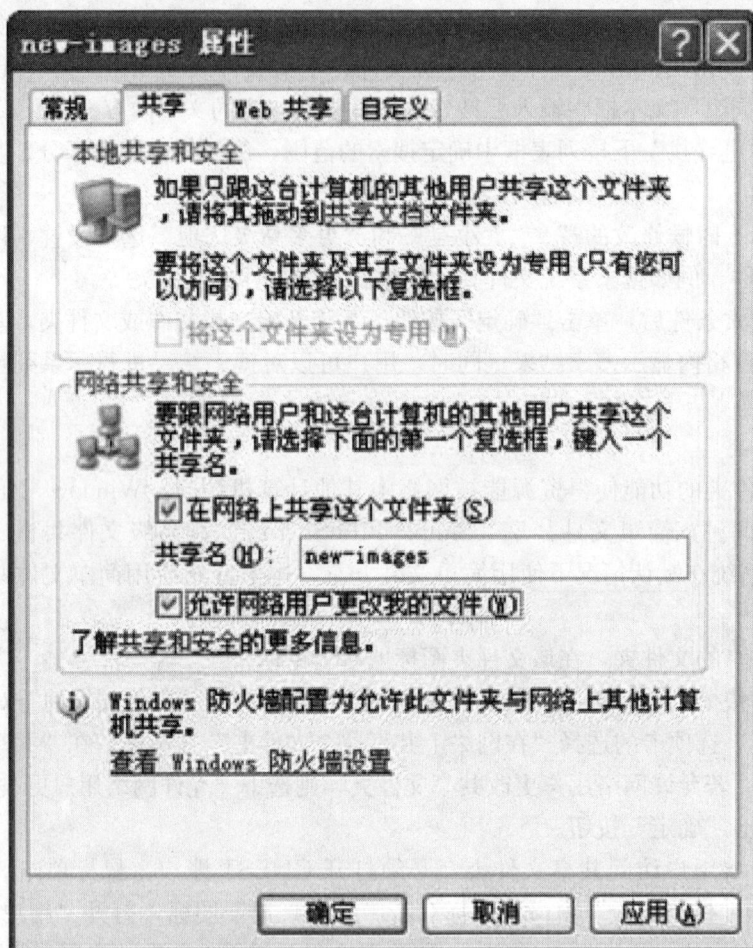

图 13—5　"共享"选项卡

即可，之后将软件设置为"自动升级"，保证病毒库能够及时更新。

训练二

1. **训练背景**

浙江腾达贸易公司销售部高经理要将本年度公司所有产品的销售数据刻录成光盘存档，可是他不清楚自己的计算机是否具有数据刻录的功能，于是他求助于公司的商务文员张扬。

2. **训练要求**

张扬应该怎样查看？若该计算机没有数据刻录的功能，他应该怎样解决？

3. **训练提示**

张扬首先查看了高经理计算机的光驱，在光驱前部面板上查看到了"DVD—ROM"，这表示这台光驱不具有数据刻录的功能。经过向公司申请，他购买了一台新的 DVD 刻录机（DVD—RW）替换了原来的 DVD 光驱，然后安装了 DVD 刻录机附送的刻录软件，这样就可以完成数据刻录。

第二节 办公软件 Word 2003 的使用

一、规范案例

浙江腾达贸易公司的商务文员张扬，上班后接到公司经理的电话，要求他为即将召开的销售会议撰写会议通知，打印后邮寄给与会公司。

注： 商务文员在日常的文件的打印、修改当中必不可少的要使用到 Word 软件，因此商务文员要对 Word 操作应用要非常熟悉，这样才能胜任日常的工作。

二、应知应会

（一）Word 的操作界面

Microsoft Word 2003 是 Microsoft Office 2003 办公套装软件的一个重要组成部分，用于进行文字处理及页面排版。

Word 的主要操作界面如图 13－6 所示。

1. 标题栏

标题栏是大多数 Windows 应用软件都具有的部分，Word 的标题栏主要包括：正在编辑文档的名称、软件名称（Microsoft Word）、最小化、最大化/还原、关闭按钮。

2. 菜单栏

Word 的菜单栏主要由"文件"、"编辑"、"视图"、"插入"、"格式"、"工具"、"表格"、"窗口"、"帮助"等菜单组成，绝大多数 Word 的命令与功能在菜单栏中都可找到。在菜单栏中的图标后有时会包含该命令的快捷键，如：剪切（T）CTRL＋X。

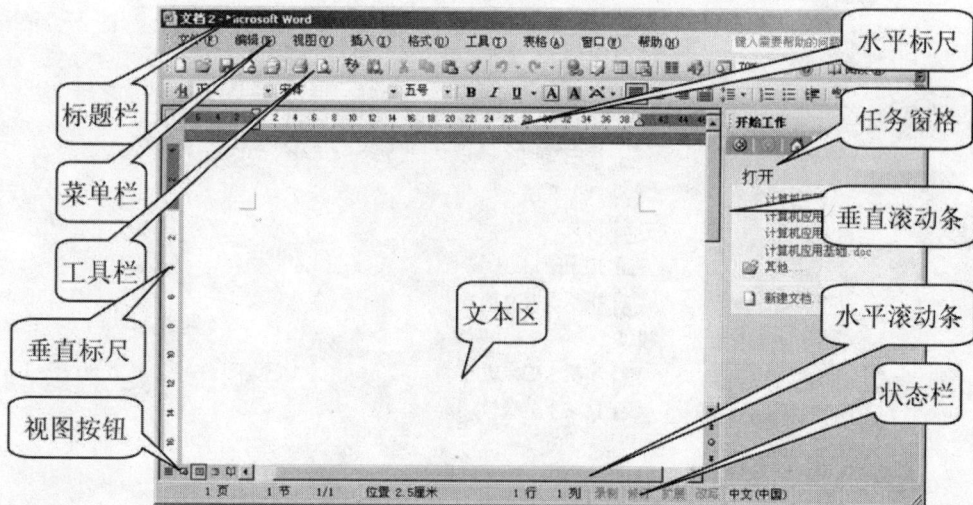

图 13－6 Word 的操作界面

3. 工具栏

Word 的工具栏有"常用"、"格式"、"表格和边框"、"图片"、"绘图"等，默认情况下并不全部显示，可在菜单栏或任一工具栏上单击右键，在显示的菜单下添加或删除显示的工具栏，也可用鼠标拖动某一工具栏的前方，可将工具栏移出，或组合在窗口四周。

4. 状态栏

状态栏最主要的功能是显示当前的定位信息，即光标或选中的对象所在的位置，包括当前页、当前节、当前页/总页数、光标距左端距离（以标尺单位为度量单位）、所在行、所在列。状态栏的后半部还有一些编辑状态的显示，如宏的录制期、插入/改写状态、当前语言等。

5. 视图

视图是指编辑的内容在屏幕上的显示方式。在 Word 中的视图类型共有普通、Web 版式、页面、阅读版式与大纲五种类型，在"视图"菜单下切换各种视图，也可在水平滚动条的左侧按钮中切换。

· 普通视图只显示文本和段落的格式，页与页之间以虚线显示，并隐藏也许多关于页面的信息。

· 页面视图是最常见的，也是默认的视图。所有可打印出的信息都与页面视图中的显示内容一致。

· 大纲视图中显示了文档的结构，并可按照结构折叠或展开内容。区分文档结构主要按照各级标题样式与大纲级别确定。

（二）Word 文档的基本操作

1. 创建与保存文档

① 创建文档。启动 Word 程序，在"文件"菜单下选择"新建"，此时在文档的右侧任务窗格的类别为"新建文档"，单击"空白文档"图标。如图 13—7 所示。

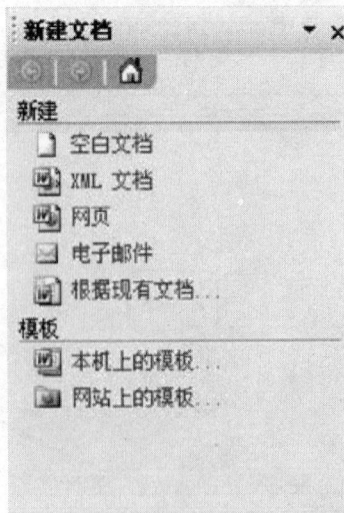

图 13—7　"新建文档"任务窗格

② 保存文档。创建文档后，在"文件"菜单下选择"保存"（CTRL＋S），若是第一次保存时，由于 WINDOWS 无法确定文件保存的位置，则相当于选择"另存为"。如图 13－8 所示。

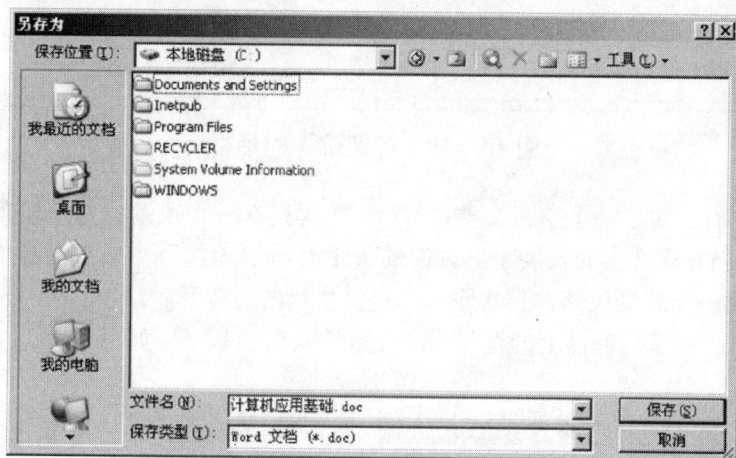

图 13－8　"另存为"对话框

③ 继续保存。当文件的内容改变后，再次选择"保存"命令，则不会出现任何显示，但这时在外存上的文件内容已经发生改变。若一直不选择保存，在关闭文件时 Word 将自动提示是否保存文件。如图 13－9 所示。

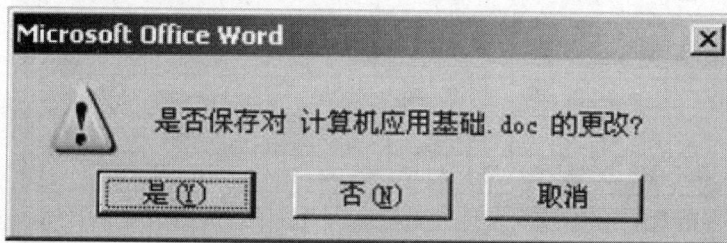

图 13－9　保存提示

但是，随时的保存还是必要的。如果计算机突然断电或死机，则在上一次保存之后的内容将全部丢失。所以，在编辑一段时间后，应该及时保存文件，以免信息的丢失。

2. 输入文本

① 文本定位。打开一个 Word 文档后，在文档中会有一条闪烁的竖线，称为"光标"。光标指示了输入文字的位置。也可以使用"编辑"菜单下的"定位"（CTRL＋G），可定位到指定页、节、行、图形等。如图 13－10 所示。

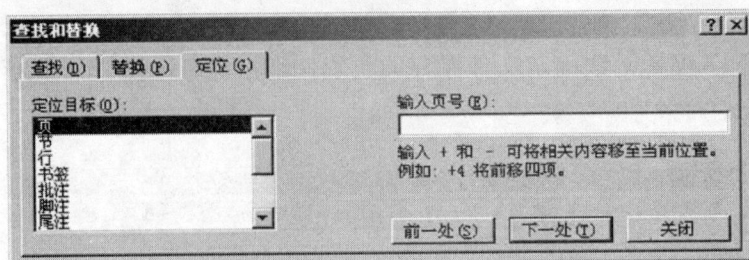

图 13-10   "定位"对话框

② 插入分隔符。对于一个空白文档，Word 默认只有一个段落，每个段落的结尾以一个段落标记结尾。当一段文本的长度超出页面的边距时将自动换行。按下键盘上的"ENTER"（回车）键将产生一个新的段落，再次输入的内容从新的一行开始。

③ 输入符号。在输入键盘上的符号时应注意输入法的状态。如图 13-11 所示。

13-11   左：半角字符、中文标点，右：全角字符、英文标点

对于更多的键盘上无法直接输入的符号，可以在"插入"菜单下选择"符号"与"特殊符号"。如图 13-12、图 13-13 所示。

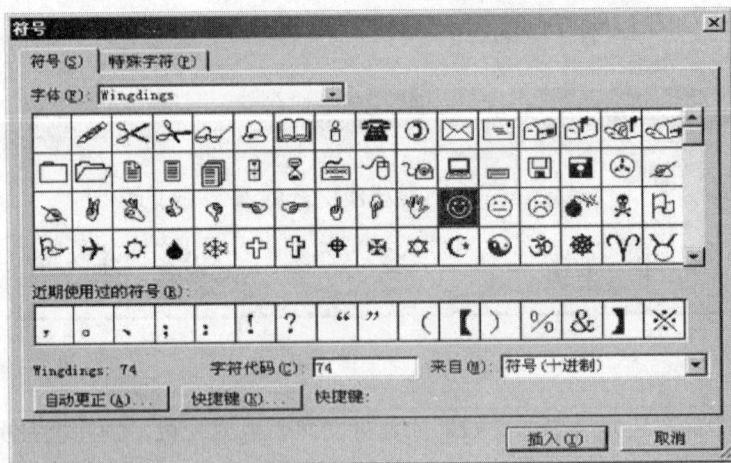

图 13-12   "符号"对话框

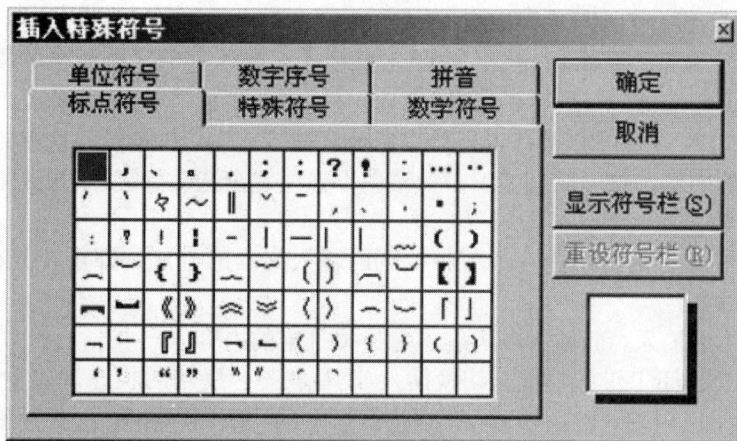

图 13—13　"特殊符号"对话框

"符号"对话框实际上是把指定字体中所包含的所有符号显示出来，如图即显示的是 Wingdings 字体所包含的所有符号。而"特殊符号"对话框则显示的是一些排版时常用的符号，如各种标点、数字、数学符号、拼音等。

3. 选定文本

和 Windows 一样，在 Word 中，要对某个对象进行某种操作，首先要选中这个对象。选中一段文本后，该文本将以反色显示。如图 13—14 所示。

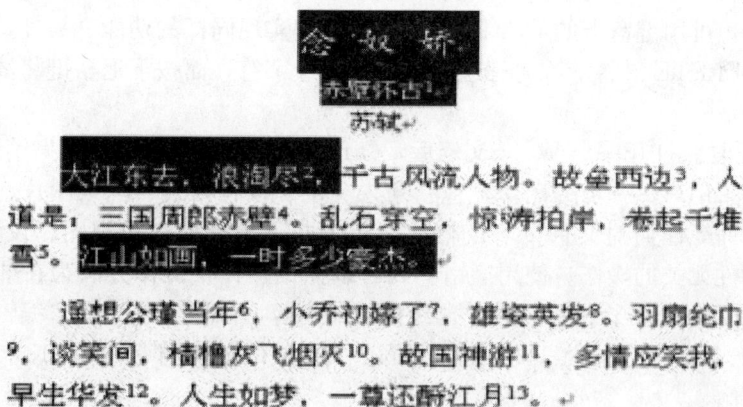

图 13—14　选中的文本以反色显示

① 选择字符。使用鼠标从要选择的文字一侧拖动到另一侧即可选定拖动范围内的文字。与 Windows 中相同，可使用 SHIFT 键与 CTRL 键复选：SHIFT 键可选中一块连续的文字，CTRL 可选中不连续的文字。

② 选择词。在某个字符后双击，可选定包含该字符的最小的词。

③ 选择句子。按下 CTRL 键在某字符后单击，可选定这个字符所在的句子（以"。"或"."区分）。

④ 选择行。在行首的空白处单击可选择一整行的内容，选定一行后拖动鼠标可选定多

行。也可用 SHIFT 键和 CTRL 键复选。

⑤ 选择段落。在某个字符后连续三次单击鼠标，可选择这个字符所在的段落。在某行首的空白处双击，可选定这一行所在的段落。

⑥ 选择全文。按下 CTRL 键单击行首空白处或在行首空白处连续三次单击鼠标，可选定当前文档中的全部内容，也可以在"编辑"菜单下选择"全选"，或使用快捷键 CTRL＋A。

4. 操作文档的内容

① 添加。定位光标后使用上一小节中提到的输入文本的方法，即可在光标前添加内容，并将其他的内容后移。

选定一些文本后输入，新输入的内容将替换掉选定的内容。

功能键中的 INSERT 键的功能为切换插入/改写状态。默认的状态是如上所提的"插入"状态，当按下一次 INSERT 键后，Word 的状态栏中的"改写"由灰色变为黑色，此时输入文字，将覆盖掉原有的内容。再一次按下 INSERT 键可回到"插入"状态。如图 13－15 所示。

图 13－15　"改写"状态

② 清除。在"编辑"菜单下的"清除"中包含两个命令，一个是"格式"，一个是"内容"。若选择"格式"，可将选中的文本恢复成默认的"正文"格式。而"内容"的含义为删除掉选中的内容，可用键盘上的 DELETE 键或退格键实现同样的功能。另外，若没有选中任何内容，按下 DELETE 键将清除光标位置后面的一个字符，而按下退格键将清除光标位置前面的一个字符。

③ 撤销与重复。打开一个 Word 文档后，Office 将为用户创建一个"撤销队列"，在这个撤销队列中记录了用户每一步的操作，包括录入文字、设置格式、插入图片、删除内容、绘制表格、设置页面等任何对文件内容的修改。但是并不记录如切换视图、设置 Word 环境、打印页面等与文件无关的操作。使用撤销队列可以撤销操作，操作方法为在"编辑"菜单下选择"撤销"（CTRL＋Z）；也可以恢复已经撤销的内容，操作方法为在"编辑"菜单下选择"恢复"（CTRL＋Y）。并且在工具栏中我们可以看到这个撤销队列。如图 13－16 所示。

图 13－16　"撤销"队列

但是，在使用撤销队列的时候应注意，如果撤销了几步后，又重新输入了内容，则Office将不再保留被撤销的步骤。

5. 查找与替换指定内容

在大量文本中人工查找指定的内容，或者将指定的内容更改为其他文字或格式，通常是一件很繁琐且易出错的工作。在 Word 中，可以实现自动查找与替换功能。

在"编辑"菜单下选择"查找"（CTRL＋F）或"替换"（CTRL＋H），可弹出"查找和替换"对话框。如如图 13－17 所示。

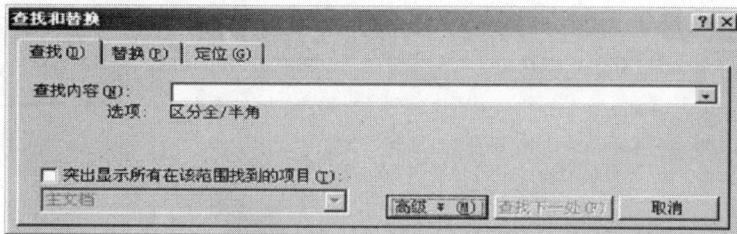

图 13－17　"查找和替换"对话框

① 查找。Word 在进行查找时，将首先在当前选定的内容中查找；如果没有选定任何内容，则从光标当前的位置向文档后查找；在选定的内容中查找完所有匹配的内容后，将出现提示，询问是否在全文中查找。如图 13－18 所示。

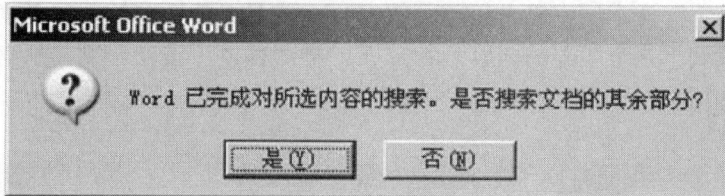

图 13－18　是否全文查找

在"查找内容"文本框中输入要查找的内容后，按下"查找下一处"按钮，则第一个被找到的与输入相同的内容将会被选中。如图 13－19 所示。

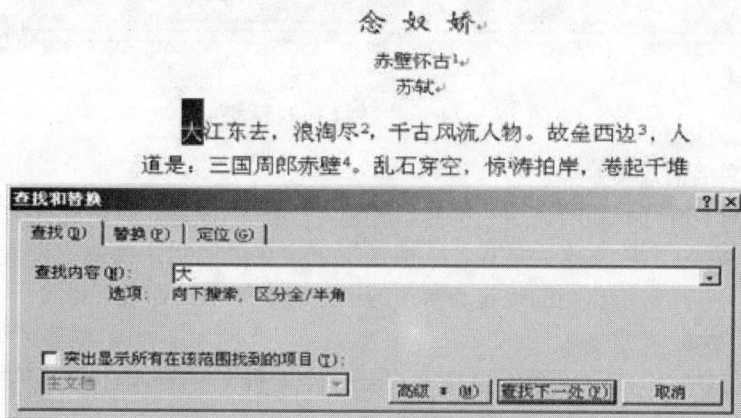

图 13－19　第一个找到的内容被选中

当勾选中复选框"突出显示所有在该范围找到的项目"时，"查找下一处"按钮将变为"查找全部"，此时将把所有符合条件的内容全部选中。如图 13－20 所示。

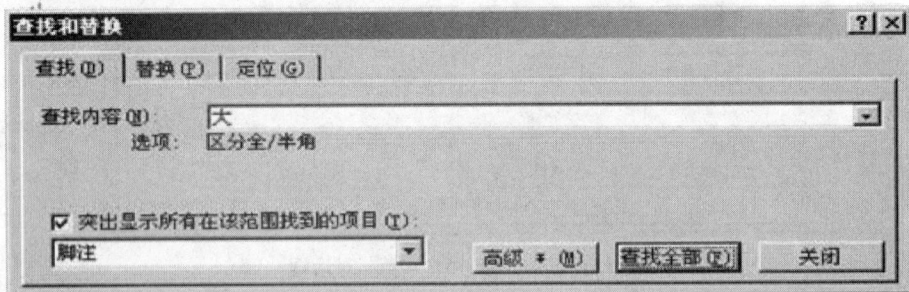

图 13－20　查找全部

② 替换。替换的前提是查找。进行替换时，首先在"查找内容"文本框中输入被替换的内容，并在"替换为"文本框中输入替换后的内容，按下"替换"按钮将替换当前查找到的内容，并自动查找到下一个匹配的内容。若按下"全部替换"按钮，则将所有匹配的内容替换为目标内容。如图 13－21 所示。

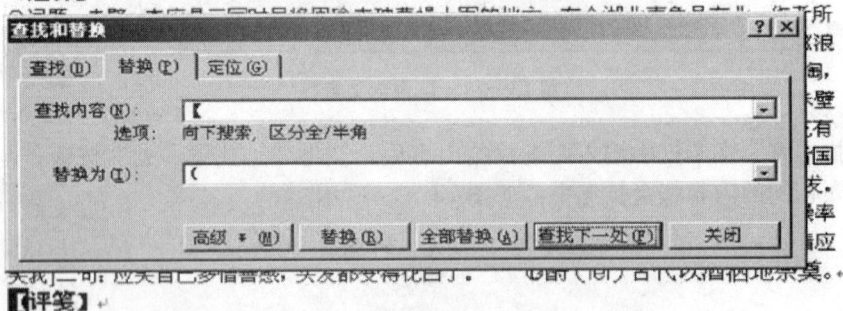

图 13－21　"替换"对话框

（三）Word 文档格式设置

对页面及页面上所有元素的字形、字号、颜色、修饰、对齐、间距及其他各种排版时可设置的属性，在 Word 中被统称为格式。一般情况下，在"格式"菜单中设置格式，而"格式"工具栏提供了许多常用功能的按钮。常用的格式有字体格式和段落格式。

1. 设置字体格式

①设置格式与显示格式。一般的操作方法是：先进行文字输入，在所有的输入完成后，选中文字进行设置。

在"格式"菜单下选择"字体"，在弹出的"字体"对话框中设置文字的格式，此时所有设置的内容将在"预览"部分显示。设置完成后，文字的所有格式将在"显示格式"任务窗格的"字体"下显示。如图 13—22 所示。

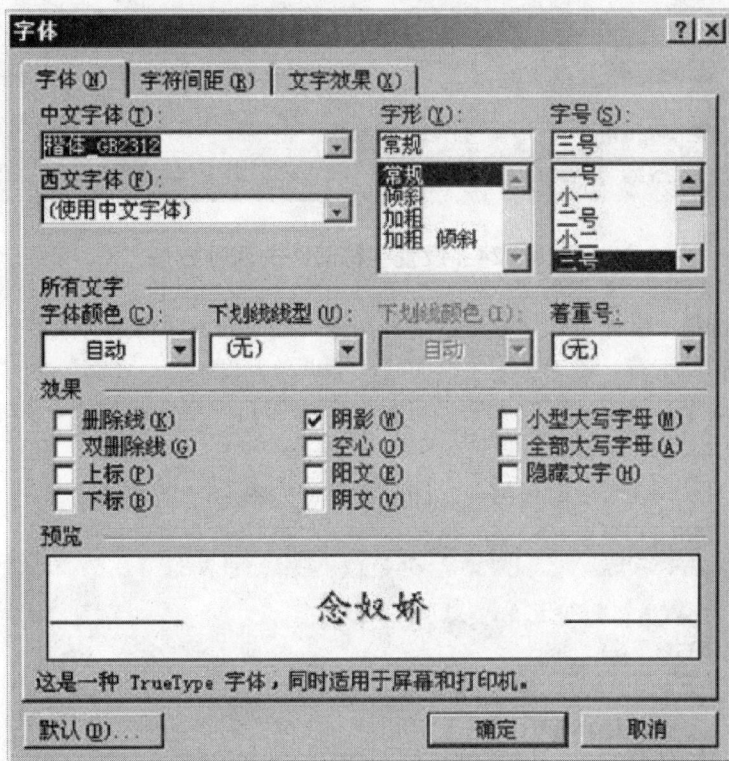

图 13—22　字体"对话框"与"显示格式"中的字体

若在设置格式时没有选中任何文字，设置将应用于设置完成后输入的内容上。

②字体、字形与字号。设置字体与字号时，直接在字体列表中选择即可。对于选中的文本，中文和西文可选择不同的字体。字形分为加粗和倾斜两种，多用于设置的强调或美化。如图 13—23 所示。

图 13—23　正常、加粗、倾斜、加粗并倾斜

③颜色与修饰。选择"字体颜色"后将出现 Windows 颜色调板，共有 40 种基本色，鼠标放置在每种颜色上将出现提示。勾选各种效果的复选框，可为文字添加特殊效果。

④字符间距。选中文字后，在"字体"对话框中选择"字符间距"选项卡，可设置字符间距。或者在"格式"菜单下选择"调整宽度"，也可缩放字符间的距离。如图 13—24 所示。

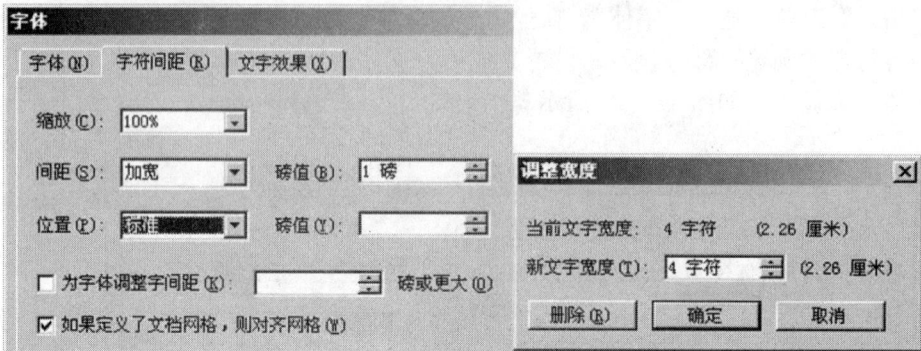

图 13－24　设置字符间距的两种方法

　　不同的是，选择"字体"对话框中的字符间距，继续输入时也是有效的，而"调整宽度"则只能针对以选择的字符，若未选中字符时将不能调整宽度。

　　⑤动态文字效果。选中文字效果后，可为文字添加几种可选的效果，如赤水情深、礼花绽放等。

　　文字的动态效果只在显示时可见，打印时无效。如图 13－25 所示。

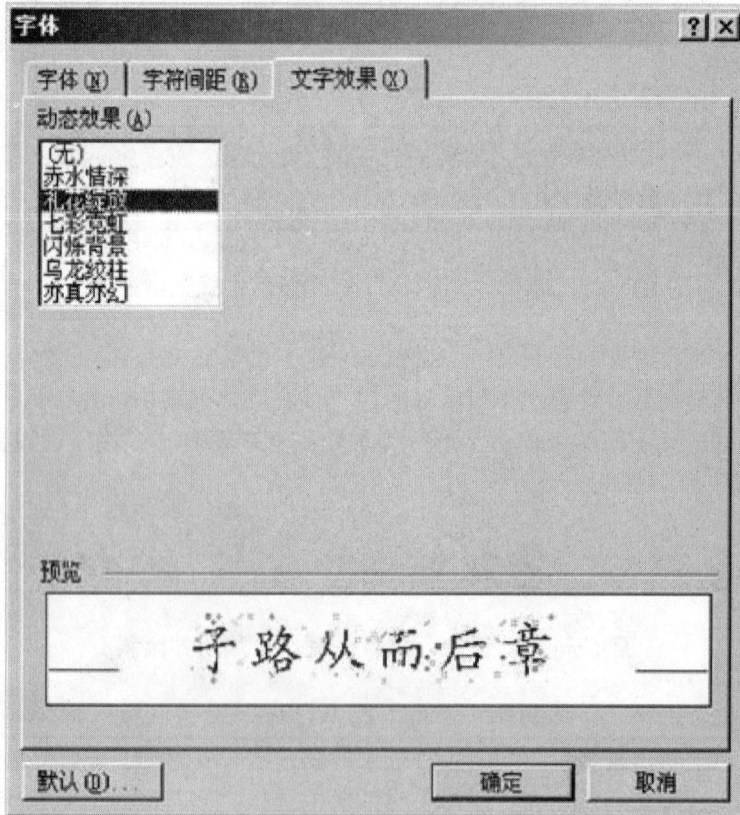

图 13－25　动态文字效果

2. 设置段落格式

① 设置格式与显示格式。在"格式"菜单下选择"段落"，可弹出"段落"对话框。在"段落"对话框中共有"缩进和间距"、"换行和分页"、"中文版式"三个选项卡，在下方有"预览"框和"制表位"按钮。如图 13—26 所示。

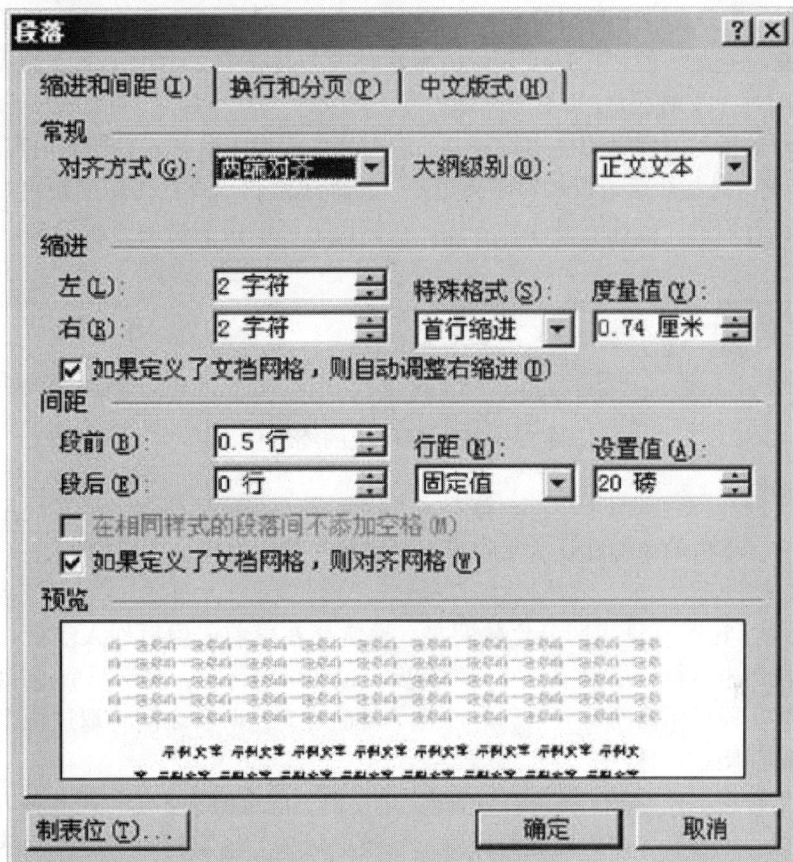

图 13—26　设置段落格式

在设置段落的格式时，若没有选中任何段落，则设置的是当前光标所在段落的格式；只要包含一个段落中的某些文字，设置将对整个段落有效。如图 13—27 所示。

大江东去，浪淘尽②，千古风流人物。故垒西边③，人道是：三国周郎赤壁④。乱石穿空，惊涛拍岸，卷起千堆雪⑤。江山如画，一时多少豪杰。

遥想公瑾当年⑥，小乔初嫁了⑦，雄姿英发⑧。羽扇纶巾⑨，谈笑间，樯橹灰飞烟灭⑩。故国神游⑪，多情应笑我，早生华发⑫。人生如梦，一尊还酹江月⑬。

图 13—27　包含段落中的某些文字，设置将对整个段落有效

② 对齐方式。"对齐方式"中共有"左对齐"、"右对齐"、"居中对齐"、"两端对齐"、"分散对齐"五种对齐方式。

通常的书写方式都是自左至右，而对齐方式也都选择为靠左侧对齐。但由于英文单词长度不同，而行尾都以一个单词的结束作为结尾换行，使段落的左侧产生参差不齐，所以在Word中默认的对齐方式采用两端对齐，即若文字能够填满整行，将自动调整单词间的距离以使右侧看起来也是对齐的，在最后一行仍然左对齐。而在中文中由于文字的大小一致，所以左对齐与两端对齐差别不大。

通常对文章的标题习惯采用居中对齐。而右对齐一般设定落款、日期等内容的格式。

③ 缩进。缩进是指段落边线相对于页边距（页面边留白）或栏边距的距离，共分为左缩进、右缩进、首行缩进、悬挂缩进四种方式，在标尺上可以很清楚的显示出来。如图 13-28 所示。

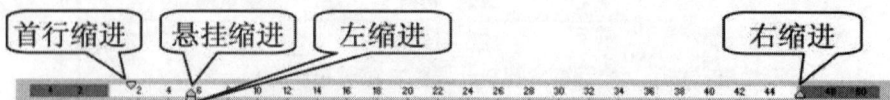

图 13-28   标尺上的缩进位

通常在中文的行首缩进两个字符，英文为 5 个字符。在项目列表时通常使用悬挂缩进而使项目标号整齐。缩进的单位默认为字符，也可直接在对话框中输入以厘米为单位的缩进值，如"1.5 厘米"。

④ 行距。为了让段与段间区分比较明显，通常会在段前或段后加入空行，以行高为单位，此行高为段落中一行中最大字号的最大高度，也即单倍行距。对于两个相邻的段落来说，若前一个段设置了段后距离而后一个段落设置了段前距离，两段之间将取这两个值的最大值作为两段之间的间距。

行距有单倍行距、1.5 倍行距、2 倍行距、最小值、固定值、多倍行距几种方式。

固定值是指固定行高为一个确定的磅值，当设置行高为固定值时，若在段落中有大的字符时，将强制显示字符的一部分。

最小值是指在设置的磅值与段落中的文字最大高度之间选择较大的值作为行距，即实现"能够看到所有文字的最小行距"。

⑤ 首字下沉。"首字下沉"是指段落的第一个字符被放大的效果。多用在报纸、杂志的排版中。如图 13-29 所示。

THE GIFT OF THE MAGI

By O. Henry

One dollar and eighty-seven cents. That was all. And sixty cents of it was in pennies. Pennies saved one and two at a time by bulldozing[1] the grocer and the vegetable man and the butcher until one's cheeks burned with the silent imputation of parsimony[2] that such close[3] dealing implied. Three times Della counted it. One dollar and eighty-seven cents. And the next day would be Christmas.

图 13-29   "首字下沉"效果

在"格式"菜单下选择"首字下沉"，可设置段落的首字下沉。如图13-30所示。

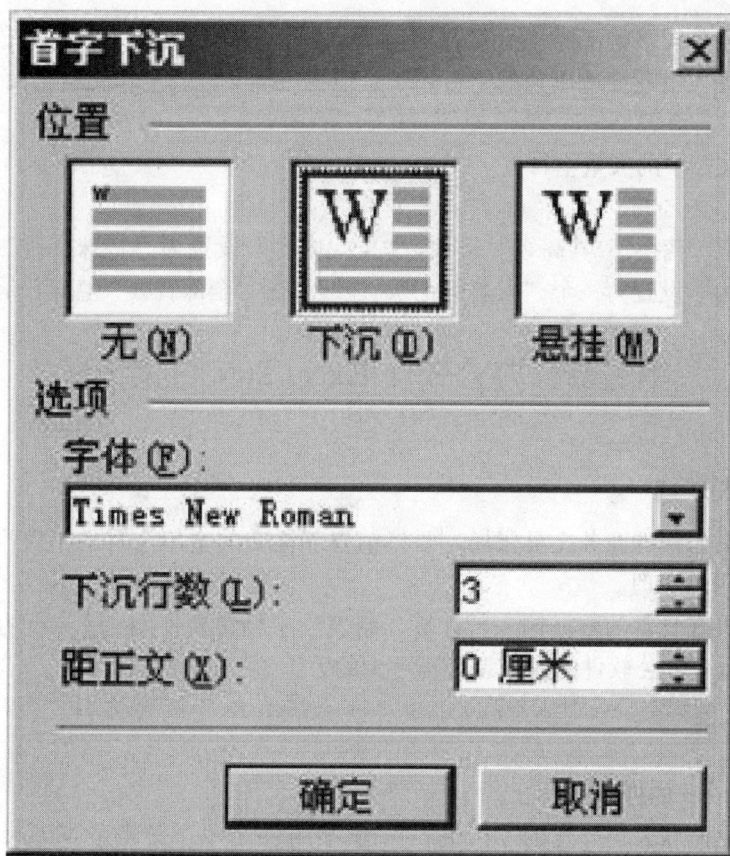

图13-30　"首字下沉"对话框

首字下沉的方式有"下沉"与"悬挂"两种。并可选择"下沉行数"，即产生的下沉字占的行高，及"距正文"，以厘米为单位的距离。

三、业务技能训练

训练一

1. 训练背景

浙江腾达贸易公司总经理将手写的公司发展规划交给商务文员张扬，让其录入到计算机中，重新排版并打印出来。

2. 训练要求

使用 Word 录入并排版。

3. 训练提示

录入以后在 Word 中分别设置文字格式和段落格式。

训练二

1. 训练背景

浙江腾达贸易公司采购部经理从互联网上下载了一份产品说明书，打开这份 Word 文档后发现里面存在着大量连续或单独的空行，于是他将整理文档的工作交给了商务文员张扬。

2. 训练要求

删除 Word 文档中的大量空行。

3. 训练提示

使用 Word 中"替换"／"高级"选项，"查找内容"设置为"特殊字符"中的两个"段落标记"，"替换为"设置为一个"段落标记"，连续点击"全部替换"直至没有空行为止。

第三节　办公软件 Excel 2003 的使用

一、规范案例

浙江腾达贸易公司的商务文员张扬，要将销售部提交的全年个月的销售报表汇总并制成图表后递交给公司总经理。

注：商务文员在日常的数据输入、计算、制表当中经常要使用到 Excel 办公软件，因此商务文员掌握 Excel 办公软件的操作是必不可少的。

二、应知应会

（一）Excel 2003 的操作界面

Excel 2003 是微软公司开发的 Office 2003 套装组件之一，安装完 Microsoft Office 2003 后，在"开始"菜单中选择"所有程序"中的"Microsoft Office"中的快捷方式"Microsoft Office Excel 2003"可以启动 Excel 程序。Excel 2003 的操作界面与 Word 2003 有相似的地方，现简要介绍如下。如图 13—31 所示。

1. 标题栏

标题栏包括左边的控制菜单图标及所操作的文件名和右边的最小化、最大化/还原、关闭按钮。

2. 菜单栏

标题栏下方是菜单栏。包括菜单栏控制图标、菜单按钮、求助框和工作簿控制按钮。

3. 工具栏

Excel 的工具栏有"常用"、"格式"、"图片"、"图表"等，默认情况下并不全部显示，可在菜单栏或任一工具栏上单击右键，在显示的菜单下添加或删除显示的工具栏，也可用鼠标拖动某一工具栏的前方，可将工具栏移出，或组合在窗口四周。

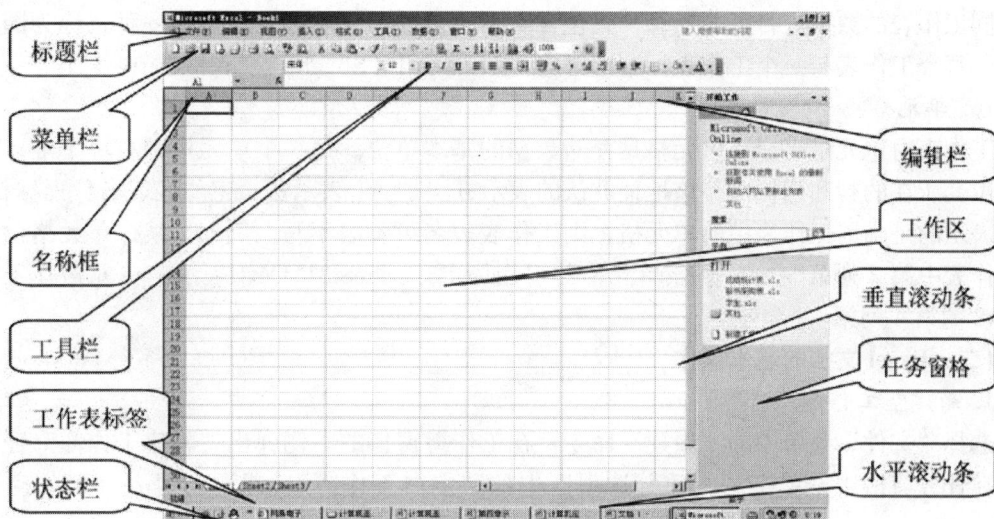

图 13-31　Excel 00 窗口界面

4. 名称框

名称框提供了定位单元格和给单元格或区域命名的功能。

5. 工作表标签

工作表标签显示了当前工作簿中包含的工作表，用户可通过点击相应的标签激活相应的工作表。如图 13-32 所示。

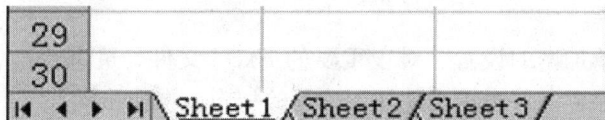

图 13-32　工作表标签

6. 编辑栏

用户可通过编辑栏向指定单元格输入数据，更改指定单元格的数据，还可以在此编辑公式。

7. 工作区

用于记录数据的区域，所有的数据都将存放在这张表中。通过工作区用户可以直观的看到表格数据的变化。

8. 工作簿

工作簿是 Excel 中的一个基本概念，是 Excel 的基本文档，以文件的形式存放在磁盘上，文件的扩展名为：. Xls。每次启动 Excel 时，系统将自动创建一个以"Book"为预定义名的新工作簿。新工作簿默认情况下包含个工作表。

9. 工作表

工作表用于显示和分析数据。用户可以同时在多张工作表上输入并编辑数据，并且可以对不同工作表的数据进行汇总计算。只包含一个图表的工作表是工作表的一种，称为图表工作表。每个工作表与一个工作表标签相对应，如 Sheet1、Sheet2、Sheet3……

10. 单元格

工作表由单元格组成，单元格是存储数据的基本单位。每一个单元格都有一个唯一的地址，由其所在的行和列构成。该地址默认的表示方法是 A1 表示法：工作表表名! 列标行号。如果表示的是当前工作表中的单元格，则工作表表名可省略不写。例如，某个单元格位于当前工作表中第 2 列第 3 行，则该单元格的引用为 B3。Sheet3! D4，表示该单元格在工作表 Sheet2 的第 4 列第 4 行上。

（二）Excel 文档的基本操作

1. 新建空工作簿

选择"文件"菜单中的"新建"命令，在工作簿窗口的右侧弹出"新建工作簿"任务窗格。在任务窗格中，单击"新建"选项区中的"空白工作簿"，即可创建一个新的空白工作簿。

2. 保存工作簿

（1）保存刚编辑过的已命名的工作簿。如果工作簿不是首次和换名存储，则可以在"文件"菜单中选取"保存"命令或单击工具栏中的"保存"按钮，还可以使用快捷键 Ctrl＋S，系统将该工作簿文件保存在原有位置的原有文件名中，覆盖原有文件。

（2）保存未命名的新工作簿。当保存未命名的新工作簿时，利用"保存"命令将出现"另存为"对话框。在对话框中输入文件的名字、保存类型以及保存的位置等信息，然后单击"保存"按钮。

3. 加密保存

（1）使用文件菜单加密的设置。对于重要的 Excel 文件，可进行加密设置，以防数据泄露和被篡改。方法是保存文件时给文件加上读写的权限，操作步骤如下：

· 选取"文件"菜单中的"另存为"命令。

· 在"另存为"对话框中，单击"工具"下拉按钮。如图 13—33 所示。

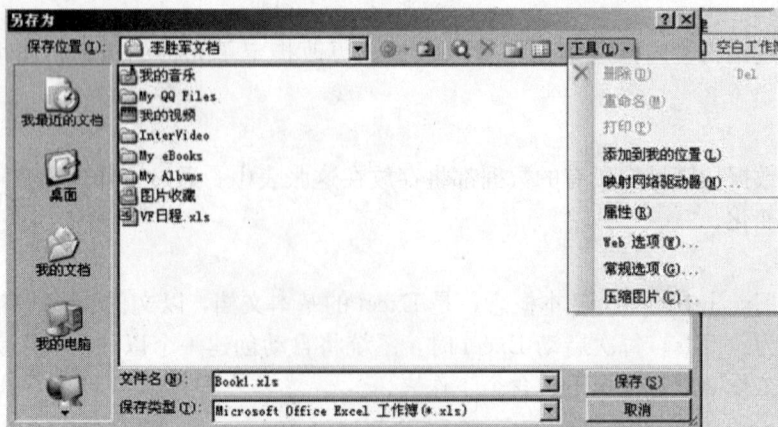

图 13—33　"另存为"对话框

· 选取下拉菜单中的"常规选项"命令，弹出"保存选项"对话框。

· 在"保存选项"对话框中的"打开权限密码"文本框中输入打开文件的密码，单击"修改权限密码"文本框，输入修改文件的密码。

· 单击"确定"按钮，然后按系统的要求重新输入一遍密码，以获得确认。

· 再次单击"确定"按钮。

· 单击"另存为"对话框中的"保存"按钮。如图 13－34。

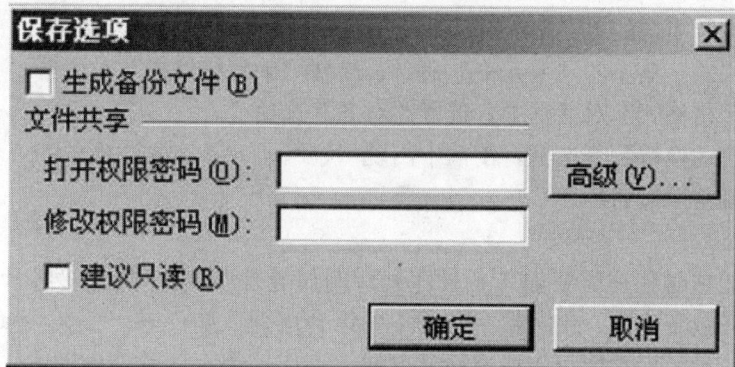

图 13－34　"保存选项"对话框

为工作簿设定了读写权限口令后，当再次打开该文件时 Excel 会要求输入口令，没有正确的口令，Excel 会拒绝执行打开文件或修改文件的操作。

如果要取消口令，只需用"另存为"命令再次打开"保存选项"对话框，在"打开权限密"和"修改权限密码"文本框中删除输入的密码即可。

（二）数据输入

Excel 允许向单元格中输入各种类型的数据，如：文字、数字、日期、时间、公式和函数。输入操作总是在活动单元格内进行，所以首先应该选择单元格，然后输入数据。数据在单元格和编辑栏同时显示。对于编辑含有少量数字或文字内容的单元格，最简单的方法是选中该单元格再输入数据。但是，编辑输入含有长内容或复杂公式的单元格时，最好先单击单元格，然后再单击编辑栏，在编辑栏中进行编辑输入。

1. 输入数值

数值包括 0 到 9 组成的数字和特殊字符：＋ － （），／ $ ￥ ％ . E e 中的任意字符。默认方式下，数值在单元格内靠右对齐。

2. 输入文本

通常情况下 Excel 中的文本是指字符或者是数字和字符的组合。任何输入到单元格内的字符集只要不被系统解释成数值、公式、日期、时间、逻辑值，则 Excel 一律将其视为文本。默认方式下，文本在单元格内靠左对齐。一个单元格内最多可以存放 32767 个字符。如果输入的文本全部由数字组成，比如邮政编码、电话号码等，为了避免被 Excel 误认为是数值型数据，则在输入时先输入单引号，再输入数字，以区别数值型数据和数字组成的文本型数据。

例如，输入数字文本"123"，应输入'123，确认后单元格中显示"123"，靠左对齐，编辑栏中显示"'123"。

对于单元格中的文本，当字符长度超过单元格宽度时，Excel 允许该文本覆盖右边相邻的空单元格完整显示，如果右边相邻的单元格中有内容，就只能在自身的单元格宽度内显示部分内容，没有被显示的内容仍然与被显示的内容一起属于该单元格，在编辑栏中看到的是该单元格中的完整内容。

若要使全部内容在原宽度内全部显示出来，可以选择文字的自动换行功能，方法如下：

（1）选择欲设置换行的单元格。

（2）选择"格式"菜单的"单元格"命令，出现"单元格格式"对话框。

（3）在"单元格格式"对话框中，选择"对齐"选项卡。

（4）单击"自动换行"复选框，使框中出现"√"。

（5）单击"确定"按钮。

3．输入序列

在输入表格数据时往往需要输入各种序列，例如等差序列、等比序列。Excel 可以自动填充日期、时间和数字序列，包括数字和文本的组合序列。如：一、二等，part1、part2 等。利用 EXcel 中的"填充"功能可以快速而又方便地完成这类有序数据的输入，而不必一一重复地输入这些数据。

（1）利用菜单输入等差或等比序列。

① 在起始单元格中输入等差或等比数列的起始值。

② 用鼠标选中该起始单元格。

③ 选取"编辑"菜单中"填充"命令下的"序列"子命令。

④ 如所示，在"序列"对话框中，选择"行"或者"列"。如果数列产生在行，则单击"行"单选钮；如果数列产生在列，则单击"列"单选钮。如图 13－35 所示。

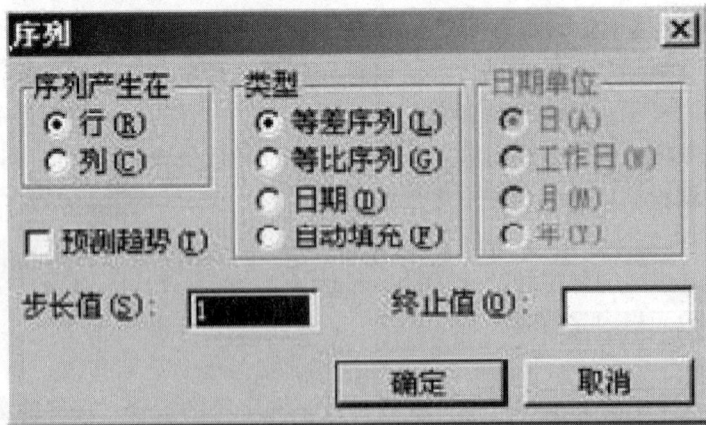

图 13－35　"序列"对话框

⑤ 在"类型"框中，根据需要选定"等差序列"或"等比序列"。

⑥ 在"步长值"框中，输入相应的数列差值或数列比值。

⑦ 在"终止值"框中，输入数列的终止数值。

⑧ 单击确定按钮或按 Enter 键。

注意：步长值的缺省值是 1。如果不指定数列的终止值，则要在选取"填充"命令之前，选定数列放置的区域。以起始单元格为起点，向下选择只包含一列的单元格区域，或者向右选择只包含一行的单元格区域。

（2）用鼠标自动填充。

使用鼠标左键拖动填充柄，可以在相邻区域中自动填充相同的数据或具有增序、降序可能的数据序列。

① 复制填充。

·单击填充内容的起始单元格，输入填充内容。

·用鼠标对准该单元格右下角的填充柄，对于数字型以及不具有增或降序可能的文字型数据，可直接沿填充方向拖动填充柄至结束的单元格；而对于日期型以及具有增或降序可能的文字型数据，按住 Ctrl 键，沿填充方向拖动填充柄至结束的单元格。

·释放鼠标及 Ctrl 键，被拖曳进的单元格都被填充了相同的内容。

注意：拖动只能横向或纵向，不能任意方向。如果要将数据复制到一个连续的矩形区域中，可先横向拖动再纵向拖动，或先纵向拖动再横向拖动。

如果向上或向左拖动填充柄，而又没有将其拖出选定区域的第一行或第一列，则可清除经过的单元格或区域中的内容。如图 13－36 所示。

② 填充序列。

·选定单元格，输入数据。

·用鼠标对准该单元格右下角的填充柄，对于日期型或具有增或降序可能的文字型数据，沿填充方向拖动填充柄至结束的单元格，对于数字型数据，接住 Ctrl 键，沿填充方向拖动填充柄至结束的单元格。

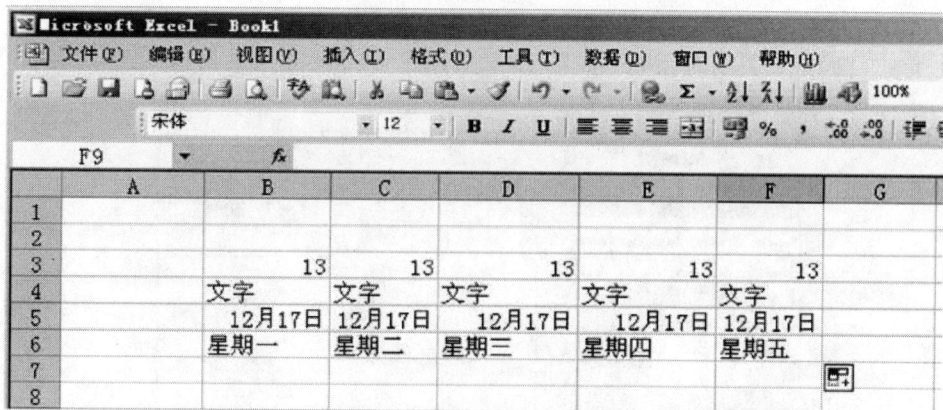

图 13－36　复制填充

·释放鼠标及 Ctrl 键，被拖曳进的单元格区域即填充了数字序列或包含数字的文本序列。如图 13－37 所示。

图 13—37 填充序列

这种可扩展的自动填充应用非常广泛，要包含阿拉伯数字的任何文本以及 Excel 预置的文字序列都可以实现扩展自动填充。

注意：向右或向下拖动鼠标，自动填充建立的是递增的序列，如果向左或向上拖动鼠标，自动填充建立的是递减的序列。

4. 自定义序列

Excel 之所以能够辨认出某些文本的变化趋势，帮助用户输入文本序列，原因就在于已经在 Excel 中预先设置好了某些常用的文字序列。如果用户需要定义自己的文字序列，可以采用以下方法：

（1）选择"工具"菜单中的"选项"命令，出现"选项"对话框。

（2）选择"自定义序列"选项卡。

（3）在"输入序列"框中输入新的文字序列，每输入一个项目内容后，按回车键或半角逗号分隔。

（4）输入完所有内容后，单击"添加"按钮，新输入的序列就出现在"自定义序列"列表框中了。

（5）单击"确定"关闭对话框。如图 13—38 所示。

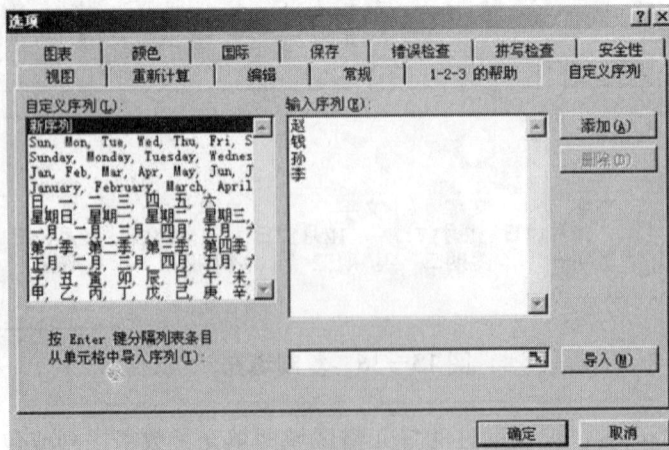

图 13—38 自定义序列

(三) 常用函数

1. 函数

函数是 Excel 定义好的具有特定功能的内置公式。在公式中可以直接调用这些函数，在调用的时候，一般要提供给它一些数据即参数，函数执行之后一般给出一个结果，这个结果称为函数的返回值。

Excel 中提供了大量的可用于不同场合的各类函数，分为财务、日期与时间、数学与三角函数、统计、查找与引用、数据库、文本、逻辑和信息九大类。这些函数极大地扩展了公式的功能，使数据的计算、处理更为容易，更为方便，特别适用于执行繁长或复杂计算的公式。在常用工具栏中符号"Σ"后面有一个黑色的下拉三角块，点击后可以看到下面几个常用的函数。

2. 求和函数 SUM

功能：返回参数中所有参数的和，SUM 属于数学与三角函数类。

格式：SUM（number1，number2，…）

参数：number1，number2，…为 1～30 个需要求和的参数。

操作示例：如所示，求各项产品的销售总额。

单击 E3 单元格，输入公式"＝SUM（B3：D3）"，确认后结果如图所示。如图 13－39 所示。

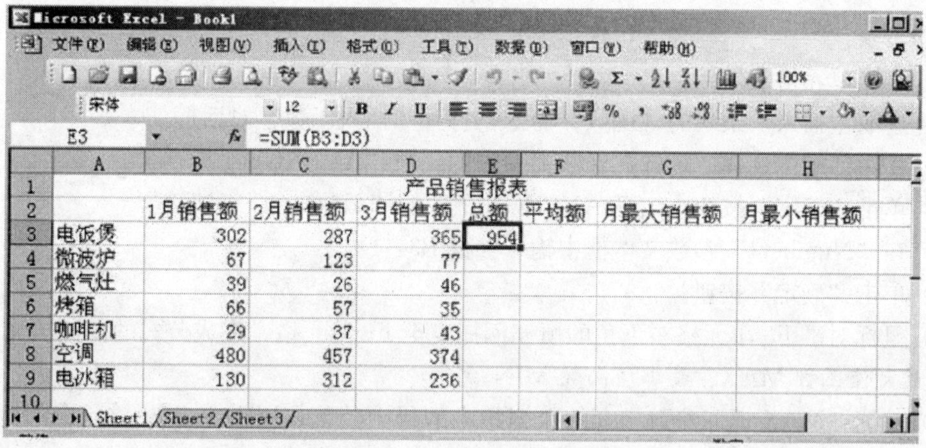

图 13－39 利用公式计算的结果

使用"插入函数"对话框输入该公式的操作步骤如下：

选取单元格 E3 后，单击编辑栏的"插入函数"按钮，打开"插入函数"对话框。在对话框中选择"数学与三角函数"函数类型中的函数"SUM"，输入参数 B3：D3，单击"确定"按钮。鼠标对准 E3 单元格右下角的填充柄拖曳至 E9 单元格，完成公式的复制填充。

3. 求平均值函数 AVERAGE

功能：返回参数包含的数据集的算术平均值，AVERGE 属于统计函数。

格式：AVERGE（number1，number2，…）

参数：Number1，number2，…要计算平均值的1～30个参数。数字、逻辑值、文本数字、单元格和区域的引用地址、名称和标志都可以作为参数。

操作示例：如所示，求工作表中各产品的平均销售额。如图13－40所示。

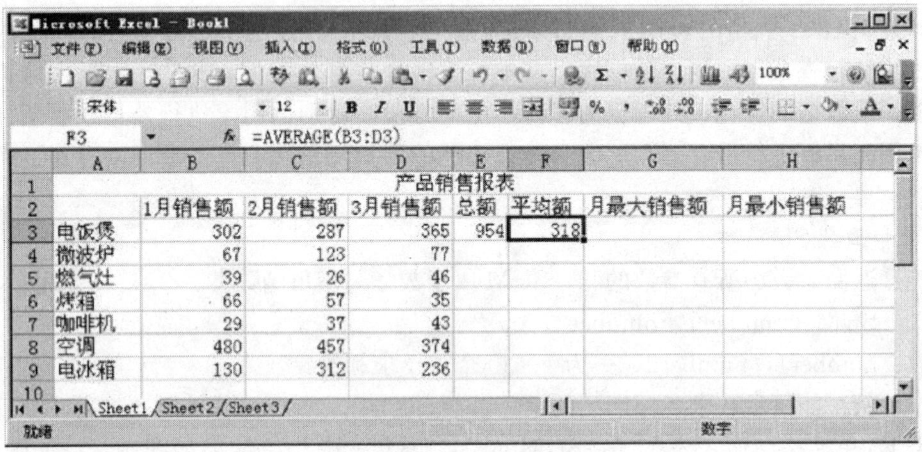

图13－40　求平均销售额

操作步骤：

（1）单击单元格F3。

（2）选取"插入"菜单的"函数"命令，打开"插入函数"对话框。

（3）在对话框中选择"统计"函数类型中的函数"AVERGE"。

（4）单击"确定"按钮，出现AVERGE函数的"函数参数"对话框。

（5）在"Number1"参数文本框中输入参数B3：D3。

（6）单击"确定"按钮。

（7）鼠标对准F3单元格右下角的填充柄拖曳至F9单元格，完成公式的复制填充。

4. 最大值函数MAX、最小值函数MIN

（1）功能：MAX返回参数包含的数据集中的最大数值，MIN返回参数包含的数据集中的最小数值。函数MAX和MIN属于统计函数。

（2）格式：MAX/MIN（number1，number2，…）

（3）参数number1，number2，…为需要求最大值或最小值或包含需要求最大值或最小值数据的参数，最多可以有30个参数。数字、逻辑值、文本数字、空单元格、单元格和区域的引用地址、名称和标志都可以作为参数。

操作示例：如所示，求工作表中各产品的月最大销售额和最小销售额。如图13－41所示。

操作步骤（以最大销售额为例）：

（1）单击单元格G3。

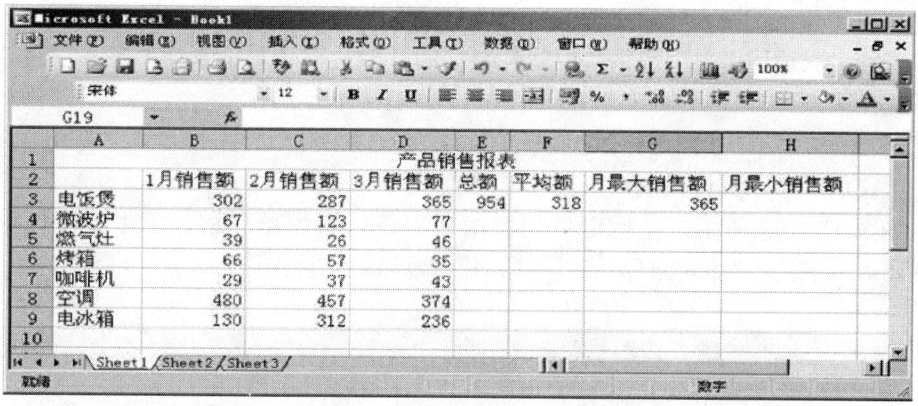

	A	B	C	D	E	F	G	H
1				产品销售报表				
2		1月销售额	2月销售额	3月销售额	总额	平均额	月最大销售额	月最小销售额
3	电饭煲	302	287	365	954	318	365	
4	微波炉	67	123	77				
5	燃气灶	39	26	46				
6	烤箱	66	57	35				
7	咖啡机	29	37	43				
8	空调	480	457	374				
9	电冰箱	130	312	236				
10								

图 13－41　求最大销售额

(2) 选取“插入”菜单的“函数”命令，打开“插入函数”对话框。

(3) 在对话框中选择“统计”函数类型中的函数“MAX”。

(4) 单击“确定”按钮，出现 MAX 函数的“函数参数”对话框。

(5) 在“Number1”参数文本框中输入参数 B3：D3。

(6) 单击“确定”按钮。

(7) 鼠标对准 G3 单元格右下角的填充柄拖曳至 G9 单元格，完成公式的复制填充。

(四) 基本图表

Excel 中常用的是嵌入式的图表，它和创建图表的数据源放置在同一张工作表中，随工作表同时存储、输出，在工作表中可以移动，可以改变大小和高宽比例。

1. 图表元素

(1) 图表数据系列和图例。图表的数据起源于工作表的行或列，它们被按行或按列分组而构成各个数据系列。各数据系列的颜色各不相同，图案也各不相同。如果按行定义数据系列，那么每一行上的数据就构成一个数据系列，用同一种颜色表示；如果按列定义数据系列，那么每一列上的数据就构成一个数据系列，用同一种颜色表示。

(2) 分类轴及标志。坐标的 X 轴代表水平方向，常用来表示时间或种类，所以称为分类轴。图表的分类轴标志是 X 轴（水平方向）上的刻度名称，也叫坐标刻度名。

(3) 数值轴及标志。Y 轴代表垂直方向，表示数值的大小，所以称为数值轴。图表的数值轴标志是 Y 轴（垂直方向）上的刻度名称。

(4) 标题。一般情况下每一个图表都有一个标题，用来标明或分类图表的内容。所以在制作图表时，标题的添加是一个不可缺少的内容。

(5) 轴标题。轴标题指的是在图表中使用坐标轴来描述数据内容时的标题。

2. 常用图表类型

Excel 提供了 14 种标准类型的图表，每种图表类型又包含了若干种子图表类型，并且还提供了 20 种自定义类型的图表。每种类型各有特色，常用的是柱形图和饼图。

(1) 柱形图：是 Excel 默认的图表类型，用长条显示数据点的值。用来显示一段时间内数据的变化或者各组数据之间的比较关系。通常横轴为分类项，纵轴为数值项。

（2）饼图：只适用于单个数据系列间各数据的比较，显示数据系列中每一项占该系列数值总和的比例关系。

3. 图表生成

根据上文的"产品销售报表"生成柱形图表。

（1）如图 13—42 所示，光标定位到数据表中任一数据单元格，单击菜单栏中的"插入"—"图表"，打开"图表向导"对话框，使用默认的"柱形图"。

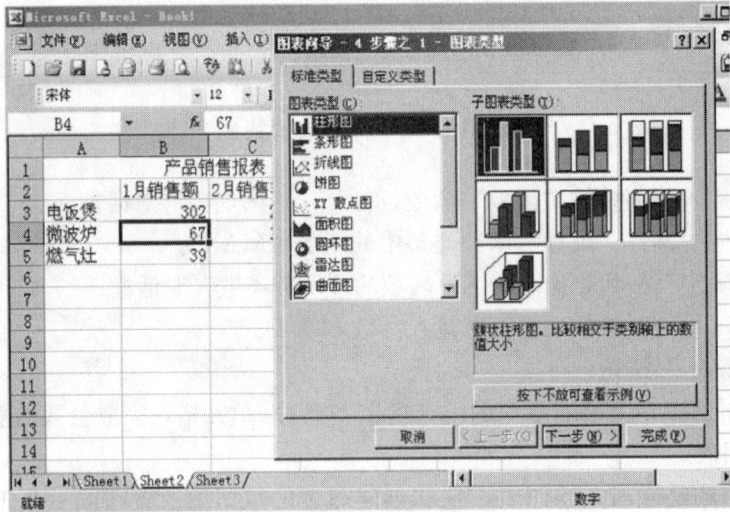

图 13—42　图表向导一

（2）单击"下一步"，设置数据区域"A1：D5"和系列产生在"行"。如图 13—43。

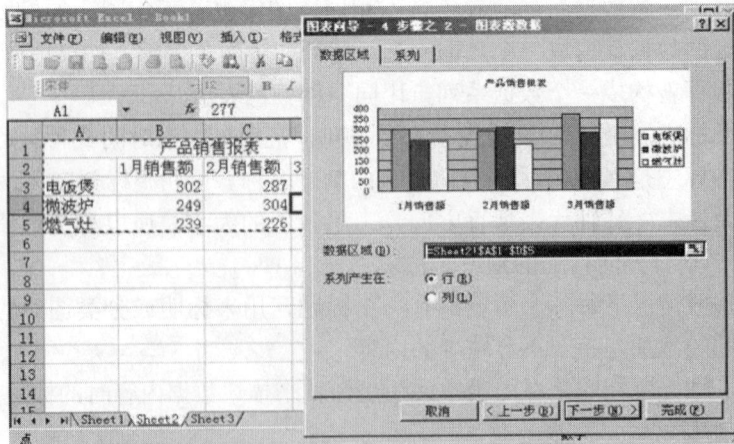

图 13—43　图表向导二

（1）单击"下一步"，设置"图表标题"。如图 13－44。

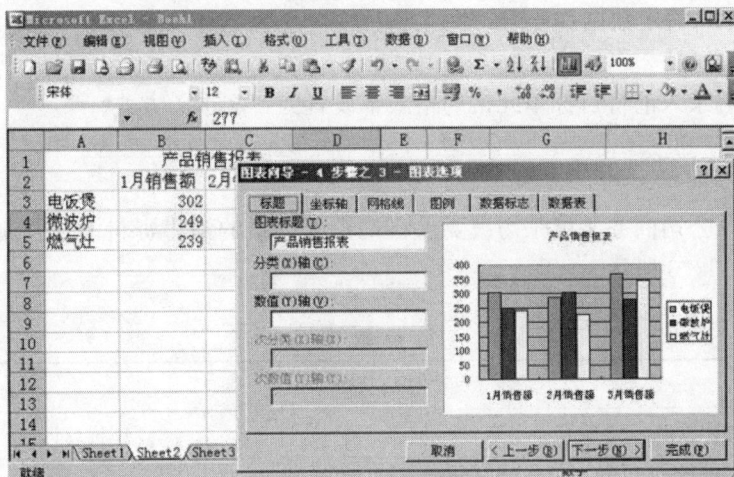

图 13－44　图表向导三

（4）单击"下一步"，选择"作为其中的对象插入"，点击"完成"即可。

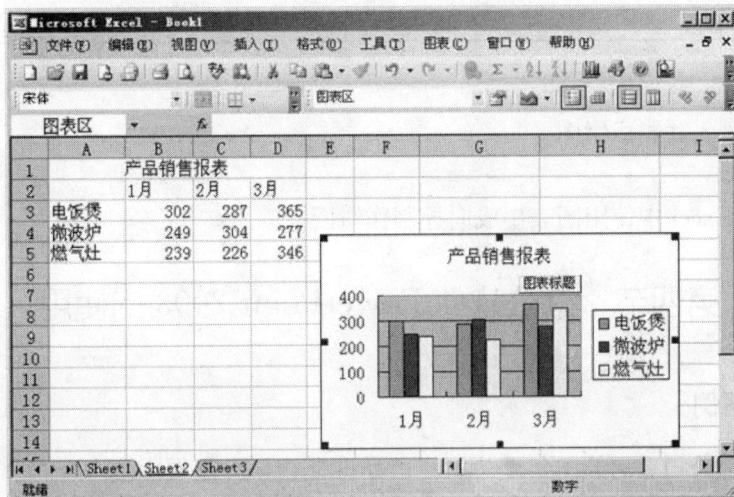

图 13－45　生成图表

三、业务技能训练

训练一

1. 训练背景

公司人力资源部同事使用 Excel 制作员工信息表，在输入员工身份证号时发现输入的所有号码都以科学记数法的方式存储，于是求助于商务文员张扬。

2. 训练要求

使用 Excle 录入特定数据。

3. 训练提示

在身份证号码录入前将目标单元格的格式都设置为"文本"方式。

训练二

1. 训练背景

浙江腾达贸易公司商务文员张扬被要求将销售部上报的销售资料汇总并制成饼图分析数据。数据如下表 13—3 所示。

表 13—38   销 售 数 据

产品销售数据	
操作系统	销售总计
服务器	1,289,536
数据库	895,426
Office 2003	568,945
Windons XP	489,563
Visual studio	852,464

2. 训练要求

使用 Excle 录入并制成饼图。

3. 训练提示

录入以后在 Excel 中使用图表生成向导制作饼图。

第四节   办公软件 PowerPoint 2003 的使用

一、规范案例

浙江腾达贸易公司要召开本年度公司新产品推介会，经理要求商务文员张扬为其制作一个 PPT 的演讲材料。

注：在日常工作中，商务文员要经常制作演示课件，这就需要掌握 PowerPoint 的使用。

二、应知应会

（一）PowerPoint 2003 工作界面

安装完 Microsoft Office 软件后，在"开始"菜单中选择"程序"中的"Microsoft Office"中的快捷方式"Microsoft Office PowerPoint 2003"可以启动 PowerPoint 程序。

1. 菜单栏

PowerPoint 的菜单栏主要由"文件"、"编辑"、"视图"、"插入"、"格式"、"工具"、"幻灯片放映"、"窗口"、"帮助"等菜单组成，绝大多数 PowerPoint 的命令与功能在菜单栏中都可找到。

2. 工具栏

PowerPoint 的工具栏有"常用"、"格式"、"表格和边框"、"图片"、"绘图"等，默认情况下并不全部显示，可在菜单栏或任一工具栏上单击右键，在显示的菜单下添加或删除显示的工具栏，也可用鼠标拖动某一工具栏的前方，可将工具栏移出，或组合在窗口四周。

3. 大纲/幻灯片窗格

以大纲或幻灯片的方式预览演示文稿的所有幻灯片。大纲方式以标题＋内容的形式显示，幻灯片方式以每张幻灯片的缩略图形式显示。

4. 视图按钮

PowerPoint 提供了三种基本视图方式，普通视图、幻灯片浏览视图和幻灯片放映视图。默认的视图是"普通"视图。

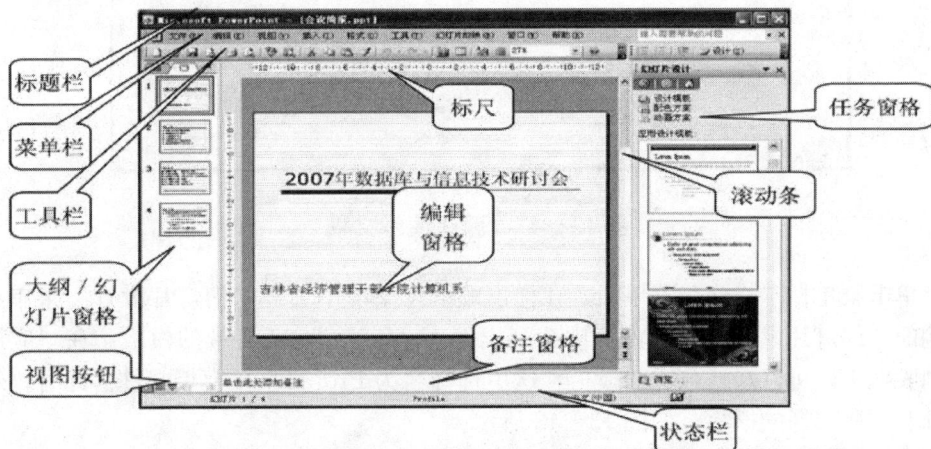

图 13－46　PowerPoint 2003 工作界面

普通视图主要用于编辑和修饰幻灯片，在该视图下包括幻灯片编辑窗格、大纲窗格、幻灯片窗格和备注窗格。

幻灯片浏览视图主要用于同时显示多张幻灯片，并对幻灯片进行重新排序、添加或删除、复制或粘贴等操作。

幻灯片放映视图主要用于放映幻灯片。

5. 模板

包含演示文稿样式的文件，包括项目符号和编号、字形、幻灯片版式、背景图象、配色方案以及幻灯片母版和可选的标题母版。模板文件的扩展名为 .pot。在 PowerPoint 中模板分为设计模板和内容模板，内容模板除了包含演示文稿样式之外，还包含了文本内容。在"内容提示向导"中可创建内容模板。

（二）制作演示文稿

制作演示文稿的一般流程为：收集素材—制作幻灯片［选择模板—修改母版—插入内容—编辑动画—设置动作及超链接—设置放映方式］—保存演示文稿。

（1）启动 PowerPoint 2003，新建演示文稿。如图 13－47 所示。

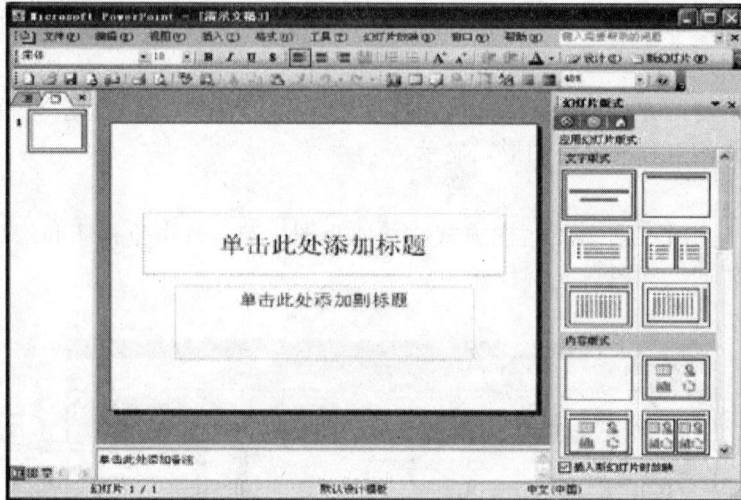

图 13－47　新建演示文稿

（2）单击菜单栏"格式"菜单项，在弹出的下拉菜单中选择"幻灯片设计"菜单项，在屏幕右侧的"幻灯片设计"任务窗格中会列出 PowerPoint 2003 自带的模板。在"应用设计模板"列表框中，可以选择合适的模板，这里选择名为 Profile.pot 模板文件。此时，幻灯片上将自动套用所选择的模板。如图 13－48 所示。

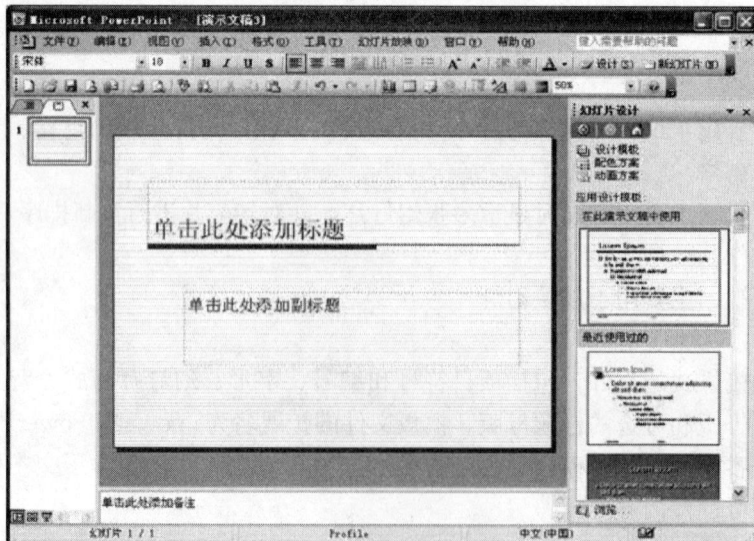

图 13－48　Profile.pot 模板

（3）鼠标单击编辑窗格中"单击此处添加标题"占位符，输入主题"2007年数据库与信息技术研讨会"。用同样的方法输入副标题。到此，会议简报首页幻灯篇制作完毕。如图13-49所示。

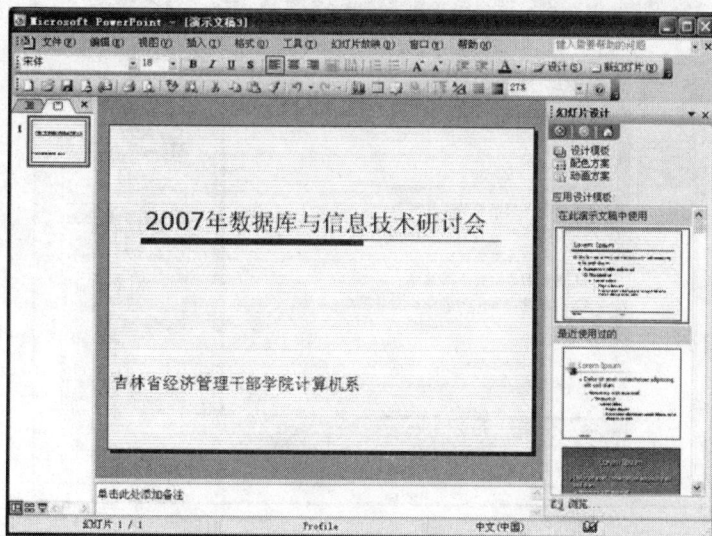

图13-49　会议简报首页幻灯

（4）单击菜单栏"插入"菜单项，在弹出的下拉菜单中选择"新幻灯片"菜单项，插入一张幻灯片的界面。新插入的幻灯片自动应用"标题与文本"版式。如图13-50所示。

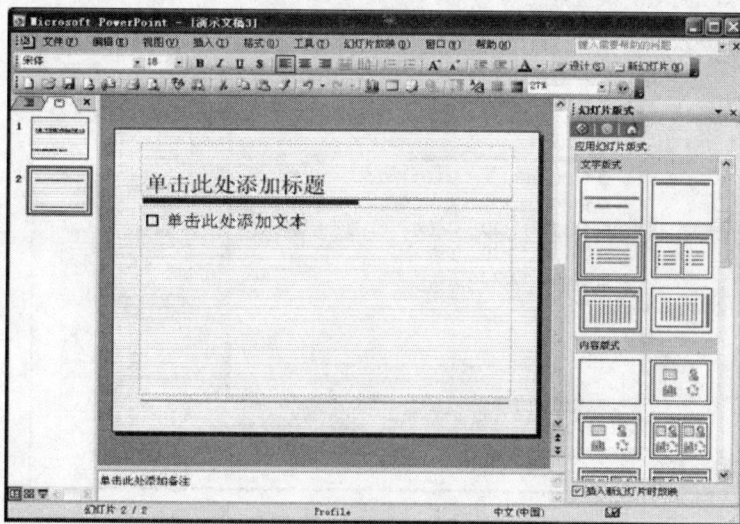

图13-50　插入一张幻灯片

（5）与会议简报首页幻灯片制作方法相似，在第二张幻灯片中鼠标单击编辑窗格中"单击此处添加标题"占位符，输入标题"会议主题"。鼠标单击编辑窗格中"单击此处添加文本"占位符，每输入一行文字，按［Enter］键，系统会自动添加默认的项目符号。会议主题幻灯片制作完毕。如图 13—51 所示。

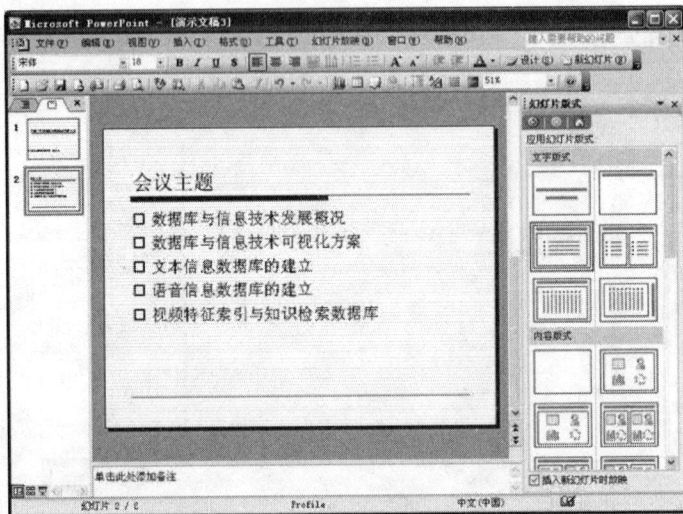

图 13—51　会议主题幻灯片

（6）与制作会议主题幻灯片方法相同，插入一张幻灯片，制作会议议程幻灯片。如图 13—52 所示。

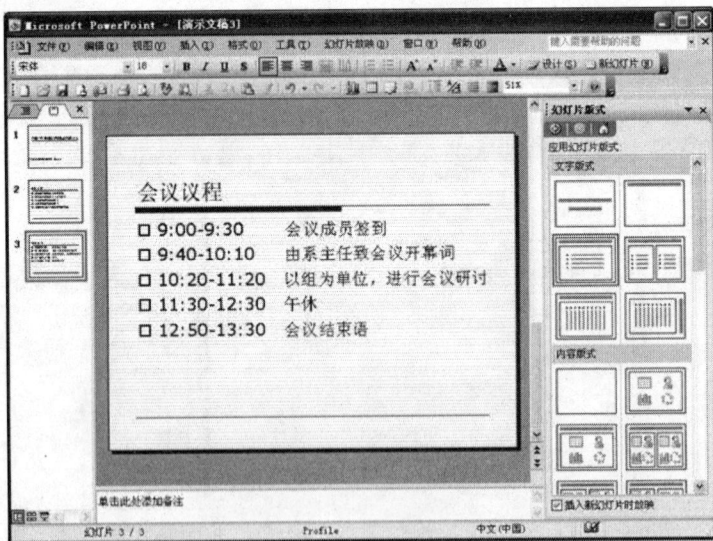

图 13—52　会议议程幻灯片

（7）插入最后一张幻灯片，鼠标单击编辑窗格中"单击此处添加标题"占位符，输入标题"注意事项"。鼠标单击编辑窗格中"单击此处添加文本"占位符，每输入一行文字，按ENTER键。如图 13—53 所示。

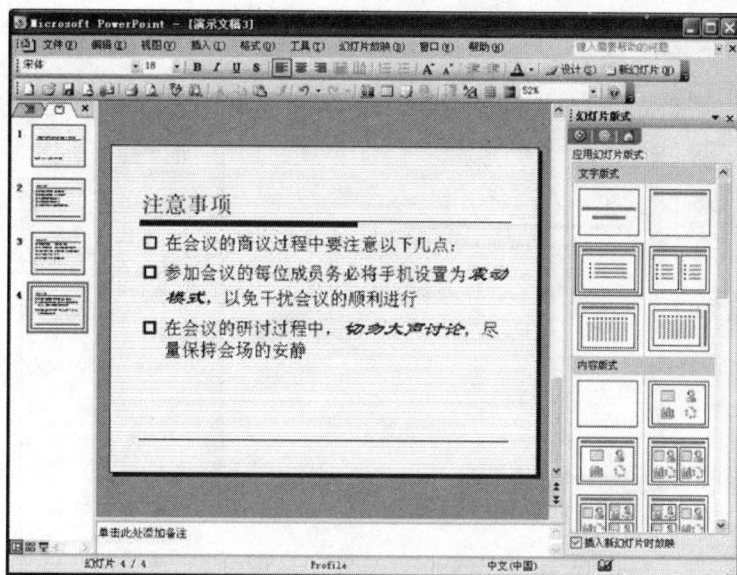

图 13—53 注意事项幻灯片

(8) 用鼠标选中如图 13—54 所示的正文文字，鼠标单击两次"格式"工具栏上"增加缩进量"按钮，如图 13—55 所示。为所选的文字降级。根据单击次数不同，降级的程度也不同。如图 13—56 所示。

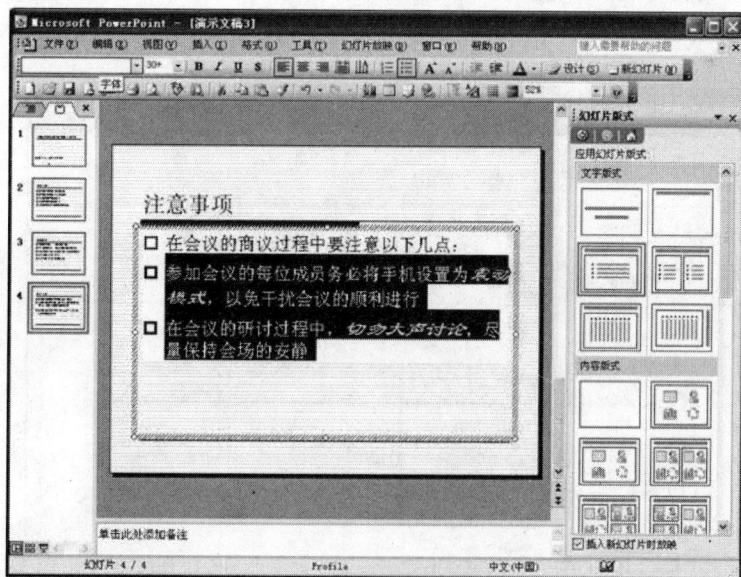

图 13—54 选中文字

增加缩进量

图 13—55 格式工具栏

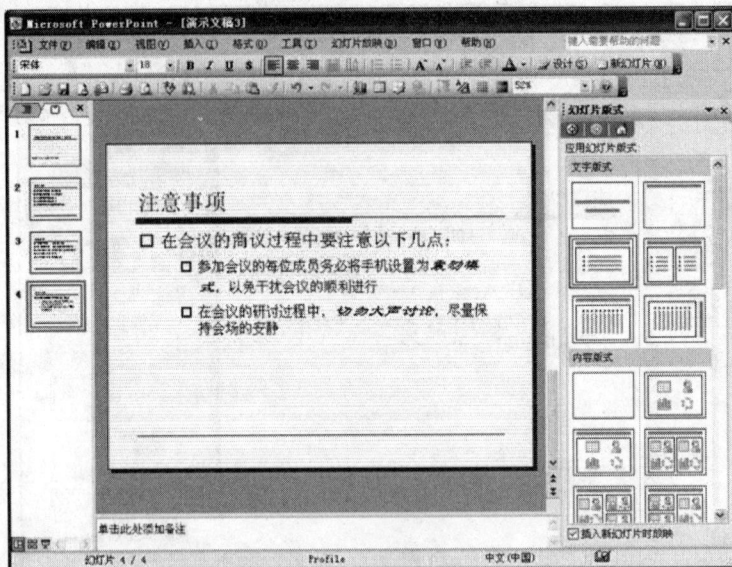

图 13－56　所选的文字降级

（9）用鼠标选中正文文字，单击菜单栏"格式"菜单项，在弹出的下拉菜单中选择"项目符号和编号"菜单项，打开"项目符号和编号"对话框，单击"项目符号"选项卡，选择第 2 行第 2 列的项目符号样式，然后，单击"大小"微调按钮，将其大小调整到"100"，在"颜色"下拉列表框中选择"红色"，最后单击"确定"按钮。如图 13－57 所示。

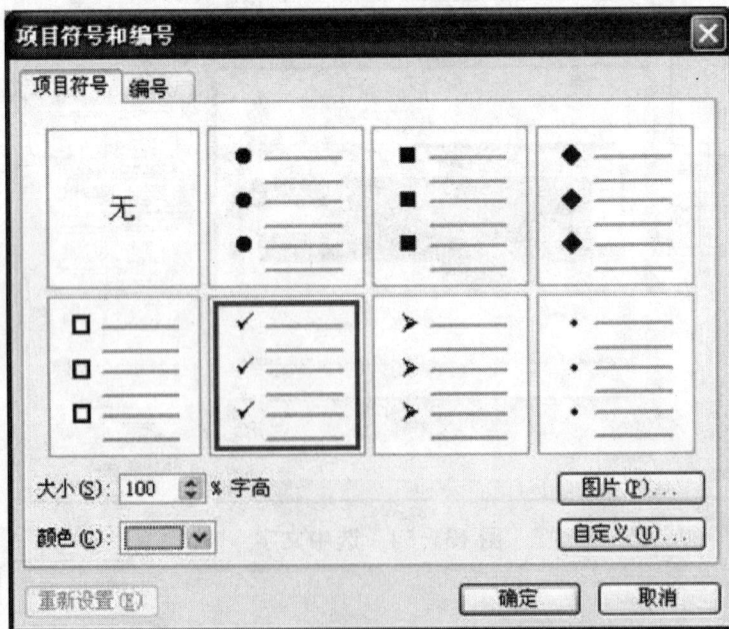

图 13－57　"项目符号和编号"对话框

（10）单击菜单栏"文件"菜单项，在弹出的下拉菜单中选择"保存"菜单项，打开"另存为"对话框。在"保存位置"下拉列表框中选择合适的保存路径，在"文件名"文本框中输入"会议简报"，单击"保存"按钮。或者使用［Ctrl＋S］快捷键，同样打开对话框。如图 13－58 所示。

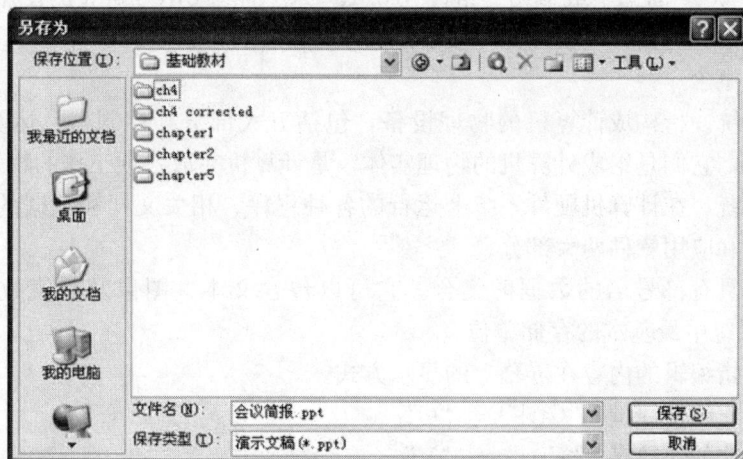

图 13－58　"另存为"对话框

至此，会议简报演示文稿制作完毕。

三、业务技能训练

训练一

1. 训练背景

浙江腾达贸易公司商务文员张扬被要求根据设计部上报的新产品资料制作一个新产品批量生产的可行性报告并在公司会议上演示。

2. 训练要求

使用 PowerPoint 制作演示文稿。

3. 训练提示

利用"内容提示向导"可以快速地生成公司可行性研究报告等类别的演示文稿。在生成演示文稿之后，可根据实际需要适当地修改演示文稿内容。

训练二

1. 训练背景

为了打造公司品牌，浙江腾达贸易公司要求在所有的产品演示文稿上添加公司的中文名称和 Logo，这个任务被交给了商务文员张扬。

2. 训练要求

为现有的 PPT 批量添加相同内容。

3. 训练提示

在产品演示 PPT 的母板上直接添加相应内容即可在所有页面上显示出来。

培训小结

本章主要讲述了计算机基础知识，包括微型计算机系统组成、计算机基本操作以及 Microsoft Office 2003 的三个最常用的组件 Word、Excel 和 PowerPoint 的使用方法及操作技巧，并通过典型案例对商务文员的操作技能进行了训练。

重点名词与概念

——硬件系统。指构成计算机的物理设备，包括五大部分：控制器、运算器、存储器、输入和输出设备，它们是组成计算机的物理实体，是计算机完成各项工作的物理基础。

——软件系统。在计算机硬件系统上运行的各种程序、相关文档和数据的总称。软件系统包括系统软件和应用软件两大部分。

——文件。具有符号名的数据的集合。它可以包含文本、图像及数值数据等信息，是 Windows 文件系统中最基本的存储单位。

——视图。指编辑的内容在屏幕上的显示方式。

——复制操作的快捷键："Ctrl" ＋ "C"

——粘贴操作的快捷键："Ctrl" ＋ "V"

练习与思考

1. 微型计算机由哪些硬件组成？

2. 微型计算机包括哪几个部分？

3. 如何选购微型计算机

4. 文档排版主要处理那两个方面的问题？

5. 怎样在 Excel 中自定义一个特殊的序列？

6. 使用 PowerPoint 制作演示文稿有哪几个步骤？

案例分析

张扬任职于某跨国公司，担任商务文员的工作，几个月前他在计算机上使用 word 编辑了一份关于企业人事改革的文件，现在需要对该文档重新编排以便使用，但是因为时间过得太久，该文档的存放位置和文件名称张扬已经记不清了，计算机内文件众多，一个一个查看无异于大海捞针，无奈之下张扬只能重新起草一篇新的文档，但由于时间仓促，最后受到了领导的点名批评，张扬只能自怨自艾。两天后，张扬在计算机中找到一个名为"新建 Microsoft Word 文档"的 word 文档，打开后发现其内容就是几个月前写好的那篇文件……张扬究竟问题出在哪里？假如你是张扬，碰到同样的问题，你会怎样做？

（注：张扬有个习惯，就是每次编写新的 word 文档后从来不为 word 重命名，只使用 word 默认的文档名称，而且文档的保存目录很随意。张扬原本想使用 Windows XP 系统的"搜索"功能来查找文档，但是因为忘记了文件名所以放弃了这个想法。）

第十四章 办公自动化设备的使用

本章培训主要内容：本章主要介绍商务文员工作中办公自动化的基础知识以及常用办公自动化设备的操作和应用常识。通过本章的学习、练习和操作，应能够熟练地使用相关办公自动化设备进行各项日常工作。

掌握的主要技能：随着计算机和通讯技术的飞速发展，现代化办公设备档次不断提高，作为工程技术人员或者办公人员，都会使用到大量的办公设备，比如：打印机、复印机、扫描仪、传真机等。因此，掌握基本的办公设备使用常识是很必要的。

第一节 办公自动化概述

一、规范案例

广东茂达贸易公司商务文员李季，认真学习办公自动化的基本知识，并结合本公司办公设备基本情况，向公司领导提出一套设计方案，用以提高公司的无纸化办公水平，这一方案在实施后使公司的办公效率得到了极大的提高，为公司的进一步发展奠定了良好的基础。

注：李季能够积极学习和掌握办公自动化的基本知识，然后利用所学到的知识结合具体情况认真分析，并通过向领导提建议，调整公司的办公自动化水平，从而使公司的办公效率得到了提高。

二、应知应会

（一）办公自动化的定义

办公自动化（Office Automation，简称"OA"目前并没有统一的定义。广义来讲，凡是在处理办公业务的流程当中，使用各种新技术、新机器、新设备，都可以称之为办公自动化。由于办公自动化涵盖的领域十分广泛，因此在不同的行业内，办公自动化有着以下不同的含义。

1. 在行政机关中，办公自动化可以称为电子政务

其含义是：在行政机关的政务运作当中，使用计算机、网络通信等现代信息技术手段，超越时间、地域的限制，以精简、高效的政府运作模式，全方位地向社会提供各项管理与服务。

2. 在企事业单位中，一般把办公自动化直接称为 OA，也经常被叫做叫无纸化办公

其含义是：在传统的办公室信息处理过程中，采用计算机、网络通信等技术和设备收集、

存储、传递、处理、分析各种文档信息。是将传统办公方式和各种现代化技术结合起来的一种新型的办公方式。

办公自动化是人类借助现代化技术设备处理各种信息的一种全新的工作方式，是人类进入信息时代后的一种新概念。

（二）办公自动化的结构

办公自动化的第一要素是人，即办公室的工作人员。除了传统办公室的基本工作人员以外，现在还需要增加对办公自动化设备进行日常管理和维护的专业技术人员，例如，计算机工程师，办公自动化设备的维护人员等。

除了基本工作人员和技术人员以外，办公自动化的另一要素是各种现代化设备。例如，计算机、网络设备、电话、传真机、打印机、复印机、刻录机等，这些具备物理特性的设备统统称为硬设备，简称硬件。而这些硬设备往往需要各种软件来对其进行控制和管理。例如，计算机的操作系统、各种文字处理软件、网络通信软件等，这些我们将在其他章节详述。

办公自动化是一种人与机器协同工作的系统，想要这一系统正常、高效的运转，系统中的各项要素缺一不可。人员方面，需要工作人员具备熟练使用各种现代化办公设备的能力；设备方面，各种硬件和软件都需齐备且运行状态良好。

（三）办公自动化的意义

办公室是处理日常工作中各项事务的场所，也是行业的领导者为应对各种问题进行决策的场所。领导机构做出决策后，对执行部门发布指示，执行部门接收到指示，按照上级指示开展具体工作。在这一过程中，除了文档信息上的往来之外，更深层次的工作，实际上是信息的起草、存储、传递、处理和分析的过程。随着技术突飞猛进的发展，使得办公室这一传统的以人工为主的劳动方式发生了巨大的变化。办公自动化的出现使人们从重复性高、例行性强的办公事务中解放出来，以前繁重的工作无论是在时间上还是空间上都被大大地压缩了，从而把更多的时间和精力放在思考和解决问题上，大大提高了办公效率，改善了办公环境。计算机信息处理设备和信息通信技术的出现，不仅提高了工作效率，更重要的是加强了团队协同工作的能力，信息的交流与协调几乎可以在瞬间完成。从而提高效率并改进办公质量。

三、业务技能训练

训练一

1. 训练背景

广东茂达贸易公司的领导叫来商务文员李季，向其询问 OA 的具体含义和 OA 对公司有什么好处。李季向领导解释说 OA 就是少用纸而多使用电脑来处理日常办公事务，这样可以为公司节约纸张的费用。

2. 训练要求

李季说得对不对？

3. 训练提示

李季的解释太片面以偏概全，他并未在真正意义上理解办公自动化的意义，办公自动化的主要目的也并不是为了节约公司的费用支出。

训练二

1. 训练背景

广东茂达贸易公司按照李季的方案购置了一整套办公自动化设备，在使用一段时间后，领导发现公司的员工并不愿意使用这些新设备，由于对设备不熟悉反而影响了正常的工作效率。

2. 训练要求

李季应该如何向领导解释这个问题？

3. 训练提示

办公自动化这一系统的正常、高效运转仅有设备是不行的，需要工作人员具备熟练使用各种现代化办公设备的能力，公司应当对员工开展一次培训工作，在经过一段时间的磨合后，办公自动化的优点就会显现出来了。

第二节　常用办公自动化设备及其操作使用

一、规范案例

广东茂达贸易公司商务文员李季，刚入职后便能熟练使用公司各种办公自动化设备，当设备出现问题的时候李季也都能自己动手解决，让公司领导和同事对其刮目相看。

注：李季刚入职便能熟练使用各种办公自动化设备，彰显了其作为一个商务文员所具备的良好素质，使其在众多同事中脱颖而出获得了领导的赏识。

二、应知应会

（一）打印机

简介：打印机（printer）是一种文字、图形输出设备，用于将计算机或其他设备的处理结果打印在相关介质上。

1. 常见打印机的分类

按照工作原理的不同，打印机可分为：点阵式打印机、喷墨打印机和激光打印机。如图14—1、图14—2、图14—3所示。

点阵式打印机：也可以称之为针式打印机。打印针对色带进行机械撞击，在打印介质上产生小点，最终由小点组成所需打印的对象，而打印针数就是指针式打印机的打印头上的打印针数量，而打印针的数量直接决定了产品打印的效果和打印的速度。点阵针式打印机由于结构简单、价格适中、技术成熟，尤其是点阵针式打印机在打印汉字方面更有着其他打印机不可比拟的优点，在我国打印机市场上仍占有重要的比例，经常被用于打印各种票据。需要注意的是点阵式打印机通常只能打印单色的文字和图形。

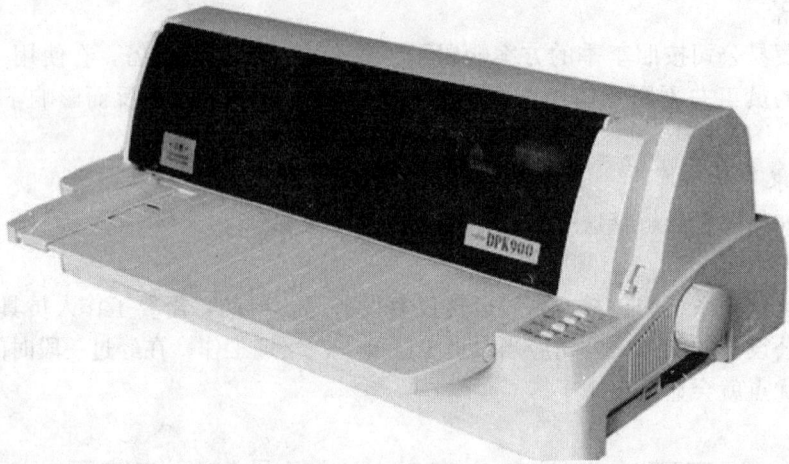

图 14—1   针式打印机

喷墨打印机：应用最广泛的打印机。其基本原理是带电的喷墨雾点经过电极偏转后，直接在纸上形成所需文字和图形。其优点是分辨率高，打印质量高且清晰，可以打印彩色文字和图形。印刷介质除了普通纸张以外，还可以直接在服装之类的产品上打印。

图 14—2   喷墨打印机

激光打印机：激光源发出的激光束经由字符点阵信息控制的声光偏转器调制后，进入光学系统，通过多面棱镜对旋转的感光鼓进行横向扫描，于是在感光鼓上的光导薄膜层上形成字符或图像的静电潜像，再经过显影、转印和定影，便在纸上得到所需的字符或图像。主要优点是打印速度高，打印效果锐利清晰。

图 14—3　激光打印机

除了以上三种最为常见的打印机外，还有热转印打印机和大幅面打印机等几种应用于专业方面的打印机机型。热转印打印机是利用透明染料进行打印的，它的优势在于专业高质量的图像打印方面，一般用于印前及专业图形输出。大幅面打印机，它的打印原理与喷墨打印机基本相同，但打印幅宽一般都能达到 24 英寸（61cm）以上。大幅面打印机常用于工程建筑、广告设计和室内装潢领域中，现在大幅面打印机已经成为打印机家族中非常重要的一员。

按打印方式的不同，打印机也可分为：击打式打印机和非击打式打印机。

击打式打印机：使用机械击打方式完成印制工作的打印机。点阵式打印机属于击打式打印机。

非击打式打印机：不用机械击打方式完成印制工作的打印机。喷墨打印机和激光打印机属于非击打式打印机。

2. 打印机的安装与使用

（1）连接打印机与计算机。打印机与计算机的连接十分简单，将数据传输线的一端连接到打印机的接口上，另外一端连接到计算机的接口上。打印机数据连接线接口常见的有两种：LPT 接口与 USB 接口。

LPT 接口是一种针式双向并行的数据传输接口，是以前打印机最常用的接口，其最高传输速率为 1.5Mbps。注意：使用 LPT 接口的设备必须保证打印机与计算机二者都处于关机状态，才可以用数据传输线机进行对接，否则会对设备造成损害。

USB（Universal Serial BUS）接口中文含义是"通用串行总线"，在 1994 年底由英特尔、康柏、IBM、Microsoft 等多家公司联合提出，1996 年正式推出 USB 1.0/1.1 接口。经过多个版本的衍化发展，USB 接口成为目前电子设备中的标准扩展接口。USB 传输速率极快，USB1.1 的最高传输速率为达 12Mbps，USB2.0 的最高传输速率为 480Mbps，USB3.0 最高传输速率可以达到 5 Gbps。USB 接口具有使用方便、支持热插拔、连接灵活、独立供电等优点，可以连接鼠标、键盘、打印机、扫描仪、摄像头、闪存盘、MP3 机、手机、数码相机、移动硬盘、外置光软驱、USB 网卡、Modem 等几乎所有的外部设备。

（2）安装驱动程序。打印机如果想要正常使用，除了正确连接到计算机上以外，还需要在计算机操作系统中为其安装正确的驱动程序。下面就介绍如何在计算机中安装打印机的驱动程序。（以下操作均以 Windows XP 操作系统下为范例）

为打印机接通电源并开机后，Windows XP 会提示找到新硬件，并启动硬件安装向导引导用户进行安装。Windows XP 本身自带了多种型号的打印机驱动程序，在绝大多数情况下，系统都会自动找到正确的驱动程序。如果系统提示无法找到正确的驱动程序，这时就需要用户手工指定驱动程序的存放位置。

在系统没有提示找到新硬件的时候，我们还可以通过以下步骤为打印机安装驱动程序：

鼠标左键单击"开始"菜单，选择"设置"→"打印机和传真"→"添加打印机"，在弹出"添加打印机向导"窗口后，鼠标单击"下一步"按钮，这时系统会自动搜索连接到计算机上的打印机并运行安装向导。如果系统提示未能检测到新的打印机，这就说明打印机没有正确连接到计算机之上，出现这种情况有以下几种可能：

- 打印机未开机或电源未连接。
- 数据连接线损坏。
- 打印机或计算机的连接接口损坏。

在安装完成之后，可以通过"开始"→"打印机和传真"来查看打印机是否已经正确安装好驱动（如果安装没有成功，则不会显示打印机的图标）。

如在上述情况下不能正确安装打印机的话，就需要使用打印机自带的打印机驱动程序来驱动打印机。

使用打印机打印并不需要使用特别的软件，一般的应用软件都具有"打印"功能，可以直接将内容输出到打印机当中并打印，一般情况下，打印都可以通过应用软件中的"文件"菜单下的"打印"命令来进行打印，大部分软件中"打印"的快捷键为"Ctrl"＋"P"，执行此命令后，系统会弹出"打印"对话框，在此对话框内可对本次打印任务做具体的设置，一般还可以通单击"属性"命令按钮，弹出打印机的"高级选项"，对打印机进行更为详细的设定。

（3）打印机的保养和使用注意事项：

- 在打印数量非常大的时候，应当分次打印以尽量减少对打印头的损害。
- 打印机不要放置其他物品，防止压坏或落入打印机中。
- 打印机长时间不用时，请把电源插头从电源插座中拔出，并罩上防尘套。
- 放置打印机的房间温度应控制在 22℃左右，相对温度 20％～80％；并避免阳光直射和化学物品的侵蚀。
- 打印头清洁的频率不能太过频繁，要根据打印机实际使用的情况和使用环境决定清洁的频率。
- 没有打印纸或色带、墨盒的时候，禁止打印，否则会对打印机产生严重损害。
- 打印过程中不可触摸打印头，打印工作结束后在打印头温度下降之前禁止接触打印头，防止被烫伤。
- 打印过程中，禁止切断电源，如需中止打印，请在系统中的"打印任务"内终止当前打印任务。

- 打印机在打印过程中禁止搬动打印机。
- 尽量不要使用打印机打印大量重复，如有可能请选择使用复印机。
- 不要使用厚度过高、有皱纹的纸。
- 遇到卡纸的情况，切勿强行抽出纸张。

（二）复印机

复印机是从书写、绘制或印刷的原稿得到等倍、放大或缩小的复印品的设备。复印机复印的速度快，操作简便，与传统的铅字印刷、蜡纸油印、胶印等的主要区别是无需经过其他制版等中间手段，就能直接从原稿获得复印品。复印份数不多时较为经济快捷。如图 14－4 所示。

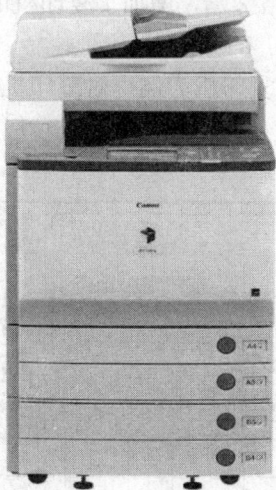

图 14－4　复印机

1. 常见复印机的分类

按照工作原理的不同，复印机可分为：光化学复印机、热敏复印机和静电复印机。

光化学复印机：是指使用感光化学药品来生成原稿的光学模拟图像，经过曝光、显影、转印后完成复印过程的复印机产品，其工作原理与光学照相机类似。

热敏复印机：热敏复印是将表面涂有热敏材料的复印纸，与单张原稿贴在一起接受红外线或热源照射。图像部分吸收的热量传送到复印纸表面，使热敏材料色调变深即形成复印品。这种复印方法现在主要用于传真机接收传真。

静电复印机：是指使用硒、氧化锌、硫化镉和有机光导体等作为光敏材料，在暗处充上电荷接受原稿图像曝光，形成静电潜像，再经显影、转印和定影等过程完成复印过程的复印机产品，静电复印机是目前应用最广泛的复印机产品。

按照成像方式的不同，复印机也可分为：模拟复印机和数码复印机。

模拟复印机：是指通过曝光、扫描将原稿的光学模拟图像通过光学系统直接投射到已被充电的感光鼓上产生静电潜像，再经过显影、转印、定影等步骤，完成复印过程的复印机产品。

数码复印机则是指首先通过 CCD（电荷耦合器件）传感器对通过曝光、扫描产生的原稿的光学模拟图像信号进行光电转换，然后将经过数字技术处理的图像信号输入到激光调制器，调制后的激光束对被充电的感光鼓进行扫描，在感光鼓上产生由点组成的静电潜像，再经过显影、转印、定影等步骤，完成复印过程的复印机产品。

与传统的模拟复印机相比，数码复印机具有明显的优点：

数码复印机只要对原稿进行一次扫描，就可以多次复印，减少了扫描过程中产生的磨损和噪音，同时也减少了卡纸的几率，提高了复印速度。

数码复印机既是一台复印设备，又可作为输入/输出设备与计算机以及其他办公自动化（OA）设备联机使用或成为一台网络终端，增加了复印机的利用率。

2. 复印机操作面板认识

下图 14—5 以东芝 e-studio182 复印机为例，对复印机的操作面板进行一下简单介绍。

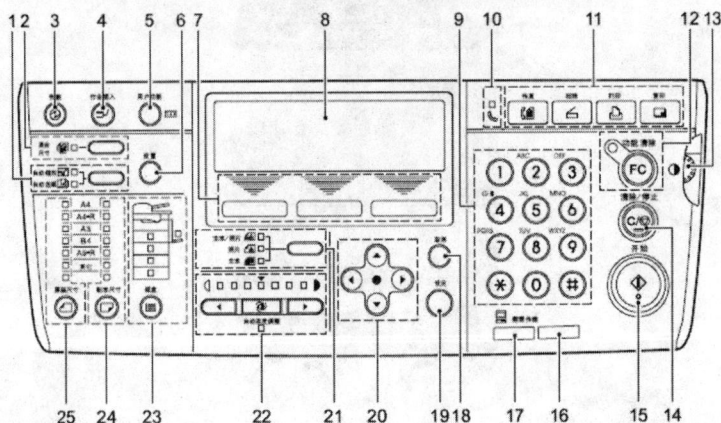

图 14—5   东芝 e-studio182 复印机的工作面板界面

（1）自动选纸/自动缩放选择键/灯：

自动选纸（APS）：设备检测原稿的尺寸并自动选择相同尺寸的复印纸。

自动缩放（AMS）：事先设定将要使用的复印纸的尺寸。然后设备检测原稿的尺寸并自动选择最合适的复印比率进行复印。

（2）[混合尺寸]键/灯：

使用此键可对尺寸不同的原稿进行复印。

（3）[节能]键：

使用该键可使复印机在非使用状态时，自动进入节能模式。

（4）[作业插入]键：

使用此键可中断正在复印的作业，并进行其他操作。

（5）［用户功能］键：

使用此键可更改复印机的默认设置。

（6）［设置］键：

使用此键可设置复印机的当前功能。

（7）选择键（左，中，右）。

（8）LCD 屏幕：

可检查显示在此屏幕上的每个菜单和出错信息。

（9）数字键：

使用数字键键入数字，例如复印数量。

（10）传真发送/接收灯：

在接收或发送传真数据时，此灯闪烁。

（11）功能切换键：

使用此键可在复印、打印、扫描和传真功能之间进行切换（东芝 e-studio 复印机可以通过增加相因的部件使其具备复印以外的功能）。

（12）［功能清除］键/灯：

当复印完成时，此灯闪烁。使用该键，清除设置的复印功能。

（13）对比度调节：

使用此键可调整 LCD 屏幕（8）的亮度。

（14）［清除/ 停止］键：

使用此键停止所有处理中的复印作业，或者将键入的复印数量恢复到"1"。

（15）［开始］键：

使用此键开始复印。此灯点亮时，可以进行复印。多功能数码复印机在等待进行复印时，此灯闪烁。

（16）警告灯：

出错时，如卡纸或缺墨粉时，此灯闪烁。

（17）［数据传输］灯：

接收打印或传真数据时，此灯闪烁。

（18）［取消］键：

使用此键可取消当前设置并返回到之前的菜单。

（19）［设定］键：

相当于"确定"键。

（20）上/下/左/右键。

（21）原稿模式键/ 灯：

使用此键可根据原稿的质量来设置复印图像的质量。

（22）浓度调整键/ 灯：

使用此键来调整复印图像的浓度。

（23）[纸盒] 键/灯：

所选纸盒或托盘缺纸时，该灯就会闪烁。

（24）[副本尺寸] 键/灯：

使用此键来设置复印件的尺寸。

（25）[原稿尺寸] 键/灯：

使用此键来指定原稿的尺寸。

在复印机产品中常常会遇到控制面板显示语言为英文的机器，这时就需要对复印机面板中常见的英文提示有所了解才能够正常的使用复印机，下面对复印机面板中常见的英文提示进行解释：

APS：为自动纸张尺寸检测指示。

AMS：为自动缩放检测指示。

READY：表示预热完毕可启动复印。

SUPPLY PAPER：表示纸盒台没装纸盒。或纸盒内无复印纸或要加复印纸。

NORMAL PAPER：为普通厚度纸复印机。

HEAUY PAPER：为厚纸复印键。

EXPOSURE：为曝光量调节装置。

TONER－OUT：表示显影器内调色剂含量不足或已用。

VOLTAGE SELECTOR：为电源电压选择开关。

MISFEED：为卡纸指示或故障显示。

MR：为缩放选择健。

MASTER：为光导体更换指示。

MULTI：为多份连续复印选择。

ADD TONER：表示调色剂内含量不足，需补充调色剂。

ADD DEVELOPER：表示显影器内的载体量不足，需补充载体。

CLEAR：为清除键或清除批示。

ENTER：为输入控制程序显示或操作。

RESET：复位键。

PAPER JAM：表示复印纸阻塞机内纸路有卡纸故障。

CHELK：表示复印机有异常现象，需检查调整。

3. 复印机的使用

下面以东芝 e-studio182 复印机为例，介绍一下复印机的使用方法。

（1）复印机的操作程序如下：

① 预热。首先将复印机电源开关按到"I"（开）键。（见下图所示）

打开电源后复印机开始预热，预热过程大致需要 25 秒。当预热完毕后，复印工作准备就绪，CD 屏幕上会显示"就绪"两字：

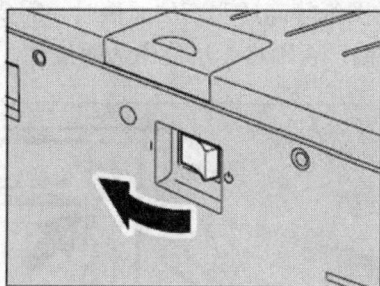

注意：在预热过程中，如果提前放入原稿并按［开始］键，则设备会在完成预热后，自动开始复印。

② 检查原稿。复印稿件的时候，尽量将原稿整理平整，否则会影响复印效果。

③ 放置原稿。如复印原稿的纸张尺寸为 A4 或 B5 时，原稿既可纵向放置，也可横向放置，原稿的摆放方式如下图所示：

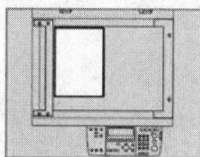

纵向放置：A4

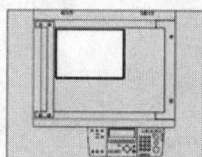

横向放置：A4-R

A. 抬起原稿盖板。

将原稿盖板抬起 60 度或以上，以便检测原稿尺寸。

B. 将原稿面向下放到原稿玻璃上，并将其与原稿玻璃的左后角对齐。

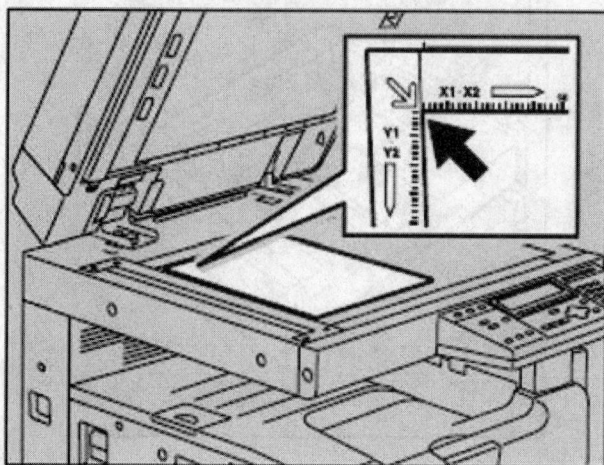

如复印投影用透明胶片或描图纸等高透明度的原稿时，需要在原稿（B）上放一张空白纸（A），空白纸尺寸大于或等于原稿，否则将无法复印透明稿件。

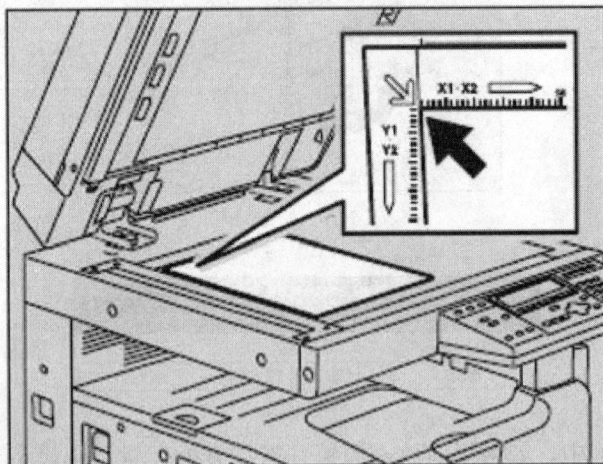

C. 小心放下原稿盖板。

④ 放置纸张（复印介质）。

开始复印前，要保证复印机纸盒内纸张充足，否则复印机无法正常工作。注意：不能在同一纸盒中放置不同尺寸的纸张。请不要使用下列纸张类型，否则可能导致卡纸：

□潮湿的纸张

□折叠过的纸张

□起皱或卷曲的纸张

□表面过于平滑或粗糙的纸张

纸张的正确放置方法如下：

A. 拉出纸盒（不要用力过猛，否则会损坏复印机）。

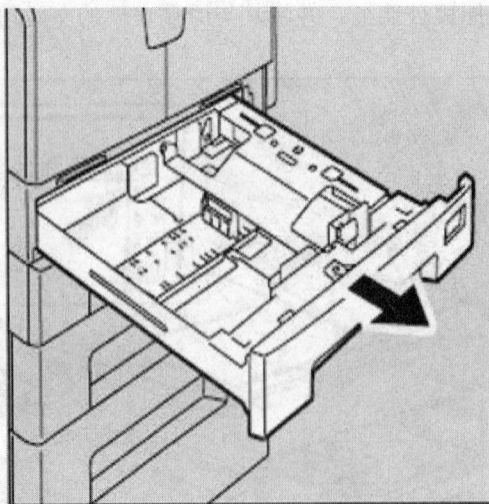

B. 按下纸盘直到听到咔嗒声，并且纸盘不再升起，这样才能顺利的将纸张放入纸盒内。

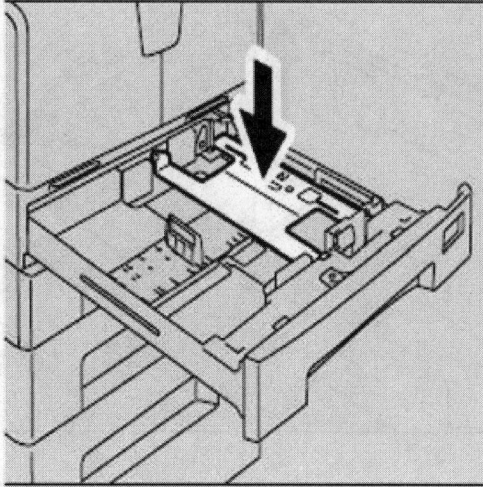

C. 在纸盒的内表面的底部刻有纸张的尺寸，拉出纸张挡板（A）后，根据所需的纸张尺寸将挡板安装在对应的位置。

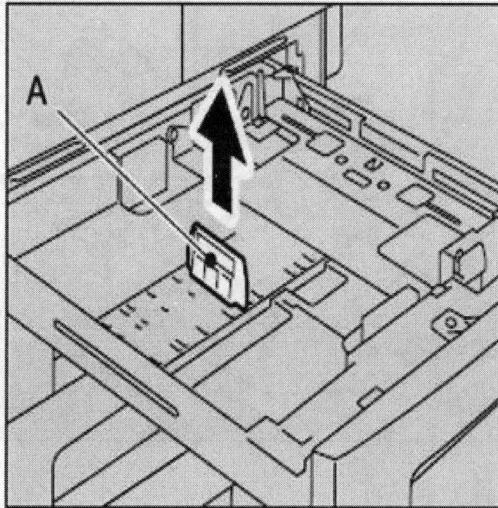

D. 推动侧面导板按钮的同时，用双手将两边的间距加宽，使其符合纸张的尺寸。

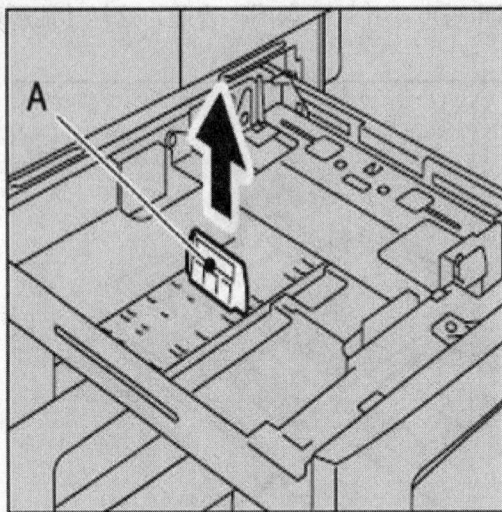

E. 将纸张放入纸盒内后，微调纸张挡板和侧面导板的位置固定住纸张，防止进纸错误而导致设备损坏。注意：绝大部分复印机纸张向上的一面为复印面，双面复印时，应将纸张有文字的一面向下摆放。

F. 将纸盒慢慢地径直推入复印机。

注： 如复印机有多个纸盒时，多次按下复印机的操作面板上的［纸盒］键，直到放置纸张的纸盒灯点亮。

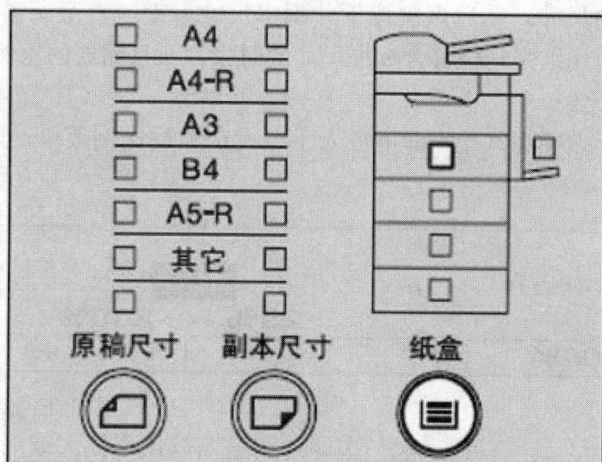

⑤设定复印份数。如只复印一份稿件，则无需设置复印份数。当复印数量超过一份时，直接键入所需的复印数量即可。例：复印 5 份稿件，按下数字键 5 后，液晶显示屏右上角就会显示出要复印的稿件份数。

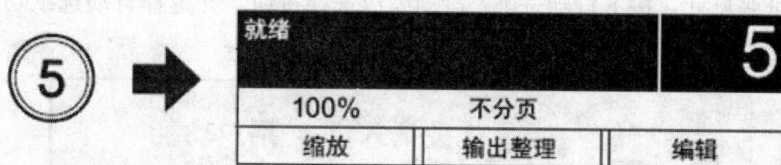

如您想改正所键入的复印数量，按〔清除/停止〕键后键入正确的数字即可。

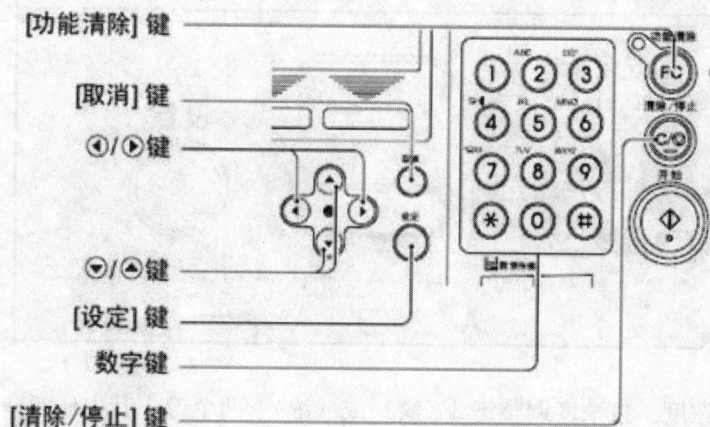

⑥ 设定复印放大或缩小的倍率。

设置稿件放大和缩小共有两种方式：

A. 设定原稿和复印纸尺寸。

　　首先设置好原稿的尺寸。然后多次按下〔副本尺寸〕键，直至所需纸张尺寸的灯点亮。这种缩放方式只适合所用纸张规格符合标准尺寸的时候，而且缩放的比例不能自由调整。

　　B. 手动设定缩放比例。

　　放置好原稿后按下选择键（左）即可进入手动设定缩放比例菜单，这时液晶显示屏显示如下：

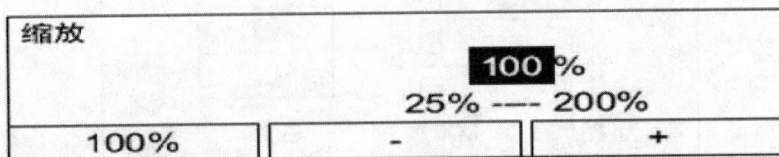

```
缩放
                            100 %
                     25% --- 200%
┌──────────────┬──────────────┬──────────────┐
│    100%       │      -       │      +       │
└──────────────┴──────────────┴──────────────┘
```

　　按选择键（中：－）或（右：＋）一次即可调整缩放比率变大或缩小 1％。当按住其中任意一个键时，缩放比率将持续更改。缩放比率的设置范围为 25％～200％。调整到合适的缩放比例后，按〔设定〕键即可。

　　⑦ 选择复印纸尺寸。手工设定纸张尺寸：多次按下〔副本尺寸〕键，直到纸盒中放置的纸张尺寸的信号灯点亮，按下〔设定〕键即可生效。

　　自动设定纸张尺寸：按下自动选纸／自动缩放选择按钮，并选择自动选纸功能。（自动选纸灯点亮。）

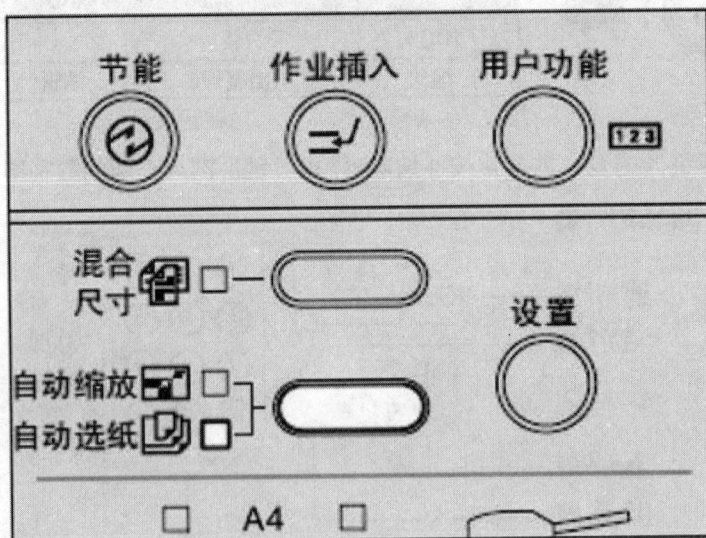

　　⑧ 调节复印浓度。按浓度调整键〔（淡）或（浓）〕两个键中其中任意一个，可相应提高或降低一级浓度水平。如按住其中任意一个键时，浓度水平将持续更改。浓度水平的设置共有 7 级。

　　⑨ 复印多份之前，先复印样张，复印效果满意后，再设定复印数量，启动复印。由于复印机种类繁多，具体功能和操作方式也不尽相同，因此在使用之前和遇到问题之时，要仔细阅读该机型的使用说明书。

（2）卡纸的处理：

① 卡纸提示。复印过程中因为多种原因，经常会遇到卡纸的情况，当复印纸或原稿卡在复印机里时，复印操作会立即停止，并显示如下信息，从而指明卡纸的部位。

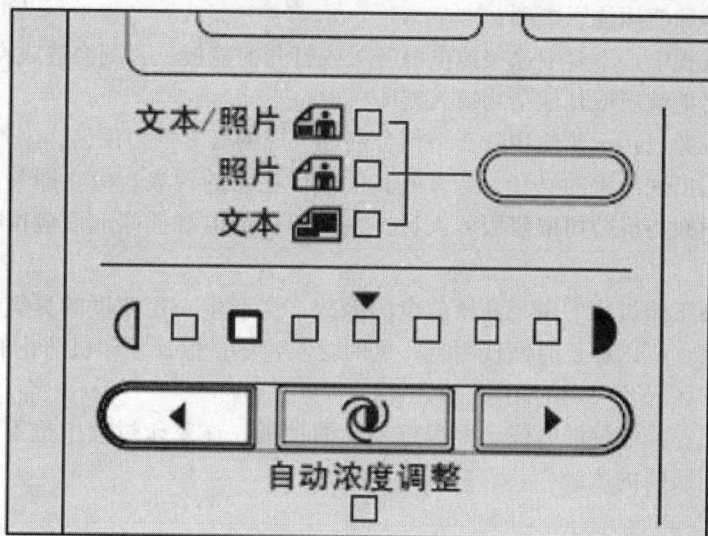

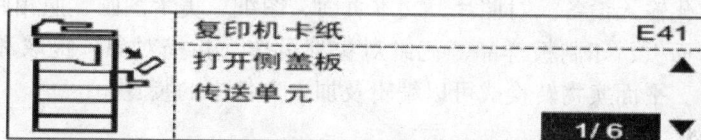

② 排查原因。我们可以根据此信息提示的卡纸部位，取出其中的卡纸后按［开始］键，即可继续复印。当卡纸现象频繁发生时，通常可能是出于以下原因之一，请检查下列项依次筛查卡纸原因：

□使用了不平整的复印机纸张。

□复印纸张过厚，无法通过。

□设置所放纸张的尺寸与实际纸张尺寸不符。

□所用纸张因为潮湿发生粘连。

□清除卡纸后，仍残留其他卡纸。

□侧导板和纸盒中的纸张之间未留有间隙，或间隙太大。

□纸盒内纸张堆叠的高度超过了纸盒中的指示标记。

③ 清除卡纸。清除卡纸时要用双手小心地拉出卡纸，而不要撕下卡纸。如果用力地拉扯卡纸，就会导致纸张撕碎，从而使卡纸清除过程变得更为困难。

在清除定影单元内部的卡纸时，切忌碰触定影单元或该单元周围的金属部件，防止双手被烧伤。

在清除转印单元或定影单元的卡纸时，请注意不要碰到感光鼓，否则可能导致复印图像脏污。

清除卡在转印单元或定影单元的卡纸时，请注意不要碰到感光鼓，否则可能导致复印图像脏污。

复印机的保养和使用注意事项：

（1）在复印过程中，不要中途关掉电源开关或打开前盖板。否则会造成夹纸或其他故障，也要尽量注意不要把纸屑或其他杂物掉入复印机内。

（2）在复印机旁边，不要使用喷雾型粘合剂等可燃的气雾剂型用品。

（3）如果突然出现异常的噪音、烟雾或其他值得注意的现象，应立即关掉电源开关拔下电源插头。然后通知购机公司维修服务人员。在复印机的电源插座前面应留有足够空间，以便及时拔掉插头。

（4）复印机在工作过程中由于高压放电的缘故，会产生一定浓度的臭氧和粉尘，会对人体造成一定的伤害，所以在长时间使用复印机的时候，尽量保证复印机防止的房间通风良好，复印区也应与工作区隔开一定的距离。

（5）在复印机扫描稿件的时候，要盖好上面的挡板，在复印过程中也不要打开挡板，以防止扫描时强光对眼睛的刺激。

（三）扫描仪

扫描仪是一种计算机外部仪器设备，通过捕获图像并将之转换成计算机可以显示、编辑、储存和输出的数字化输入设备。对照片、文本页面、图纸、美术图画、照相底片、菲林软片，甚至纺织品、标牌面板、印制板样品等三维对象都可作为扫描对象，提取和将原始的线条、图形、文字、照片、平面实物转换成可以编辑及加入文件中的装置。

1. 常见扫描仪的分类

按照扫描方式的不同，扫描仪可分为：滚筒式扫描仪、平面扫描仪和笔式扫描仪。

（1）滚筒式扫描仪。滚筒式扫描仪一般使用光电倍增管 PMT（Photo Multiplier Tube）对图像进行扫描。滚筒式扫描仪的扫描密度范围较大，扫描的图像质量是三种扫描仪当中最好的。见图 14—6 所示。

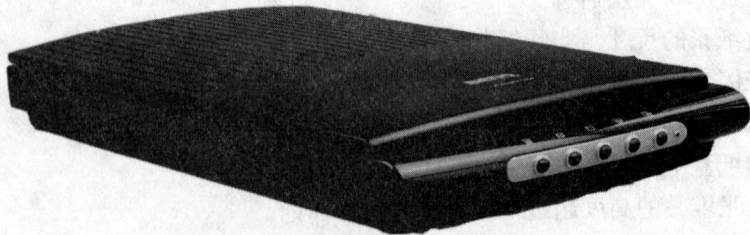

图 14—6　滚筒式扫描仪

（2）平面扫描仪。"平面扫描仪使用光电耦合器件 CCD（Charged-Coupled Device）对图像进行扫描，故其扫描的密度范围较小。光电耦合器件 CCD 是一长条状有感光元器件，在扫描过程中将图像反射过来的光波转化为数字信号，在对数字信号进行处理后，完成图像的扫描工作，一般平面扫描仪使用的 CCD 是具有日光灯线性陈列的彩色图像感光器。平面扫描仪是目前应用最广泛的扫描仪产品。

（3）笔式扫描仪。笔式扫描仪的外观如同一只普通钢笔，使用时，贴在纸上一行一行的扫描，主要用于文字识别工作。随着科技的发展，笔式扫描仪的适用范围和功能也越来越多，除了扫描文字以外还可以扫描彩色照片和名片等。

2. 扫描仪的主要性能指标。

分辨率。分辨率是扫描仪最主要的技术指标，它表示扫描仪对图像细节上的表现能力，即决定了扫描仪所记录图像的细致度，其单位为 DPI（Dots Per Inch）。扫描分辨率一般有两种：真实分辨率（又称光学分辨率）和插值分辨率。

光学分辨率就是扫描仪的实际分辨率，它决定了扫描图像的清晰度和锐利度。

插值分辨率则是通过软件运算的方式来提高分辨率的数值，也被称作软件增强的分辨率。

扫描仪动态密度范围：

扫描仪动态密度范围又叫扫描密度范围或者扫描素深度，是指扫描仪从白到黑的范围内能够记录的色调范围，即扫描仪所能测量到的最亮和最暗颜色之间的差值。动态密度范围是描绘扫描仪再现色调细微变化的能力。扫描仪的密度范围越大，扫描图像的阶调就越多，越能分辨出图像细微层次的变化。

灰度级：灰度级表示图像的亮度层次范围。级数越多扫描仪图像亮度范围越大、层次越丰富，目前多数扫描仪的灰度为级。

色彩数：色彩数表示彩色扫描仪所能再现颜色的范围。通常用比特位数（bit）表示。比特位数越高扫描图像越鲜艳真实。

扫描速度：通常用指定分辨率和图像尺寸下单幅图像的扫描时间来表示。

扫描幅面：表示扫描图稿尺寸的大小，常见的有 A3、A4 幅面等。

3. 扫描仪操作面板认识

绝大部分扫描仪的基本功能都是通过软件控制来实现的，扫描仪本身的操作面板仅包含几个基础功能，下面以佳能 CanoScan＿D1250U2F 扫描仪为例，对扫描仪的操作面板进行一下简单介绍：

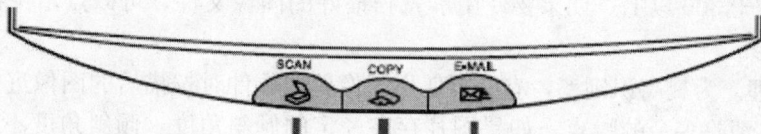

SCAN 按钮：扫描图像。

COPY 按钮：用打印机打印复制（扫描）图像。此功能需要安装打印机驱动程序，并保持打印机的联机状态。

E－MAIL 按钮：将扫描的图像插入 E－MAIL 的附件当中并邮寄。此功能需要安装电子邮件软件，如 Outlook Express 等。

4. 扫描仪的安装和使用

（1）基本图像扫描操作。Windows XP 中内置了扫描软件，也就是说，只要正确安装了扫描仪的驱动程序，就可以直接使用 Windows XP 自带的软件来对图像进行扫描了。扫描仪的驱动程序安装过程类似于打印机驱动程序的安装过程，这里就不再详述了。扫描仪具体的使用步骤如下：

①　鼠标左键单击"开始"菜单，选择系统控制工具区域中的"打印机和传真"项目，鼠标双击扫描仪图标后弹出"扫描仪和照相机向导"，然后选择"图片类型"，默认的图片类型是彩色照片。选择完图片类型后，把要扫描的图片原稿放到扫描台上，并尽可能把图片放置到最佳扫描区域中。为了获得最佳扫描效果，在正式扫描之前，鼠标左键单击"预览"按钮，就可以在预览区内看到缩略图，以便及时调整图片的摆放位置。

②　输入照片名称并设置图片的格式和保存位置。

③　开始正式扫描图片。扫描的分辨率越高，扫描时间也就越长，所以要根据扫描对象的不同选择不同的分辨率，不能一味地追求高分辨率。

④　第一次扫描完成后，如果对扫描效果不满意，可以重新设置扫描参数进行第二次扫描，以达到最佳扫描效果。另外一种方式是使用图像处理软件，对扫描后的图片进行修改和处理，推荐使用专业平面图像处理软件：PHOTOSHOP。

除了 Windows XP 自带的"扫描仪和数码相机"向导以外，一般的扫描仪都自带了扫描程序，这种配套的扫描程序往往根据本型号的扫描仪进行了优化处理，拥有的功能更加丰富，扫描设定也更加详细。

（2）文字识别软件的使用。扫描仪除了对图片进行扫描以外，还可以使用文字识别软件（OCR）对扫描的图像文件进行文本化转换，将纸质文档转化为可以再次编辑的电子文档，以便更好地保存和编辑纸质文件资料。

目前常用的中文文字识别软件很多，比如：清华紫光 OCR、尚书 OCR、汉王 OCR、蒙怡 OCR 、丹青 OCR 等，下面以尚书 ORC7.0 作为示范介绍如何把文字图片转换为文本格式。

①　获取图像。获取文字识别图像有两种方式：使用扫描仪扫描图像或打开计算机中已经存在的图像文件。单击"扫描到"按钮就可以在浏览路径窗口中选定存放图像的文件夹。

单击工具栏上的按钮或单击"文件"菜单中的"扫描"命令，就会自动调出默认的扫描软件，在设置好扫描参数后就可以开始批量扫描了，建议图片格式为黑白两色图片，扫描分辨率应设置为不低于 300 以上。如果要使用事先扫描好的图像文件，可以点击按钮直接打开图像。

②　图像预处理。为提高识别率，有必要使用图像处理软件对扫描后的图像进行处理，调整图像的对比度、消除多余的噪点。如果图片存在一定的倾斜角度，倾斜角度不超过 ±2.8° 的时候，单击"编辑"菜单中的"自动倾斜校正"或"手动倾斜校正"便可以调整 ORC 软件的辨识角度，以达到最佳辨识效果。当图像的倾斜角度超出 ±2.8° 的时候，请使用图像处理软件调整倾斜角度或重新扫描图像。

③　版面分析。当扫描图像为图文混排等较为复杂的版面的时候，就需要对其进行版面分析后再辨识图像。

单击工具栏中的按钮，或单击"识别"菜单中的"版面分析"命令，就可以让尚书 ORC 自动对图像的版面布局进行分析，并以不同颜色的线框标识图像框属性。如果对分析结果不满意还可以手动调整，具体操作过程为：将鼠标移动到版面的边框上按住鼠标左键拖动以调整版面到合适的大小，或单击工具栏上的属性按钮（横栏、竖栏、表格、图像）改变该版面块属性。版面分析的细致、精确程度将影响最后辨识的正确率。

④ 识别图像。单击按钮或单击"识别"菜单中的"开始识别"命令，按照版面属性（横栏、竖栏、表格、图像），自动对图像文件管理器选择的图像进行批量识别，识别后的文字会显示在窗口的上方。

⑤ 文字校对。通过对比识别结果文本和原图像，就能发现识别错误的文字，此时点击这些文字，窗口中的图像会自动移动至相应位置，就可方便地进行校对，修正时，选择或直接输入正确的字就可以了。

⑥ 文件存盘。单击"输出"菜单中的"到指定格式文件"命令，将识别并修改好的文本输出、可以保存成可供计算机阅读和查询检索的 RTF、HTML、XLS、TXT 格式的电子文档。建议使用 TXT（纯文本）格式来保存文件，TXT 格式可被大多数文字编辑软件直接打开。

识别效果不佳的常见原因：

· 图像分辨率过低，图像过黑或过淡。如原稿本身存在严重印刷质量问题，则不适合继续使用 ORC 软件来做文字辨识工作。

· 版面分析有误。

· 识别语言选项选择不当，应根据原稿正确选择"简体"、"简繁"或"英文"。

扫描仪的保养和使用注意事项：

· 扫描仪在工作时不要中途关机或切断电源，要等到扫描工作结束时，再切断电源，否则会对扫描仪造成伤害。

· 有些扫描仪可以扫小型物品，扫描这些物品时应当注意，不要随便移动以免划伤玻璃，包括稿件上所使用的钉书针；在放下上盖时不要过于用力，以免打碎玻璃。

· 扫描仪长时间不用时，请把电源插头从电源插座中拔出，并罩上防尘套。

· 扫描仪应当注意防尘，防止阳光直射。

· 扫描仪扫描稿件的时候，要盖好上面的挡板，防止扫描时强光对眼睛的刺激。

· 打开扫描仪开关时，扫描仪发出异常响声。这是因为有些型号的扫描仪有锁，其目的是为了锁紧镜组，防止运输中震动，因此在打开扫描仪电源开关前应先将锁打开。

· 扫描仪在扫描时出现"硬盘空间不够或内存不足"的提示。遇到这种情况的时候需检查硬盘和内存剩余容量。

· 扫描时噪音过大。拆开机器盖子，找一些缝纫机油滴在卫生纸上将镜组两条轨道上的油垢擦净，再将缝纫机油滴在传动齿轮组及皮带两端的轴承上（注意油量适中），最后适当调整皮带的松紧。

（四）传真机

传真机是指在公用电话网或其相应网络上，用来传输文件、报纸、相片、图表及数据等信息的通信设备。传真机是集计算机技术、通信技术、精密机械与光学技术于一体的通信设备，其信息传送的速度快、接收的副本质量高，它不但能准确、原样地传送各种信息的内容，还能传送信息的笔迹，适于保密亲笔通信，在办公自动化领域占有极重要的地位，发展前景广阔。

1. 常见传真机的分类

目前市场上常见的传真机可以分为四大类：

（1）热敏纸传真机（也称为卷筒纸传真机）；

（2）热转印式普通纸传真机；

（3）激光式普通纸传真机（也称为激光一体机）；

（4）喷墨式普通纸传真机（也称为喷墨一体机）。

四类传真机中最常见的是热敏纸传真机、激光一体机和喷墨一体机，而激光一体机和喷墨一体机的不同之处仅仅是打印方式和所采用的耗材上。

2. 传真机根据型号的不同还具备以下功能

（1）收方无人值守：接收方传真机旁不需要操作人员手工接收传真信号，传真机接收到电话信号后，即可自动接收传真文件并打印。需要注意的是当传真机设置为无人值守状态后，传真机会将所有电话信号都认作是传真信号，这样有可能会错过正常来电。

（2）发方无人值守：指当发方用户因临时有急事要离开而又需将文稿传给对方时，可以将所有的发送文稿放在传真机的进纸板上。按照事先规约，收方拨通发方的电话号码后，即自动启动了发方的传真机，待核实双方事先制定的密码后，将发送文稿按顺序依次发给收方。

（3）图像自动缩扩功能：有时发送的文稿尺寸未必与收方记录纸刚好配套，使用图像自动缩扩功能就可以将稿件调整为合适的大小。

（4）自动进稿功能：传真机的纸台上放置多张稿件，传真机按照顺序依次自动发送。

（5）色调选择功能：有的传真机除能传送黑白两种色泽外，还可以传送深灰、中灰以及浅灰等中间色调，这样，传送的图片画面次分明，富有立体感。

（6）选发文稿的功能：有时发送文稿中的某些字段不需要向对方发送，只要在这些字段旁边注上一些特定的符号，则在收到的报文中，这些字段内容就自动被删除。

（7）忽略空白功能：一张传真文稿上往往有为许多空白的部分存在，传送这些空白的部分要消费相当的时间，因而降低了传输文稿的效率。使用具有忽略空白功能的传真机会自动省略空白部分的传送，这样可以大大提高低密度文字的文稿的传输效率，缩短了传真时间。

3. 传真机的使用

下面分别以松下 KX－FT928CN 热敏纸传真机与佳能 L240 激光黑白传真机为例，分别介绍一下热敏纸传真机与激光传真机的使用方法。首先以松下 KX－FT928CN 热敏纸传真机为例来看热敏纸传真机的使用方法：

（1）安装热敏纸

① 按下传真机侧面的按钮（①），打开传真机的顶盖。

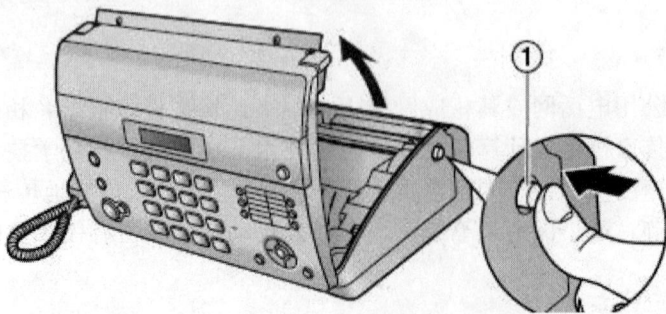

② 将热敏纸放入传真机内。如果纸张是用胶水或胶带固定的，在安装之前需要从卷纸的开始处剪去约 15 厘米（cm），否则会出现卡纸的情况。传真机连接电源后，每次开关顶盖后都会打印一条信息，如果热敏纸在安装时正反颠倒了，将不会打印该信息，这时需要调整热敏纸的安装方向，正确安装方式如下图所示：

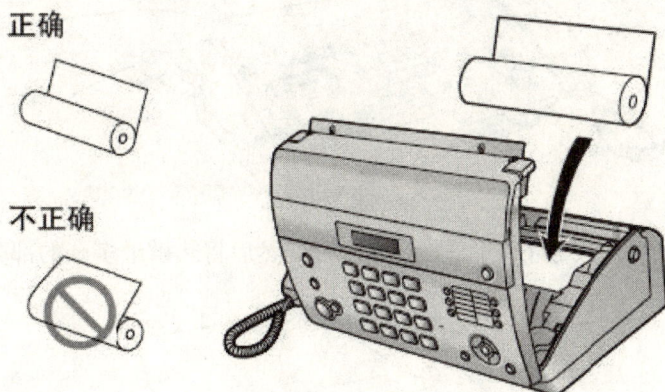

③ 固定好热敏之后，将纸张前端插入热敏头上部的开口处。

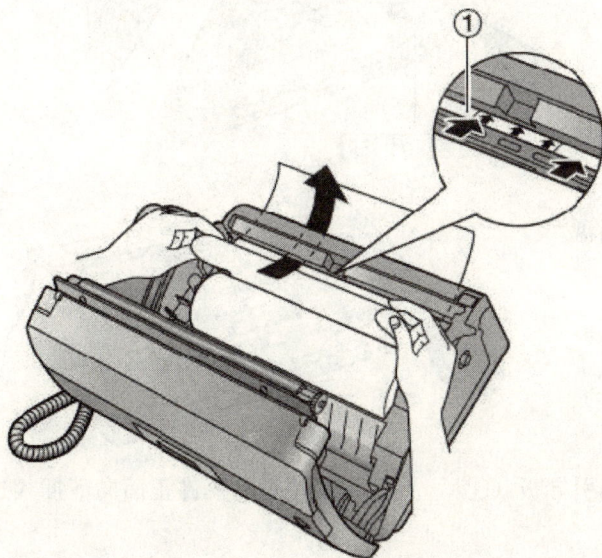

④ 在开口处将热敏纸从传真机内抽出一段，确保卷纸平整、紧绷。

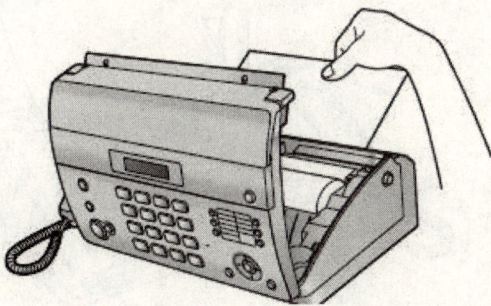

⑤ 向下按两端，牢固地关好传真机的顶盖。

⑥ 安装完热敏纸后，按一下［传真/开始］键，然后将热敏纸多余的部分撕掉。

【传真/开始】

（2）发送传真。

① 首先打开送稿盘。

② 然后调整文稿引导板（①），然后将要传真的稿件正面向下插入送稿器内。

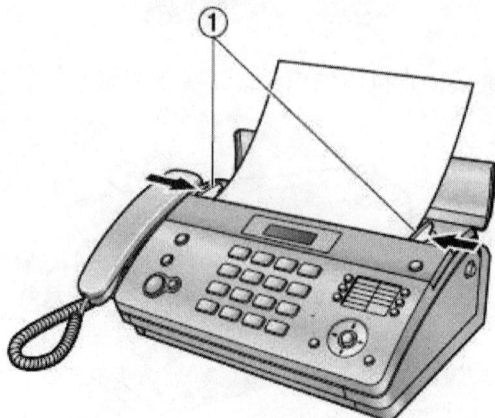

③ 拨打传真接收方的电话号码，在听到传真信号音后按［传真/开始］键即可发送传真。

（3）接收传真。

① 拿起话筒应答来电。

② 按［传真/开始］键即可接收传真。

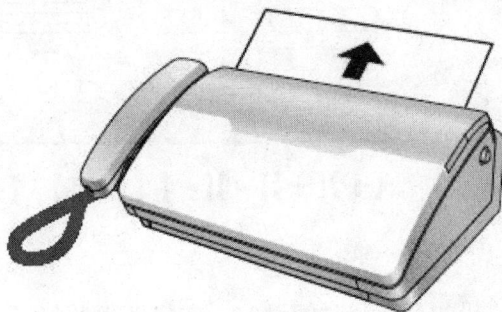

（4）自动接收传真。

传真机设定为自动接收模式后，即可自动接收打印所有发送到本机的传真，具体设定方法：反复按［自动接收］，直到显示下面的信息：

FAX ONLY MODE

这时［自动接收］指示灯将亮起。当收到来电时，传真机将自动应答所有来电，但是仅限接收传真文稿。

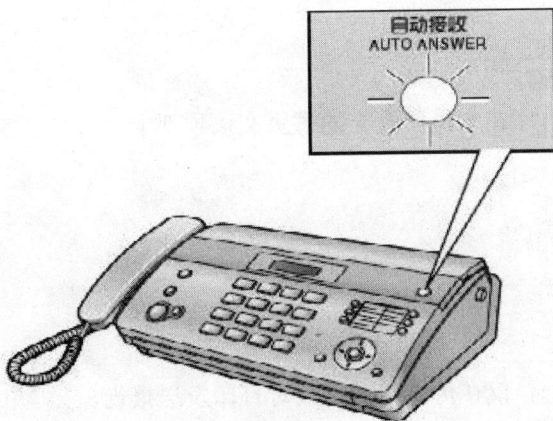

（5）传真机的功能设置。

以下方式可以设置传真机最基本的几个功能：

①按［菜单］键后选择想设置的功能。

② 反复按［〈］或［〉］键，直到显示出需要的功能。

③ 反复按［A］或［B］，直到显示出需要的设定，然后按［设定］键完成设置。

【＋】【－】【◄】【►】 【设定】 【菜单】

基本设置项目如下所示：

① 设定日期和时间：

对方的传真机将根据本机的日期和时间设定，在您发送的每一页上打印日期和时间。如果发生停电，日期和时间设定可能会丢失。

```
SET DATE & TIME
      PRESS SET
```

② 设定你的识别信息：

识别信息将被打印在本机所发送的每页文稿顶部上。你可以将识别信息设置成姓名或公司的名称。

```
YOUR LOGO
      PRESS SET
```

③ 设定您的传真号码：

你的传真号码将被打印在本机所发送的每页文稿顶部上。

```
YOUR FAX NO.
      PRESS SET
```

④ 打印发送报告：

```
SENDING REPORT
      =ERROR［±］
```

"ERROR"（默认值）：仅在传真传送失败时打印发送报告。

"ON"：每次传送后都打印发送报告。

"OFF"：将不打印发送报告。

⑤ 改变传真专用方式下的振铃设定：

```
FAX RING COUNT
      RINGS＝2
```

改变在传真专用方式下本机应答来电前的振铃次数。默认值为"1"或"2"。

⑥ 设定电话线路拨号方式：

```
DIAL MODE
        =TONE［±］
```

用于音频拨号服务，选择"TONE"（默认值）。

用于转盘脉冲拨号服务，选择"PULSE"。

⑦ 设定振铃音

```
RINGER TONE
            =TONE 1
```

从三种外部来电振铃类型之一，设定振铃音。您可以选择"TONE 1"（默认值）、"TONE 2"或"TONE 3"。

传真机的高级功能设定：

方法 1：按［菜单］键，反复按［〈］或［〉］，直到显示出"ADVANCE SETTINGS"。按［设定］键后选择相应的设置项目即可。

方法 2：按［菜单］键后按［♯］和 2 位代码。反复按［＋］或［－］，直到显示出需要的设定，按［设定］键即可完成设置。

功能设置代码如下表所示：

代码♯01：日期和时间	代码♯39：改变显示屏对比度
代码♯02：您的识别信息	代码♯41：改变传真启动代码
代码♯03：您的传真号码	代码♯44：设定存储器接收提示
代码♯04：发送报告	代码♯46：设定自动接收传真
代码♯06：传真振铃次数	代码♯49：设定自动挂断
代码♯13：拨号方式	代码♯58：设定扫描对比度
代码♯17：振铃音	代码♯59：设定打印清晰度
代码♯22：设定自动打印通讯报告	代码♯72：设定重新呼叫/闪断时间
代码♯23：向海外发送文稿	代码♯73：在传真手动接收模式中改变接收设定
代码♯25：定时发送传真	代码♯76：设定连接音
代码♯26：设定自动打印来电显示表	代码♯78：改变电话/传真延迟振铃设定
代码♯36：接收大尺寸文稿（将文稿缩小后打印）	代码♯80：将高级功能重设成默认设定

其次是激光传真机，同热敏纸传真机相比，激光传真机使用硒鼓作为打印耗材，因此使用普通纸即可接收传真，解决了热敏纸传真文件保存时间短的问题，而且打印速度快，更适合收发传真频繁的公司用户使用。不过同热敏纸传真机相比，激光传真机的打印成本偏高，维修复杂，在复杂或较差的电信环境中的兼容性相对差一些。下面图 14—7 以佳能 L240 激光黑白传真机为例介绍一下激光传真机的使用方法：

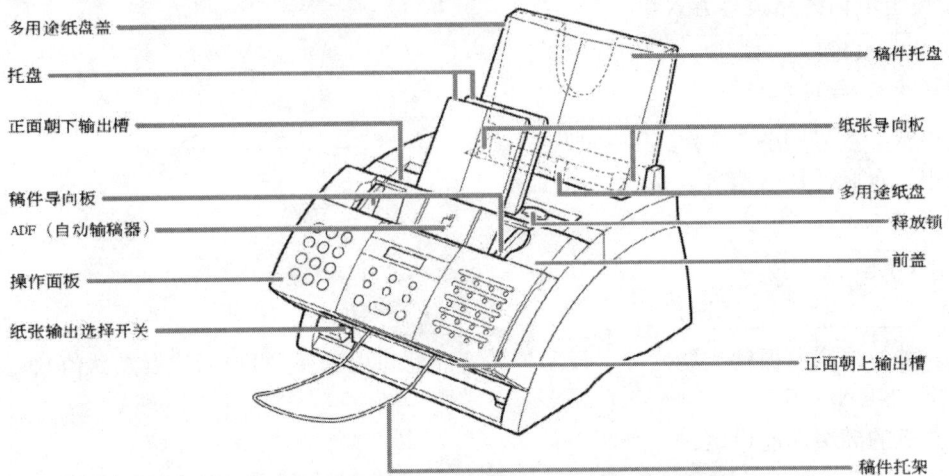

多用途纸盘盖

托盘

正面朝下输出槽

稿件导向板

ADF（自动输稿器）

操作面板

纸张输出选择开关

稿件托盘

纸张导向板

多用途纸盘

释放锁

前盖

正面朝上输出槽

稿件托架

图 14—7　佳能 L240 激光传真机的主要结构

（1）连接电话线和外接设备：

在传真机的侧面有三个插口分别用于连接不同的设备：

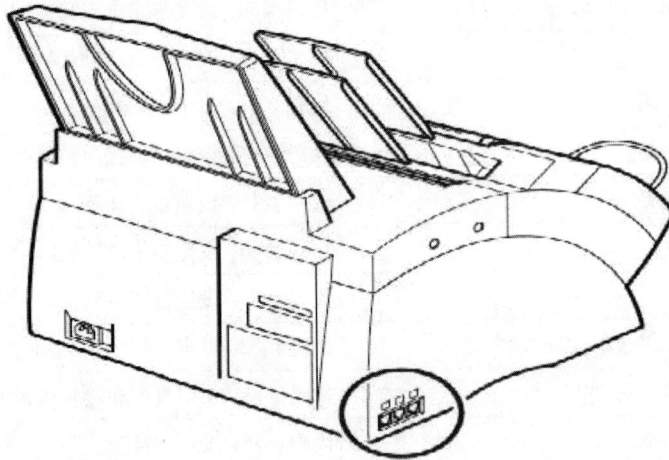

- 电话线
- 话筒或电话机
- 其他电话、答录机或数据调制解调器

如果只有一根电话线并准备用该传真机同时接收传真和一般电话，则还必须将话筒、电话机或答录机连接到传真机之上。具体连接方法如下图所示：

"⌊⌋" 接口为电话线接口

"☎" 接口为附加电话、答录机或数据调制解调器接口

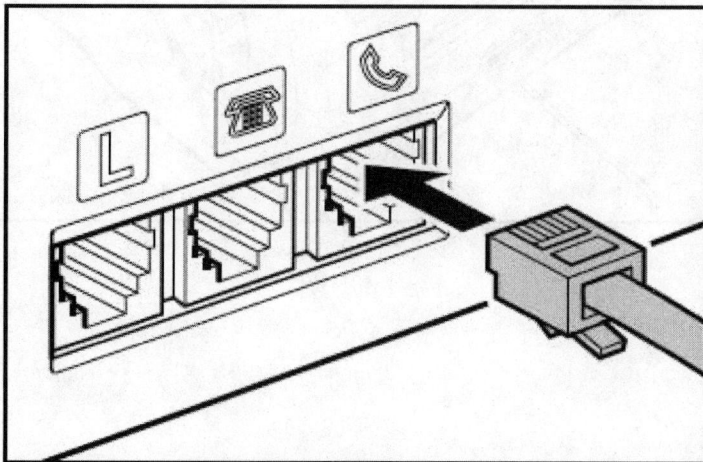

"☏" 接口为话筒或电话机接口

（2）安装硒鼓：

① 轻轻侧向摇动几次墨盒，使内部墨粉均匀分布。如果内部墨粉未均匀分布，可能导致打印质量低下。

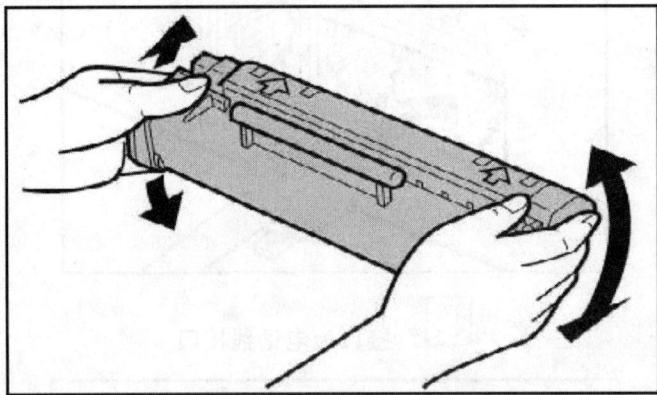

② 握住墨盒把柄，将它插入传真机直到插不动为止，使其凸缘与传真机内部的导轨对齐，拿墨盒时需注意只能抓住其把柄，避免碰到鼓芯影响打印质量。

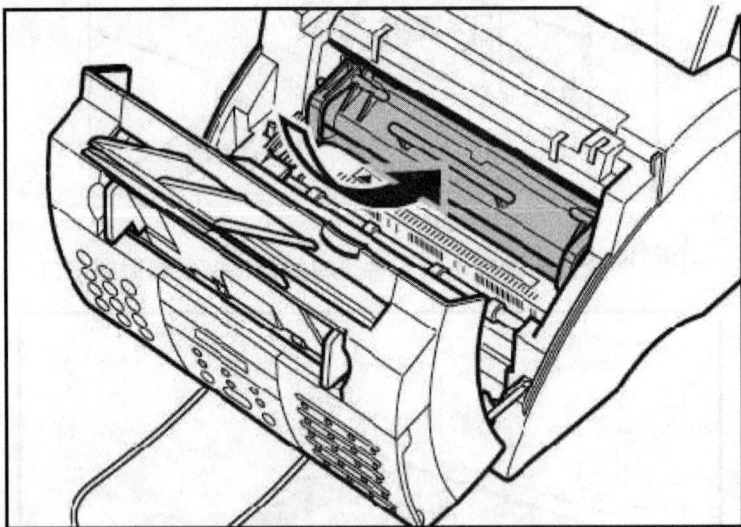

③ 关闭扫描仪前盖。

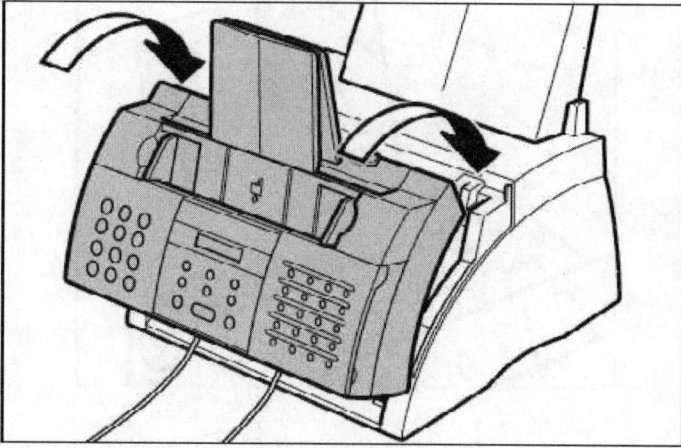

（3）装入纸张：

① 将一摞 A4 纸轻轻在平面上将纸边顿齐，以避免卡纸的情况出现。

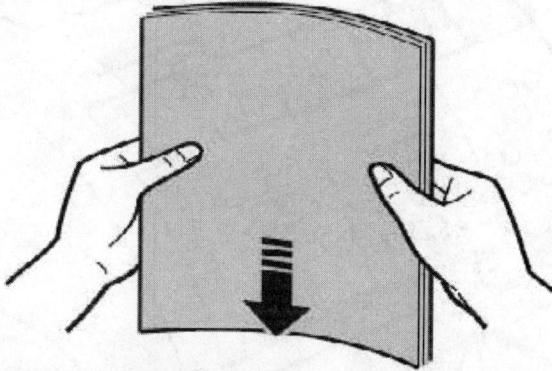

② 推动导纸板，使其符合纸张的尺寸。

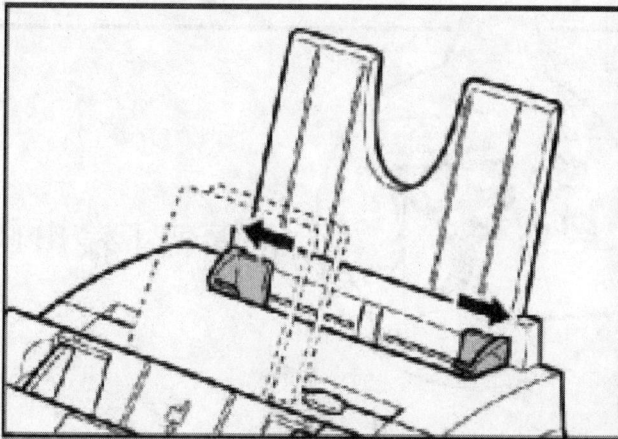

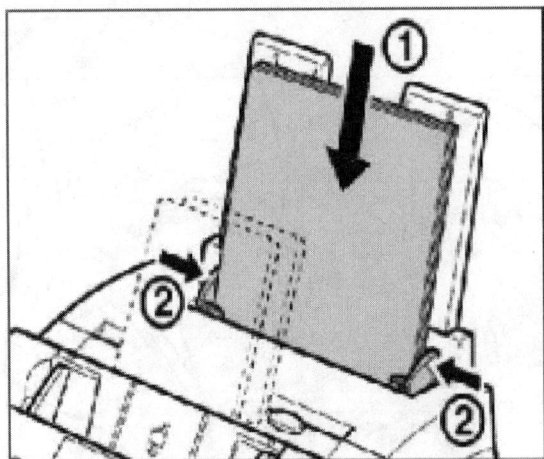

③ 设置纸张输出方式。佳能 L240 激光传真机能够设置纸张的输出方向，调整纸张输出选择开关即可选择正面朝上或正面朝下输出。

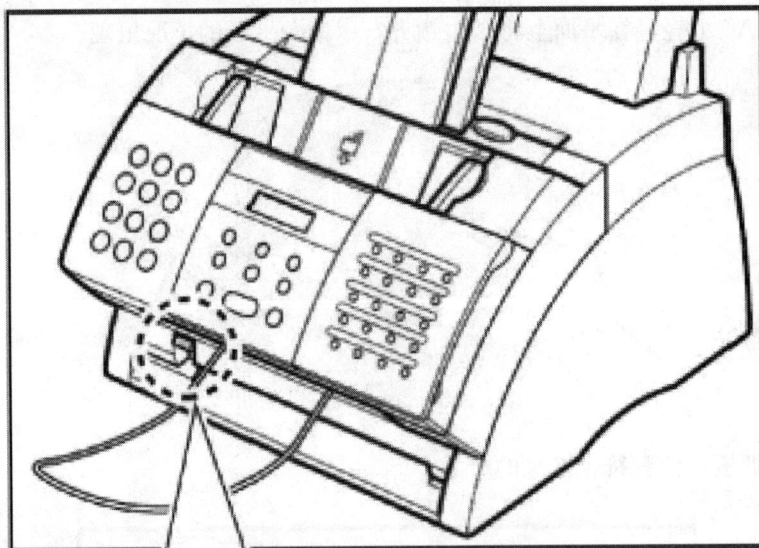

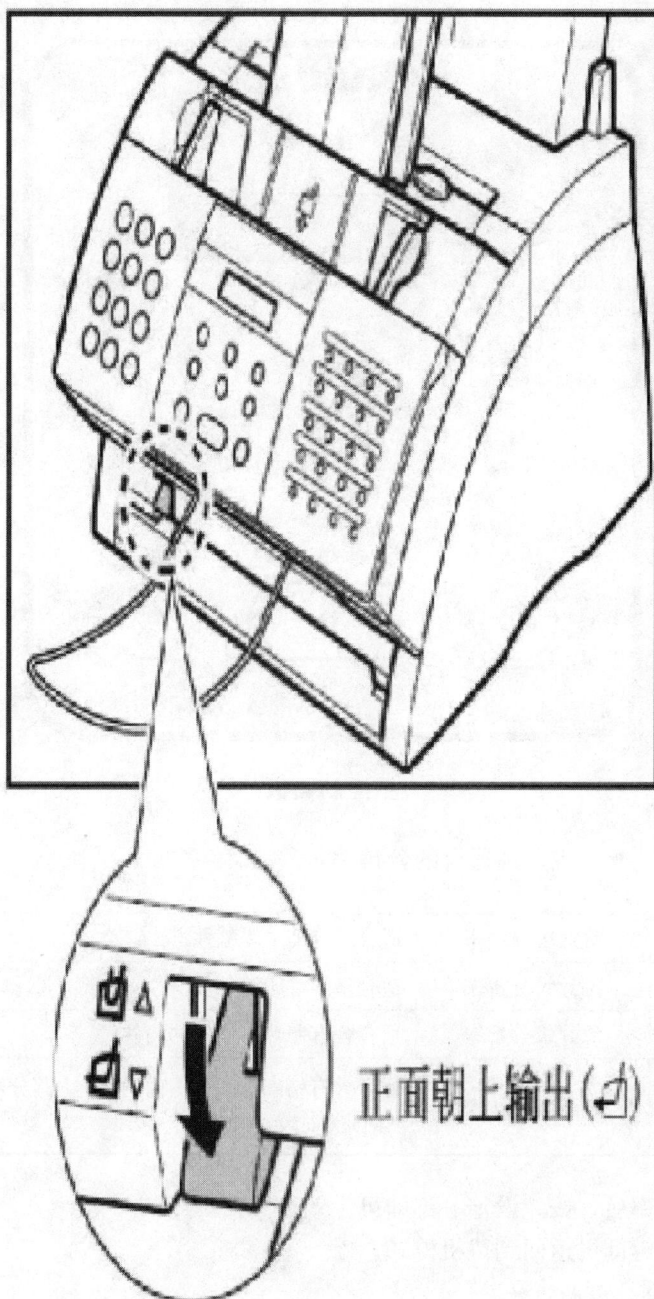

正面朝上输出(↵)

注意：一定要在打印之前设定纸张输出模式，在打印过程中改变纸张输出方式会导致故障。当纸张正在排出传真机时，切勿用力拉扯纸张，以免损坏传真机

（4）设定扫描分辨率：

设定发送传真时的扫描分辨率，分辨率越高，接收方输出质量越高，但发送速度相应降

低。在使用时请根据要发送稿件的类型使用不同的扫描分辨率。扫描分辨率设置过程如下：

① 按下主控制面板中的［分辨率］键后，选择所需要的分辨率设置。

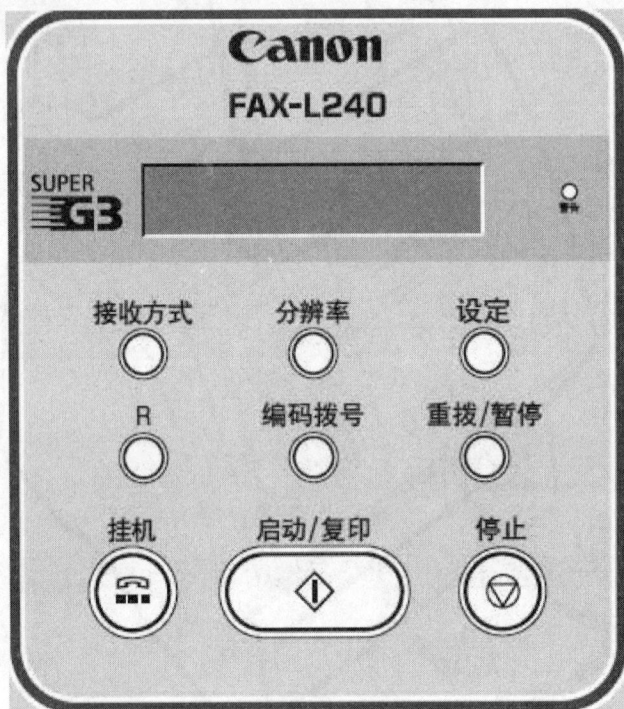

主控制面板

② 按［▲］或［▼］键选择适合的分辨率：

FAX STANDARD	普通级分辨率	适合所有纯文本稿件
FAX FINE	细致级分辨率	适合精细打印稿件
FAX PHOTO	照片级分辨率	适合含有照片等图像的稿件
SUPER FINE	精细级分辨率	适合含有精细打印和图像的稿件，其分辨率为 FAX STAND-ARD 级别的 4 倍

③ 设置好分辨率后，按［设定］键即可生效。

④ 按［停止］键即可返回到待机模式。

（5）设定扫描对比度：

调整扫描对比度要根据发送稿件的深浅程度进行调整，不同深浅的稿件需要选择不同的对比度。具体操作过程如下：

① 在单触式快速拨号面板中按下［数据登记］键。

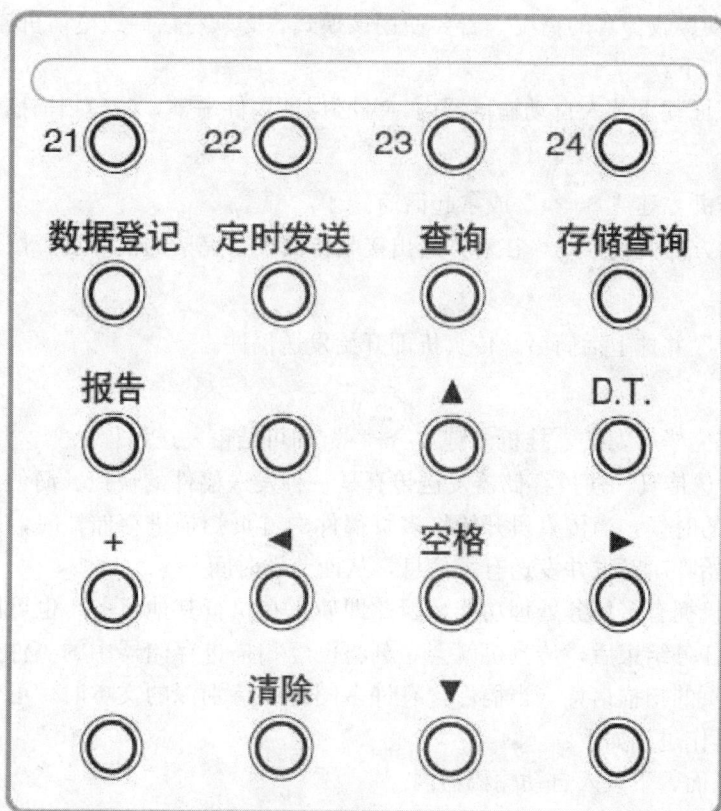

单触式快速拨号面板

② 然后在主控制面板中按 2 次［设定］键。

③ 按［▲］或［▼］键选择 SCAN CONTRAST 选项。

④ 按［设定］键。

⑤ 按［▲］或［▼］键选择所需要的扫描对比度：

STANDARD	正常	适合大多数稿件
DARKER	加深	适合较浅的稿件
LIGHTER	减淡	适合较深的稿件

⑥ 设置好对比度后，按［设定］键即可生效。

⑦ 按［停止］键即可返回到待机模式。

（6）发送传真：

佳能 L240 传真机有两种不同的发送传真方式，一种是传统的通过话筒手动发送传真，另外一种是通过存储器发送传真。

① 手动发送传真。通过话筒进行手动发送时，在发送稿件之前可与对方通话，这种方式

适合对方必须手动接收传真的情况。若要使用该模式，必须将话筒或电话机连接到传真机上。其具体操作过程如下：

A. 将稿件正面朝下装入自动输稿器内，务必保证稿件平整，避免扫描稿件时卡纸。

B. 按下［挂机］键"📞"或拿起话筒。

C. 拨打接收方的传真号码，在对方给出接收传真准备完毕的信号后，按下［启动/复印］键"◇"并挂上话筒后，传真机即开始发送稿件。

D. 稿件扫描完毕后，按［挂机］键"📞"即可结束发送过程。

② 存储器发送传真。通过存储器发送传真是一种发送稿件的快捷、简便的方法，尤其是发送的多页稿件的时候，当传真机开始将多页稿件的首页扫描进存储器时，即使剩余页还正在扫描，它即开始呼叫对方并发送有关信息，从而节省时间。

因为本传真机拥有多任务处理功能，因此即使正在执行其他任务，也可同时将稿件扫描进存储器，当前任务结束后，传真机就会立刻将已经扫描进存储器中的稿件传真。存储器最多可保存约 256 页的扫描信息（当稿件含有许多图片或特别深的文本时，可保存页数会相应减少）。其具体操作过程如下：

A. 将稿件正面朝下装入自动输稿器内。

B. 拨打接收方的传真号码。如果输入了错误号码，请按"停止"键"◎"，然后输入正确号码。

C. 按下［启动/复印］键"◇"开始扫描稿件，并准备发送。

注意：当已占用的存储器（如 LCD 显示）空间接近 00% 时，可能无法正常发送传真，这时需要通过话筒手动发送传真。

（7）接收传真模式的设定：

佳能 L240 传真有多种接收方式，每种接收模式的具体功能如下：

FAX ONLY MODE	专用传真模式	传真机将所有来电都作为传真处理。它将自动接收传真并切断语音来电
MANUAL MODE	手动模式	传真机在传真和语音来电之间自动切换。它自动接收传真，有语音来电时响铃
MANUAL MODE	手动模式	无论来电是传真还是一般电话，传真机都响铃。对于传真来电，必须手动启动传真接收
ANS. MACHINE MODE	答录机模式	传真机将自动接收稿件，答录机将记录语音信息

设定传真的接收模式有两种方法，具体过程如下：

① 第一种方法：

反复按［接收模式］键，直到调整出所需要的模式，等待几秒钟后，LCD 显示屏将会显示出更改后的接收模式：

15：00	FaXOnly

LCD 显示屏上显示接收模式为 FaX Only 模式

② 第二种方法：

A. 首先按下单触式快速拨
号面板当中的［数据登记］键。　　DATA REGSTRATION

B. 然后按［设定］键。　　USER SETTINGS

C. 按［▲］键［▼］键选择 "RX SETTINGS"。　　RX SETTINGS

D. 按下［设定］键。　　ECM RX

E. 按［▲］键［▼］键选择 "RX MODE"。　　RX MODE

F. 按［设定］键。　　FAX/TEL AUTO SW

G. 按［▲］键［▼］键选择想要的接收
模式，（比如 FaXOnly 模式）。　　FAX ONLY MODE

H. 按［设定］键。　　INCOMING RING

I. 按［停止］键盘 " 🕿 " 返回到待机模式即可结束设定。　　15：00　　FaXOnly

注意：佳能 L240 传真机具有无纸接收传真的功能，当传真机在接收传真过程中遇到无纸或故障时，传真机会自动将传真未打印部分保存在传真机的存储器中，同时将在 LCD 上显示 "REC'DIN MEMORY" 提示。一旦故障排出后，传真机将继续打印传真的剩余部分，然后打印一份接收报告，并将传真从存储器中删除。

（8）传真机的系统设置菜单：

按［数据登记］键后再按［设定］键即可显示系统设置菜单，其中包含 7 个菜单，每个菜单分别用来设置传真机的不同功能。

① 用户数据清单（USER'S DATA LIST）

如果不知道传真机目前的设置项目是什么，可以通过如下方式打印一份用户数据清单（USER'S DATA LIST）来查看当前的设置：

A. 首先按下单触式快速拨号面板当中的［报告］键。

B. 按［▲］键［▼］键选择 USER DATA LIST（用户数据清单）。

C. 按下［设定］键。

D. 传真机开始打印 USER'S DATA LIST（用户数据清单）。

```
27/02 2003  17:23  FAX 123 4567          CANON                              001

                        ********************************
                        ***   USER'S DATA LIST   ***
                        ********************************


        1.USER SETTINGS
            UNIT TELEPHONE #                        123 4567
            UNIT NAME                        CANON
            TX TERMINAL ID                   ON
                TTI POSITION                         OUTSIDE IMAGE
                TELEPHONE # MARK                     FAX
            SCANNING CONTRAST               STANDARD
            OFFHOOK ALARM                   ON
            VOLUME CONTROL
                CALLING VOLUME                       2
                KEYPAD VOLUME                        2
                ALARM VOLUME                         2
                LINE MONITOR VOL.                    2
        RX CALL LEVEL                       HIGH
         LINE TYPE                          TOUCH TONE
```

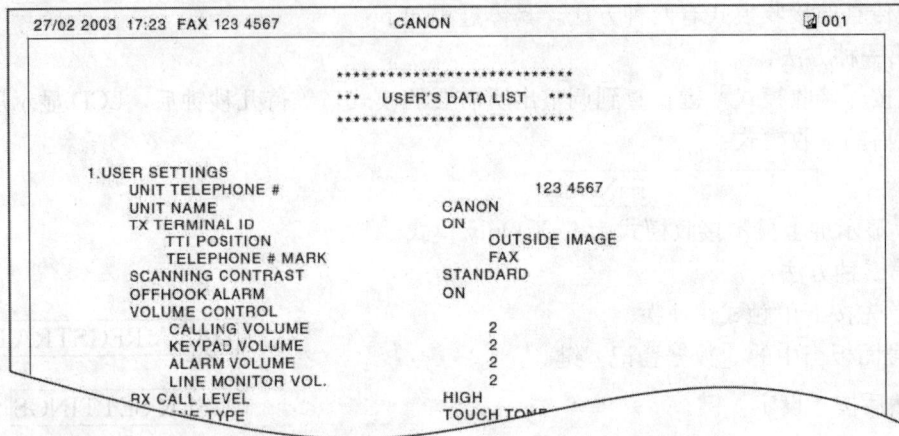

USER'S DATA LIST（用户数据清单）

② USER SETTINGS（用户设置）菜单。

设　置	说　明
DATE & TIME	设定当前日期和时间
UNIT TELEPHONE #	设定本机号码
UNIT NAME	设定用户名或公司名
TX TERMINAL ID	启动/关闭发送者信息的打印
——TTI POSITION	选择将发送者信息打印在图像区域内还是区域外
——TELEPHONE #	选择本传真机号码前缀
SCAN CONTRAST	选择扫描对比度
OFFHOOK ALARM	启动/关闭摘机警告，提示您话筒未挂好
VOLUME CONTROL	设定传真机响铃音量
——CALLING VOLUME	选择当传真机检测到语音电话来电时响铃音量
——KEYPAD VOLUME	选择键盘操作音量
——ALARM VOLUME	选择错误警告音量
——LINE MONITOR VOL	选择线路监视音量（拨号过程中鸣响）
RX CALL LEVEL	选择来电时响铃类型
TEL LINE TYPE	为传真机选择电话线路类型
R—KEY SETTING	启动通过总机拨号的功能

③ REPORT SETTINGS（报告设置）菜单。

设　置	说　明
TX REPORT	启动/关闭发送报告的自动打印
RX REPORT	启动/关闭接收报告的自动打印
ACTIVITY REPORT	启动/关闭通讯活动的自动打印每处理 20 次后打印一次报告

④ TX SETTINGS（发送设置）菜单。

设　置	说　明
ECM TX	发送时启动/关闭纠错模式（ECM）
MID PAUSE SET	选择用"重拨/暂停"键输入在传真/电话号码中间的暂停时间长度
AUTO REDIAL	当首次拨号遇到对方线路正忙时启动/关闭自动重拨
——REDIAL TIMES	选择重拨次数
——REDIAL INTERVAL	选择两次重拨之间的时间间隔
TIME OUT	启动/关闭当输入传真号码后自动开始扫描稿件

⑤ RX SETTINGS（接收设置）菜单。

设　置	说　明
ECM RX	接收时启动/关闭纠错模式
RX MODE	选择接收模式
INCOMING RING	设置启动/关闭响铃
MAN/AUTO SWITCH	设置当响铃一定时间后传真机是否切换到传真接收模式
REMOTE RX	启动/关闭远程接收
MEMORY RX	当接收过程中出现故障时启动/关闭将稿件接收到传真机存储器中的功能
RX PAGE FOOTER	启动/关闭在接收到的每页传真底部打印接收日期、时间、页码、处理号码（TX/RX NO.）的功能

⑥ PRINTER SETTINGS（打印机设置）菜单。

设　置	说　明
RX REDUCTION	启动/关闭缩小传真使之与装在多用途纸盘中的纸张匹配
PAPER SIZE	选择装在多用途纸盘中的纸张尺寸
ECONOMY PRT	启动/关闭经济打印
TONER SUPPLY LOW	选择当所剩墨粉较少时（LCD 上显示"CHANGE CARTRIDGE"），传真机是继续打印还是将传真接收到存储器当中

⑦ POLLING BOX（查询信箱）菜单。

设 置	说 明
SETUP FILE	设定查询信箱以便存放可供查询的稿件
——FILE NAME	输入查询信箱的名称
——PASSWORD	输入防止未经授权擅自进入该查询信箱设置的密码
——TX PASSWORD	输入标准 ITU−T 密码
——ERASE AFTER TX	选择该稿件被查询后是被删除还是继续保存在存储器中
CHANGE DATA	改变查询信箱设置
——PASSWORD	输入密码（若已登记）进入查询信箱设置
DELETE FILE	删除查询信箱设置
——PASSWORD	输入密码（若已登记）进入查询信箱设置

⑧ SYSTEM SETTINGS（系统设置）菜单。

设 置	说 明
UN/LOCK PHONE	启动/关闭传真机的使用限制
——LOCK PHONE	启动/关闭利用本传真机拨打电话和发送传真的限制
——PASSWORD	输入密码防止未经授权擅自进入 LOCK PHONE 设置
RX RESTRICTION	只能接收在本传真机上登记为快速拨号的传真号码发来的传真
DATE SETUP	选择显示在 LCD 上和打印在本传真机所发传真上的日期格式
DISPLAY LANGUAGE	选择液晶显示屏信息、设定和报告所使用的语言
TX START SPEED	选择本传真机发送的速率
RX START SPEED	选择本传真机接收的速率

（五）刻录机

刻录机是一种通过激光把计算机上的数据存储到光盘上的一种外置设备，使光盘可以储存文字图片、影音视频等各种数据文件。

1. 常见刻录机的分类

按照刻录介质的不同，刻录机可分为：CD 刻录机、DVD 刻录机和蓝光（Blu-ray Disk，简称 BD）刻录机。这三种刻录机外观和使用方式大同小异，差别之处仅在于能够刻录的光盘介质的不同，这三种光盘介绍如下：

（1）CD 光盘：CD 类光盘是最早出现的一种光盘介质，其标准容量为 700MB，VCD 光盘和音乐 CD 使用的都是这类光盘，CD 光盘还可以细分为 CD−R \ CD−RW 盘片。CD−R 光盘同 CD−RW 差别是：CD−R（CD Recordable）光盘只能刻录和读取，无法修改和删除 CD−R 中已经存在的数据；CD−RW（CD Rewritable）光盘除了刻录和读取以外，还可以删除和修改盘片中已经存在的内容，一般情况下 CD−RW 光盘能够进行 1000 次左右的反复擦写操作。

（2）DVD 光盘：DVD 的全称是 Digital Video Disc（数字视频光盘），目前则称为"Digital Versatile Disc"，即"数字多用途光盘"，是 CD 光盘的后继产品。DVD 和 CD 虽然是使用相同的技术来读取光盘片中的资料，但是由于 DVD 的光学读取头所产生的光点更小，因此 DVD 单片的容量能达到 4.5G 以上。

（3）蓝光光盘：与传统 DVD 需要光头发出红色激光来读取或写入数据不同的是，蓝光采用波长较短的蓝色激光读取和写入数据，蓝光因此而得名。通常来说波长越短的激光，能够在单位面积上记录或读取更多的信息，到目前为止，蓝光是最先进的大容量光碟格式，一张蓝光光盘上可以存储 25GB 的数据文件，在速度上，蓝光也比传统光盘速度更快，此外蓝光刻录机还可以兼容此前出现的各种光盘产品。

2. 刻录机的使用

Windows XP 本身自带了刻录机使用的刻录软件，但是功能十分单薄，刻录效果也不是很优秀，推荐使用第三方刻录软件"Nero Burning Rom"来刻录光盘。Nero Burning Rom 的光盘刻录功能十分强大，全面支持各种 CD、DVD 刻录盘，除了能刻录普通的数据光盘以外，Nero 还能够刻录 CD、VCD、DVD、电子相册等多种不同格式的光盘，下面以使用 NERO6 刻录数据 DVD 为例，来介绍如何使用刻录机来刻录光盘。

首先启动 NERO（图 14－8），在"数据"菜单栏内选择"制作数据 DVD"（图 14－9）。

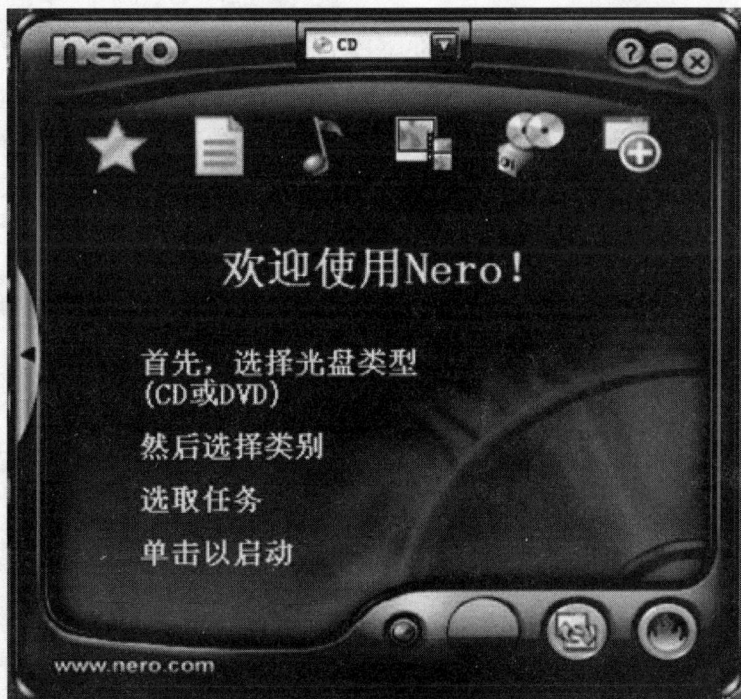

图 14－8　NERO 的开始界面

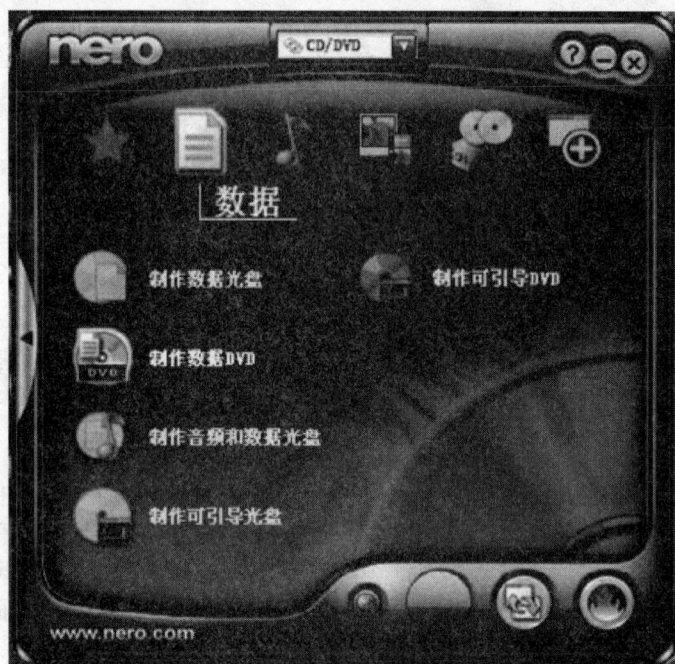

图 14—9　刻录数据光盘

　　将空白的 DVD 光盘放入到刻录机当中，NERO 会自动判断光盘的大小，并在界面的下方用相应的刻度显示出来，黄线标示的位置就是光盘的最大容量（图 14—10）。

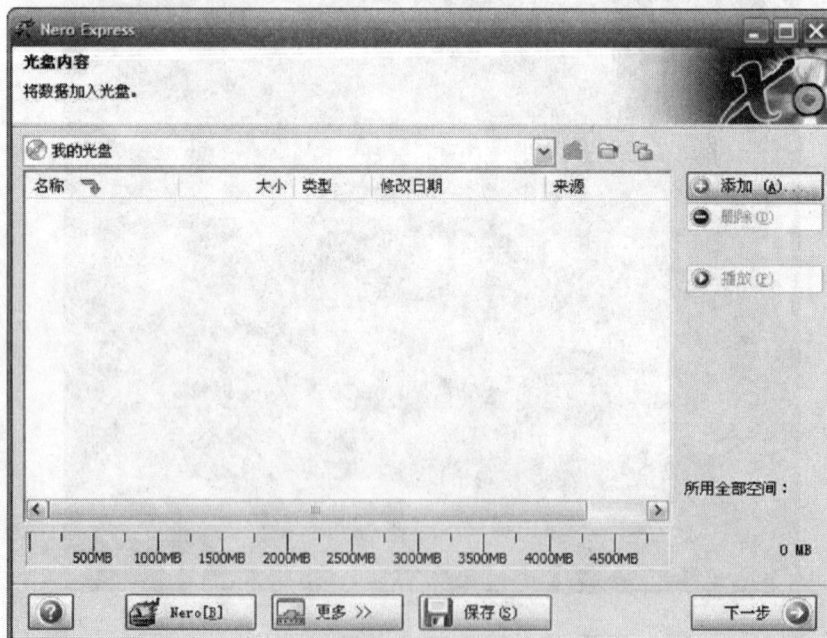

图 14—10　刻录数据光盘

鼠标左键单击右侧"添加"按钮弹出"选择文件及文件夹"对话框，浏览计算机硬盘选中需要刻录到光盘中的文件，单击"添加"按钮就可以将文件或文件夹添加到光盘当中（图14—11）。

图 14—11 选择需要刻录的文件或文件夹

数据添加到光盘中后，窗口下方将会显示蓝色进度条，表示数据所占用的具体空间大小（图14—12）。需要注意的是，刻录的数据如果超过光盘最大容量时，将无法成功刻录光盘。当刻录数据添加完毕后，单击"下一步"按钮切换到"最终刻录设置"窗口（图14—13）。

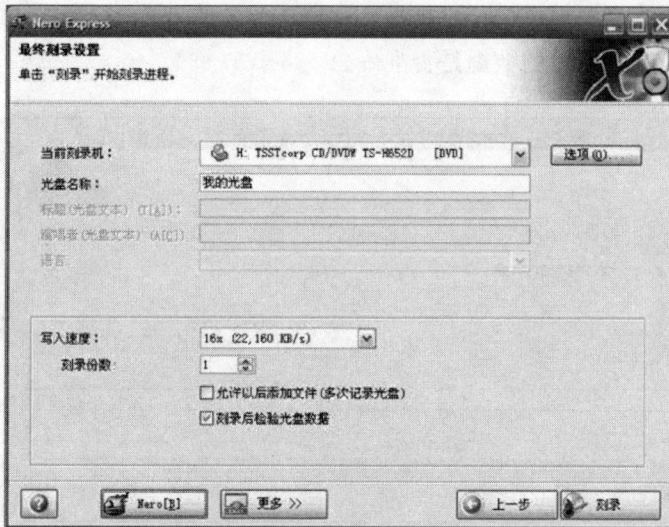

图 14—12 蓝色进度条显示文件的占用空间

图 14—13　最终刻录设置

　　在"最终刻录设置"窗口中，从"当前刻录机"下拉列表中选择要使用的刻录机，在"光盘名称"文本框内输入光盘的名称，选择一个合适的刻录速度和刻录份数后，单击"刻录"按钮就会开始将数据刻录到光盘之中（图 14—14）。刻录速度指的是刻录机所支持的最大刻录速度，选择的刻录速度越高，刻录光盘所使用的时间越短，但相应的出现光盘刻录失败的几率也越高。通常光盘在刻录结束后，即使有剩余的空间，也无法继续追加新内容，但是如果选中"以后允许添加文件"选项后，光盘在刻录成功后仍然可以继续添加新内容。选中"刻录后检验光盘数据"选项后，光盘刻录结束后光盘不会马上弹出，NERO 将对刻录后的数据进行检查，校验刻录后的数据是否准确。

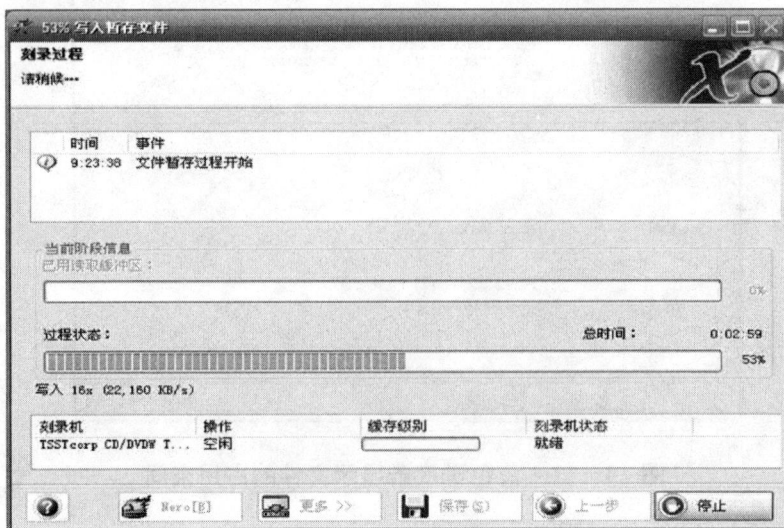

图 14—14　刻录过程

　　光盘刻录成功后，NERO 会自动弹出提示菜单（图 14－15），然后 NERO 会显示菜单，用户可以选择再次刻录同一项目，还可以使用 NERO 自带的光盘封面设计程序来为光盘设计一个封面。

图 14－15　刻录完成提示

图 14－16　刻录后选项

熟悉了刻录数据光盘，让我们再来了解用 Nero 如何刻录其他格式的光盘：选择"文件—新建"，在出现的菜单中就可以选择我们要刻录的各种类型的 CD 了。包括音频 CD、混合模式 CD、CD 拷贝、VCD、超级视频 CD、只读 CD（启动）等。选择"VCD"可以制作 VCD 光盘。通常来说，我们在刻录 VCD 光盘时是把该光盘用于一般的家用 VCD 机上，为了使光盘符合 VCD 机的标准。Create Standard Compliant CD "创建符合标准的光盘"是必须勾选的。由于家用 VCD 机大都只能认 ISO 9660 的国际标准，因此在这里我们要 ISO1 级的文件/目录名长度和 ISO 0 的字符集，并且不要选取"放宽 ISO 限制"。这一切都设定好后就可以按"新建"按钮进入 VCD 节目的编辑了。Nero 可支持的影像文件格式有 .dat 和 .mpg，但都必须是标准的 MPEG-1 编码。我们要注意的是把影像文件拖到光盘面板下方的音轨窗口，而不是完成刻录后存放 .dat 文件的 mpegav 目录。

三、业务技能训练

训练一

1. 训练背景

广东茂达贸易公司商务文员李季，公司领导让其打印公司的票据，李季使用 HP120 激光打印机很快速的打印了全部票据。

2. 训练要求

李季这么做对不对？

3. 训练提示

李季这么做是错误的，各种票据必须使用针式打印机来打印，只有针式打印机能够打印多联复写票据，且针式打印机打印的数据更不易被篡改。

训练二

1. 训练背景

商务文员李季要将公司的重要数据刻录成光盘以便存档。结果过了 1 个月后李季拿出光盘准备恢复备份的数据却发现光盘中的数据出现了损坏，导致部分数据无法恢复。**注：**公司的刻录机并无问题，李季使用的刻录软件为 Nero6。

2. 训练要求

李季该如何避免类似情况的出现？

3. 训练提示

首先确定是否因为光盘的质量问题导致刻录失败，然后在使用 Nero 刻录光盘的时候降低刻录速度并选中"刻录后检验光盘数据"这一选项，保存光盘时也需要注意避免光盘数据面出现划痕和沾染上灰尘。

（一）碎纸机

碎纸机是由一组旋转的刀刃、纸梳和驱动马达组成的机器。把废弃的文件从相互咬合的刀刃中间送入，分割成很多的细小纸片，使其无法复原从而达到保密的目的。

1. 碎纸机的特性

（1）碎纸方式。是指当纸张经过碎纸机处理后被碎纸刀切碎后的形状。根据碎纸刀的组成方式，现有的碎纸方式有：碎状、粒状、段状、沫状、条状、丝状等。不同的碎纸方式适用于不同的场合，如果是一般性的办公场合则选择粒状、丝状，段状、条状的就可以了。但如果是用到一些对保密要求比较高的场合就一定要用沫状的。

（2）碎纸能力。碎纸能力是指碎纸机一次能处理的纸张厚度及纸张最大数目。一般碎纸效果越好则其碎纸能力则相对差些。普通办公室选用 A4－70g，3－4 张的就可以满足日常工作需要，如果是大型办公室则要根据需要选择合适幅面和较快速度的碎纸机。

（3）碎纸效果。碎纸效果是指纸张经过碎纸机处理后所形成的废纸的大小，一般是以毫米（mm）为单位的。粒、沫状效果最佳，碎状次之，条、段状相对效果更差些。例如 2×2 毫米保密效果可将 A4 纸张切成 1500 多小块。不同的场合可根据实际需要选择不同碎纸效果的碎纸机。如家庭和小型办公室不牵涉到保密的场合可选用 4 毫米×150 毫米、4 毫米×150 毫米等规格的就可以了。对于高度机密的文件，应采用可纵横切割的碎纸机，最好选用达到 3 毫米×3 毫米及其以下规格碎纸效果的碎纸机。

碎纸保密等级表

DIN 32757（德国标准）		
保密等级	尺寸（mm）	形状
Level 1	12	条状
Level 2	6	条状
Level 3	2	条状
Level 4	2×15	粒状
Level 5	0.8×12	粒状
Level 6	0.8×4	粒状

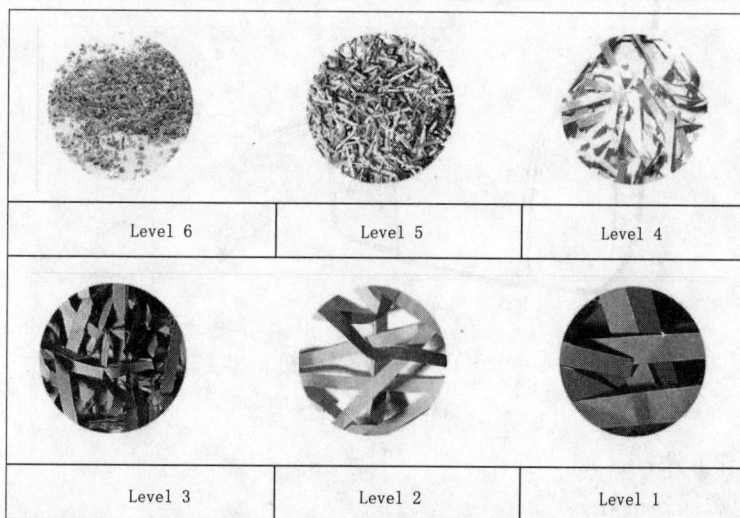

Level 6	Level 5	Level 4
Level 3	Level 2	Level 1

不同保密级别的碎纸效果

（4）碎纸速度。碎纸速度也就是碎纸机的处理能力，一般用每分钟能处理废纸的总长度来度量，如 3 米/分，表示每分钟可处理的纸张在没有切碎之前的总长度。

（5）碎纸宽度。碎纸宽度就是碎纸机所要切碎的纸张在没有进入碎纸机之前的最大宽度，也就是指碎纸机所能容许的纸张的宽度。通常要切碎的纸张要与切口垂直输入，否则整行文字有可能完整保留，资料尽露；另外如果入纸口太细，纸张便会折在一起，降低每次所碎张数，且容易引至卡纸，降低碎纸机的工作效率，所以选择碎纸机时一定要注意碎纸宽度的选择。但普通办公室一般只要能进入 A4 纸（大约 190 毫米），所以 220 毫米宽度的碎纸机就足够用了。

（5）碎纸箱容积。碎纸箱容积是指盛放切碎后废纸的箱体体积。普通办公室和家用碎纸机出于实际需要和占地大小考虑可选择较小容量的碎纸箱，大小在 4 升到 10 升之间为宜；中型办公室以 10－30 升为最佳，大型办公室可选用 50 升以上的碎纸箱。最后，还有一些碎纸机带有一个能挂上塑料袋的架子。这样的你只要准备能挂在架子上的塑料袋就行了。

2. 碎纸机的使用

下面以科密（KOKA）KP－4700 碎纸机为例，介绍一下碎纸机的使用方法。

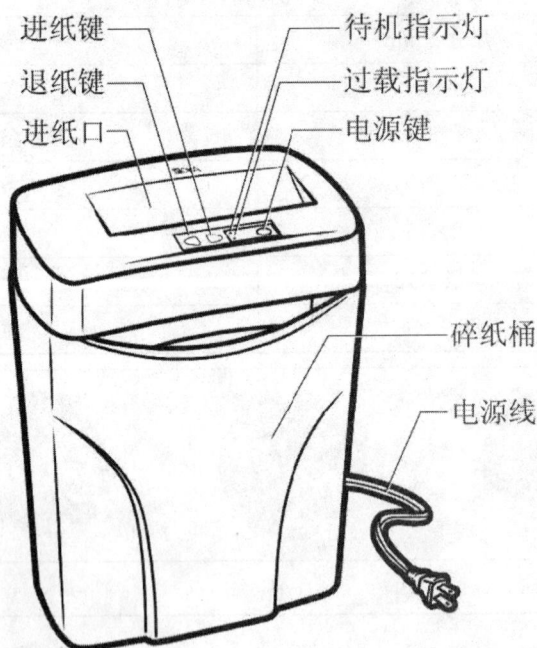

进纸键 ——
退纸键 ——
进纸口 ——
—— 待机指示灯
—— 过载指示灯
—— 电源键
—— 碎纸桶
—— 电源线

KP－4700 碎纸机

（1）碎纸操作方法：

① 首先将电源线连接好。

② 按［电源］键使碎纸机处于待机状态，这时待机指示灯将会亮起。

③ 确保欲碎的纸张上无订书针及回形针等硬物后，将纸垂直放入进纸口中。如果要碎较小尺寸的纸张时（如信封），请由进纸口的中央送入。

④ 碎纸机自动开始碎纸。碎纸完毕后机器回自动切换回待机状态。

（2）卡纸的处理：

碎纸过程中如发生夹纸情况时，过载指示灯就会亮起，这时机器会自动退纸约 2 秒钟，然后自动停止工作。

此时先按［退纸］键，然后将夹在进纸口中的纸轻轻拉出即可。卡纸问题解决后过载指示灯就会自动熄灭。

（3）清理残留碎纸屑：

残留在进纸口中的碎纸屑会降低碎纸机的工作效率，而且还容易使机器卡纸，所以要及时清理碎纸屑。这时只要按下［进纸］键，机器就会即持续前进的动作，残留的碎纸屑就会被清除干净。

（4）注意事项：

① 每次走纸量请勿超过 10 张 A4 纸。

② 请勿送入对折一次以上或有严重皱折的纸。

③ 请垂直走纸。

④ 当要移动、清洁碎纸机或清理碎纸筒时，请先将电源线拔掉。

⑤ 请勿使用于如：磁盘、纸夹、金属纸、厚的塑料纸、纸板等硬纸或物体。

⑥ 使用中请勿让儿童接近，以避免危险。

⑦ 请避免细长的尖锐物（如：笔、螺丝起子）、衣服、领带、珠宝、头发、手指等接近进纸口。

⑧ 碎纸筒内请勿套上垃圾袋，以免发生故障。

第三节 办公自动化前景展望

一、规范案例

广东茂达贸易公司商务文员李季，结合本公司情况与办公自动化知识，提出了一份公司办公自动化未来发展规划书，该计划书获得了公司领导的认可。

注：作为一名商务文员，不仅要熟练使用现有的各种办公自动化设备，随着时代的发展和技术的进步，还要对办公自动化未来的发展方向有着一定的认识。

二、应知应会

计算机网络、通讯技术、多媒体等技术已经深入到社会的各个角落，正在不断的改变人们传统的生活和工作观念，使得跨地域的协同工作、信息共享和实时通讯成为可能，智能化的办公环境使得办公人员及时获得全球性金融商业情报、科技情报及各种数据库系统中的最新信息，可以随时与世界各地的企业或机构进行商贸等各种业务活动。可以说办公智能化的目的就是以科学化、自动化的理念来改善办公条件，从而提高办公的质量和效率，减少和避免各种差错与弊端的出现，提高管理及决策水平。智能化、人性化、自动化、网络化是未来办公领域主要的发展方向，可以预见到在不远的将来，会有越来越多的企业会认识到加强智能化办公环境的建设，并占据领先地位，将有助于保持竞争优势，使企业的发展形成良性循环。

三、业务技能训练

训练一

1. 训练背景

作为新上任负责联系各个分公司业务的商务文员李季，近来越来越觉得自己无法适应新工作挑战，各个分公司都处于不同的城市，各种文件和信息的传达已经使其焦头烂额，并对自己的工作灰心丧气。

2. 训练要求

李季应该如何应对工作？

3. 训练提示

李季应当灵活运用办公自动化的各项设备，深入了解办公自动化的未来发展方向，办公自动化的网络化是其解决文件和信息在不同地域之间传递的好办法。

训练二

1. 训练背景

李季所在的公司各项办公自动化设备陈旧，公司领导指派他负责改造公司的办公自动化环境。面对着市场上琳琅满目的各种办公自动化设备，李季感到迷茫……

2. 训练要求

请大家讨论一下李季应当如何更新办公自动化设备？

3. 训练提示

智能化、人性化、自动化、网络化是办公自动化未来的主要发展方向，要本着这一原则构建办公自动化。另外一定要结合本公司的实际状况来研究各项设备的购置和更新，而更新的范围也不要仅仅局限于硬件设备，各种软件和工作人员的培训也要紧扣住时代的脉搏。

培训小结

本章阐述了办公自动化的概念、结构以及意义，介绍了常用办公自动化设备打印机、复印机、扫描仪、传真机、刻录机的基本常识以及这些设备日常使用、维护的技巧。

重点名词与概念

——办公自动化。凡是在处理办公业务的流程当中，使用各种新技术、新机器、新设备，都可以称之为办公自动化。

——办公自动化两要素：（1）办公自动化的使用人员和维护人员；（2）办公自动化设备的硬件和软件。

——打印机的分类。按照工作原理：点阵式打印机、喷墨打印机、激光打印机；按照打印方式：击打式打印机、非击打式打印机。

——复印机分类。光化学复印机、热敏复印机、静电复印机。

——扫描仪分类。滚筒式扫描仪、平面扫描仪、笔式扫描仪。

——CD－R 同 CD－RW 光盘的区别。CD－R 光盘为只读光盘；CD－RW 光盘为可复写式光盘。

——USB：通用串行总线。

练习与思考

1. 订书器、碎纸机算是一种办公自动化设备么？

2. 输出 10 份 50 页的文字材料，选用以下哪种设备最合适？①打印机。②复印机。③速印机。

3. 如果你是一名商务文员，你希望公司购买何种办公自动化设备，为什么？

4. 在计算机和网络十分普及的今天，为什么还要使用传真机？

案例分析

小李是某公司的一名商务文员，在位于北京的公司总部工作。该公司总部的员工数量在 1000 人以上。现在小李接到上级领导指示的工作，对公司的全体员工做一次问卷调查。领导要求小李在短时间内把问卷发到每一个人的手上。小李使用打印机打印了 300 份问卷后，打印机的油墨耗光了，于是小李使用公司新采购的复印机继续复印其余的问卷，由于对新买的复印机操作不够熟练，最后当问卷发到员工的手上的时候，已经超过了领导规定的时限了。在受到领导批评后小李感觉十分委屈，他觉得问题出在打印机和复印机的身上……你觉得小李的问题出在哪里？假如你是小李你又该如何处理这项工作？

（**注**：公司内各种办公自动化设备十分齐全，除了打印机、复印机以外公司还采购了速印机，但是小李平时觉着使用打印机更方便，所以很少使用复印机，更是从来都没有使用过速印机）

附　录

商务文员的入职

第一节　商务文员入职准备

商务文员（Clerk），是对从事日常性办公室事务工作人员的统称。商务文员是指具有商务基础知识，同时熟悉办公室日常事务工作的人员。

随着我国经济的全球化，新的管理模式生产方式办公手段和通讯手段不断涌现，现代事务的发展对于办公室工作人员的要求不断提高，今天的商务文员已不只是接待员兼打字员那样简单，现代管理者们需要的是既懂得现代商务基础知识又熟知办公室工作事务，并能够高效完成各项办公室工作的商务文员。可以说，商务文员所从事的工作是开展各项办公室工作的基础，商务文员的工作技能是所有从事办公室工作人员都应掌握的基本技能。

因此，掌握必需的商务基础知识，学会必备的工作技能，熟悉和了解商务文员日常工作的流程就成了入职的必要条件。

一、商务文员入职的知识准备和日常工作

商务文员的知识体系主要分为商务基础知识和商务文员工作技能两个部分。商务基础知识分为：国内商务基础、国际商务基础、商务法规基础、办公室财务基础、现代企业运行模式基础知识和商务文员英语基础知识。商务文员专业技能包括快速打字、电话的接打、各种函电的收发、印信的管理、办公设备的使用等。

由于商务文员主要是从事日常办公事务性工作，因此，作为一个商务文员必须熟悉和了解企业日常工作的具体内容，由于企业的性质和所从事的行业不同，其日常工作内容会存在差别，但是从整体上来说作为一个商务文员，一般会涉及以下一些工作：

日常事务性工作。它包括办公室事务的日常管理、日常的接待工作和商务活动中的服务工作及会议的服务工作。

文字的处理工作。它包括商务函电及文件的收发与的处理工作、进出口贸易经营文书的处理工作、日常的拟文、办文及文书归档工作。

信息管理工作。它包括办公室日常通讯工作、信息的收集及处理工作、网络商务电子文书工作、办公室自动化设备的操作及维护等工作。

二、商务文员入职的能力要求与技能准备

对于一个商务文员来说，在入职前除了应掌握上述知识外，还应具备以下基本的能力与

技能：

1. 娴熟的沟通与协调能力

在商务文员将要从事的工作中，商务文员将要和公司领导、同事、客户交往与共处。掌握必要的沟通与协调的技巧，将使商务文员很快的取得领导、同事和客户的信任，以较短的时间融入到自己所在的公司当中去，和自己的客户成为朋友。这将对商务文员工作的环境、工作的业绩和工作的顺利有效开展起到巨大的作用。如果商务文员的沟通与协调的技能比较好，将会发现一切的工作并不像自己想象的那么困难，商务文员会从自己的领导、同事和客户那得到帮助和笑脸，和他们成为业务上的协作者，业务外的好朋友，商务文员将从自己的工作中得到乐趣和收获，并能很快得到大家的认同，取得业绩上的突破。所以，对于一个以基础办公事务为主要工作内容的商务文员来说，沟通与协调技巧将是商务文员进入公司之前必须熟悉和掌握的基本能力之一，如果商务文员熟练地掌握了，并运用到日常的工作与交往中，将使自己长期受益。

2. 简洁、明晰、开门见山的口语表达能力

口语表达能力对商务文员来说，至关重要，它将在你与领导、同事、客户的沟通中起到重要作用，是商务文员必须具备的一项基本能力。所以，如果你能够在入职之前就具备了简洁、明晰、开门见山的口语表达能力，这将对你寻找工作，以及入职之后迅速适应自己工作、融入工作团队起到积极作用，这就需要商务文员在入职之前就应该对自己的口才进行专门的训练，要做到语言思维严密、深入、条理，语言表达清晰、准确、简洁、富有文采，语言表达效果要理性、幽默、具有鼓舞性和感人力量，态势语要适当。通过不间断地锻炼和提高，使自己在沟通过程中，语言表达简洁、明晰、开门见山，直接抓住事物的本质，不拖泥带水，不说和工作无关的问题，提高工作的效率和沟通的效果。

3. 具有团队合作精神和时间管理的技巧

对于商务文员来说，将面临的是一个繁杂的事务性工作，如果商务文员对时间管理和团队合作不熟悉，会发现自己将陷于众多的琐事当中，有做不完的事，有干不完的活，却不被周围的同事和上级领导的认同。这时候，大多数原因是商务文员自身缺乏必要的合作精神和时间管理的技巧，常常是单枪匹马加班加点，却没有把工作分成几块和别人一起合作来完成。因此，掌握必要的时间管理技巧，具有团队合作的精神，这对商务文员日常工作是非常有益的。从时间管理的技巧方面来说，商务文员要善于分析事情的"轻重缓急"，把最重要、最紧急的事情放在前面来办，而把重要、紧急的事情放在其后，作为一个精明的商务文员总是知道哪些事情先办，哪些事情后办，什么事情交到哪个部门办理，使每件事情都得到恰当处理的。并且商务文员还要融入到自己的集体当中去，学会把事情和大家一起去做，这将大大提高商务文员完成工作的效率，千万不要显得自己比别人更突出，而不愿意和别人合作做事。

4. 文字处理能力

对于一个商务文员来说，文字处理能力是必须具备的，需掌握一些基本商务函件的阅读，一些基本文书的撰写、文书的办理程序及其文书的鉴别与存档工作。应有较快的打字速度。根据打字内容的难易程度和任务特点，一般要求开始每分钟能打出 40～60 个字。熟悉打印业务信函，打印报告，打印给某人的信函等。还应进行基本技能训练和打字时间训练，以提高打字速度。掌握基本的速记方法与技巧，一个商务文员在任职初期，每分钟应能记录 90～

100 字的口述。称职的商务文员还应有更高的标准，这一工作要求拥有更快更规范的速记技术。了解一些基本文书的体例，有的时候，商务文员可以对照公司的工作手册所推荐的文件格式进行训练。知道应该如何遣词与造句，写出一篇切合实际并让领导满意的文件来。除此之外，商务文员还要掌握一些基本校对技巧和编辑技巧，所有文件在校对时都应力求准确无误。特别是校对根据速记整理出的文稿时。应对每个细节都十分注意，以保证将原意不走样地传达给阅读者。对乍看上去无关紧要的部分大声朗读一遍，这是复核文件中最有效的方法之一。其次，在商务文员校对文件时候，最好要出一份纸质稿件，然后从头到尾认真校对，可以有效地减少出错的概率。

5. 信息处理的能力

随着信息技术的不断发展，对商务文员的信息处理能力方面也提出了新的要求，要想做好一个商务文员，就必须熟悉和掌握信息收集和管理的技巧，将有用的信息及时呈报给领导，掌握计算机和软件的基本技术，对常用办公软件应该非常熟悉，知道如何利用网络来处理电子文书。

6. 听辨能力

商务文员应能非常准确地领会上级的指示。必须细心地聆听，以便将内容正确描述与转达给别人。电话交谈也十分重要，商务文员不仅要仔细地听清对方的名字，还要弄清对方的目的，能对来电者身份做基本的辨识，防止竞争对手通过电话打探商业情报，准确的记录来电内容，转交给相关领导处理。当做会谈记录时，也要培养自己有目的地辨听能力，以便抓住重点，删除无关紧要的部分。

7. 贯彻与执行能力

作为以服务为主的商务文员来说，必须能够坚决贯彻上级领导的目的和意图，并及时的执行，要坚持执行的效率，要在最短的时间内去尽最大的努力去完成各项工作和任务，不能拖拖拉拉，不能阳奉阴违，耽误工作的进展，或在执行中做出各种曲解，这都是要避免的问题。

8. 创新与革新能力

对于一个商务文员来说，在执行自己工作的过程中，还要有创新的意识，在完成领导布置各项工作任务的时候，还要想一想有没有新的方法与技巧去提高现有的工作效率，在适当的时候，也可以将比较成熟工作方法向领导积极献言献策。

我国是一个快速发展的发展中国家，整个社会的管理水平和员工的职业素养都亟须进一步的提高。商务文员作为现代办公室工作的基础工作人员，已是现代化、专业化、规范化、协作化办公不可或缺的一员。具备上述专业知识和专业技能的商务文员必将得到社会和企业的承认、尊重与认可。

第二节　商务文员的求职

商务文员工作是从事办公室工作的起点。因此如何求得一份商务文员工作，关系到是否可以成为一个白领。在求职时将考虑到多种因素。例如：入职机构的规模、机构的性质、机构的主营业务等，根据机构的需要来完善自我，对自己适合哪一类工作和自己对工作的期待有一个清醒的认识，这将使商务文员在求职的过程中目标明确，事半功倍。

通常来讲，求职的成功率取决于以下五点：

（1）求职者所接受教育的程度和所学的专业；

（2）求职者对商务文员基本技能的熟悉与掌握的程度；

（3）求职者有没有相关的工作经验或实习工作经历；

（4）求职者对所求工作的理解和渴望；

（5）求职者所处的地理位置。

地理位置也是影响求职的因素，如你居住的是大城市还是小城市，是沿海城市还是内陆城市，因为这常常决定了你找工作的机会和类型。一般来说大城市找工作的机会多，但竞争却相对激烈，而小城市机会少，但竞争相对较小。这需要根据求职者对自己的期待来定。无论找什么工作，都要有一个信息的来源。

一、职位信息的来源

1. 学校信息

对于学生来说，学校的就业处提供的就业信息及举行的人才招聘会是就业信息的一个来源，一般的学校就业处往往会针对毕业生提供各种就业信息并举行相应的人才招聘会，这对学生就业来说，是第一手最为可靠的资料。因为学校在为你提供就业信息时，已经对所收集到的就业信息进行了筛选与确认，以确保这些就业信息是真实可信的，这些企业是合法和真实存在的，这样就减少了你在就业时一个鉴别环节。

2. 媒体信息

报纸与广告，也是就业信息比较集中的地方。现在许多城市有专门的就业报纸，报纸从头到尾刊登的是各类就业的信息，为你的就业提供了各种选择。一些每天都发行的综合性日报也常常有专门的就业信息板块，也是你寻找就业信息的一个不错选择。同时，你也可能会在电视上看到一些就业信息，或者在大街上接到一些散发的就业信息广告。对于在大街上接到的就业信息广告，你在应聘之前应该进行鉴别和确认，以确定这个就业信息是否可靠。

3. 网络信息

网络，随着互联网的普及，互联网为我们提供了一个高效、快速和可靠的就业信息来源。现在的互联网，设有各种专门的就业信息网站，上面有各种就业信息，为你的就业提供了一个最为便捷的信息来源。而一些地方政府的门户网站和政府主导的论坛上，也会发布一些就业信息，这使得我们在搜集就业信息的时候可以足不出户，为个人的就业提供了极大的便利。

4. 积极参加招聘会

人才市场和招聘会，一般相对较大一些的城市都设有专门的人才市场，定期举行人才招聘会。这对求职者来说，提供了一个直接和应聘单位见面的机会，双方可以通过直接的面谈来确定信任，如果机遇好的话，有可能直接在人才市场上与用人企业签订合同。一般来说，一些大型的人才市场每年都会举行一两次规模较大的综合人才招聘会，这类招聘会，往往参加的企业多，企业的规格也比较高，但应聘的人员也很多，常会排一两个小时的长队，才能投下一份简历。招聘会也是我们收集信息的一个极好来源，我们可以把用人单位的名称、招聘职位、联系人、联系电话、电子信箱记下来，在招聘会第二天或第三天合适的时候打电话或发电子邮件申请职位。同时这类人才市场，还会在每周固定的日子（如星期一、星期三、星期五、星期日）举行专场人才招聘会，这种招聘会参加单位比较单一，规格不高，但参加招聘的人较少，竞争相对较小，并常有一些大的机构挑这样的招聘会来招聘员工，其签约成功率高，所以对求职者来讲，这样的招聘会不能忽视。即使人才市场不举行招聘会，在人才市场上也有大量的单位招聘员工的宣传广告，也是我们收集企业用工信息的极好来源。

5. 职业介绍所

一般来说职业介绍所需要招聘者与应聘者承担一定的中介费用，但仍有签约工作的机会。不过我们在通过职业介绍所来寻找工作时，应该对这个职介所的诚信度和合法性进行确认。

6. 电话和其他方式

直接打电话到相应的单位询问，一般在电话的号码簿上能够查到各地机构人力资源部门的电话号码，然后打电话进行咨询，也是我们能够用到的一种方法，不过这种方法比较少用。

亲戚、朋友和同学关系，这也是我们就业信息的一个来源。他们可能也搜集了一些就业信息，而自己又用不上，就可以提供给你。而在相应企业任职的亲戚和朋友，也可能为你提供该企业招聘职位的第一手信息，大大提高了就业的概率。

当你收集到满意的就业信息之后，你就可以和招聘单位进行联系，投递自己的应聘材料。

二、推荐自己

当你对某一家公司非常满意之后，就需要向相应的公司推荐自己。在推荐自己的时候，往往是通过打电话和发邮件开始的。这时候，你要和你未来的雇主和公司同事通话，因而应该给他们留下良好的印象，你的通话一定要热情、礼貌、简洁、坦率。打电话的时候应该注意：

（1）开始通话时，不能忘了说"你好"，结束通话时不能忘了说"再见"。

（2）如果知道招聘人员的具体名字和职位，打电话时应该直接说"你好"，我找××经理；如果不知道具体的职位可以直接说"你好"，我找××先生和女士；如果都不知道，可以直接说"你好"，请问是××公司的人事部门么？得到否定回答，就说"对不起，请问一下，你们公司人事部门的电话是多少？如得到肯定回到，就问"请问主管招聘××职位的是哪位先生，我想应聘商务文员职位"。

（3）在招聘人接电话后，先要问对方"方便不方便接听你的电话"，如果得到否定回答，那就说，"我是××，想应聘××岗位，请问什么时间方便和您通话"，这样就可以预约个时间。如果得到肯定的回答，你要简单介绍自己，介绍的时候要简洁明了，说清是从哪个地方得到的招聘消息，介绍自己姓名、年龄，毕业的学校、专业，在这方面的实践经验，对这个岗位的热爱与渴望等，但语速要适中，发音要清晰，时间要简短。例如：××经理，你好，我是××，从《××报》上看到贵公司招聘商务文员的消息，我想应聘这个职位，我今年××周岁，是××大学××院××专业应届毕业生，通过了全国商务文员的资格考试，并在××单位做过商务文员，我非常喜欢这个职业，渴望在这个岗位上做出成绩。

（4）如果对方让把你的相应资料寄过去的话，你们的通话基本上到此就结束，等待对方看到你相关资料后给予的答复。如果对方向你提一些问题的话，你应该诚实、坦率的回答，对于自己不知道的事情，一定不能装懂，应该诚实的说，我不知道。如果对方提到你的弱项，也要诚实回答，不能有意识的拔高，一定要给对方留下诚实的印象。

（5）打电话时一定要找一个比较安静的地方，要保持通话质量相对稳定，因而一般不提倡在大街上的公用电话或话吧，或用手机打电话。你比较好的选择，是使用家里或宿舍里的固定电话，一定要安静。

（6）你在谈话中如果有疑问，要做到有疑则问，但第一次打电话，一般不适宜谈工资和待遇问题。

（7）如果你在谈话中发现这个工作不适合自己的话，也要讲究礼貌。

（8）等待对方说再见，然后再挂断电话。

如果是通过电子邮件来推荐自己的时候，我们要注意：

（1）称呼一定要加敬称，但不能过于亲昵，如果采用"尊敬的××先生（女士）或者尊敬的××经理"是一个不错的选择；

（2）要在开头写上"您好"；

（3）对自己的介绍一定要简短、明晰，一般也要介绍消息的来源、自己的年龄、性别、毕业院校和专业、相应工作的经验，和自己对工作的看法与认识及联系的地址和方式，但要针对不同的公司岗位的需要突出自己不同的特长，不能把同一封信只改了一下称谓，就发给不同的公司来推荐自己；

（4）不要忘了在介绍完之后，向招聘者表示祝福；

（5）一定要署上自己的名字和写信日期，同时你也要注意整个格式的正确和所发电子邮件地址正确；

（6）有时候，你也可以在第一次发电子邮件给招聘人员或公司时，通过添加附件的方式，将自己相关电子材料发给招聘人员和公司；

（7）最为重要的是，你在发出邮件之后，不能忘了及时登录你的邮箱查看回复的消息。

下面是一封推荐自己的电子邮件常用的写法：

尊敬的××先生（经理）

您好，从《××报》上看到贵单位招聘商务商务文员的消息，我想应聘这个职位，我今年××周岁、男，××大学××学院××专业应届毕业生，通过了全国商务商务文员的资格考试，并在××公司做过商务商务文员，详细情况见邮件附件。

我非常喜欢这个职业，渴望在这个岗位上做出成绩，为公司发展贡献自己的力量。非常感谢××先生在百忙之中抽空阅读这封信，敬候回复，顺祝您事业有成，家庭幸福。

此致

敬礼

自己的名字

××年××月××日

在推荐电话打过不久，推荐电子邮件发出去之后，可能接到雇主的电话，这时候我们要注意：

（1）不是张口说"喂"，而是要自报姓名；

（2）礼貌、完整地回答所有问题，不要闲聊或用无关的话耽误对方的时间；

（3）如果对方建议你谈点个人的事，应能找到话题。比如，你可找一点不占时间的小事儿，那样不仅表现了你的个性，还又不浪费对方宝贵时间。

（4）确定你们会面的具体时间和场所；

（5）同样要让对方先说再见，结束会谈。

这时候，招聘方可能会要求你把自己的详细资料投递过去，投递应聘材料一般常用的方法，通过邮局投递，通过电子邮件投递，或者直接到用人单位人事部门进行投递，当然在招聘会上也可以直接投递。你的应聘材料应该包括自荐信，简历和你取得相应资格证书的复印件和获得荣誉的复印件。

对于那些距离你现居住地较远的非同城公司，邮局投递和电子邮件投递都是好的方法，但也要根据雇方的需求来选择。如果对方需求的是最为原始的材料，并且也有一定的时间去缓冲，那么可以通过邮局以快递方式投出；如果对方要得较急，并且不一定是要原始材料，可以通过电子邮件投递。对于那些和你居住地同城的公司，可以用电子邮件或者是约定时间到公司人事部门直接进行投递，直接投递可以向对方展示原件，增加可信度，但一定是约好的，避免盲目上门投递。

一封好的自荐信，对你找工作非常有用，它是你写作水平、智力水平和综合能力的一个体现，也体现了你对工作的态度。你应该选一张质地良好、平整清洁的纸来打字，白纸或冷色调的纸较为适宜。不要使用带有信头的纸，尤其不能用你现在工作单位的公用信笺。避免采用奇特的打印方式。信件内容不要突破一页。在任何情况下，都不可将信件复印多份以分送几个用人单位，这种举动会给人造成一种很盲目的初始印象。求职信用上缺少写信时间和礼貌用语，也会让人产生粗心的感觉。

写信之前，最好细致地将要写的内容逐条列出，把握好大体轮廓或突出要点。如果你的信是应征型的（比如按广告而应聘），你在信的第一段落就要提起你应聘的特殊职位是什么，是在哪一天，哪个广告上发现的；如果你的信不是应征型的（比如，根据自己特长去找职业），你就应在信的开始写明你为什么乐意到某个公司某一部门去工作。接下来，你应当集中介绍自己的优势，简要说明自己的技术水平（如速记打字速度），重点叙述某些特长（如精通金融业务或精通一门外语）。另外的部分或段落用来介绍有关受教育情况，及你在受教育的过程中获得的荣誉和各种资格证书及以前的实践经历或受聘经历，甚至有些尚在发展中的事项也可提及。另外，不要忘了谈谈你的性格特征及你对这个工作的热爱，及展望一下如果被录取，你将会如何为公司工作。最后，信上还要说明采用什么方式联系，比如，你期待着办公室的约见，或者你将在下周打电话询问等。整个信件的基调应坦率、诚实和彬彬有礼，语法方面更要细心推敲，不得出错。你可以另制一份，作为备份。

写作自荐信的要素：①真诚而积极的态度。②坦诚而干练的文字。③恰当的措辞。④适当的篇幅。

下面是一份自荐信范本：

自　荐　信

尊敬的××先生

贵公司刊登在××年××月××日《××报》上的聘用广告深深地吸引了我。由于我深信自己能够胜任您需聘用的商务文员工作，因此呈上一份我的个人简历。

我今年××周岁、男、××大学××院××专业毕业。在上学期间通过了全国商务商务文员资格考试，熟悉商务文员的各种实际操作，我的速记水平为每分钟80字，打字速度为每分钟90字；英语口语熟练，能够与外商直接进行口语交流；熟悉各种办公软件的操作和计算机的基本维护技术。在上学期间获得过国家奖学金一次，学校一等奖学金一次，二等奖学金二次，并被共青团××省委评为××省优秀团干部。

××年××月至××年××月在××市××公司做过商务文员，对相应岗位的工作流程非常熟悉。

我性格开朗，踏实肯干，有上劲心和协作精神，喜欢且热爱商务文员工作，如果贵公司能给我一次机会的话，我会尽我最大的努力把工作做好。期盼您在百忙的工作中能够给予回复。

此致

　　敬礼

　　　　　　　　　　　　　　　　　　　　　　　　　　　　×××

简历　简历也称个人履历，是对一个人专业积累和往日成就的全面体现。因此，它在你的应聘中起着至关重要的作用。良好的简历大都具备着以下几个要素：

（1）个人身份：全名、性别、年龄、民族、住址，外语和计算机水平，家庭或办公室的电话号码及手机号码，联系的地址和邮编，这些都打在简历的开始，根据具体情况，有的时候还需要预留出贴照片的地方；

（2）受教育的经历，一般按时间先后顺序排列，将你接受教育的经历一一写出，一般从高中开始写起，写时，要标出受教育的时间、学校、专业等，也包括接受培训的经历；

（3）你的工作经历和实习经历，一般也按照时间先后顺序排列，将工作或实习的时间、工作或实习的单位、从事的岗位一一列出；

（4）奖惩情况，包括你在上学或工作单位获得的奖励、荣誉和受到的处罚与处分，一般情况下，受处分的部分一般不写，而获得奖励与荣誉要客观真实；

（5）附录材料，一般要包括获得各种荣誉与奖励的复印件和获得资格证书的复印件。

不过，要记住以下一些内容往往不会往自荐信和简历上写：

（1）薪水——待遇问题也应是约见时直接讨论的事项，因此没有必要过早地涉及它，除非把工作看成是一个为了合适的价格而投身其间的冷冰冰的交易市场；

（2）想变换工作——无论如何，不应在文字上表露出这种念头，因为字面上的东西常会引起误解，不如口头灵便。如果你被询问到是否想变换一下工作时，再与约见人交谈这个敏感的问题；

（3）如应聘而眼下暂脱不开身——这种戏剧性的场面最好通过私人关系或在电话交谈中表白，因为要在文字上做出适当的解释不仅需要大量篇幅，同时还需要耗费很多的精力；

（4）照片——照片可以帮忙，也可帮倒忙，这取决于照片能否让你给人留下好印象。所以，在你还没有获得表现一下自我的机会，不必冒险把照片寄出，以免在聘用伊始就碰了个钉子。

简历通常以不超过一页为宜。为了在短小的篇幅里突出重点，获得最大的效果，最好先将材料安排好，在打印之前，拟草稿，所有材料都要反复推敲。语言简洁、明快，避免重复。简历应打在一张平整正规的纸上，最好和你已打好的求职信保持一致。四个边角的空隙大小一样，保持平衡。打印时，字迹要清晰，不要使用奇怪字体，如斜体字，附录材料的复印件要清晰，要与前面的自荐信和简历保持一致，使用同样的纸张。下面是一个简历范本：

个 人 简 历					
姓 名		性 别		出生日期	
民 族、		身 高		健康状况	
学 历		专 业		学 位	
政治面貌		籍 贯		现 住 址	
毕业院校				联系电话	
联系地址				手 机	
邮 编				E-mail	
教育与培训					
获得证书					
实际能力					
所获奖励					
自我评价					
应聘职位					

（照片位于右上角区域）

简历做好之后，一般是按照自荐信、简历、简历附录材料把它排好，如果投的是纸质材料，一般简历还要有一个封面，封面也以简洁清楚为主，切忌过于花哨。如果是采用邮件方式投递，在信封上注上"应聘××职位"字样。

　　申请表格和考试　许多招聘办公室都要求申请就职者填写求职表。求职者应带上自己的简历以及相关材料，做好充分的准备。为了获得成功，应认真地、整洁地填写并再三核对。应注意，所有表格都应填上，与自己无关的栏目也写上"无"，或者划上一条破折号。有的申请表上还有一个专门栏目，要求你填上你所希望的薪水数额。最佳的填写方式是写一个范围，而不是确定的数。

　　许多用人单位为了考察求职者是否适宜为本公司服务，都要进行考试。考试项目包括打字、计算机操作以及基本知识和技能。当你拿到试卷后，应尽量放松一些。考试开始时，要确信你了解题意就像面临曾经操作过的设备一样。但愿你在考试中一个错字也不出现。还有些公司在考试时候，采用一些测试智力水平、性格特征及心里倾向类的题目，但是无论是哪种题目，你都不要慌张，一定要对自己有信心，把它看做是你平常考试中一次普通考试而已。

　　如果前面你都认真做了，而且发挥的较好，你就有可能接到招聘公司的面试机会，这意味着你已经离这个岗位不远了。

三、面试

　　面试是对商务文员入职的最后一次考验，这时候商务文员的修养、对细节的关注、临场发挥能力、应变能力、诚信及面试前的精心准备，将对面试的成功起到非常关键的作用。如果你足够幸运的话，你可能面临的是一场比较清松的谈话，这时候你只要充满自信，充分地展示自己就可以。如果不是那么幸运，你可能面临的是一场比较严肃，甚至有点压抑的会面，你可能会被刁难，但你要记住，只要你喜欢这个工作，你对这家公司有充分的了解，你对这个职位操作比较熟悉，那你大可放心，他们只不过是看看你的临场反应而已。但总的来说，注意以下一些面试的礼仪是非常重要的：

　　1. 准时赴约

　　如你不知道约见地点的准确地址，应事先查询清楚。如果你是到一个比较陌生的城市去面试，可以买一张本地的地图。在地图上查找要到的地方，及其乘车的路线，也可以到网上去查找乘车路线。使你不误面试。如果查询后仍无法确定方位，不妨先去一次。面试的当天，你应该比你预计到达面试地点需要的时间提前半小时或一小时，以防路上塞车耽误时间，如果你到约定地点的时间过早，那你可以到附近的地方自己消磨一段时间，到达约定地点的时间以提前 10 到 15 分钟为宜。总而言之，你应给自己准时赴约留下富裕的时间，但又不宜过早到达。

　　2. 到达见面

　　当你走进办公室，如果办公室是关闭的，你应该先敲门，得到允许再进去，进去后要随手关门，然后向接待者或服务人员说明自己的来意。如说："××先生约我 4 点半来谈工作。"应热情、有礼貌。如果天气不好，你穿戴甚多，应找到放衣服的地方，免得把外衣、围巾、手套之类的东西堆在怀里谈话。

3. 自我介绍

当你和办公室成员见面时，应面带微笑，重复着他们的名字，诸如"您好，×经理或×先生"，"见到你非常高兴，×经理或×先生"等。要显示出热情，却又不过分。另需注意的是，不要流露出忧郁或沮丧的神态来。

4. 姿势端正

坐下交谈时，不可散漫。四肢随意地伸开固然不雅，可呆若木鸡，也是不得要领。尽管轻松自如地应对局面。

5. 请勿吸烟

现代的会客室或私人办公室大都禁止吸烟。即使允许吸烟，还是以不吸为佳。当然，约见者主动邀请，而你又确实想吸一支，那也未尝不可。

6. 禁止吃东西

不要在会面的时候吃东西或嚼软糖，这是对谈话的不尊重。

7. 会谈结束

让面试者结束会谈。当他或她站起身时，你可随之而起。握手，谢谢他为你耽误了时间，表明对这次会面很为满意或很高兴，然后说声"再见"。当你离开时，不要忘了向其他在座者说"再见"。如果办公室的门需要关闭，不要忘了随手关门。

在许多办公室里，人们对仪表是相当重视的。你在参加面试时必须精心装扮。衣着要稳重、挺括、洁净。一般来说，男士在参加面试的时候，要穿中式传统正装或是穿西服打领带，头发以短发为宜，这样显得你更加精神和干练，你需要注意的是，临出门之前，一定要看看自己的鞋子是否擦了。女士最好着职业装，一般来说在去面试之前，买一身适合自己的职业套装。过分的打扮也会适得其反，有伤大雅。女士更要留心，不可过分妆饰。头发洁净、整齐、有条不紊。特别要注意你的手，指甲要重新修剪。

在去面试之前，要尽量地多了解公司情况，以便有机会询问得体的问题并表示出你对公司的兴趣。可以登录这个公司的网站，了解公司的基本情况，也可以通过网上搜索，来查找相关业务的整体情况，从而能够在会谈中做到心中有数。然而相比之下，更重要的是在会谈中对自我有清醒的认识，能意识到自己的能量大小，清楚自己的短期或长远的目标。还要准备回答不太好回答的询问，例如，为什么你要放弃以往的工作，为什么你的学历有段中断，或者你的专业知识有点让人怀疑等。面试中还可能被问到你想怎样对该企业做贡献之类问题。充分自信的人会给一个得体的、自信的、让面试者满意的回答。下列内容是面试的基本要求：

（1）目不斜视。说话的时候，要把目光直对着面试者，不可眼睛望着别处而答话，以免走神失语。另一方面，也不能一直看着对方。

（2）说话格调。尽量避免那些令人生厌的语词，特别是口头语。口头语在日常的生活中就要注意克服，许多人为了弥补说话中的停顿或有时间思考下面的话题，总爱用"嗯"、"噢"之类声调加在一句话开头和结尾，或者用"这个""那个"引起下文，并在整个讲话中老是夹杂"知道吧"、"你懂吧"、"OK"等话语，这些都是语言毛病，显得缺乏自信。

（3）谈话导向和发问。不要试图领着话题，因为面试者无疑已设计好了问什么和讨论什么，应顺着他走。在适当的时候你也可以发问，尤其在接近尾声、对方征寻你的意见时。不管怎样，发问要自然，有质量，比如工作条件和涉及利益方面的边缘问题。

（4）了解工作或见习。尽量确认你在该办公室将从事的那项工作，了解工作的时间长度和工作强度，留意约见人是否想让你见习一下，如果他有此想法，确定那是什么工作。在会谈中，你如确定所有的聘用条件都适合你。应争取见习的机会。

（5）回答不了的问题。在会谈时，许多人对面试者问一些他无法回答的问题而深感困惑。如果遇上此事，应坦然说不知道这方面的内容。某些面试者深知他所问的问题你不能回答，他要看的就是你诚实与否。

（6）不避短处。如果面试者提到某种必需的技能，而恰在此点上你有不足，应如实说出，并说明你准备采取什么样的方式（自学、参加培训、边干边学）来加以改进。

（7）工资待遇和保险。面试者会告诉你基本报酬，并会对福利待遇和保险事宜作大致的描述。如果面试者不提这些，你就应该自然而然提及这些问题，还要询问法定节假日，休假和病休的安排，以及出现偶然的个人事件（如搬家、亲人病故等）时能否请假等。

（8）工资的商议。如果你非常熟悉商务文员工作的工资范围，便可以同面试者巧妙地探讨这个问题。在这种场合，你可以把自己的学历、经验和特殊技能作为重要的筹码，尽可能地把争取高些工资，提出的数额比你希望的稍高一些，通常也是一个好办法。可以问一下有关晋升的规定，如果办公室很大的话，还可以询问一下职员的提升情况。如果会谈即将结束，而面试者并未提及工资问题，你可以说："顺便问一下，××先生，你认为我们双方都满意的报酬是多少？"或者说："从事这项工作工资起点是多少？"还可以用这种语态询问："我可以打听一下工资的事吗？"

（9）回复。面试结束时，可能马上被录取，也可能面试者告知，回去等上几天，当和所有的应聘者谈完后再作答复。如果你也想用一两天的时间考虑考虑，就可以答应下来。但要约定一个固定的时间与约见者电话联系。回问电话不可拖过一两天。如果面试者示意不久会给你个满意的回答，那就尊重这个决定，并表明你将在家恭候回音。你还可以说，近几天将在家完善自己的计划。倘若前景乐观，或者说已获成功，就应简单地准备办公室用具，在工作之前就预先熟悉办公室的实际事务。

四、面试以后

如果在面试之后一段时间，没有收到用人单位的消息，应给对方写一封答谢信，信的内容常包括：

（1）表明你在面试后对该工作兴趣又增；

（2）让面试者知道你已找到了其他工作；

（3）询问你的聘用发展到何种程度。而且要在信中说明你需要得知事态发展的理由。

也许面试的结果是，你被告知不是这个职位的合适人选。那也同样感谢面试者的坦率，并肯定这次面试的重要意义，然后礼貌地告别。失望是毫无用处的，应该显示自己真正的价值，努力工作，克服任何明显的不足，并且坚定地朝着已经确立的目标迈进。而且每一次面试都会增加你的经验，提高你下次面试的成功率。下面是一封致谢信常用的写法：

尊敬的××先生

　　上星期五关于贵单位的销售部商务文员一职的谈话非常使人愉快。××经理给我的指导让我增长了见识。有关企业销售事项十分具有吸引力，销售部商务文员也将是我的良好选择。我将非常乐意接受这份工作的挑战。

　　谢谢您为我浪费了那么多的宝贵时间。我在恭候您的回音。

　　此致

敬礼

　　　　　　　　　　　　　　　　　　　　　　　　　　　　　自己的名字
　　　　　　　　　　　　　　　　　　　　　　　　　　　　××年××月××日

五、熟悉自己的公司

　　当你有幸被你的公司录取，这意味着你的人生翻开新的一页，你或许是从学校的学生应聘到这个岗位上，或者是从其他公司跳槽到这个岗位上，但无论哪一种情况，新的岗位，就意味着新的挑战和机遇，这就需要你尽快的熟悉自己的公司，融入到公司的日常工作当中去。对于一个新手来说，应注意以下内容：

　　（1）心态决定成败，良好的心态是成功的关键，到了新的工作岗位，你应该全力以赴，全心全意的去做好自己的本职工作。

　　（2）在到岗位之前，要对自己所要承担的岗位职责非常熟悉，到网上或者使用其他资料查阅本公司的基本业务状况，和整个相关行业的状况，从而对本公司主要的业务和行业的整体情况有所了解。

　　（3）要虚心的向老职员请教和学习，并处理好和他们的关系。在入职之后，向老职员借一下每天工作流程的记录可以帮助尽快熟悉业务。

　　（4）必须全面地熟悉公司的机构、产品、目标、成就、常做的广告和市场战略。

　　（5）要熟悉自己领导对自己的要求，要熟悉同事的优点和长处，从而在自己的工作中能够得心应手。

　　（6）每天的工作都要有一个计划，每天工作结束后，要自己检查一下，坚持当天工作当天完成，并总结一下得失，在自己今后的工作中改正。

　　（7）要做到"眼勤、手快、心灵、嘴甜"，你的工作一定会做得不错，也很快能够熟悉和了解自己的公司。

　　如果你在所有入职的员工中，比别人更快的熟悉公司，融入公司，并在自己岗位上表现突出，常常比别人多做了那么一点，表现更优秀那么一点，那么你离升职就不远了。

参 考 文 献

一、参考书目

[1] 中国高等教育学会秘书学专业委员会组编. 秘书与会议组织和服务 ［M］. 北京：人民出版社，2006

[2] 天虹. 会议管理实务 ［M］. 北京：中国纺织出版社，2005

[3] 王云奇，王凯. 办公室规范管理实务 ［M］. 北京：中国纺织出版社

[4] 胡鸿杰. 办公室事务管理 ［M］. 北京：中国人民大学出版社

[5] 陈泓，李立民. IMS 文秘 ［M］. 南京：南京大学出版社，2007

[6] 曾湘宜. 秘书基础 ［M］. 北京：北京工业大学出版社，2006

[7] 张志涛. 外贸入门知识问答 ［M］. 广东：广东经济出版社，2008

[8] 阮征. 2009 司法考试民商法记忆通 ［M］. 北京：中国法制出版社，2009

[9] 陈合宜. 秘书学 ［M］. 广东：暨南大学出版社，2004

[10] 傅西路. 商务秘书 ［M］. 北京：中国人事出版社，2008

[11] 陆瑜芳. 秘书学概论 ［M］. 上海：复旦大学出版社，2001

[12] 刘萌. 文书与档案管理 ［M］. 北京：首都经济贸易大学出版社，2008

[13] 张虹，姬瑞环. 档案管理基础 ［M］. 北京：中国人民大学出版社，2008

[14] 汪溢，张桂杰. 秘书文档管理 ［M］. 大连：大连理工大学出版社，2008

[15] 陆予圻，朱小怡，范明辉. 秘书档案管理 ［M］. 上海：复旦大学出版社，2005

[16] 赵映诚. 文书工作与档案管理 ［M］. 北京：高等教育出版社，2003

[17] 张虹，姬瑞环. 公文写作与处理 ［M］. 北京：中国人民大学出版社，2005

[18] 陈祖芬. 职业秘书资料与档案管理教程 ［M］. 北京：清华大学出版社，2008

[19] 李强. 文书与档案管理 ［M］. 北京：经济科学出版社，2008.

[20] 蔡超，杨锋. 现代秘书实务 ［M］. 广州：暨南大学出版社，2006

[21] 陆瑜芳. 秘书实务 ［M］. 上海：上海社会科学院出版社，2006

[22] 臧瑾. 新编商务全书 ［M］. 北京：中国言实出版社，2008

[23] 武芳著. 国际贸易操作一本通 ［M］. 北京：北京大学出版社，2008

[24] 中国公文写作研究会. 公文处理实用手册 ［M］. 北京：中国言实出版社，2009

[25] 张福德. 商务信息化 ［M］. 北京：中国商务出版社，2006

二、参考刊物

[1] 孙成福. 网络搜索引擎的技巧与使用 ［J］. 福建电脑，2008，(02)

［2］杨芳．商务函电中电子邮件应遵循的礼仪［J］．文教资料，2006，（9）

［3］李俊敏．中外商务信函和电子邮件中的礼貌原则［J］．商场现代化，2007，（10）

［4］孙玲燕，曾美灵．浅谈对外贸易信函中的礼节问题［J］．嘉兴学院学报，2003，（10）

三、参考网络资料地址

［1］http：//news. itbulo. com/200607/103183. html《中国宽带时代来临 电子商务仍为娱乐配角》，来源：金羊网—羊城晚报（91）2006-7-28《在中国，一个崭新的商务时代正在来临》

［2］订购函，来自中华企管培训网 http：//www. qgpX. com/a/t14/10_09_11. 998. asp

［3］表格式出口商品经营方案，选自吉林省经济管理干部学院《国际贸易实务》网络课程 http：//course. jingpinke. com/jingjiXue/guojimaoyishiwu/d9/9. 2. 2-5. htm